富融期权  期权前沿

定价模型、波动率、希腊值与交易策略
期权量化投资理论与实践

期权投资管理

贺金凌 著

OPTIONS INVESTMENT MANAGEMENT

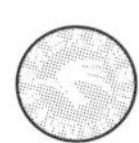

西南财经大学出版社
中国·成都

图书在版编目(CIP)数据

期权投资管理/贺金凌著.—成都:西南财经大学出版社,2022.8
ISBN 978-7-5504-5335-7

Ⅰ.①期…　Ⅱ.①贺…　Ⅲ.①期权交易—研究　Ⅳ.①F830.91

中国版本图书馆 CIP 数据核字(2022)第 071132 号

期权投资管理
QIQUAN TOUZI GUANLI

贺金凌　著

策划编辑:余尧
责任编辑:李特军
责任校对:陈何真璐
封面设计:张姗姗
责任印制:朱曼丽

出版发行	西南财经大学出版社(四川省成都市光华村街 55 号)
网　　址	http://cbs.swufe.edu.cn
电子邮件	bookcj@swufe.edu.cn
邮政编码	610074
电　　话	028-87353785
照　　排	四川胜翔数码印务设计有限公司
印　　刷	郫县犀浦印刷厂
成品尺寸	185mm×260mm
印　　张	26.5
字　　数	503 千字
版　　次	2022 年 8 月第 1 版
印　　次	2022 年 8 月第 1 次印刷
印　　数	1— 1000 册
书　　号	ISBN 978-7-5504-5335-7
定　　价	78.00 元

前言

自1973年芝加哥期权交易所正式推出标准化的股票期权合约以来，期权由于其权利与义务相分离、损益非线性以及可以在除方向与时间之外的更高维度进行交易等独特属性，备受市场青睐。期权使交易更为灵活与自由，为实现各种交易目的提供了可行的路径。期权不仅是爆发力最强的投资产品，同时也是更为理想的避险工具，此外，它们还提供了各种各样的套利机会。因此，期权市场吸引了大量投资者、避险保值者和套利者的热情参与，很快就成了全球资本市场的耀眼明珠。

美国期货业协会（FIA）发布的全球80余家交易所上市的近2 900个场内衍生品的交易数据显示，2019年全球期货与期权成交量达到了344.75亿手，较2018年增长13.7%，创造了新的历史记录。新兴市场中国、印度和巴西较2018年分别增长了30.8%、44.9%和50.8%，成为推动全球成交量创历史新高的主要动力。从衍生品类别看，期货和期权交易量均有显著增长，其中期权增幅最大。2019年，期权成交152.34亿手，同比增长16.0%，占场内衍生品总成交量的44.2%。可见，资本市场已经进入期权时代。中国衍生品市场起步晚，但发展速度快，自上海证券交易所2015年推出中国第一个场内期权交易品种50ETF期权以来，目前绝大多数的证券与期货交易所也都推出了各自的期权产品，并且可以预期，未来还会推出更多的期权产品，不断丰富资本市场的投资工具。

笔者在给大学金融专业的学生讲授投资学的课堂上曾对他们说，如果他们毕业后成为投资经理，受到缺乏足够的市场经验的限制，能否自如地用好期权，可能是他们区别于普通投资者以及传统投资经理的重要标志。相对于传统投资工具，期权更为复杂，但从定价上来说，理论价格与市场实际交易价格之间的误差相对较小，以特定的组合模式，可以搭建出确定性比较高的预期损益结构。学生们通过系统的学习，掌握期权相关知识，实现弯道超车是完全可能的。随着资本市场进入期权时代，投资管理机构化和专业化的趋势愈来愈明显，普通投资者和传统投资经理也必须更新知识，实现同步的升级换代，否则就会被市场淘汰出局。因此，对普通投资者和传统投资经理而言，补上期权这一课，是决定其未来能在市场上继续生存下去的关键所在，也是其真正走上专业化投资管理大道的必由之路。

对于投资管理，期权如此重要，很多人可能会望而生畏，认为期权太复杂，学不会，其实这是完全错误的。作为一种高级别的投资工具，期权背后的交易逻辑与传统投资工具是完全一样的，那就是低买高卖。如果投资者能对期权的价值或其变动方向做出合理的判断，就完全可以交易期权，至于是否能成为期权高手，就要看其对期权价值的判断与把握的准确程度。因此，总结这些年来笔者在期权领域的研究成果，以及期权投资管理过程中积累起来的经过实践检验的经验，帮助普通投资者实现向专业投资者的转变，帮助专业投资者成为期权高手，就是本书希望达到的目的。

目前的期权书籍呈现两种极端。一是为了简单易懂，只讲策略，介绍一些交易经验或期权组合的构造技巧。这对初学的普通投资者而言，容易上手，但知其然不知其所以然，投资者不具备期权价值判断或预测的能力，因此很难实现向专业投资者的身份转换。对专业投资者而言，读这样的书不能进一步提升他们的期权水平。二是只讲理论和模型，脱离期权交易的实际，像目前大多数衍生品教科书一样，华而不实，对投资者的交易实践起不到指导作用。在本书的谋篇布局过程中，为避免这两种极端，笔者力求做到理论与实践相结合，循序渐进，从期权交易必须具备的基础知识，到影响期权价值的因素和主要定价模型，其中，重点突出波动率和希腊值在期权价值判断和预测中的实际运用，最后落实到各种组合策略的设计与构造上。书中的理论模型，大多都基于市场上的真实交易数据进行了比较详细的解析。交易策略部分，列举的案例都是基于真实的市场数据，其中部分直接来源于笔者的真实交易。

因此，本书有两个明显的特征。一是实用，读者直接能用。本书把策略分为基本策略，牛市组合策略，熊市组合策略，区间策略，突破策略，时间或日历策略，对冲、套利与套保策略以及其他组合策略。投资者基于对市场的一个简单判断，就能挑选出合适的策略用于实战。二是有深度，讲透理论。从主要定价模型，各种波动率的衡量与测算，到希腊值的影响，本书详细解析了希腊值对期权价值的影响。书中除讲解传统希腊值外，还全面讨论了二、三阶等高阶希腊值对期权价值的影响，部分内容是笔者未公开发表的研究成果，这是目前国内外同类书籍中很难见到的。因此，希望本书对期权初学者、期权专业人士或研究人员都能有所裨益。

此外，需要说明的是，本书写作过程中，涉及的大量计算、组合搭建以及数据与图表的生成，都是基于笔者本人及团队开发的一款期权投资决策与分析系统——OptionsFront，在该系统的辅助下，本书才得以顺利完成。当然，值得一提的是，要做好期权投资管理，好的决策与分析系统至关重要。

贺金凌

2021 年 11 月 22 日

目录

第一部分　期权交易基础

第二部分 期权定价

第三部分　期权波动率

第四部分　期权希腊值

第五部分 期权交易策略

第一部分　期权交易基础

第 1 章

期权概述

1973 年 4 月 26 日，芝加哥期权交易所（CBOE）成立，随后成功推出了基于股票的认购期权（call options）和认沽期权（put options），使得期权交易进入了标准化、规范化的全新发展阶段。期权上市后，成交量逐年增大，发展速度呈几何级数式增长，目前已经成为各大资产管理机构、对冲基金的重要投资标的以及套利套保必不可少的工具，是金融衍生品市场最引人瞩目的耀眼明珠。期权以其非线性、权利义务分离等特征提供了多样化的投资机会，吸引了大量顶尖人才投身于此。

期权是最基础的非线性衍生品。首先，普通投资者很容易将其联想成为一种保险，而有期货交易经验的投资者，更是对其锁定未来收益的特性毫不陌生。同时，期权在结构上具备原始性，即大多数复杂的衍生产品，其结构总能转化为单个期权的组合。此外，期权还具备非线性的收益特征。这里的“非线性”是指，期权的理论价格与其标的之间不存在成比例的对应关系。简单与标的资产做比较的话，就是指如果标的价格上下波动 1 个点，则期权价格变动通常不一定刚好是 1 个点。在金融层面，这往往意味着更丰富多样的头寸暴露，比如通过期权衍生的波动率策略，可以不受市场方向影响而获取收益。因此，期权成了金融衍生品市场中的基础工具，任何更为复杂的结构化产品设计，都不可避免地需要引入期权。事实上，在成熟的衍生品市场中，位于金字塔顶端的复杂结构化产品设计过程，大多都可视为将不同期权结构组合包装的过程。

期权由于其本身的特性，可以帮助投资者实现多种策略，在看好标的、看淡标的、保障资产、持有资产增加收入、看好标的趁低吸纳、认为标的有剧烈变化等方面都有相应策略帮助投资者来进行配置，改变了过去只能看涨看跌单边的投资模式。由于期权种类的多样性，认购和认沽间、不同行权价间、不同到期日、认购认沽与标的之间、不同标的间等可以搭建各种组合，可设计不同的投资和套利策略。因此，期权在资产管理中有着广泛的应用。尤其重要的是，期权是优于期货等其他避险工具的更高维度的风险管理工具。通过使用期权，担心市场下跌的基金经理就不需要卖出原有的仓位，并且可以更快地执行交易，大幅度地减少交易成本。期权可以用来对冲现货或期货部分头寸所暴露的风险。因此保护性策略是期权最常见的一种应用。通过沽空期权，投资者还可以获得稳定的额外现金收入，从而提高基金总体的收益。期权也可用来改善择时策略的效果，尤其是当市场波动不大时，可通过构建一定的期权策略来获得正收益。通过期权构造适当的组合，投资者可实现风险中性对冲套利。通过加入期权头寸，投资者可以有效降低组合业绩的波动性。利用期权独特属性，投资者可以对金融产品进行创新设计，达到收益目标。可见，期权可以在风险管理、产品设计、交易策略以及资产配置等方面发挥独特的作用，从而成为投资者或基金经理进行组合管理的利器。

期权的定义

期权是一种衍生证券，它赋予持有者在到期日或之前，按特定价格购买或卖出某项资产的权利，其价格取决于或者衍生于其他证券的价格。衍生证券的收益取决于其他证券的收益，因此它是一种或有权益。通过不同的期权品种，投资者可以构成具有不同盈亏分布特征的组合。投资者可根据各自的风险收益偏好，构造最适合自己的期权组合。图 1-1 是买卖双方在不同类型期权合约交易中对应的权利与义务。

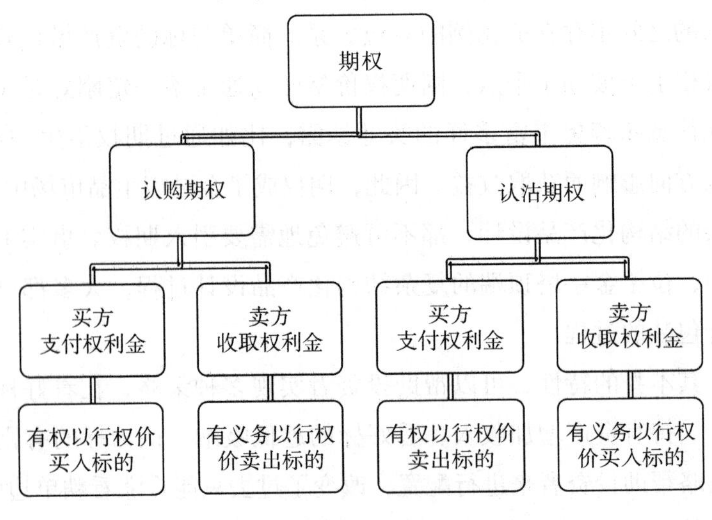

图 1-1 期权各方的权利与义务

期权合约的重要要素

期权合约包括期权性质、行权价格或执行价格、到期日、权利金或期权费、保证金等几个重要要素。

（1）期权性质：是指期权授予买方的权利，具体而言包括认购的权利与认沽的权利。认购赋予的是买入标的资产的权利，认沽赋予的是卖出标的资产的权利。通常，认购期权也叫看涨期权，因为只有买入后标的资产价格上涨了，投资者才有利可图；同理，认沽期权也叫看跌期权，因为只有卖出后标的资产价格下跌了，投资者才有利可图。

（2）行权价格：是期权买方依据合约行使权利，对于认购期权行使买入标的资产、对于认沽期权行使卖出标的资产的执行价格，因此也常常被称为执行价格或协定价格。

（3）到期日：期权合约的到期日期。从行权日期是否固定不变来判断，我们可将期权区分为欧式期权与美式期权。欧式期权的到期日也就是最后交易日期，权利方只有在到期日当天才能提出行权，而美式期权可以在合约有效期内任何一个交易日提出行权申请，行权日期是可变的。

（4）权利金或期权费：期权的购买价格被称为权利金或期权费，由期权买方支付，期权的卖方得到权利金收入，承担相应的义务。权利金像保险公司对保险产品所收取的保费，而期权合约的买方像投保人，其支付权利金后，就获得了依据行权价买入或卖出标的资产的权利。

（5）保证金：期权交易中，买方向卖方支付权利金，风险有限并已经支付，不需交纳保证金。卖方收到权利金，但风险无限，需要向结算机构交纳保证金并进行逐日盯市。期权保证金模式按其风险特性分为传统型和投资组合型。

传统型模式的特点是计算静态简单，即使一些头寸的风险可以相互抵消，这种模式下的每一个合约都必须被独立看待与处理。目前，世界上大部分交易所已经采用投资组合保证金模式，但仍有部分交易所使用传统保证金模式。各个交易所采用的传统保证金的计算方法类似，但在具体细节上可能会存在差别。

例如，上海证券交易所的 50ETF 期权保证金计算公式如下：

认购期权义务仓开仓保证金=［合约前结算价+Max（X×合约标的前收盘价-认购期权虚值，Y×合约标的前收盘价）］×合约单位

认购期权义务仓持仓维持保证金=［合约结算价+Max（X×合约标的收盘价-认购期权虚值，Y×合约标的收盘价）］×合约单位

认购期权虚值 = Max（行权价-合约标的收盘价，0）

认沽期权义务仓开仓初始保证金＝Min［合约前结算价+Max（X×合约标的前收盘价-认沽期权虚值，Y×行权价），行权价］×合约单位

认沽期权义务仓持仓维持保证金＝Min［合约结算价+Max（X×合约标的收盘价-认沽期权虚值，Y×行权价），行权价］×合约单位

认沽期权虚值 ＝ Max（合约标的收盘价-行权价，0）

以上是交易所对证券经纪商的保证金要求。通常，为了控制风险，证券经纪公司对客户收取的保证金会在此基础上增加一定的幅度，通常为20%。以下是某券商对50ETF期权客户的保证金要求：

认购期权义务仓开仓保证金＝［合约前结算价+Max（12%×合约标的前收盘价-认购期权虚值，7%×合约标的前收盘价）］×合约单位×120%

认沽期权义务仓开仓保证金＝Min［合约前结算价+Max（12%×合约标的前收盘价-认沽期权虚值，7%×行权价格），行权价格］×合约单位 ×120%

认购期权义务仓维持保证金＝［合约结算价+Max（12%×合约标的收盘价-认购期权虚值，7%×合约标的收盘价）］×合约单位×120%

认沽期权义务仓维持保证金＝Min［合约结算价 +Max（12%×合标的收盘价-认沽期权虚值，7%×行权价格），行权价格］×合约单位 ×120%

此外，券商还会在节假日前或接近到期日调整保证金要求。

下面举例说明期权卖方保证金的具体计算方法。比如卖出1张行权价为2.50元的8月份到期的50ETF认购期权，合约前结算价＝0.109 0，合约标的前收盘价＝2.575，认购期权虚值＝Max（2.50-2.575，0）＝0，开仓保证金＝［0.109 0+Max（12%×2.575-0，7%×2.575）］×10 000×120%＝5 016（元）。假如卖出行权价为2.50元的8月份到期的50ETF认沽期权，合约前结算价＝0.031 1，认沽期权虚值＝2.575-2.50＝ 0.075，开仓保证金＝Min［0.031 1+Max（12%×2.575-0.075，7%×2.575），2.50］×10 000×120%＝3 181.2。

在实盘开仓时，投资者总要留点安全资金缓冲，不要把保证金用尽，否则一旦价格剧烈波动就会因为保证金不足而让自己很被动。开市期间，经纪商会对投资者的期权交易实行动态风险控制，监测投资者盘中和盘后保证金风险率。投资者盘中保证金风险率＝按照券商保证金水平计算的实时价格保证金/该投资者保证金总额（扣除行权待交收等冻结的资金后）；投资者盘后保证金风险率＝按照券商保证金水平计算的维持保证金（持仓日终自动对冲后收取的维持保证金）/该投资者保证金总额（扣除行权待交收等冻结的资金后）。当风险率达到一定水平，经纪商就会进行风险提示，要求投资者限期补充保证金或进行减仓操作。

第 2 章

期权的价值与构成

期权的价值

期权的价值=内在价值+时间价值。期权价值由标的资产价格、行权价、剩余时间、波动率、利率等决定，因此要对期权进行精确定价，相对较复杂，但在实际操作中，我们可把期权的价值划分为内在价值与时间价值。在不考虑交易费用的情况下，把持有的期权立即行权，若有收益产生，这个收益就是内在价值。很明显，立即行权，期权价值只由标的证券价格和行权价决定。因此，我们把仅由标的证券价格变化所决定的期权价值的部分，称为内在价值，除此之外的剩余部分，称为时间价值。这是因为标的证券价格变化对于期权价值最为重要，影响也最大。当然，这种简单的划分，也有不合理的地方，大家都知道，除内在价值以外的部分，并非仅仅是由时间因素引起的，因此称为期权的时间价值似乎不太精确。不过，可以这样理解，时间价值是指，在合约剩余时间内，除标的价格以外所有其他因素对期权价格的综合影响。

具体而言，认购期权的内在价值=MAX（0，标的证券价格-行权价）；认沽期权的内在价值=MAX（0，行权价-标的证券价格）。因此，时间价值=期权价格-内在价值。从上面的判别公式可以看出，期权的内在价值都是大于或等于 0 的，不可能小于 0。理由很简单，一项权利，不管它价值再小，也不可能是负价值。就好比你去买保险，不仅没花钱，保险公司还倒付钱给你，正常情况下，这是不可能发生的。因此，期权的内在价值不能小于 0。

期权的在值程度

期权的内在价值不能小于0，那如何考察标的证券价格小于行权价的认购期权，以及行权价小于标的证券价格的认沽期权？我们可以使用另外一个术语，即在值程度，来度量行权价格与目前市场价格之间的距离。通过在值程度，我们把期权区分为实值期权（ITM）、平值期权（ATM）与虚值期权（OTM）。认购期权的在值程度 =（标的证券价格-行权价）/行权价；认沽期权的在值程度 =（行权价-标的证券价格）/行权价。不同在值程度期权的执行价格与标的价格之间的关系见表2-1。

表2-1 行权价格与标的价格关系

在值程度	认购期权	认沽期权
实值期权（ITM）	行权价格<标的价格	行权价格>标的价格
平值期权（ATM）	行权价格=标的价格	行权价格=标的价格
虚值期权（OTM）	行权价格>标的价格	行权价格<标的价格

在值程度与内在价值、时间价值的关系

在值程度大于0的期权，是实值期权或价内期权，这类期权的内在价值大于0，持有人立即行权是有利可图的，当然我们这里没有考虑行权手续费的影响；在值程度等于0的期权，是平值期权，内在价值等于0，不考虑行权手续费的影响，持有人立即行权不亏不盈；在值程度小于0的期权，是虚值期权或价外期权，内在价值等于0，持有人立即行权不仅无利可图，甚至还要亏钱。

由于虚值期权的内在价值为0，期权价值只由时间价值决定。越虚值的期权，其价值越小，时间价值也就越小；越实值的期权，其期权价值基本上等于其内在价值，因此，越实值的期权其时间价值也越小。可见，平值期权时间价值最大。

这也解释了为什么平值期权成交比较活跃；投资者愿意选择平值认购期权进行备兑开仓卖出，因为可以收到最大时间价值；时间价值在平值附近最大，当其他因素不变的情况下，随着时间的流逝，平值期权的时间价值会很快下降。这一点也可以用来做日历套利。日历套利就是在买入一个远月平值认购期权的同时，卖出一个近月平值认购期权，如果股价没有明显变化，那么近月认购期权价值会随着时间消逝而急剧下降，而远月的期权由于时间还有剩余，权利金价值减少的程度远低于近

月期权，从而降低了持有远月平值认购期权的成本，这样的话，就实现了远月和近月的套利。

2018 年 7 月 20 日，标的证券 50ETF 收盘价格 2. 54 元，其认购期权和认沽期权的在值程度与价值分解见表 2-2 和表 2-3。

表 2-2　2018 年 7 月 20 日 50ETF 认购期权的在值程度与价值分解

执行价格	在值程度	市场价格/元	内在价值	时间价值
2. 35	0. 19，8. 09%	0. 188 8	0. 19	-0. 001 2
2. 4	0. 14，5. 83%	0. 138 4	0. 14	-0. 001 6
2. 45	0. 09，3. 67%	0. 091 8	0. 09	0. 001 8
2. 5	0. 04，1. 6%	0. 051 2	0. 04	0. 011 2
2. 55	-0. 01，-0. 39%	0. 022	0	0. 022
2. 6	-0. 06，-2. 31%	0. 007 8	0	0. 007 8
2. 65	-0. 11 ，-4. 15%	0. 002 2	0	0. 002 2

资料来源：OptionsFront，富融期权。

表 2-3　2018 年 7 月 20 日 50ETF 认沽期权的在值程度与价值分解

执行价格	在值程度	市场价格/元	内在价值	时间价值
2. 35	-0. 19，-8. 09%	0. 001	0	0. 001
2. 4	-0. 14，-5. 83%	0. 001 6	0	0. 001 6
2. 45	-0. 09，-3. 67%	0. 003 6	0	0. 003 6
2. 5	-0. 04，-1. 6%	0. 011 9	0	0. 011 9
2. 55	0. 01，0. 39%	0. 031 6	0. 01	0. 021 6
2. 6	0. 06，2. 31%	0. 066 2	0. 06	0. 006 2
2. 65	0. 11，4. 15%	0. 112 6	0. 11	0. 002 6

资料来源：OptionsFront，富融期权。

从表 2-2 和表 2-3 可以看出，在值程度最接近于 0 的是行权价格为 2. 55 元的期权，不论认购还是认沽，其时间价值都是最大的。从表 2-2 还可以看出，虽然期权价格和内在价值不可能小于 0，但时间价值是完全有可能小于 0 的。这种情况通常出现在深度实值的期权上，原因是这类期权时间价值小，杠杆低，需求很小，再加之深度实值的期权，购买价格高，占用资金多，卖出占用保证金数额大，因此需求不足，从而导致市场价格低于内在价值，表现为时间价值为负。

第 3 章

期权头寸及其盈亏计算

期权的多头与空头

在期权交易中，买入期权，就是期权多头。买入认购期权，就是认购期权的多头；买入认沽期权，就是认沽期权的多头。卖出期权，就是期权空头。卖出认购期权，就是认购期权的空头；卖出认沽期权，就是认沽期权的空头。

认购期权赋予持有者在到期日或到期日之前以行权价格购买标的资产的权利。如果市场价格大于行权价格，行权购买标的资产即可获利。如果市场价格小于或等于行权价格，持有者放弃行权才是更好的选择，不过这会损失购买该期权的权利金。

认购期权及其盈亏计算

2018 年 7 月 20 日，假设投资者买入行权价（K）为 2.5 元的 50ETF 认购期权 8 月合约 10 张，权利金报价（C）为 0.07 元。每张合约代表可按行权价购买 10 000 份 50ETF 的权利。如果到期日 50ETF 价格（S）低于 2.5 元，那么期权没有任何价值，投资者损失全部权利金，每张 700 元，10 张共计 7 000 元，这是该项投资的最大损失。只有到期日 50ETF 价格高于 2.57 元（执行价格 + 权利金），该认购期权持有者才会获得正收益。假设到期日 50ETF 价格涨到 2.8 元，到期日认购期权价值=标的价格-执行价格：2.8-2.5=0.3（元），扣除购买成本后利润为 0.23 元。故每张合约收益为 2 300 元，10 张合约收益 23 000 元。投资者作为买方，多头认购期权的损益结构，见图 3-1。如果投资者卖出期权，到期日 50ETF 价格低于 2.5 时，期权买方放弃行权，卖出期权的最大收益是 7 000 元；如果到期日 50ETF 价格涨到 2.8

元，投资者卖出该期权的损失为：30 000−7 000 = 23 000（元）。投资者作为卖方，空头认购期权的损益结构，见图 3-2。

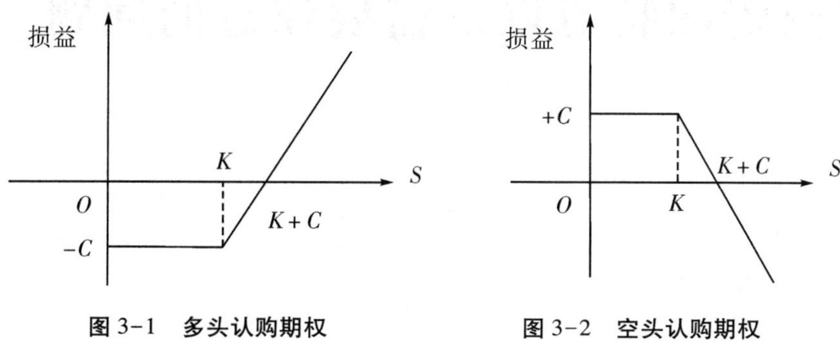

图 3-1　多头认购期权　　图 3-2　空头认购期权

认沽期权及其盈亏计算

2018 年 7 月 20 日，假设投资者买入行权价（K）为 2.5 元的 50ETF 认沽期权 8 月合约 10 张，权利金报价（P）为 0.06 元。每张合约代表可按行权价卖出 10 000 份 50ETF 的权利。如果到期日 50ETF 价格（S）高于 2.5 元，那么期权没有任何价值，投资者损失全部权利金，每张 600 元，10 张共计 6 000 元，这是该项投资的最大损失。只有到期日 50ETF 价格低于 2.44 元（执行价格 − 权利金），该认沽期权持有者才会获得正收益。假设到期日 50ETF 价格跌到 2.2 元，到期日认沽期权价值 = 执行价格−标的价格：2.5−2.2 = 0.3（元），扣除购买成本后利润为 0.24 元。故每张合约收益为 2 400 元，10 张合约收益 24 000 元。投资者作为买方，多头认沽期权的损益结构，见图 3-3。如果投资者是卖出期权，到期日 50ETF 价格高于 2.5 时，期权买方放弃行权，卖出期权的最大收益是 6 000 元；如果到期日 50ETF 价格跌到 2.2 元，投资者卖出该期权的损失为 30 000−6 000 = 24 000（元）。投资者作为卖方，空头认沽期权的损益结构，见图 3-4。

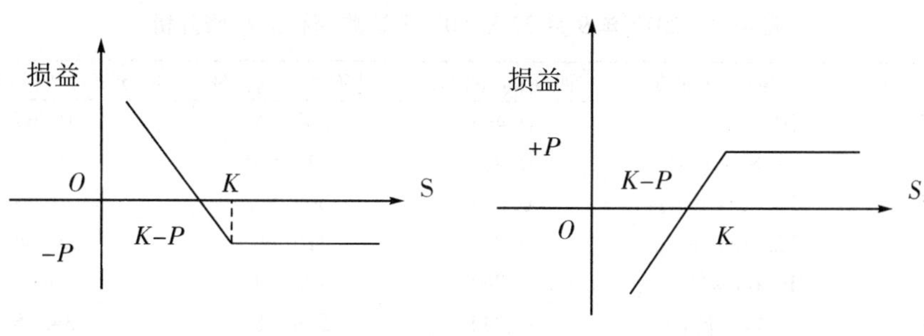

图 3-3　多头认沽期权　　图 3-4　空头认沽期权

第 4 章

期权投资的特点以及需要注意的问题

投资期权还是直接投资标的证券？

投资认购期权与直接投资于标的证券，哪个更合适？我们以 50ETF 和其期权的真实交易数据为例，来做比较。2017 年 3 月 22 日，标的证券 50ETF 收盘价格为 2.336 0 元，6 个月后的 9 月 27 日到期，标的 50ETF 价格为 2.711 0，持有期为 189 天，持有期收益率为 16.05%。认购期权的交易分析见表 4-1 与表 4-2。

表 4-1　2017 年 3 月 22 日 50ETF 认购期权的行情分析

执行价格/元	初始在值程度	初始市场价格/元	内在价值	时间价值	隐含波幅/%
2.25	3.82%价内	0.125 4	0.086 0	0.039 4	0.00
2.30	1.57%价内	0.098 8	0.036 0	0.062 8	4.67
2.35	0.60%价外	0.077 0	0.000 0	0.077 0	7.63
2.40	2.67%价外	0.059 5	0.000 0	0.059 5	9.06
2.45	4.65%价外	0.044 1	0.000 0	0.044 1	9.84
2.50	6.56%价外	0.032 0	0.000 0	0.032 0	10.39

资料来源：OptionsFront，富融期权。

表 4-2　2017 年 9 月 27 日 50ETF 认购期权的行情分析

执行价格/元	到期在值程度	到期内在价值	持有期收益/%	是 50ETF 收益的倍数
2.25	20.49%价内	0.461	267.62	16.67
2.3	17.87%价内	0.411	315.99	19.69
2.35	15.36%价内	0.361	368.83	22.98
2.4	12.96%价内	0.311	422.69	26.34
2.45	10.65%价内	0.261	491.84	30.64
2.5	8.44%价内	0.211	559.38	34.85

资料来源：OptionsFront，富融期权。

从表 4-1 和表 4-2 的数据可知，投资期权的收益是直接投资标的资产 50ETF 的数十倍，期权具有很大的杠杆效应，从 16.67 倍到 34.85 倍，对于不同行权价格的期权，这个杠杆还不同。实值程度越高，杠杆越低，虚值程度越高，杠杆越高。因此，投资者还可根据自己的风险偏好，选择不同在值程度的期权，搭建不同收益目标的投资组合。

其实，期权作为金融工程的核心工具或构件，可以与各种基础金融产品，例如股票、债券等一起，合成不同现金流、不同收益结构的金融产品，自如地控制风险水平。比如，在前面的例子中，由于杠杆很高，期权的收益很高，但若看错方向，风险也会相应放大。如果投资者的风险承受能力有限，又想利用期权获取较高回报，则运用金融工程组合原理，就能满足这一要求。

假如某投资者有 100 万元的理财资金，2017 年 3 月 22 日，其可用将近 10%的资金，以 0.032 0 的报价购买 312 张剩余期限 189 天的 9 月 50ETF 认购期权，支出 99 840 元，同时把剩余资金投入 6 个月到期的国债，查阅当天 6 个月国债的标准收益率曲线，得知可赚取 2.860 43% 的利息收入。到期时国债的价值本息合计增加到 913 034 元。期权到期时的内在价值是 0.211，当初购买价格是 0.032 0 元，按合约规模每张对应 10 000 份 50ETF 的权利，每张盈利 1 790 元，312 张收益共 558 480 元。这一组合投资半年的总收益为 571 354 元，年化收益率达到 114.3%，取得这一收益所承担的最大风险是 8.7%。综合起来看，这是非常不错的风险收益结构，期权限制了下跌风险，在发挥保险功能的同时，保留了上行的收益。

期权投资的特点

（1）高杠杆，以小博大。期权可以为投资者提供较大的杠杆作用。期权的杠杆倍数可分为名义杠杆倍数和有效杠杆倍数。对于买方来说，买入平值期权特别是到期日较短的虚值期权，就可以用较少的权利金控制同样数量的标的证券，这就是所谓的名义杠杆。名义杠杆倍数=标的价格/权利金价格，不过，由于期权价格对标的价格的敏感度不一样，名义杠杆不能真实反映标的收益与期权收益之间的关系，我们通常用有效杠杆倍数来衡量期权的杠杆大小。有效杠杆倍数=（标的价格/权利金价格）×ABS（期权价格变化/标的价格变化）= 名义杠杆×ABS（Delta）。ABS 表示绝对值，因为期权价格变化方向与标的价格变化方向有可能相反。Delta 是指其他条件不变时，标的证券价格每变化 1 元，期权价格对应的变化量。

2018 年 8 月 1 日，标的证券 50ETF 收盘价为 2.537 元，我们以 50ETF 期权部分行权价的 8 月合约数据对其进行杠杆分析，结果如表 4-3 所示，期权的杠杆很高，不同行权价期权的杠杆相差很大。

表 4-3　2018 年 8 月 1 日：50ETF 期权部分行权价的 8 月合约的杠杆分析

合约代码	合约	执行价格/元	期权价格/元	名义杠杆	Delta	有效杠杆
10001415	50ETF 8C	2.8	0.003	845.67	0.050 3	42.58
10001413	50ETF 8C	2.75	0.005 5	461.27	0.086 3	39.8
10001403	50ETF 8C	2.7	0.010 8	234.91	0.150 5	35.36
10001394	50ETF 8P	2.25	0.003 6	704.72	−0.045 2	31.84
10001395	50ETF 8P	2.3	0.005 6	453.04	−0.069 5	31.5
10001396	50ETF 8P	2.35	0.008 4	302.02	−0.104 1	31.44
10001393	50ETF 8C	2.65	0.02	126.85	0.243 4	30.88

资料来源：OptionsFront，富融期权。

（2）限制风险，避险保值。买入期权，无论价格如何变化，变化多么剧烈，风险只限于所支付的权利金，但利润可以随标的价格的有利变动而不断增加。不用担心追加保证金，不会爆仓，有利于保持良好的交易心态。另外，买入认购期权可以保护现货或期货的空头部位；买入认沽期权，可以保护现货或期货的多头部位。例如，某投资者持有价值 100 万元的 50ETF 现货仓位，如果认为目前标的市场价格 2.5 元已经达到阶段性高位，为了规避标的价格下跌的风险，以每份 200 元的价格买入执行价格为 2.5 元的认沽期权 40 张。这样，如果标的价格下跌，其锁定损失共计 8 000 元的期权费；如果价格上涨，标的盈利继续放大，而买入的认沽期权可以择机卖出平仓。

（3）延迟决策。当投资者对标的价格有看法，但又不确定时，其可以先行支付少量的权利金，看涨买入认购期权，看跌买入认沽期权。风险有限，待价格趋势明朗后，再做进一步的判断和交易行为。期权买方拥有的是权利，可以选择执行，也可以选择不执行。买入期权后，等于下了一个止损定单，最大的损失就是权利金。在行情振荡市场中，当标的价格不利变化时，投资者可以等待观察市场变化；当行情发生回转时，期权价格回升。这样就避免了交易止损平仓后，价格回转的尴尬。

（4）增加收益。投资者卖出虚值期权，可以巧妙地增加标的证券交易的盈利。例如，当前 50ETF 标的市场价格为 2.5 元，投资者认为标的价格将继续上涨，但结合各种因素分析，2.55 元是一个强阻力位。因此，该投资者买入 40 万份 50ETF 的同时，卖出 40 张行权价格为 2.55 元的认购期权，每张获得权利金 300 元，共计 12 000 元。如其所料，在期权到期日，50ETF 价格上涨到 2.55 元，投资者可以按

2. 55 元平仓了结其标的仓位；同时，其卖出的认购期权为平值期权，买方不会提出执行，投资者可以赚取每份 300 元的权利金，综合计算，等于标的平仓价格为 2. 58 元，提高了标的证券交易的盈利。如果 50ETF 价格涨过了 2. 55 元，则期权买方会提出执行，投资者的代价就是放弃 2. 58（2. 55+0. 03）元以上的利润。

（5）多维交易。现货是一维交易，价格即是一切；期货是二维交易，除价格外增加了到期日；而期权则更为立体，是三维交易，增加了波动率的维度。现货或期货只有在价格发生方向性变化时，市场才有投资机会。如果价格处于波动较小的盘整期，做多做空都无法获取投资利润，市场就缺乏投资机会。期权是多维交易，期权交易策略既可以基于方向，也可以基于价格波动率。市场无论是处于牛市、熊市还是盘整，均可以为投资者提供获利的机会。期权根据不同月份、不同执行价格，期权与标的证券之间的价格关系，可以派生出众多的交易机会。

（6）组合策略。现货或期货交易中，只有多空两种交易部位。期权交易中，有四种基本交易部位：认购期权的多头与空头，认沽期权的多头与空头。如果投资者不想承担无限的风险，其可以买入期权。如果投资者不愿支付权利金成本而能够承担风险，其可以选择卖出期权。如果投资者买入期权，认为权利金成本较高，其可以选择虚值期权。如果对标的价格变动有自己的独到看法，则其可以卖出不同执行价格或者不同月份的期权，收取权利金以降低成本。同样，投资者卖出期权后，可以通过买入不同执行价格或者不同月份的期权来降低风险。期权交易的灵活性在于：通过不同的组合交易策略并不断调整，投资者可以获得不同风险收益和成本的投资效果。只要确定你的目标和风险承受能力，就会有一项投资计划适合你。

期权投资要注意的几个问题

（1）交易合约的选择。不同于现货或期货交易，期权合约众多繁杂。一个标的对应的期权合约，有认购期权与认沽期权，有不同月份的期权，还有不同执行价格的期权。对于刚进入期权市场的投资者来说，其可能会感到不知所措。应该买什么，卖什么，可供挑选的范围太大。市场的交易量会给投资者提供初步的选择依据，投资者通过观察不同合约的交易量，就可以把交易比较冷清的合约剔除出去。投资者最好参与交易比较活跃的合约。交易不活跃的期权合约，市场的买卖差价较大，达成交易比较困难，成交的价格对投资者也相对不利。除非你准备进行长期投资，否则，平仓了结也是较为困难的。

（2）在值程度的选择。在值程度也就是期权合约的虚实程度。买入深度虚值期权的好处在于权利金较低，但同时，其转为实值期权的过程需要标的价格更大的变化。而大多数情况下，投资者所希望的这种大幅变化是不现实的。很可能的结果是，价格变化是有利的，但却没有达到深度虚值期权的盈亏平衡点。到期时投资者会发现，做对了方向，却买错了期权，买入的期权最终成为废纸。因此，买入深度虚值期权，盈利的概率会很低。买入深度虚值期权，要做好权利金 100% 损失的心理准备。期权交易中，交易比较活跃的一般是平值附近的期权合约，对于波动率较高的品种，虚值期权会以其高投机性吸引更多的投资者，但投资者最好将买入虚值期权的范围控制在虚值一档或二档之内。显然，如果投资者是期权卖方，卖出深度虚值期权的胜率会比较高，但收益比较低。

至于买入深度实值期权，投资者需要支付高额的权利金成本，实值程度愈高，杠杆作用愈小。当标的价格有利变化时，投资深度实值期权的收益率相对较低；当标的价格不利变化时，投资深度实值期权的价格会大幅下跌，投资者会发生较大亏损。投资者买入深度实值期权，不仅需要支付时间价值，还要向卖方支付大量的内在价值，等于向卖方支付了额外的保险，对于买方是不划算的。当然，对于期权卖方而言，卖出深度实值期权也是有其不足的：其一是占用的保证金比较多，资金效率较低；其二是深度实值期权时间价值占比相对较小，来自时间价值的收益有限。

（3）选择欧式期权还是美式期权。按期权行权方式的不同，期权有美式期权和欧式期权之分。美式期权指期权买方在合约到期日之前任意交易日都可以行使权利，也可以选择到期日行使权利。欧式期权指期权买方只能选择合约到期日行使权利，在合约到期日之前不能行权。美式期权和欧式期权在合约到期日（或到期日之前）不行权的，期权合约自动作废。

在衍生品市场，两种行权方式各有优势，没有绝对的优劣之分。由于可以在到期前提前行权，美式期权更具行权灵活性，相应而言期权价格也较高。美式期权的买方可以很好地规避风险，可以选择在有利于自己的任何时机行权，让偏离自身价值的期权标的产品的市场价格逐渐回归价值，保持市场的理性运行，防止期权到期时集中行权对市场造成冲击。美式期权合约到期日前的任意交易日都可以行权，对于卖方的投资策略是一个考验。卖方必须根据被行权期权的情况不断调整组合，以对冲敞口风险，这对卖方的风险控制能力提出了较高的要求。

欧式期权无法随时行权，买方存在资产受损的风险。欧式期权未到期，即使市场发生重大变化，买方也无法立即行权，仅能通过平仓的方式了结持仓。对于卖方来说，欧式期权有利于构建投资组合。期权卖方一般在卖出期权之初都会采取组合的形式来对冲风险，以保证资产的保值升值。而欧式期权由于期限固定，卖方在构建投资策略时可以直接持有到期，无需考虑期权随时被行权的履约风险，保证了投资组合的连续性。美式期权为投资者提供灵活的退出手段，在购买期权后，了结头寸的方式主要有平仓、行权或者持有到期失效。持有到期失效对期权买方来讲无疑是一种损失，在正常市场情况下，期权合约的市场流动性不足导致期权无法平仓了结时，美式期权为投资者提供了一条新的退出途径，投资者可以通过行权转换为标的资产的方式来结束交易。而欧式期权在市场流动性不足，无法平仓的情况下只能持有到期，对投资者时机把握能力的要求较高。

（4）标的证券的分析。虽然期权交易不完全取决于方向，但判断标的价格波动的方向，仍然是构建许多期权策略的直接依据。实践中，有统计数据显示，方向性收益仍然是期权投资的主要收益来源。例如，如果对标的价格看涨，投资者可以买入认购期权或卖出认沽期权；如果对标的价格看跌，投资者就可以买入认沽期权或卖出认购期权。不过，在许多情况下，标的价格的变化往往是波段性的，有上涨，有下跌，也有盘整，仅简单地买入或卖出期权，期待价格的大涨或大跌，就过于理想化了。因此，期权交易中，对标的证券的分析应该更加精细，除了大涨大跌之外，还可能小涨小跌，或不涨不跌。基于这些细化的价格变动分析，投资者可以构建更复杂的组合策略，以取得更好的成本收益结果。

（5）波动率的研判。期权的价格受标的价格和波动率的的共同影响，波动率对于期权交易十分重要。期权不仅可以交易方向，还可以交易波动率。对于刚刚接触期权的投资者来说，波动率是一个陌生的词汇，不太容易理解。尽管如此，投资者也不能因其复杂而忽视波动率的存在。期权交易中，投资者如果对标的价格的变动方向把握不准，则可以通过技术手段，使交易头寸保持市场中性，进行波动率交易。只要是买入期权，就是在做多波动率；卖出期权，就是在做空波动率。此外，期权交易中最基础的买入认购（沽）期权与卖出认沽（购）期权策略，都是基于对标的方向判断后的同向交易策略，但它们的区别在哪里？具体应该怎样运用？要搞清楚这些问题，就离不开对波动率的研判和预测。以买入认购期权与卖出认沽期权为例，两者都是同一个方向上的交易策略：都认为标的价格会上涨。但是，两个交易策略对波动率的看法却截然相反。投资者之所以买入认购期权，是认为波动率偏低，符合低买的交易原则；之所以卖出认沽期权，是认为波动率偏高，符合高卖的交易原则。可见，投资者在交易期权中，要防止做对方向，做错波动率，导致标的价格的有利变化被波动率的不利变化所抵消。因此，对波动率进行有效预测，并准确把握其变化规律，是期权投资制胜的核心技能之一。

2018 年 7 月 30 日，50ETF 的收盘价为 2. 587 元，表 4-4 是笔者基于当天收盘信息，对 50ETF 部分行权价格下的 8 月认购期权合约所做的价值变动分析。

表 4-4 2018 年 7 月 30 日对 8 月 50ETF 认购期权合约的价值变动分析

认购期权执行价格/元	标的价格上升 1%期权价格变动/%	隐含波幅下降 5%期权价格变动/%	两因素综合影响期权价格变动/%
2. 45	15. 17	-3. 52	12. 61
2. 5	18. 37	-7. 98	11. 88
2. 55	22. 00	-15. 02	8. 43
2. 6	26. 32	-24. 66	1. 92
2. 65	30. 61	-35. 57	-7. 70
2. 7	35. 96	-48. 04	-20. 12
2. 75	40. 73	-58. 89	-32. 93
2. 8	46. 15	-69. 03	-46. 07

资料来源：OptionsFront，富融期权。

从表 4-4 的价值分析可以看出，如果只是标的价格上升 1%，会导致各档次行权价格的 8 月认购期权价格大幅度上涨，涨幅从 15. 17%到 46. 15%。如果只是隐含波幅下降 5%，则刚好相反，会导致各档次行权价格的 8 月认购期权价格大幅度下跌，跌幅从 3. 52%到 69. 03%。如果两因素同时发挥作用，标的价格的有利变化的确被波动率的不利变化不同程度地抵消了，实值期权（行权价格等于及小于 2. 55 元）受影响的程度要小一些，虚值期权（行权价格等于及大于 2. 6 元）受到的影响则很大。例如，行权价格为 2. 8 元的 8 月认购期权，标的价格上涨 1%导致其暴涨 46. 15%，最后由于波动率下跌 5%，反而变为大跌 46. 07%。

（6）剩余时间的考量。期权是一种具有到期日和最后交易日的标准化合约，权利不是无限期的，而股票类标的资产则没有到期时间的限制。因此，除标的价格和波动率之外，时间对期权的价值也有很重要的影响。在对期权进行价值分析的时候，通常把其划分为内在价值与时间价值。同样条件下，到期时间越长，期权的时间价值越高，价值也就越大。只要没有到期，期权就有时间价值，就存在各种变化的可能。不过，时间价值是随时间流逝的，期权合约从上市交易的第一天起，剩余时间只会一天天的减少，因此，期权对买方或权利方而言，是一种损耗性资产，时间的流逝对买方是不利的。只要有时间，买方就有希望。对于卖方则刚好相反，时间就是他的朋友，时间的减少，会带来期权价值的下降，如果在到期时期权维持虚值状态，全部时间价值就转化成为卖方的收益。可见，对于期权买方而言，不宜买入剩余期限太短的深度虚值期权。

第二部分　期权定价

第 5 章

期权价格的影响因素与期权价格的上限与下限

期权价格的影响因素

一般来说，期权价格的影响因素主要包括以下六个方面：标的资产的价格，期权的执行价格，以年表示的期权合约的剩余到期时间，无风险利率水平，标的资产的波动率以及标的资产的红利收益或收益率。为方便起见，我们先对相关符号做如下定义：

S：标的资产价格

K：行权价格

r：无风险利率

D：标的资产在期权有效期内发放的股利现值

q：标的资产年化红利收益率

τ：到期年限（$T-t$）

σ：标的资产收益的年化波动率

标准正态分布曲线的密度函数：

$$N'(x)=\frac{1}{\sqrt{2\pi}}\mathrm{e}^{-0.5x^2}$$

累积正态分布函数（正态分布曲线密度函数下面的面积）：

$$N(x)=\frac{1}{\sqrt{2\pi}}\int_{-\infty}^{x}\mathrm{e}^{-0.5y^2}dy=1-\frac{1}{\sqrt{2\pi}}\int_{x}^{\infty}\mathrm{e}^{-0.5y^2}dy$$

$$N(-x)=1-N(x)$$

在讨论如何对某一期权定价前，我们先看看期权的价值构成。期权的价值由内在价值（INV）和时间价值（TM）两个部分构成。那么，何为内在价值？简单地讲，内在价值为持有人立即执行该期权所带来的收益。立即执行一份认购期权，其内在价值等于标的资产的价格减去执行价格。立即执行一份认沽期权，其内在价值则刚好相反，等于执行价格减去标的资产价格。即有：

认购期权内在价值=股票价格-执行价格

认沽期权内在价值=执行期权-股票价格

至于时间价值这个概念，存在比较大的争议，或者说容易出现理解偏差。一说到时间价值，金融专业人士很容易理解成所投资金的时间成本，其实这里的时间价值，是一个涵盖非常广的术语，可以被理解成在期权到期之前，一切潜在的可能因素，对期权影响的价值体现，不仅仅是资金成本那么简单。其实质是，在期权合约的有效期内，期权内在价值的波动给予其持有者收益的预期价值。在到期日之前，一份虚值期权可能会随着时间的推移转变成实值期权，期权的到期日越长，那么时间价值也就越大。比如，一份 1 个月后到期的 50ETF 认购期权，行权价格为 3 元，如果 50ETF 现价为 2. 95 元，预期一个月以后它的价格变为 3. 05 元，那么行权价格为 3 元的 50ETF 认购期权就从虚值转变成了实值，这就体现了期权的时间价值。期权在到期日当天只有内在价值，没有时间价值。从数量上来看，时间价值表现为期权实际价格与内在价值之差：

期权的时间价值=期权实际价格或期权费-内在价值

对于不同的期权，期权价格中，内在价值和时间价值所占的比例差别很大。对于平值（ATM）和虚值期权（OTM），因为内在价值为 0，所以期权价值只包含时间价值，对于实值期权（ITM），实值程度愈高，内在价值愈大，因此时间价值就愈小。期权价格或期权费与内在价值和时间价值之间的关系，如图 5-1 所示。

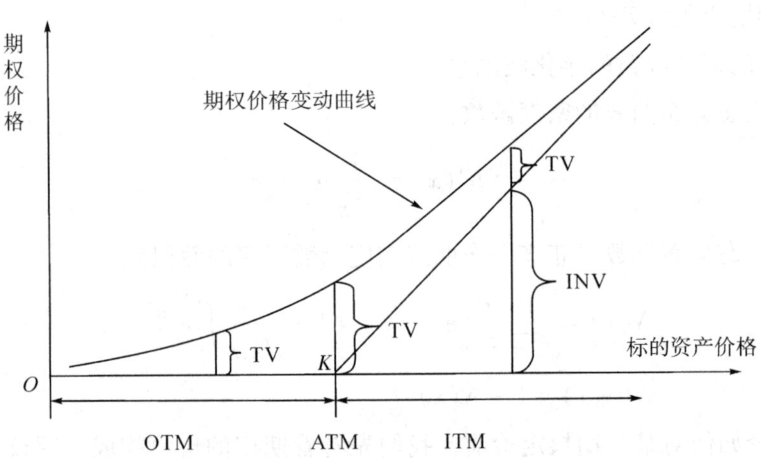

图 5-1　期权价格、内在价值（INV）和时间价值（TV）之间的关系

了解期权价值的结构后，要进一步确定期权的价格，我们首先需要对影响期权价格变化的主要因素进行定性分析。表 5–1 中，列出了六个主要因素对认购与认沽期权价格的影响方向，可以看出，无论是欧式期权还是美式期权，这些因素的影响在方向上是一致的。

表 5–1　影响期权价格变化的主要因素

影响因素	欧式认购	欧式认沽	美式认购	美式认沽
标的资产价格	+	−	+	−
期权执行价格	−	+	−	+
期权到期时间	+	+	+	+
标的资产波动率	+	+	+	+
无风险利率	+	−	+	−
标的资产收益	−	+	−	+

注：+ 表示增加或增大；− 表示减少或减小。

对于认购期权，标的资产价格、期权的有效期、标的资产的波动率和无风险利率这几个因素，与期权价格是正向关系，而执行价格和标的资产的收益率与期权价格是负向关系。对于认沽期权，执行价格、期权的有效期、标的资产的波动率和标的资产的收益率这几个因素，与期权价格是正向关系，而标的资产价格和无风险利率与期权价格是负向关系。六个因素中，期权的有效期和标的资产的波动率比较特殊，无论对于认购还是认沽期权，它们与期权价格都是正向关系。

期权的价值上限与下限

由于认购期权的内在价值等于股票价格减去行权价格，所以当股票的价格上升时，认购期权的价值上升。同理，由于认沽期权的内在价值等于行权价格减去股票价格，所以当股票价格上升时，认沽期权的价值下降。依据同样的原理，很容易看出，当行权价格上升时认购期权的价值下降，认沽期权的价值上升。

一般来讲，在期权的价值中，其中一部分是时间价值，期权到期期限越长，时间价值就越大，认购、认沽期权的价值就越大。

标的股票价格的波动率是用来度量未来股票价格的不确定性的，股票价格的波动率越大，那么股票价格就有更大的可能性上涨或下跌。对于认购期权，由于股票上涨的幅度变大，持有者获利的可能性就越大，同时其最多损失权利金，所以认购期权的价值随着波动率增大而增大。对于认沽期权，由于股票下跌的幅度变大，持有者获利的可能性也变大，同时其最多损失权利金，所以认沽期权的价值也随着波动率变大而变大。

市场无风险利率通常取短期国债的利率，它对期权价值的影响较为复杂。一方面，当市场无风险利率上升时，人们对股票未来的预期收益率就会提高，从而导致认购期权的价值上升，认沽期权的价值下降。另一方面，当市场无风险利率上升时，股票的价格往往会下跌，认购期权的价值下降，而认沽期权的价值则会上升。而在期权交易中，往往前一个原因更占主导位置，同时由于利率上升，行权价格的现值下降，因此，无风险利率增加时，认购期权的价值通常会上升，认沽期权的价值则会降低。

如果在期权到期日前，公司对标的股票进行了分红，持有标的资产会产生收益，那么在除息日后，股票价格往往会下跌。根据内在价值判断原理，认购期权的价值会变小，认沽期权的价值会变大。如果规定标的证券除权、除息时，交易所会对期权的行权价格、合约单位作相应调整的话，那么就可以规避红利给期权价值带来的影响。

在确定期权的确切价值之前，我们可以先对期权价值的上下界进行判断，以便快速掌握期权的价值范围。如表 5-2 所示，依据期权类型及是否支付红利收益，我们可得出不同期权的价值上限与下限。

表 5-2　期权价值的上限与下限

期权类型			上限	下限
欧式	认购期权	无收益	S	$Max[S-Ke^{-r(T-t)},\ 0]$
		有收益	S	$Max[S-D-Ke^{-r(T-t)},\ 0]$
	认沽期权	无收益	$Ke^{-r(T-t)}$	$Max[Ke^{-r(T-t)}-S,\ 0]$
		有收益	$Ke^{-r(T-t)}$	$Max[D+Ke^{-r(T-t)}-S,\ 0]$
美式	认购期权	无收益	S	$Max[S-Ke^{-r(T-t)},\ 0]$
		有收益	S	$Max[S-D-Ke^{-r(T-t)},\ 0]$
	认沽期权	无收益	K	$Max[K-S,\ 0]$
		有收益	K	$Max[D+K-S,\ 0]$

如图 5-2 所示，期权在到期日前的价值曲线，正好介于期权价值的上界曲线和下界曲线之间。

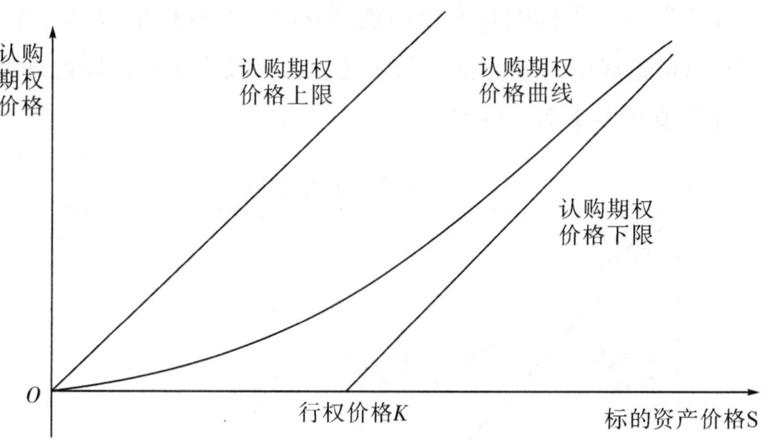

图 5-2　认购期权价格曲线与期权价格上下限之间的关系

对于认购期权而言，其价值上下界曲线都是朝向右上方，且可无限延伸，这就是我们通常所说的，持有认购期权，理论上收益是无限的。但这里有个前提条件，那就是标的资产的价格可以无限上涨，很显然，这是不切实际的。因此，在现实交易中，即便是认购期权的卖方，风险也不会是无限的，其买方收益通常也是有限的。图 5-3 是行权价格为 3 元、剩余期限 30 天的 50ETF 认购期权的价值随标的价格与波动率发生变化的曲面图。

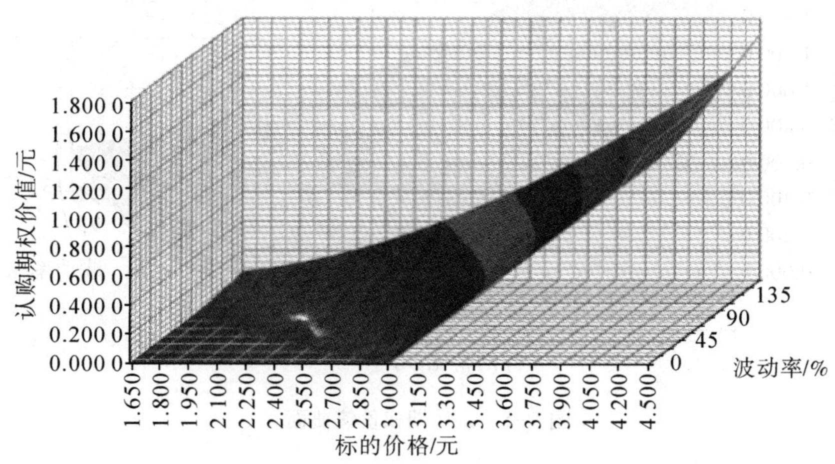

图 5-3　认购期权价值曲面

对于认沽期权而言，随着标的价格的下跌，其期权的价值会增加，但标的价格不会为负数，因此不可能无限跌下去，对应的期权价格是有确切上限的，也不可能无限上涨，这个上限就是当标的资产价格跌到 0 时，期权价格最高等于行权价格，见图 5-4。在正常的市场中，标的价格归 0 这种情况极为少见，因此即便是卖出认沽期权，风险也没有想象中那么可怕。

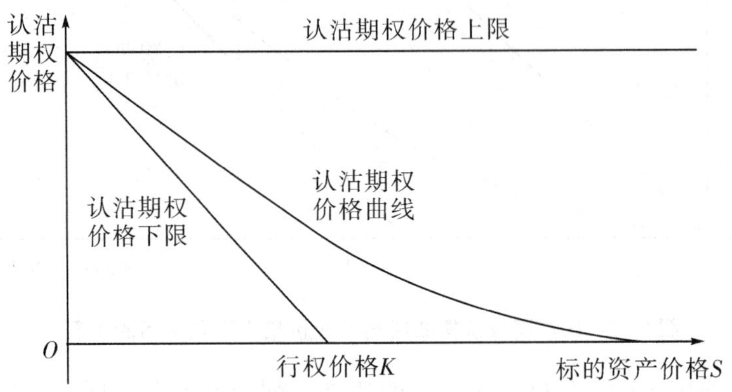

图 5-4　认沽期权价格曲线与期权价格上下限之间的关系

图 5-5 是行权价格为 3 元、剩余期限 30 天的 50ETF 认沽期权的价值随标的价格与波动率发生变化的曲面图。

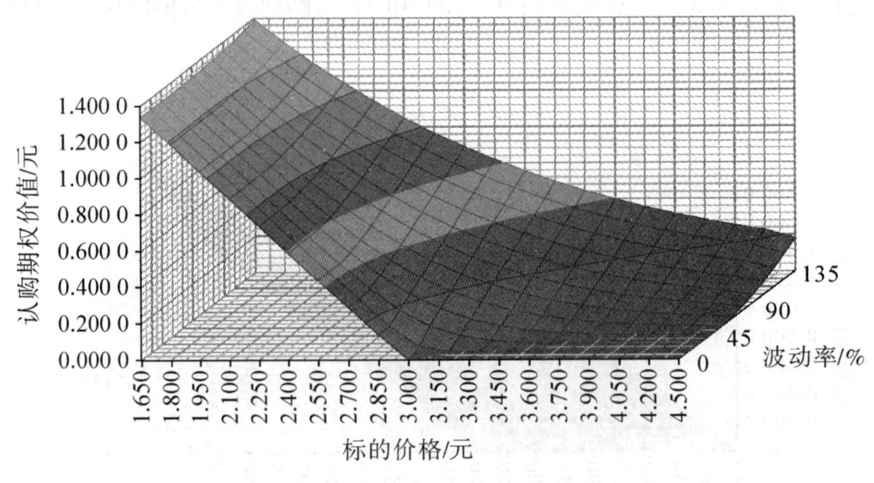

图 5-5　认沽期权价值曲面

关于美式期权的定价问题，其原理与欧式期权是相同的。主要区别在于，美式期权可以在到期前提前执行，因此在定价时需要考虑下面两个问题：一是提前执行合不合理，划不划算，如果提前执行不合理，不划算，那么就不用考虑第二个问题，其价格等同于欧式期权；二是如果提前执行是合理的，有利可图的，那么就需要确定这个提前执行产生的溢价。

一般认为，对于无收益资产美式认购期权，提前执行是不合理、不划算的。由于现金会产生收益，而支付现金提前执行认购期权得到的标的资产无收益，再加上美式期权的时间价值总是为正的，因此我们可以直观地判断提前执行无收益资产的美式认购期权是不明智的。对于无收益资产美式认沽期权，是否提前执行主要取决于期权的实值额（$K-S$）、无风险利率水平等因素。一般来说，只有当 S 相对于 K 来说较低，或者 r 较高时，提前执行无收益资产美式认沽期权才可能是有利的。

对于有收益资产美式认购期权，由于提前执行可较早获得标的资产，从而获得现金收益，而现金收益可以派生利息，因此在一定条件下，提前执行有收益资产的美式认购期权有可能是合理的。对于有收益资产美式认沽期权，提前执行意味着自己放弃收益权，因此有收益资产美式认沽期权提前执行的可能性变小，但还不能排除提前执行的可能性。

第 6 章

巴舍利耶模型

2020 年 4 月 20 日是芝加哥商品交易所集团的美国原油期货 5 月合约的最后交易日，盘中交易价格急剧下挫，下跌至史无前例的最低价-40.32 美元，当日公布的结算价为-37.63 美元，出现了原油期货合约上市以来第一个负值结算价。当地时间 4 月 21 日，芝加哥商品交易所集团决定于 4 月 22 开始，允许报价为负的原油期权上市。原来认为不可能的事情，现在变成了可能，标的价格为负，负行权价格的期权，在此之后都可以正常交易了。芝加哥商品交易所集团发布的关于结算价调整计划的文件，声称“对于任何月份的 WTI 原油期货，当它的结算价低于每桶 8 美元时，WTI 期货期权的结算价计算模型将从原来的模型切换到巴舍利耶（Bachelier）模型”。可见，期权定价模型经过 120 年的演变与发展，最终又回到了它的起点。因为，目前被广泛认可和普遍使用的期权定价模型“布莱克—斯科尔斯—默顿模型”（简称“BSM 模型”），就是在巴舍利耶模型基础上，经由许多金融学家不断优化改进得出的。目前广泛使用的期权定价模型，都是基于标的价格不小于 0 的假设条件推导出来的，如果标的价格和行权价格可以为负，那我们应该采用什么模型来对期权定价，又该如何确定结算价格呢？目前来看，芝加哥商品交易所集团以巴舍利耶模型来解决这一新问题。鉴于巴舍利耶模型在特殊情形下的特殊作用，我们有必要对它做出新的评价。

衍生品定价的数学思路

1900 年，法国数学家路易斯 · 巴舍利耶（Louis Bachelier），在名为《投机理论》的博士论文中，首次用热循环扩散方程来刻画股票市场的价格，对布朗运动给出数学描述，构建了资产价格随时间变化而变化的随机游走模型，由此给出了衍生品定价的数学思路，并推导出最早的期权价格公式，开启了金融数学时代。《投机理论》提出了期权定价取决于时间和标的资产波动率等重要思想，但这篇论文在当时并没有得到足够重视，直到 50 多年后，才被著名经济学家保罗·萨缪尔森（Paul Samuelson）发现并用于期权定价领域。

巴舍利耶模型被忽视的重要原因，是存在当时看来很明显的一个缺陷，它假定标的资产价格而非收益率服从正态分布，这就意味着允许标的资产价格取负值，标的价格的取值范围在负无穷大到正无穷大之间。另外，巴舍利耶模型没有考虑利率对期权价格的影响。不过，巴舍利耶模型给出了衍生品定价的基本思路，即标的资产价格变化是一个可以用布朗运动描述的随机过程，衍生品价格是这一随机过程的函数，通过求解随机微分方程就可得到衍生品价格模型。之后，经济学家在巴舍利耶模型基础之上，把标的价格服从正态分布修改为标的价格服从对数正态分布，进而演化出目前的 BSM 模型。

巴舍利耶期权定价公式

巴舍利耶模型除基于标的资产价格变化过程是绝对的布朗运动之外，还包括以下假设：①市场是充分流动的，标的资产价格的变动是连续的；②标的资产在“真实价格”附近波动；③标的资产价格变化相对平缓，波动率较小。根据巴舍利耶模型，认购期权和认沽期权的定价公式可写成下面的形式：

$$C(S,\ T) = (S - K)\ N(d_1) + \sigma\sqrt{T}N'(d_1)$$

$$P(S,\ T) = (K - S)\ N(-d_1) + \sigma\sqrt{T}N'(d_1)$$

$$d_1 = \frac{K - S}{\sigma\sqrt{T}}$$

巴舍利耶模型用于平值期权定价时，由于 $S=K$，认购与认沽期权的价格相等，因此，可得到期权价格的近似值：

$$C(S,\ T) = P(S,\ T) \approx \sigma\sqrt{\frac{T}{2\pi}} \approx 0.4\sigma\sqrt{T}$$

很容易发现，巴舍利耶的定价公式没有考虑风险中性世界中资金的时间价值，现在我们可以很方便地修正这个模型，得出考虑利率因素的版本：

$$C(S,\ T) = SN(d_1) - Ke^{-rT}N(d_1) + \sigma\sqrt{T}N'(d_1)$$

$$P(S,\ T) = Ke^{-rT}N(-d_1) - SN(-d_1) + \sigma\sqrt{T}N'(d_1)$$

$$d_1 = \frac{K - S}{\sigma\sqrt{T}}$$

总体来看，巴舍利耶模型确定的期权价格对标的资产价格变化更为敏感，尤其适用于标的价格和行权价格为负的特殊场景。从标的上说，原油这类商品由于承运、仓储、交割等多种原因，可能短暂地出现交易价格或期货价格为负的现象，但是对于大多数其他商品以及股票等金融资产来说，出现这种情形的可能性并不高，因此，巴舍利耶模型的实际使用机会并不会太多。

第 7 章

布莱克—斯科尔斯模型

布莱克—斯科尔斯（Black-Scholes）模型是 1973 年由美国金融学家 Fisher Black 和 Myron Scholes 推导出来的期权定价公式，通常简称为“BS 模型”。Black 和 Scholes 在有效市场和股票价格遵循几何布朗运动等一系列假设条件下，基于一个期权的损益可以由标的股票和无风险债券的适当组合来精确复制，即任一期权可以通过合成的办法来实现的复制原理，运用连续交易套期策略推出了著名的 BS 定价模型。

模型的假设条件

布莱克—斯科尔斯期权定价模型的基本假设包括：期权只能在到期日执行，股票或期权交易没有费用或税收；在衍生证券的有效期内没有红利支付，也不做其他分配；无风险利率 r 为常数且对所有到期日均相同；投资者能以无风险利率无限量地借入或贷出资金；不存在无风险套利机会；标的证券可以被自由地买卖，允许卖空，且所有证券都是完全可分的；证券交易是连续的，股票价格遵循随机游走的几何布朗运动，可描述为：

$$dS = \mu S_d t + \sigma S_d W$$

式中，dS 为股票价格瞬时变化值，dt 为极短瞬间的时间变化值，dW 是一个维纳过程，或称为标准布朗运动，即均值为 0，方差为 dt 的无穷小的随机变化值，即：

$$dW = \varepsilon \sqrt{dt}$$

ε 代表从标准正态分布（均值为 0，标准差为 1 的正态分布）中抽取的一个随机值，μ 为股票价格在单位时间内的期望收益率（以连续复利表示），σ 则是股票价格的波动率，即证券收益率在单位时间内的标准差。μ 和 σ 都是已知的。

模型的推导过程

股票价格遵循几何布朗运动，意味着在短时期内收益的变动来源于两个方面：一是单位时间内已知的一个收益率变化 μ，被称为漂移率，可以被看成一个总体的变化趋势；二是随机波动项，σdW 可以看作随机波动使得股票价格变动偏离总体趋势的部分。

模型假设标的证券价格在各节点上是一个给定概率下的连续随机过程，并通过随机积分推导出其解析解。推导的核心思路是，设计这样一个套期组合，能够完全复制期权的收益及风险特性。那么，以下两个量均应当与期权当前的公平价值相等：第一，构造该套期组合的当前成本；第二，该套期组合在期权到期日价值的期望值按无风险利率贴现后的现值。如果不等，则存在无风险套利机会。

由于股票价格遵循随机游走的几何布朗运动，在一个小的时间间隔 Δt 中，S 的变化值 ΔS 为：

$$\Delta S = \mu S\Delta t + \sigma S\Delta W$$

设 f 是依赖于 S 的衍生证券的价格，则 f 一定是 S 和 t 的函数，根据伊藤引理（伊藤引理是泰勒公式的自然扩展，推导过程见附录）可得：

$$df = (\frac{\partial f}{\partial S}\mu S + \frac{\partial f}{\partial t} + \frac{1}{2}\frac{\partial^2 f}{\partial S^2}\sigma^2 S^2)dt + \frac{\partial f}{\partial S}\sigma S_d W$$

故，在一个小的时间间隔 Δt 中，f 的变化值 Δf 满足：

$$\Delta f = (\frac{\partial f}{\partial S}\mu S + \frac{\partial f}{\partial t} + \frac{1}{2}\frac{\partial^2 f}{\partial S^2}\sigma^2 S^2)\Delta t + \frac{\partial f}{\partial S}\sigma S\Delta W$$

式中，ΔW 是一个不确定因素，为了消除这个风险源，可以构建一个包括 1 单位衍生证券空头和 $\frac{\partial f}{\partial S}$ 单位标的证券多头的组合。令 Π 代表该投资组合价值，则 $\Pi = -f + \frac{\partial f}{\partial S}S$，在 Δt 时间后，该投资组合的价值变化 $\Delta\Pi$ 为：$\Delta\Pi = -\Delta f + \frac{\partial f}{\partial S}\Delta S$。

代入前面给出的 Δf 和 ΔS 后可得：$\Delta\Pi = (-\frac{\partial f}{\partial t} - \frac{1}{2}\frac{\partial^2 f}{\partial S^2}\sigma^2 S^2)\Delta t$，由于消除了风险，组合 Π 必须获得无风险收益，即：$\Delta\Pi = r\Pi\Delta t$，因此：

$$(-\frac{\partial f}{\partial t} - \frac{1}{2}\frac{\partial^2 f}{\partial S^2}\sigma^2 S^2)\Delta t = r(\frac{\partial f}{\partial S} - f)S\Delta t$$

化简即可得出著名的“Black-Scholes 微分方程”：

$$\frac{\partial f}{\partial t} + rS\frac{\partial f}{\partial S} + \frac{1}{2}\sigma^2 S^2 \frac{\partial^2 f}{\partial S^2} = rf$$

Black 和 Scholes 给出了标的资产为不支付红利的股票的衍生证券在时刻 t 的价格 $f(S, t)$ 所满足的偏微分方程，它适用于其价格取决于标的证券价格 S 的所有衍生证券的定价。不同的衍生证券有着不同的边界条件，当衍生证券没有精确解析公式时，可以运用数值计算方法确定其近似解。对于欧式期权，Black-Scholes 模型能得出精确的定价公式，而美式期权由于找不到相应可行的解析解，所以通常使用数值方法对其定价。

布莱克—斯科尔斯期权定价公式

基于上述假设与思路，经过推导并利用欧式期权平价原理，可以得出无红利支付的欧式认购期权和欧式认沽期权的定价公式：

$$C(S, t) = SN(d_1) - Ke^{-r(T-t)}N(d_2)$$

$$P(S, t) = Ke^{-r(T-t)}N(-d_2) - SN(-d_1)$$

$$d_1 = \frac{\ln(S/K) + (r + \sigma^2/2)(T-t)}{\sigma\sqrt{T-t}}$$

$$d_2 = \frac{\ln(S/K) + (r - \sigma^2/2)(T-t)}{\sigma\sqrt{T-t}} = d_1 - \sigma\sqrt{T-t}$$

其中，$C(S, t)$ 表示欧式认购期权价格，$P(S, t)$ 表示欧式认沽期权价格，$T-t$ 表示距到期日的剩余时间，r 表示无风险利率，K 表示行权价格，$N(d)$ 表示标准正态分布变量的累计概率分布函数，即这个变量小于 d 的概率，根据标准正态分布函数特性，$N(-\mathrm{d}) = 1 - N(d)$。如果标的资产是有红利支付的，且红利收益率为 q，定价模型相应调整为：

$$C(S, t) = Se^{-q(T-t)}N(d_1) - Ke^{-r(T-t)}N(d_2)$$

$$P(S, t) = Ke^{-r(T-t)}N(-d_2) - Se^{-q(T-t)}N(-d_1)$$

$$d_1 = \frac{\ln(S/K) + (r - q + \sigma^2/2)(T-t)}{\sigma\sqrt{T-t}}$$

$$d_2 = \frac{\ln(S/K) + (r - q - \sigma^2/2)(T-t)}{\sigma\sqrt{T-t}} = d_1 - \sigma\sqrt{T-t}$$

模型中，d_1 衡量的是期权对股价的敏感程度，d_2 衡量的是期权最后被执行的可能性。$N(d_1)$ 是在风险中性测度下，按股价加权得到的期权被执行的可能性，即期权变成 ITM，也就是到期时是实值的概率。$N(d_2)$ 是在风险中性测度下，不按股价加权，期权被执行的概率。在对密度函数求积分过程中，当要求 $S(\tau)>K$ 时，就可推出 $x>-d_2$。由于 x 是标准正态分布，所以 $S(\tau)>K$ 的可能性就是 $N(d_2)$。

对于任何一个期权，在定价时都有两个不确定性需要考虑：一是这个期权到行权日到底是不是实值期权，也就是到底有没有行权的价值，比如投资者买了一个认购期权，但是行权日股价 S 低于 K，那么这个期权就没有价值。二是如果行权了，那么期望收益到底是多少。如果行权价是 K，在行权日股价是 S，那么行权收益就为 $S-K$。

这两个不确定性恰恰就对应着 BS 定价公式中的 $N(d_1)$ 和 $N(d_2)$。在 BS 公式中，N 代表了标准正态分布的累积密度函数，因此 $N(d_1)$ 和 $N(d_2)$ 就代表两个概率。其中，$N(d_2)$ 正是在风险中性世界中期权被行权的概率，即 $S(\tau)>K$ 的概率。因此 BS 模型的第二项，$Ke^{(-rT)}N(d_2)$，就是在当前时点考虑了行权概率后的行权费的期望，即为了在 T 时刻购买股票所需的期望成本。

由于第二项代表着期望成本，那么第一项必然代表着行权得到股票的期望收益。由于只有 $S(\tau)$ 大于 K 时才会行权，因此在行权的条件下，股票在行权时的期望价值是一个条件期望，即 $E[S(\tau) \mid S(\tau)>K]$。用这个条件期望乘以行权的概率 $N(d_2)$ 再把它折现到今天（乘以 $e^{(-rT)}$）就应该是 BS 模型中的第一项：

$$e^{-r\tau}E[S(\tau)\mid S(\tau)>K]N(d_2)=S_0N(d_1)$$

$$S_0=e^{-r\tau}E[S(\tau)]$$

$$e^{-r\tau}E[S(\tau)\mid S(\tau)>K]N(d_2)=e^{-r\tau}E[S(\tau)]N(d_1)$$

$$N(d_1)=\frac{E[S(\tau)\mid S(\tau)>K]}{E[S(\tau)]}N(d_2)$$

因为，$E[S(\tau) \mid S(\tau)>K]>E[S(\tau)]$，因此 $N(d_1)>N(d_2)$，这从 $d_1>d_2$ 且 $N(x)$ 是单调增函数也可以验证。根据这个关系，可以把 $N(d_1)$ 理解为风险中性世界中按照股票价格加权的行权概率。这与固定行权成本 K 不同，K 独立于股价，而收益并不独立于股价。

布莱克—斯科尔斯模型的局限

利用交易所上市的股票期权数据，对 BS 模型进行检验可以发现，模型对平值期权的定价结果令人满意，在高效的市场上与市场交易行情相差不大，特别是对剩余有效期限相对较长且不支付红利的期权效果尤佳。存在的问题是，模型对深度实值或深度虚值的期权估值偏差较大，标准的波动率曲线呈微笑状说明模型倾向于高估深度实值和深度虚值的期权价格。此外，模型对临近到期日的期权的估值也存在较大误差。导致BS模型的定价结果与实际市场不完全一致的原因，主要有两个，一是假设前提过于严苛，二是参数设定不够准确。假设前提过于严苛具体表现在以下几方面：

首先，对股价分布的假设。BS模型的一个核心假设就是股票价格波动满足几何维纳过程，从而股价的分布是对数正态分布，这意味着股价是光滑移动的。而在现实市场中，股价的变动不仅包括对数正态分布的情况，也包括由于重大事件而引起的跳跃，BS模型忽视了这种情形，因此可能导致定价误差。为解决这种间断的“跳空”，默顿提出了一种股票价格遵循跳跃过程的“跳—扩散”模型，在股票的几何布朗运动之上加了各种跳跃。罗斯、考科斯和马克·鲁宾斯坦则用二项分布取代对数正态分布，构建了一种简单的离散时间期权定价方法，即二项式期权定价模型，解决了这一问题。

其次，关于连续交易的假设。从理论上讲，投资者可以连续地调整期权与股票间的头寸状况，得到一个无风险的资产组合。但实践中这种调整必然受多方面因素的制约，包括：投资者往往难以按同一无风险利率借入或贷出资金，股票的可分性受具体情况制约，频繁调整必然会增加交易成本。因此，现实中常出现非连续交易的情况，此时，投资者的风险偏好必然影响期权的价格，而BS模型并未考虑到这一点。

再次，假定股票价格的波动率不变也与实际情况不符。研究表明，随着股票价格的上升，其波动率一般会下降，而并非独立于股价水平。此外，不考虑交易成本及保证金等的存在，也与现实不符。

最后，假设期权的基础股票不派发股息，这更限制了模型的广泛运用。股息派发的时间与数额均会对期权价格产生实质性的影响，不能不加以考察。因此，后续的研究对BS模型进行了适当的调整，使之能反映股息对期权价格的影响。具体方法如下：如果是欧式认购期权，调整的方法是将股票价格减去股息的现值替代原先的股价，而其他输入变量不变，代入BS模型即可。若是美式认购期权，第一步先按上面的办法调整后得到不提早执行情况下的价格；第二步需估计在除息日前立即执行情况下期权的价格，将调整后的股价替代实际股价，距除息日的时间替代有效期限、股息调整后的执行价格替代实际执行价格，连同无风险利率与股价波动率等变量代入模型即可；第三步选取上述两种情况下期权的较大值作为期权的均衡价格。不过，当股息支付情况比较复杂时，这种调整方法难度会比较大。此外，在参数设置方面，无风险利率的选取，波动率的计算与确定等，都会影响到模型的计算结果。

下面，我们使用2019年9月6日的50ETF期权的实际交易数据，对BS模型的定价结果进行验证。当天50ETF收盘市场价格为3.037元，导出历史数据，测算得到历史波动率为16.96%，9月期权还剩余19天到期，取5%的无风险利率，对行权价格在2.80~3.3元的8组认购和认沽期权进行BS模型估值，然后将估值结果与当天实际的期权交易价格进行比较，相关数据分析见表7-1和表7-2。

表7-1 认购期权的估值分析

认购期权		认购期权BS模型理论价/元	认购期权市场价格/元	认购期权内在价值	认购期权时间价值	BS理论价与市价之差
执行价格/元	目前状态					
2.80	8.46%实值	0.244 9	0.237 4	0.237 0	0.000 4	0.007 5
2.85	6.56%实值	0.196 4	0.191 7	0.187 0	0.004 7	0.004 7
2.90	4.72%实值	0.150 2	0.144 7	0.137 0	0.007 7	0.005 5
2.95	2.95%实值	0.108 1	0.105 2	0.087 0	0.018 2	0.002 9
3.00	1.23%实值	0.072 3	0.070 1	0.037 0	0.033 1	0.002 2
3.10	2.07%虚值	0.024 8	0.027 1	0.000 0	0.027 1	−0.002 3
3.20	5.37%虚值	0.005 7	0.010 3	0.000 0	0.010 3	−0.004 6
3.30	8.66%虚值	0.000 8	0.004 2	0.000 0	0.004 2	−0.003 4

表7-2 认沽期权的估值分析

认沽期权		认沽期权BS模型理论价/元	认沽期权市场价格/元	认沽期权内在价值	认沽期权时间价值	BS理论价与市价之差
执行价格/元	目前状态					
2.80	7.80%虚值	0.000 6	0.002 8	0.000 0	0.002 8	−0.002 2
2.85	6.16%虚值	0.002 0	0.004 6	0.000 0	0.004 6	−0.002 6
2.90	4.51%虚值	0.005 7	0.008 5	0.000 0	0.008 5	−0.002 8
2.95	2.86%虚值	0.013 5	0.016 8	0.000 0	0.016 8	−0.003 3
3.00	1.22%虚值	0.027 5	0.032 3	0.000 0	0.032 3	−0.004 8
3.10	2.03%实值	0.079 8	0.089 3	0.063 0	0.026 3	−0.009 5
3.20	5.09%实值	0.160 4	0.170 0	0.163 0	0.007 0	−0.009 6
3.30	7.97%实值	0.255 3	0.268 7	0.263 0	0.005 7	−0.013 4

从表 7-1 和表 7-2 的数据可知，就认购期权而言，BS 模型高估了实值期权而低估了虚值期权，而对于认沽期权，BS 模型的估值整体偏低，不过相对而言，对实值认沽期权的低估程度要大于对虚值认沽期权的低估程度。需要说明的是，这里的实证数据证实了 BS 模型的确存在定价偏差的缺陷，但上述表中数据显示的，对实值认购的高估与对虚值认购的低估，或对实值认沽的低估与对虚值认沽的相对高估，这些具体的偏差，可能并不具有普遍性。或许在不同的市场情况下，出现的偏差刚好相反。

附：伊藤引理的推导

伊藤引理是泰勒公式的自然扩展。考虑一个变量 S 的连续可微函数 f，如果 S 的一个小的变化为 ΔS，相应的 f 的一个小的变化为 Δf，则：

$$\Delta f \approx \frac{df}{dS}\Delta S$$

如果要求更精确的话，误差项包括高阶小量 $(\Delta S)^2$，则运用泰勒公式：

$$\Delta f \approx \frac{df}{dS}\Delta S + \frac{1}{2}\frac{d^2 f}{dS^2}(\Delta S)^2 + \frac{1}{6}\frac{d^3 f}{dS^3}(\Delta S)^3 + \cdots$$

如果连续可微函数 f 有两个自变量 S 、t，则类似的结果为：

$$\Delta f \approx \frac{\partial f}{\partial S}\Delta S + \frac{\partial f}{\partial t}\Delta t$$

更精确的泰勒展开式如下：

$$\Delta f \approx \frac{\partial f}{\partial S}\Delta S + \frac{\partial f}{\partial t}\Delta t + \frac{1}{2}\frac{\partial^2 f}{\partial S^2}(\Delta S)^2 + \frac{\partial^2 f}{\partial S\partial t}\Delta S\Delta t + \frac{1}{2}\frac{\partial^2 f}{\partial t^2}(\Delta t)^2 + \cdots$$

当 ΔS 和 Δt 趋于 0 时，有

$$df \approx \frac{\partial f}{\partial S}dS + \frac{\partial f}{\partial t}dt$$

我们对标准的维纳过程进行更一般化的扩展，使它能够包含遵循伊藤过程的变量的函数。在伊藤过程中，变量 S 的期望漂移率和方差率都随时间变化而变化：

$$dS = a(S,\ t)dt + b(S,\ t)dW$$

离散形式为：

$$\Delta S = a(S,\ t)\Delta t + b(S,\ t)\varepsilon\sqrt{\Delta t} \text{ 或 } \Delta S = a\Delta t + b\varepsilon\sqrt{\Delta t}$$

伊藤过程同几何布朗运动对比，其对应关系如下：

$$a(S,\ t)=\mu S,\ b(S,\ t)=\sigma S$$

在 $\Delta f(S,\ t)$ 的泰勒展开式中，我们保留 1 阶项，忽略 1 阶以上的高阶项，并进行以下极限运算：

$$\lim_{\Delta t\to 0}\Delta S\Delta t=\lim_{\Delta t\to 0}[a\Delta t^2+b\varepsilon\Delta t^{\frac{3}{2}}]=0$$

其展开式可以改写为：

$$\lim_{\Delta t\to 0}\Delta f=\frac{\partial f}{\partial S}\Delta S+\frac{\partial f}{\partial t}\Delta t+\frac{1}{2}\frac{\partial^2 f}{\partial S^2}\Delta S^2$$

$$\begin{aligned}\lim_{\Delta t\to 0}\Delta S^2&=\lim_{\Delta t\to 0}[a\Delta t+b\varepsilon\sqrt{\Delta t}]^2\\&=\lim_{\Delta t\to 0}[a^2\Delta t^2+b^2\varepsilon^2\Delta t+2ab\varepsilon\Delta t^{\frac{3}{2}}]\\&=b^2\varepsilon^2\Delta t\end{aligned}$$

因此，可得：

$$E(\Delta S^2)=E(b^2\varepsilon^2\Delta t)=b^2\Delta tE(\varepsilon^2)$$

由于 $\varepsilon\sim N(0,\ 1)$，则 $D(\varepsilon)=E[(\varepsilon-0)^2]=E(\varepsilon^2)=1$，因此 $E(\Delta S^2)=b^2\Delta t=\sigma^2S^2\Delta t$，故：

$$df=\frac{\partial f}{\partial S}dS+\frac{\partial f}{\partial t}dt+\frac{1}{2}\frac{\partial^2 f}{\partial S^2}\sigma^2S^2dt$$

由于股票价格遵循随机游走的几何布朗运动：

$$dS=\mu S_dt+\sigma S_dW$$

将 dS 代入，就可得到伊藤引理：

$$df=\left(\frac{\partial f}{\partial S}\mu S+\frac{\partial f}{\partial t}+\frac{1}{2}\frac{\partial^2 f}{\partial S^2}\sigma^2S^2\right)dt+\frac{\partial f}{\partial S}\sigma dW$$

第 8 章

二项式期权定价模型

二项式期权定价模型（Binomial Options Pricing Model，BOPM），也叫二叉树模型，是由罗斯、考科斯和马克·鲁宾斯坦提出来的，一种简单的离散时间期权定价方法，被称为 Cox-Ross-Rubinstein 二项式期权定价模型。

二项式期权定价的逻辑思路

二项式期权定价模型假设股价波动只有向上和向下两个方向，且假设在整个考察期内，股价每次向上（或向下）波动的概率和幅度不变。模型将考察的存续期分为若干阶段，根据证券价格的历史波动率模拟出标的资产在整个存续期内所有可能的发展路径，并对每一路径上的每一节点计算期权行权收益和用贴现法计算期权价格。对于美式期权，由于可以提前行权，每一节点上期权的理论价格应为期权行权收益和贴现计算出的期权价格两者的较大者。

二项式期权定价模型推导比较简单，更适合说明期权定价的基本概念。二项式期权定价模型建立在一个基本假设基础上，即在给定的时间间隔内，证券的价格运动有两个可能的方向：上涨或者下跌。虽然这一假设非常简单，但由于可以把一个给定的时间段细分为更小的时间单位，因而二项式期权定价模型适用于处理更为复杂的期权。

随着要考虑的价格变动数目的增加，二项式期权定价模型的分布函数就越来越趋向于正态分布，二项式期权定价模型和 BS 期权定价模型相一致。二项式期权定价模型的优点，是简化了期权定价的计算并增加了直观性，因此现在其已成为全世界各大证券交易所的主要定价标准之一。具体而言，二项式期权定价模型包括复制定价法、风险中性定价法和状态价格法等几种方法。

复制定价法

二项式期权定价模型的基本假设是在每一时期股价的变动方向只有两个，即上升或下降，其定价依据是在期权第一次买进时，建立起一个零风险套头交易，或者说使用一个证券组合来模拟期权的价值，该证券组合在没有套利机会时应等于买权的价格；反之，如果存在套利机会，投资者则可以买两者中价格便宜者，卖出价格较高者，从而获得无风险收益，当然这种套利机会只会在极短的时间里存在。这一证券组合的主要功能是给出了买权的定价方法。与期货不同的是，期货的套头交易一旦建立就不用改变，而期权的套头交易则需不断调整，直至期权到期。

假设一种不支付红利股票目前的市价为 3 元，我们知道在 3 个月后，该股票价格或者为 3.3 元，或者为 2.7 元。假设选择的无风险年利率为 5%，如何为一份 3 个月期执行价格为 3.1 元的该股票认购期权定价？

以下是标的股票 3 个月后的可能运行状况：

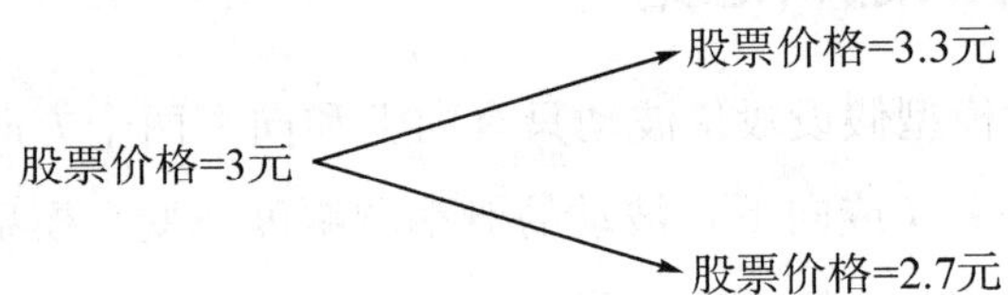

一份基于该股票的三个月到期的认购期权，执行价格为 3.1 元，当前这一期权的价格应该是多少？

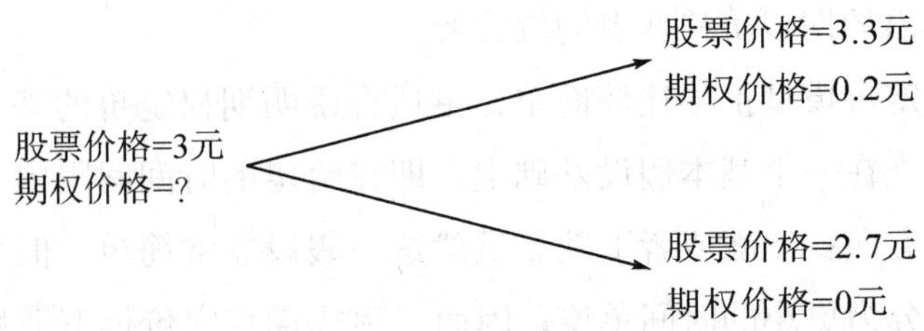

根据无风险套利原理，可用股票与其认购期权构造一个无风险资产组合。我们出售一份认购期权，同时持有 D 份股票，用股票多头对冲期权空头风险。对于一个对冲组合，必须满足无风险要求，即无论未来股票是上涨还是下跌，组合的收益都是相等的，因此，上涨的收益 $3.3D-0.2$ 必须等于下跌的收益 $2.7D$，这样可求出 $D=1/3$ 份。也就是说，在卖出 1 份执行价格为 3.1 元的 3 个月期认购期权大的同时，

需要买入 1/3 份标的股票，这样一个资产组合将不受未来股票价格波动的影响，因而是无风险的。

多头 1/3 份股票，空头一份认购期权，三个月后组合的价值为 3. 3 ×（1/3）－0. 2 ＝ 0. 9（元），按 5%的无风险利率折现：$0.9e^{-0.05\times0.25}=0.89$，故组合在时刻 0 的价值为 0. 89 元。股票目前的市价为 3 元，1/3 份股票在时刻 0 的价值是 1 元，从而，1 － 0. 89＝0. 11，期权在时刻 0 的价格应为 0. 11 元。

我们把上面的例子推广到一般情形。假设在期权到期时间 T 内，证券价格 S 只有两种运动的可能，一是从开始的 S 上升到原先的 u 倍，即到达 S_u；二是下降到原先的 d 倍，即 S_d。其中 $u>1$，$d<1$。相应地，一个依赖于该股票的认购期权 f，期权价值也会有所不同，分别为 f_u 和 f_d。

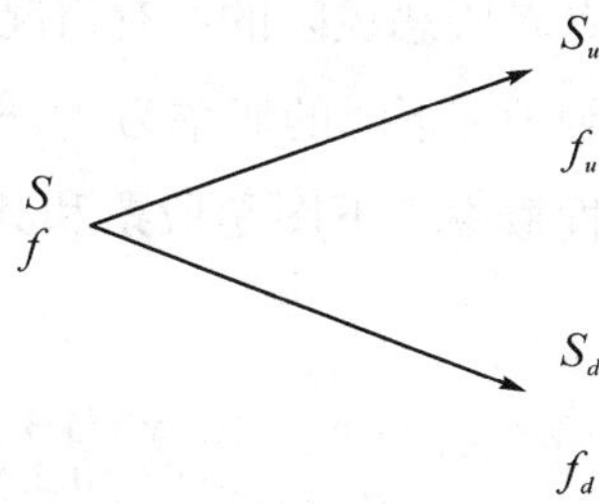

通过持有 D 份股票，空头一份衍生证券，构造一个无风险的对冲组合，要使这个组合无风险，即无论未来股票是上涨还是下跌，组合的收益都必须相等，因此有：

$$S_uD-f_u=S_dD-f_d$$

通过上式，解得：

$$\Delta=\frac{f_u-f_d}{S_u-S_d}$$

构造一个由 1 单位认购期权空头和 Δ 单位标的股票多头组成的完全对冲组合，计算得到该组合无风险时的 Δ 值，被称为对冲比率：

$$\Delta=\frac{f_u-f_d}{S_u-S_d}=\frac{\text{期权的变动范围}}{\text{股票价格的变动范围}}$$

组合在时刻 T 的价值为 S_uD-f_u，组合在时刻 0 的价值为 $(S_uD-f_u)e^{-rT}$，组合在时刻 0 的价值又可以表达为 $SD-f$。从而得到认购期权的价格：

$$f=S\Delta-(S_u\Delta-f_u)e^{-rT}$$

风险中性定价法

从以上复制定价法中可以看出，在确定期权价值时，我们并不需要知道股票价格在真实世界中上涨到 3.3 元的概率和下降到 2.7 元的概率。也就是说，我们并不需要了解真实世界中股票未来价格的期望值，而期望值的确定正与投资者的主观风险偏好相联系。因此，我们可以在假设风险中性的前提下为期权定价。在对衍生证券定价时，我们可以假定所有投资者都是风险中性的，这样可以大大简化工作。此时，所有证券的预期收益率都可以等于无风险利率 r，所有现金流量都可以通过无风险利率进行贴现求得现值，这就是风险中性定价原理。当然，风险中性假定仅仅是为了定价方便而作出的人为假定，但通过这种假定所获得的结论不仅适用于投资者风险中性情况，也适用于投资者厌恶风险的所有情况。

假设股票价格上升的概率为 P，下降的概率为（$1-P$），我们称 P 和（$1-P$）为股票价格上升和下降的风险中性概率。下图是股票和其期权的价格运行路径与概率分布：

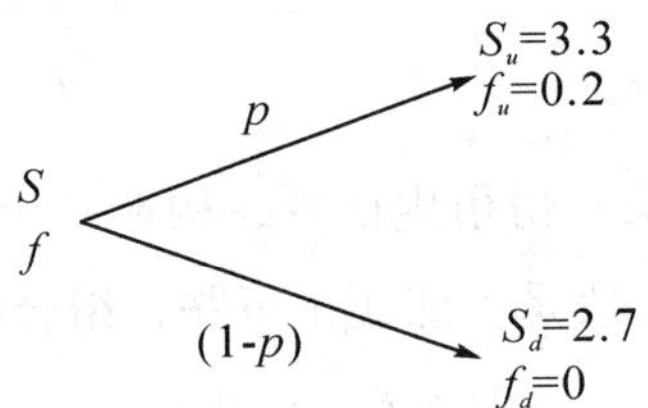

在风险中性世界里，资产的期望收益一定等于无风险收益，股票和期权的价值都可表示为其到期时刻期望收益按无风险利率折现后的现值：

$$S = [pS_u + (1 - p)S_d]e^{-rT}$$

$$f = [pf_u + (1 - p)f_d]e^{-rT}$$

算出风险中性概率 P，就可求得期权价格。在风险中性世界中，P 是风险中性概率，可通过两种方法得到。如果可以估计出未来股票价格的上涨或下跌的预测值，P 可通过下式得出：

$$P = \frac{Se^{rT} - S_d}{S_u - S_d}$$

如果能够估算出股票价格未来上涨和下跌的幅度，进而可以得出 u 和 d，P 可通过下式计算：

$$P = \frac{e^{rT} - d}{u - d}$$

前述例子中，根据风险中性定价原理，P 为：

$$P = \frac{3e^{0.05 \times 0.25} - 2.7}{3.3 - 2.7} \times 100\% = 56.29\% \text{ 或 } P = \frac{e^{0.05 \times 0.25} - 0.9}{1.1 - 0.9} \times 100\% = 56.29\%$$

可得出期权价格为：

$$f = (0.5629 \times 0.2 + 0.4371 \times 0) \times e^{-0.05 \times 0.25} = 0.11$$

可见，风险中性定价与复制定价方法的结果完全一样。到目前为止，我们讨论的是单步二叉树定价方法。其实，可以把期权的到期时间划分为若干区间，每一区间为一步，缩短每步的时间间隔，用多步二叉树模型可以得出更为精确的定价结果。如果把期权的有效期限划分为若干很小的时间间隔 Δt 年，同样假设在每一个时间间隔 Δt 年内证券价格 S 只有两种运动的可能，在第一个时间间隔 Δt 内，股票价格从开始的 S 上升到原先的 u 倍，即到达 S_u；下降到原先的 d 倍，即 S_d，对应的期权价值分别为 f_u 和 f_d。在第二个时间间隔 Δt 内，股票价格从 S_u 上升 u 倍，即到达 S_{uu}；下降 d 倍，即 S_{dd}，对应的期权价值分别为 f_{uu} 和 f_{dd}。可以同样的方法，拓展到多步二叉树。

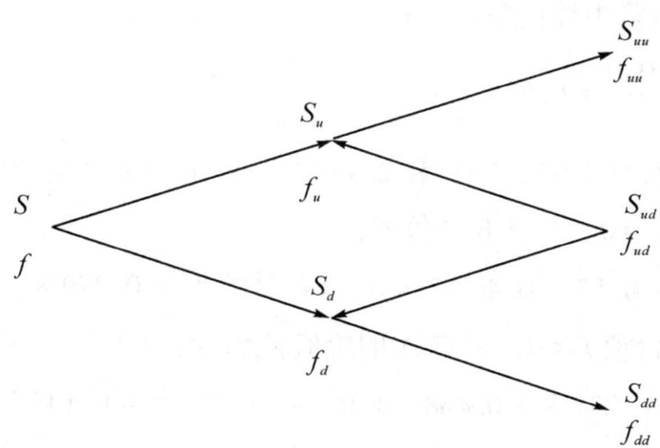

因为步长为 Δt，前面推导出的风险中性概率调整为：

$$P = \frac{e^{r\Delta t} - d}{u - d}$$

每个节点的期权计算公式如下：

$$f_u = [pf_{uu} + (1 - p)f_{ud}]e^{-r\Delta t}$$

$$f_d = [pf_{ud} + (1 - p)f_{dd}]e^{-r\Delta t}$$

$$f = [pf_u + (1 - p)f_d]e^{-r\Delta t}$$

将f_u和f_d带入f公式中，可得：

$$f=[p^2f_{uu}+2p(1-p)f_{ud}+(1-p)^2f_{dd}]e^{-2r\Delta t}$$

式中，p^2f_{uu}、$2p(1-p)f_{ud}$和$(1-p)^2$分别为股票价格取上、中、下三个节点值的概率。表示期权价格等于风险中性世界里的收益期望值以无风险利率进行贴现所得的现值。引入更多步数时，这一原理仍然成立。

我们把前面的例子扩展到两步二叉树，步长为1.5个月，即0.125年，依次求出D、E、F、B、C、A各点的期权收益。

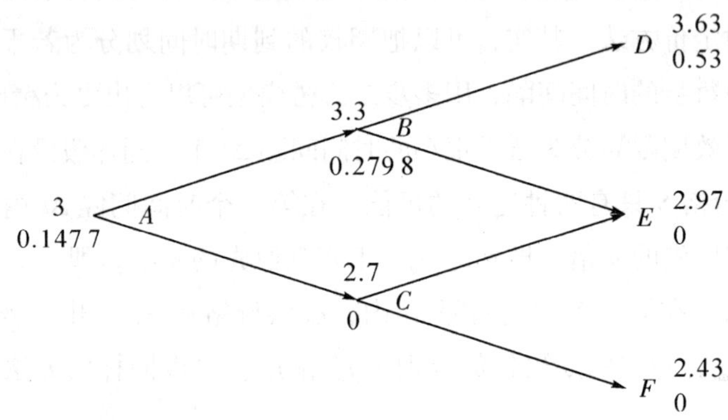

Δt为0.125，风险中性概率P为：

$$P=\frac{e^{0.05\times0.125}-0.9}{1.1-0.9}=0.531\ 3$$

当股票价格分别为3.63、2.97和2.43时，D、E和F点对应的期权价值分别为$f_{uu}=0.53$，$f_{ud}=0$，$f_{dd}=0$。节点B的价值：

$$f_u=(0.531\ 3\times0.53+0.468\ 7\times0)\times e^{-0.05\times0.125}=0.279\ 8$$

节点C的期权价值$f_d=0$，节点A的价值f为：

$$f=(0.531\ 3\times0.279\ 8+0.468\ 7\times0)\times e^{-0.05\times0.125}=0.147\ 7$$

我们也可以使用前面推导出来的公式直接计算：

$$f=[0.531\ 3^2\times0.53+2\times0.531\ 3\times0.468\ 7\times0+0.468\ 7^2\times0]\ e^{-2\times0.05\times0.125}=0.147\ 7$$

前述二叉树定价推导过程中，我们使用的是风险中性世界的上涨与下跌倍数u和d，实际中，在构造二叉树时，通常会选择u和d来使树形与股票价格的波动率σ相吻合。那么，就存在一个问题，在二叉树定价中，究竟应该选择现实世界还是风险中性世界的波动率？可以证明，选取哪个都没关系，两者都是一样的。不过，从现实世界转换到风险中性世界，股票价格的收益期望将会发生变化，但其波动率却保持不变。因此，在二叉树定价中，可以通过设定股票价格的上涨倍数$u=e^{\sigma\sqrt{\Delta t}}$与

下跌倍数 $d=\frac{1}{u}=e^{-\sigma\sqrt{\Delta t}}$ 时，让其与波动率相等。前述两步二叉树的例子中，如果股票年波动率是 27%，则 $u=e^{0.27\sqrt{0.125}}=1.1002$，$d=e^{-0.27\sqrt{0.125}}=0.9090$，那么风险中性概率 P 为：

$$P=\frac{e^{0.05\times0.125}-0.9090}{1.1002-0.9090}=0.5087$$

则需要根据基于股票波动率得出的 u 和 d，对各节点的股票价格做出调整，并重新计算风险中性概率，最后再倒推计算出当前的期权价格为 0. 135 8。树图如下：

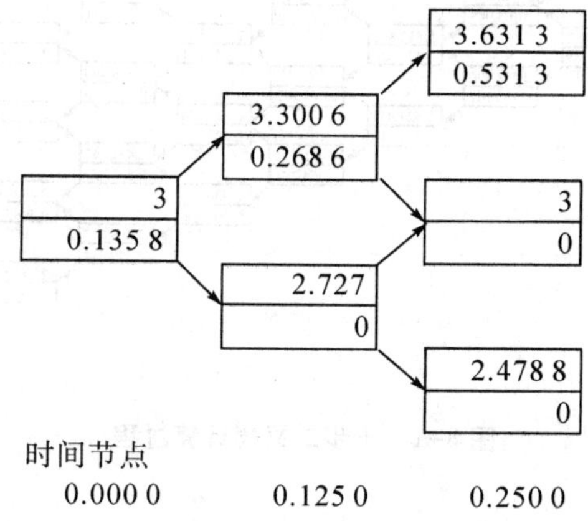

同样，也可以使用前面推导出来的公式直接计算：

$$f=[0.5087^2\times0.5313+2\times0.5087\times0.4913\times0+0.4913^2\times0]\,e^{-2\times0.05\times0.125}$$
$$=0.1366$$

由于小数取舍的原因，直接计算与分步倒推计算有小小的误差。使用二叉树模型对期权定价，步长设置越短，中间节点越多，期权价格就越精确。2019 年 6 月 6 日，50ETF 收盘价格 2. 704 元，其加权计算的历史波动率为 23. 15%，行权价 2. 75 元，剩余时间 20 天的 6 月份 50ETF 认沽期权"50ETF 沽 6 月 2750"，当天收盘价格为 0. 079 8 元。我们用二叉树模型对其价格进行估算，剩余期限 20 天，换算为 0. 005 48 年，步长设置为 2 天，共 10 步，无风险利率取 5%，计算结果为 0. 081 5 元，与实际交易价格仅相差 0. 001 7 元。十步二叉树计算过程如图 8-1 所示。

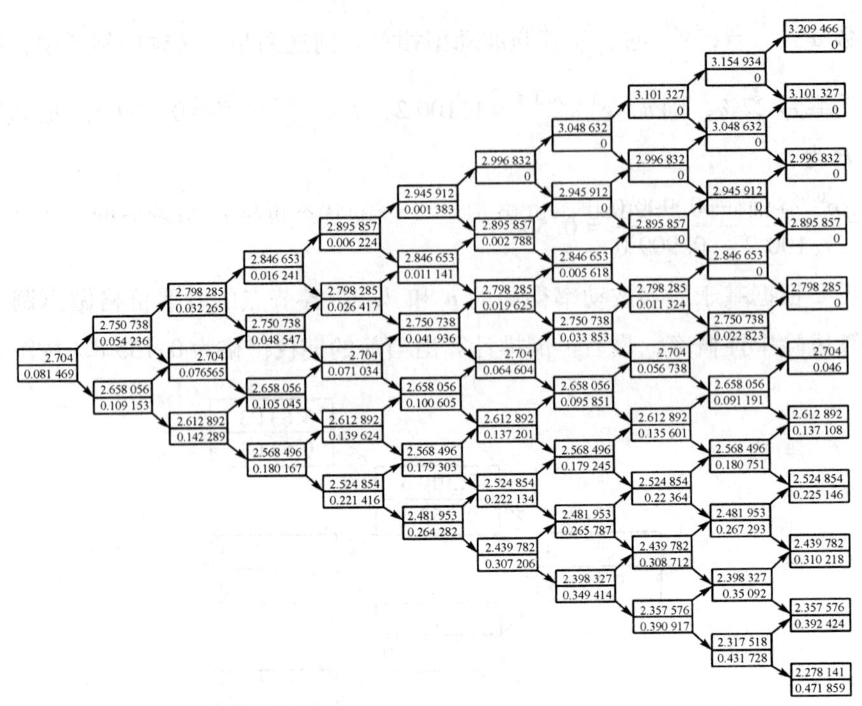

图 8-1 十步二叉树计算过程

状态价格法

对于某资产而言，假定其价格在未来时刻有 N 种状态，且这 N 种状态的价格都是已知的，那么我们只要知道该资产在未来各种状态下的回报状况以及市场无风险利率，就可以对该资产进行定价，这就是状态价格定价技术。

二项式期权定价的基本假设是，在每一时期股价的变动方向只有两个，即上升或下降。假设 1 元资产在价格上涨状态的市场价格为 q_u，在价格下跌状态的市场价格为 q_d，S 为资产在时期 0 的市场价格，u 表示资产在时期 1 的价格上涨幅度，d 表示资产在时期 1 的价格下跌幅度，那么，该资产的价格可以用状态价格来表示：

$$S = q_u S(1 + u) + q_d S(1 + d)$$

从上式可得：$q_u(1 + u) + q_d(1 + d) = 1$。且由单位基本证券组成的组合在时期 1 无论出现什么状态，其回报都是 1 元。对于无风险投资组合而言，其收益率应该等于无风险利率 r，因此有：$q_u(1 + r) + q_d(1 + r) = 1$。通过这两个方程，可以求得：

$$q_u = \frac{r - d}{(1 + r)(u - d)},\quad q_d = \frac{u - r}{(1 + r)(u - d)}$$

如果有一个基于该资产的行权价格为 K 的认购期权，我们就可以使用这些状态价格来对其定价：

$$C = q_u \max[S(1+u) - K, 0] + q_d \max[S(1+d) - K, 0]$$

定价原理可以这样理解，认购期权的价格 C 等于上涨状态的现金流和下跌状态的现金流，分别使用上涨的状态价格 q_u 和下跌的状态价格 q_d 折现后的金额之和。使用同样的方法，可以得出认沽期权的价格 P：

$$P = q_u \max[K - S(1+u), 0] + q_d \max[K - S(1+d), 0]$$

前面例子中，股票价格 3 元，行权价 3.1 元，剩余期限 3 个月，u 为 10.02%，d 为-9.1%，无风险利率 5%，计算得出 q_u 为 0.702 33，q_d 为 0.25，期权价格为 0.140 9 元。

我们已经推导出两时期的状态定价公式，同样的方法，可以把状态定价法拓展到多期。由于状态价格仅仅依赖于股票运动的状态和市场利率，因此在多期定价中，仍然使用相同的状态价格。并且，对于欧式期权而言，没必要计算出每个节点的期权现金流价格，根据最终节点的路径数和状态价格等参数，就可得出时期 0 每一个终期现金流的价格。下面是 n 时期基于状态定价方法的欧式期权二项式模型：

$$C = \sum_{i=0}^{n} \binom{n}{i} q_u^i q_d^{n-i} \max[S_0 (1+u)^i (1+d)^{n-i} - K, 0]$$

$$P = \sum_{i=0}^{n} \binom{n}{i} q_u^i q_d^{n-i} \max[K - S_0 (1+u)^i (1+d)^{n-i}, 0]$$

$$\binom{n}{i} = \frac{n!}{(n-i)!\ i!} = \frac{n \times (n-1) \times \cdots \times (n-i+1)}{i \times (i-1) \times \cdots \times 1}, \quad n = 0, 1, \cdots, n$$

上述公式中，i 是上涨次数，$n-i$ 是下跌次数，$q_u^i q_d^{n-i}$ 为在指定状态下每 1 元现金流的定价，即状态价格，$\binom{n}{i}$ 为二项式系数，表示对于相同终期现金流的路径数量。时期 0 指定终期现金流的价值由现金流、状态价格与路径数的乘积决定，期权在时期 0 的价值就是每个现金流现值的总和。

在实际运用中，为了方便对上涨与下跌幅度的估计，通常将期权剩余有效期限 T 划分为 n 个时期，每个时期长度 $\Delta t = T/n$，并设定每期股票价格的上涨为 $1 + u = e^{\sigma\sqrt{\Delta t}}$ 倍，下跌为 $1 + d = e^{-\sigma\sqrt{\Delta t}}$ 倍，让其与波动率相等，每期 1 元投资的收益按无风险利率以连续复利形式表示为 $1 + r \to e^{r\Delta t}$。对应地，需要在计算中，对状态价格 q_u、q_d 的计算公式需要做出如下调整：

$$q_u = \frac{e^{r\Delta t} - e^{-\sigma\sqrt{\Delta t}}}{e^{r\Delta t}(e^{\sigma\sqrt{\Delta t}} - e^{-\sigma\sqrt{\Delta t}})}, \quad q_d = \frac{e^{\sigma\sqrt{\Delta t}} - e^{r\Delta t}}{e^{r\Delta t}(e^{\sigma\sqrt{\Delta t}} - e^{-\sigma\sqrt{\Delta t}})}$$

二项式定价模型与BS模型的比较

前面讨论了二项式定价模型的几种具体方法，与BS模型相比，其最大的优势在于非常灵活，不仅可以用于对欧式期权定价，更适合于对美式期权定价，还可以用于对非标准期权定价。当然，不管是风险中性定价法还是状态价格法，其定价精度与模型步数或期数的大小有很大关系，随着步数或期数的增大，精度会相应提高，当其趋于无穷大时，二项式模型收敛于BS模型的定价结果。表8-1是使用BS模型对某股票认购期权的定价结果，表8-2是二项式模型定价与BS模型定价的结果比较。

表8-1 某股票认购期权数据与定价

股票价格/元	3.000
执行价格/元	3.10
到期时间/年	0.250 00
无风险利率/%	5.00
波动率/%	27.00
BS模型定价结果	0.134 193 849

表8-2 二项式模型定价与BS模型定价的结果比较

步数	二项式模型价格/元	与BS模型的差值	差值百分比/%
1	0.168 932 734	0.001 7	1.19
2	0.135 853 689	0.000 1	0.08
5	0.137 382 455	0.001 3	0.97
10	0.137 597 483	0.000 2	0.13
20	0.136 106 842	-0.000 2	-0.18
30	0.135 200 419	-0.000 1	-0.07
50	0.134 141 708	0.000 2	0.11
100	0.134 312 778	0.000 0	0.02
150	0.134 449 999	0.000 1	0.09
200	0.134 311 017	0.000 0	0.01
300	0.134 152 782	-0.000 1	-0.04
500	0.134 241 088	0.000 0	0.01
750	0.134 231 987	0.000 1	0.05
1 000	0.134 195 082	0.000 0	0.03

第9章

BAW 定价模型

美式期权的持有人拥有比欧式期权更多的获利机会，持有人花了更多的权利金，能否获得相应的回报，这取决于持有人能否抓住有利的时机，适时地执行这张合约，以期获取利润。这个问题对每个美式期权的持有人来说都必须要考虑。

美式期权的定价问题

从数学上来说，美式期权的定价问题是一个自由边界问题，在这里所谓的自由边界是这样一条需要确定的交界线，它把由标的资产价格和到期时间构成的区域 $\{0 \leqslant S < \infty,\ 0 \leqslant t \leqslant T)\}$ 分成两个部分，一部分是继续持有区域，即在该区域内继续持有期权更加划算；另一部分是终止持有区域，即在该区域内选择提前行权更加划算。这条自由边界又被称为最优执行边界。显然，对于每个美式期权的持有人来说，需要知道曲线的位置，以便制订出最优的执行方案。但美式期权与欧式期权不同，它不可能得到精确的显式解，因此，一个可行的近似解析解是很有必要的，所以美式期权的定价主要集中在数值解、近似解析解的研究上。

BAW 模型和蒙特卡罗法，都是一种近似解法。BAW 模型是 Barone-Adesi 和 Whaley 提出来，用以估算美式期权价格的一种近似方法，是 BS 模型的推广。BAW 模型主要将美式期权定价部分分解成两块，一部分是欧式期权，即通过 BS 模型进行定价，另一部分是由于美式期权可以提前行权而需要增付的期权金，因此可以看做是 BS 模型的直接推广。在不支付红利的情形下，美式认购期权一般是不会被提前行权的，因为提前行权将失去时间价值，而支付红利情况下，期权本身无法像标的资产分到红利，持续持有并不有利于买方。所以，美式认购期权和欧式认购期权应具有相同价格，可以通过 BS 模型进行定价。而美式认沽期权在标的资产价格处于低位的情况下，则会有可能被提早实施行权，并且，美式认沽期权的价格一般总是高于或等于相对应的欧式认沽期权的价格。

BAW 模型的推导

BAW 模型的核心逻辑是，考虑一个红利率为 q 的支付连续红利的股票期权，S 是 t 时刻的股票价格，令 $e(S, t)$ 为 t 时刻的美式期权价格和欧式期权价格之间的差额，也就是提早执行的溢价：

$$e(S, t) = f_A(S, t) - f_E(S, t)$$

其中，$f_A(S, t)$ 为 t 时刻的美式期权价格，$f_E(S, t)$ 为 t 时刻的欧式期权价格，都满足 Black-Scholes 微分方程，故 $e(S, t)$ 也必定满足 Black-Scholes 微分方程：

$$\frac{\partial e}{\partial t} + (r - q)S\frac{\partial e}{\partial S} + \frac{1}{2}\sigma^2 S^2 \frac{\partial^2 e}{\partial S^2} - re = 0$$

对于美式认沽期权与欧式认沽期权，只有当 $e(S, T) = 0$，$\lim\limits_{t \to T} e(S, t) = 0$ 时，才能保证满足边界条件：$f_A(S, T) = \max(K - S, 0) = f_E(S, T)$。

BAW 模型假设 $e(S, t) = (1 - e^{-rt})f(S, 1 - e^{-rt})$，因子 $(1 - e^{-rt})$ 可以这样理解：t 时间后得到 1 元，按无风险利率 r 折现后只值 e^{-rt} 元，如果要求立即兑现这 1 元收益，那么此时的提早执行溢价就是 $(1 - e^{-rt})$。基于上述假设，在分离出 $(1 - e^{-rt})$ 这个因子后，令 $\tau = T - t$，$h(\tau) = 1 - e^{-r\tau}$，$e(S, h) = h(\tau)f(S, h)$，$\alpha = \frac{2r}{\sigma^2}$，$\beta = \frac{2(r - q)}{\sigma^2}$，通过数学代换与变量置换，得到：

$$S^2 \frac{\partial^2 f}{\partial S^2} + \beta S \frac{\partial f}{\partial S} - \frac{\alpha}{h} f - (1 - h)\alpha \frac{\partial f}{\partial h} = 0$$

上式中，当 $\tau = 0$ 和 $\tau = \infty$ 时，方程最后一项 $(1 - h)\alpha \frac{\partial f}{\partial h} = 0$，BAW 模型可以得到精确解，如果 $(1 - h)\alpha \frac{\partial f}{\partial h} \neq 0$，BAW 模型令其等于 0，则可得到近似解。因此，令 $(1 - h)\alpha \frac{\partial f}{\partial h} = 0$，可以得到以下近似方程：

$$S^2 \frac{\partial^2 f}{\partial S^2} + \beta S \frac{\partial f}{\partial S} - \frac{\alpha}{h} f = 0$$

可见，BAW 模型把 $e(S, t)$ 所满足 BS 偏微分方程近似成为一个二阶常微分方程，再结合美式期权的边界条件，用 $c(S, t)$、$p(S, t)$ 分别表示 t 时刻的美式认购期权和美式认沽期权的价格，相应地以 $C(S, t)$、$P(S, t)$ 表示 t 时刻的欧式认购期权和欧式认沽期权的价格，可得出如下 BAW 模型美式认购期权的近似解：

$$c(S, t) = \begin{cases} C(S, t) + A_2\left(\dfrac{S}{S^*}\right)^{\gamma_2}, & S < S^* \\ S - K, & S \geqslant S^* \end{cases}$$

式中，S^* 为股票价格的临界点，当股票价格超过它时，期权应该被提前执行。从常微分方程中得到美式期权价格的形式解后，需利用边界条件来确定唯一解，BAW 模型中该解唯一依赖的未知量是美式期权行权时刻标的资产价格 S^*。美式期权行权的时刻应该是美式期权价值第一次等于内在价值的时刻，这个时刻的股票价格 S^*，可用牛顿迭代法来数值估算：

$$S^* - K = C(S^*, t) + \{1 - e^{-q(T-t)}N[d_1(S^*)]\}\frac{S^*}{\gamma_2}$$

对于美式认沽期权，BAW 模型的近似解如下：

$$p(S, t) = \begin{cases} P(S, t) + A_1\left(\dfrac{S}{S^{**}}\right)^{\gamma_1}, & S > S^{**} \\ K - S, & S \leqslant S^{**} \end{cases}$$

式中，S^{**} 可通过下面公式迭代估算得出：

$$K - S^{**} = P(S^{**}, t) - \{1 - e^{-q(T-t)}N[-d_1(S^{**})]\}\frac{S^{**}}{\gamma_1}$$

上面定价公式中，γ_1、γ_2、A_1、A_2、d_1 分别为：

$$\gamma_1 = \left[-(\beta - 1) - \sqrt{(\beta - 1)^2 + \frac{4\alpha}{h}}\right]/2$$

$$\gamma_2 = \left[-(\beta - 1) + \sqrt{(\beta - 1)^2 + \frac{4\alpha}{h}}\right]/2$$

$$A_1 = -\frac{S^{**}}{\gamma_1}\{1 - e^{-q(T-t)}N[-d_1(S^{**})]\}$$

$$A_2 = \frac{S^*}{\gamma_1}\{1 - e^{-q(T-t)}N[d_1(S^*)]\}$$

$$d_1(S) = \frac{\ln(S/K) + (r - q + \sigma^2/2)(T - t)}{\sigma\sqrt{T - t}}$$

对 BAW 模型的讨论与比较

BAW 模型得出来的是近似解，那么这个近似解是普遍适用的吗？这里有必要讨论一下其适用性问题。因在微分方程的代换过程进行了必要的假设和简化，并令 $(1-h)\alpha\frac{\partial f}{\partial h}=0$，由于 $\tau=T-t$，$h(\tau)=1-e^{-r\tau}$，$e(S,\ h)=h(\tau)f(S,\ h)$，因此：

$\lim\limits_{\tau\to\infty}h(\tau)=\lim\limits_{\tau\to\infty}(1-e^{-r\tau})=1\Rightarrow\lim\limits_{\tau\to\infty}(1-h(\tau))=0$，$\lim\limits_{\tau\to 0}\frac{\partial f}{\partial h}=\lim\limits_{\tau\to 0}\frac{\partial(e(S,\ h)/h(\tau))}{\partial h}=0$。

可见，BAW 模型定价的精确程度与 τ 的长度有很大关系，当其很长时，$(1-h)$ 趋向 0，当其很短时，$\frac{\partial f}{\partial h}$ 趋向 0。因此，只在这两种情况下，$(1-h)\alpha\frac{\partial f}{\partial h}=0$ 才成立，BAW 模型定价结果误差会比较小，如果期权到期时间在这两者之间，误差可能就比较大，好在目前交易所交易期权，到期时间通常都比较短，几乎都在 1 年以内，因此用 BAW 模型对其定价是没有问题的。

2019 年 8 月 1 日，标的资产 50ETF 收盘价为 2.935 元，为了比较 BS 模型与 BAW 模型的定价差异，我们提取 50ETF 认沽期权实际交易数据，设定无风险利率为 5%，以当日收盘价基于 BS 模型反推出不同行权价格下的 4 个期限的期权隐含波动率，再把这些隐含波动率用到 BAW 模型中，对期权重新定价，然后对 BAW 模型结果与市场收盘价格进行比较，两者之差就是 BAW 模型的提早执行溢价，具体结果如表 9-1 至表 9-4 所示。

表 9-1 剩余期限 27 天的 50ETF 认沽期权提早执行溢价

执行价格/元	目前状态	隐含波幅/%	市场价格（BS）/元	BAW	BAW-BS	占 BS 价格比/%
2.75	6.30%价外	19.87	0.005 0	0.005 1	0.000 09	1.79
2.80	4.60%价外	20.17	0.010 5	0.010 7	0.000 15	1.47
2.85	2.90%价外	20.38	0.020 4	0.020 7	0.000 27	1.32
2.90	1.19%价外	20.64	0.037 2	0.037 7	0.000 46	1.25
2.95	0.51%价内	21.07	0.059 5	0.060 3	0.000 79	1.32
3.00	2.17%价内	21.41	0.091 7	0.092 9	0.001 26	1.37
3.10	5.32%价内	22.33	0.171 9	0.174 5	0.002 62	1.53
3.20	8.28%价内	23.46	0.265 2	0.269 1	0.003 91	1.47
3.30	11.06%价内	24.91	0.362 8	0.367 6	0.004 75	1.31
3.40	13.68%价内	26.44	0.462 8	0.467 8	0.004 97	1.07

平均 1.39%

表 9-2 剩余期限 55 天的 50ETF 认沽期权提早执行溢价

执行价格/元	目前状态	隐含波幅/%	市场价格（BS）/元	BAW	BAW-BS	占 BS 价格比/%
2.75	6.30%价外	19.08	0.018 1	0.018 5	0.000 40	2.23
2.80	4.60%价外	19.15	0.028 6	0.029 2	0.000 59	2.07
2.85	2.90%价外	19.03	0.042 1	0.043 0	0.000 85	2.03
2.90	1.19%价外	19.35	0.061 6	0.062 8	0.001 23	2.00
2.95	0.51%价内	19.61	0.085 5	0.087 2	0.001 75	2.04
3.00	2.17%价内	20.37	0.116 0	0.118 4	0.002 40	2.07
3.10	5.32%价内	22.14	0.189 0	0.193 1	0.004 07	2.16
3.20	8.28%价内	24.60	0.274 4	0.280 4	0.005 97	2.18
3.30	11.06%价内	27.37	0.366 0	0.373 8	0.007 86	2.15
3.40	13.68%价内	30.75	0.461 9	0.471 2	0.009 28	2.01

平均 2.09%

表 9-3 剩余期限 146 天的 50ETF 认沽期权提早执行溢价

执行价格/元	目前状态	隐含波幅/%	市场价格（BS）/元	BAW	BAW-BS	占 BS 价格比/%
2.75	6.30%价外	19.87	0.052 4	0.054 6	0.002 20	4.21
2.80	4.60%价外	20.17	0.068 7	0.071 5	0.002 81	4.09
2.85	2.90%价外	20.38	0.087 1	0.090 6	0.003 54	4.07
2.90	1.19%价外	20.64	0.108 6	0.113 0	0.004 42	4.07
2.95	0.51%价内	21.07	0.134 0	0.139 5	0.005 45	4.07
3.00	2.17%价内	21.41	0.161 4	0.168 1	0.006 66	4.12
3.10	5.32%价内	22.33	0.225 0	0.234 5	0.009 55	4.25
3.20	8.28%价内	23.46	0.298 0	0.311 0	0.013 02	4.37
3.30	11.06%价内	24.91	0.379 1	0.395 8	0.016 73	4.41
3.40	13.68%价内	26.44	0.465 0	0.485 6	0.020 60	4.43

平均 4.21%

表 9-4 剩余期限 237 天的 50ETF 认沽期权提早执行溢价

执行价格/元	目前状态	隐含波幅/%	市场价格（BS）/元	BAW	BAW-BS	占 BS 价格比/%
2.75	6.30%价外	19.98	0.075 1	0.079 7	0.004 63	6.16
2.80	4.60%价外	20.23	0.092 5	0.098 2	0.005 64	6.09
2.85	2.90%价外	20.58	0.113 0	0.119 8	0.006 81	6.03
2.90	1.19%价外	20.72	0.133 9	0.142 1	0.008 15	6.09
2.95	0.51%价内	21.00	0.158 1	0.167 8	0.009 69	6.13
3.00	2.17%价内	21.34	0.185 0	0.196 4	0.011 42	6.17
3.10	5.32%价内	21.86	0.243 0	0.258 5	0.015 55	6.40
3.20	8.28%价内	22.76	0.311 2	0.331 6	0.020 34	6.53
3.30	11.06%价内	23.62	0.384 7	0.410 6	0.025 85	6.72
3.40	13.68%价内	24.78	0.465 3	0.496 8	0.031 48	6.77

平均 6.31%

比较分析可以证实两个结论：一是 BAW 模型得出的结果大于 BS 模型，美式认沽期权具有正的提前执行溢价；二是随着到期天数的增大，这个溢价逐渐增加。例如，剩余到期时间为 27 天时，BAW 模型比 BS 模型有平均 1.39%的提前执行溢价；剩余到期时间为 55 天时，这个溢价增大到平均 2.09%；剩余到期时间为 146 天时，平均溢价达到 4.21%；剩余到期时间为 237 天时，平均溢价进一步增加到 6.31%。

第 10 章

蒙特卡罗模拟法

根据资产价格呈对数正态分布的假设，模拟出资产在期权持有期内的不同的价格走势，得到资产在期权到期日的不同价格分布，由此根据期权在资产不同价格下的价值，得到期权在到期日的价值分布，再取期权在到期日价值的均值作为期权的价格，这就是蒙特卡罗模拟法。

蒙特卡罗模拟法的原理

假定资产价格呈对数正态分布，已知资产收益的年增长率 μ，收益的年波动率 σ，资产在时间 $t(0 < t < T)$ 的价格 S_t，资产在时间 $t + \Delta t$ 的价格为 $S_{t+\Delta t} = S_t \exp[(\mu - \sigma^2/2)\Delta t + \sigma\varepsilon\sqrt{\Delta t})]$，其中 $\varepsilon \sim N(0,1)$，为期望值为 0，标准差为 1，服从标准正态分布的随机变量，将期权的持有期 T 分成 n 个间隔相等的时段，每个时段 $\Delta t = T/n$，从资产在期权签约日的价格 S_0 开始，重复利用上述公式 n 次可得资产在期权到期日的一个价格 S_T，由资产的这个价格估计可得期权在到期日的一个价值估计。认购期权的价值估计：$C_T = \max(S_T - K, 0)$。认沽期权的价值估计：$P_T = \max(K - S_T, 0)$。

重复作这样的模拟 m 次，可得期权 m 个可能的价值，再取它们的均值即可得到期权的一个价格估计：$C = E(C_T)e^{-rT}$，$P = E(P_T)]e^{-rT}$。

蒙特卡洛模拟法是一种基于风险中性原理的期权数值定价方法。原理在于，任何资产在风险中性概率测度下，对于持有者来说都是风险偏好中性的，这样就可用风险中性概率求取期权的期望回报，然后再用无风险利率将其折现，从而得到初始时刻的期权价值。可见，在风险中性测度下，期权价格能够表示为其到期回报的期望值的现值。

由于在风险中性世界里，每个投资者对自己承担的风险不要求相应的补偿，所有证券的收益率都应当等于无风险收益率。由此可见，我们假设资产的价格以无风险利率 r 增长，而在真实世界里资产价格是以期望收益 μ 增长的，在风险中性世界里，这个期望收益发生了变化，变成了风险中性收益 r，这时的期望收益率等于无风险收益。因此，基于风险中性原理对期权定价，期望收益 μ 要被替换成它的风险中性值。进而，资产在时间 $t+\Delta t$ 的价格模拟随机方程就需要调整为：$S_{t+\Delta t} = S_t \exp[(r-\sigma^2/2)\Delta t + \sigma\varepsilon\sqrt{\Delta t})]$。

蒙特卡罗模拟法的步骤

用蒙特卡罗模拟方法计算期权价格的过程如下：

①输入标的资产及期权的有关参数 S_0，K，T，μ，σ，r，时段数 n 和模拟次数 m，并计算 $\Delta t = T/n$；

②对 $i = 1,2,\cdots,m$ 作下列模拟和计算：$S_{k+1} = S_k \exp[(r-\sigma^2/2)\Delta t + \sigma\varepsilon\sqrt{\Delta t})]$，$k=0,1,\cdots,n-1$，从 S_0 开始模拟，$S_0 \Rightarrow S_1 \Rightarrow S_2 \Rightarrow \cdots \Rightarrow S_{T-1} \Rightarrow S_T$，到 $S_T = S_n$，根据期权价值判断准则 $C_T = \max(S_T - K, 0)$ 或 $P_T = \max(K - S_T, 0)$，对每次模拟进行价值判断。

③取每次模拟价值的均值，计算 $E(C_T)$ 或 $E(P_T)$，最后折成现值得到期权价格。

关于模拟次数和计算精度之间的考量，理论上，要求模拟时段的长度应尽可能的短，模拟次数应尽可能的多，以便使所得的资产价格估计尽可能涵盖资产价格的真实分布，但这会大大增加模拟的计算工作量。对于期限短的期权，可以取一个工作日作为时段的长度，对于期限相对长的期权，可以取一周，或十个工作日作为一个时段，以减少模拟单个价格所需的工作量，同时又能较好地模拟价格走势。对于模拟次数，一般要求不少于 1 000 次，比较理想的次数在 5 000 至 10 000 之间。此外，资产价格分布的分析，包括收益的波动性和无风险利率等参数的估计也影响到模拟结果。需要指出的是，使用蒙特卡罗模拟法对期权定价，其实是用不到资产的期望收益的。

蒙特卡罗模拟法与 BS 模型定价法的结果比较

表 10-1 是 2019 年 7 月 26 日“50ETF 沽 8 月 3100”期权的相关数据，该期权在 8 月 28 日到期，剩余天数为 33 天。

表 10-1　50ETF 认沽期权数据

期权价格/元	2. 982
执行价格/元	3. 10
到期时间/年	0. 090 41
无风险利率/%	5. 00
波动率/%	21. 00

当天实际收盘价与结算价均为 0. 14 元，用 BS 模型计算其价格为 0. 139 4 元，为让大家了解蒙特卡罗模拟定价法的效果，我们与 BS 模型的定价情况做了一个比较，结果见表 10-2 和图 10-1。

表 10-2　蒙特卡罗模拟法与 BS 模型定价法的结果比较

模拟次数	蒙特卡罗模拟价格/元	与 BS 模型的差值	差值百分比/%
100	0. 136 9	-0. 002 5	-1. 79
500	0. 138 3	-0. 001 1	-0. 78
1 000	0. 140 8	0. 001 3	0. 97
5 000	0. 139 6	0. 000 2	0. 13
10 000	0. 139 2	-0. 000 2	-0. 18
15 000	0. 139 3	-0. 000 1	-0. 07
20 000	0. 139 6	0. 000 2	0. 11
25 000	0. 139 4	0. 000 0	0. 02
30 000	0. 139 5	0. 000 1	0. 09
35 000	0. 139 4	0. 000 0	0. 01
40 000	0. 139 4	-0. 000 1	-0. 04
45 000	0. 139 4	0. 000 0	0. 01
50 000	0. 139 5	0. 000 0	0. 03

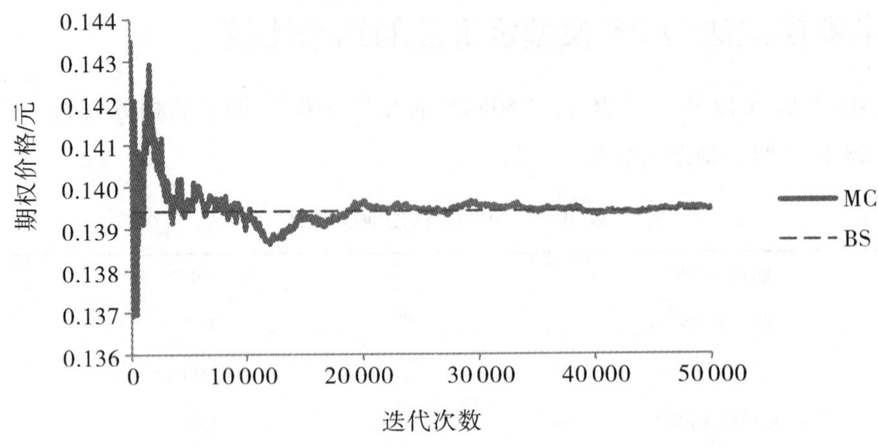

图 10-1　蒙特卡罗模拟法与 BS 模型的定价结果比较

可以看出，当模拟次数较小时，蒙特卡罗模拟法的误差比较大，随着模拟次数的增加，由模拟所得的期权价格同用 BS 模型计算的期权价格越来越接近，这反映出随着模拟次数的不断增多，模拟所得的股票价格越来越接近资产价格的真实分布。在模拟次数足够大的情况下，蒙特卡罗模拟法的定价结果几乎等于 BS 模型的定价结果，但如果模拟次数太大，运算耗时又较长，这个问题比较难以克服，影响到其推广与运用。

第 11 章

期权平价原理

欧式期权平价关系的推导

这个关系的推导同样也是利用无套利定价原理。考虑这样两个投资组合：组合 A 包括一份欧式认购期权和一笔金额为 $Ke^{-r(T-t)}$ 的无风险资产，组合 B 由一份欧式认沽期权和一股股票构成。如果期权市场定价不均衡，投资者可以通过出售 B 为购买 A 融资，实现套利。具体过程如表 11-1 所示。

表 11-1　欧式认购期权与认沽期权之间的平价关系

交易	t 时现金流	T 时现金流（$S_T < K$）	T 时现金流（$S_T \geqslant K$）
购买一个认购期权	$-C$	0	$S_T - K$
购买一个到期偿付 K 的债券	$-Ke^{-r(T-t)}$	K	K
出售一个认沽期权	$+P$	$-(K - S_T)$	0
卖空一只股票	S_0	$-S_T$	$-S_T$
总计	$-C - Ke^{-r(T-t)} + P + S_0$	0	0

期权定价均衡时，就不存在套利机会，t 时刻的现金流与 T 时刻的现金流相等：$-C - Ke^{-r(T-t)} + P + S_0 = 0$。因此，认购期权与认沽期权之间有下列关系：

$$C + Ke^{-r(T-t)} = P + S_0$$

如果上式不成立，则存在无风险套利机会，套利活动将最终促使上式成立。

这样一个由无套利均衡技术构造的两资产组成的套利组合，其期初构建成本必然相等，否则就会出现套利机会，从而得到无红利支付的欧式期权平价关系。

重新考虑两证券组合：组合 A 包括一份欧式认购期权和一笔金额为 $D+Ke^{-r(T-t)}$ 的无风险资产，组合 B 为一股股票，该股票在期权有效期内将发放现值为 D 的股利，通过分析到期日的收益情况，我们可以得到认购期权的价格下限：

$$C \geqslant S_0 - D - Ke^{-r(T-t)}$$

重新考虑两证券组合：组合 A 包括一份欧式认沽期权和一股股票，组合 B 包括一笔金额为 $D+Ke^{-r(T-t)}$ 的无风险资产，同样地，我们比较到期日的收益，得到认沽期权价格下限：

$$P \geqslant D + Ke^{-r(T-t)} - S_0$$

比较以上两组证券组合中的第一个组合的到期日收益，我们可以得到预期有股利发放时的欧式认购认沽期权平价关系：

$$C + D + Ke^{-r(T-t)} = P + S_0$$

如果标的资产支付连续股息 q，欧式认购认沽期权平价关系也可写成：

$$C + Ke^{-r(T-t)} = P + S_0e^{-q(T-t)}$$

美式期权平价关系

对于美式期权，由于权利方可以在到期之前任意时间要求提前执行期权，因此美式认购期权与认沽期权之间，不存在前述欧式期权那种严密的平价关系，但对于不支付红利的美式期权，认购期权与认沽期权之间满足：

$$S_0 - K \leqslant C - P \leqslant S_0 - Ke^{-r(T-t)}$$

如果标的资产在期权有效期内有现金流入，期权价格会受到影响，美式期权的平价关系则被修正为：

$$S_0 - D - K \leqslant C - P \leqslant S_0 - Ke^{-r(T-t)}$$

如果标的资产支付连续股息 q，美式期权的平价关系也可写成：

$$S_0e^{-q(T-t)} - K \leqslant C - P \leqslant S_0 - Ke^{-r(T-t)}$$

期权平价关系的验证

表 11-2 中，我们用 BS 模型计算出，在 2019 年 9 月 5 日还剩余 20 天的 50ETF 期权系列行权价的认购与认沽期权的理论价格，来验证欧式认购期权与认沽期权之间的平价关系。表 11-2 中②+③= $C+Ke^{-r(T-t)}$，①+④= $P+S_0$，可见，基于 BS 模型的理论价格，这一关系是精确成立的。

表 11-2　欧式认购期权与认沽期权之间平价关系的验证

标的价格	3.004 元①
剩余时间	20 天
历史波动率	15%
无风险利率	5%

行权价格/元	行权价现值②/元	Call 理论价格③/元	Put 理论价格④/元	②+③	①+④
2.70	2.6926	0.3114	0.0000	3.0040	3.0040
2.75	2.7425	0.2617	0.0002	3.0042	3.0042
2.80	2.7923	0.2124	0.0007	3.0047	3.0047
2.85	2.8422	0.1643	0.0025	3.0065	3.0065
2.90	2.8921	0.1193	0.0074	3.0114	3.0114
2.95	2.9419	0.0798	0.0178	3.0218	3.0218
3.00	2.9918	0.0484	0.0362	3.0402	3.0402
3.10	3.0915	0.0125	0.1000	3.1040	3.1040
3.20	3.1912	0.0019	0.1891	3.1931	3.1931
3.30	3.2910	0.0002	0.2871	3.2911	3.2911
3.40	3.3907	0.0000	0.3867	3.3907	3.3907

不过，值得注意的是，由于 BS 模型使用相同的历史波动率，对同一标的的不同行权价格的期权定价，这是其最明显的缺陷，而现实市场中，不同行权价格期权的波动率可能并不相同，这一平价关系可能存在一定的误差。由于不同在值程度的期权，适用的波动率是不同的，通常可以使用波动率微笑或倾斜曲线，对其进行必要的修正。表 11-3 中，我们用当天的实际交易价格对前面例子中的认购期权与认沽期权的平价关系进行验证，可以发现，表中②+③并不等于①+④，两者之间有一定的误差，当然，这个误差除了波动率因素外，也可能包含定价错误，在排除波动率因素的影响后，通过这一平价关系，也就可以发现套利机会。

表 11-3　非恒定波动率条件下的欧式期权平价关系

标的价格	3.004 元①
剩余时间	20 天
各自隐波	不等
无风险利率	5%

行权价格/元	行权价现值②/元	Call 隐波/%	Call 实际价格③/元	Put 隐波/%	Put 实际价格④/元	②+③	①+④
2.70	2.6926	0.00	0.3042	24.81	0.0019	2.9968	3.0059
2.75	2.7425	0.00	0.2555	23.03	0.0029	2.9980	3.0069
2.80	2.7923	0.00	0.2067	21.43	0.0047	2.9990	3.0087
2.85	2.8422	0.00	0.1606	19.74	0.0076	3.0028	3.0116
2.90	2.8921	12.85	0.1163	18.78	0.0139	3.0084	3.0179
2.95	2.9419	14.42	0.0785	18.39	0.0259	3.0204	3.0299
3.00	2.9918	15.59	0.0500	18.56	0.0461	3.0418	3.0501
3.10	3.0915	17.09	0.0169	20.94	0.1133	3.1084	3.1173
3.20	3.1912	19.58	0.0062	26.98	0.2049	3.1974	3.2089
3.30	3.2910	22.95	0.0031	32.08	0.2998	3.2941	3.3038
3.40	3.3907	26.71	0.0020	38.07	0.3981	3.3927	3.4021

第 12 章

期权价格的分解与动态估算

我们已经探讨过期权价值的决定因素，以及目前主流的期权价格决定模型与方法。但对于专业的期权机构或交易者来说，在日常的策略制定或期权交易中，还希望进一步地对期权头寸或组合进行业绩归因，清楚了解其盈亏的来源和占比，或通过对决定期权价格的几个主要因素的分析，快速地估算下个交易日期权的价格变化，以便更有针对性地制定或调整策略组合与交易方案，更精准地控制风险，获取更具确定性的收益。

希腊值与期权价格分解

根据决定期权价格的六个因素，除行权价格一经确定就不会发生变化之外，其他几个因素都有可能发生改变，标的资产价格可能会上涨或下降，标的波动率可能会变大或变小，剩余时间肯定会变短，无风险利率可能会提高或降低。这些变量的变化，分别会对期权价格产生什么样的影响，我们已经在前文分析过了。具体如何量化，我们也已经知道，希腊值就是量化这些变量对期权价格变动影响的敏感性工具。因此，期权价格的分解与动态估算，其实就是对希腊值的运用。

我们知道，希腊值根据对期权定价公式求偏导的不同阶数来分，有一阶、二阶、和三阶希腊值。常用的一阶希腊值有 Delta、Vega、Theta 和 Rho，常用的二阶希腊值有 Gamma、Vanna、Charm、Vomma 和 Veta，常用的三阶希腊值有 Speed、Zomma、Color 和 Ultima。

在实际交易过程中，通过对希腊值的计算与监测，交易者可清楚期权价格变动主要由哪些因素造成，每天所交易的期权盈利与亏损主要集中在哪些地方，从而找出每笔交易背后的价动归因，以实现对投资交易进行灵活、有效的动态管理。

泰勒级数展开式与期权价值归因

利用希腊值来解释期权价格变动的主要理论基础是泰勒公式，泰勒级数是用高阶无穷小求一个更接近的近似值的一种近似方法。泰勒级数展开式如下：

$$f(x)=\frac{f(x_0)}{0!}+\frac{f'(x_0)}{1!}(x-x_0)+\frac{f''(x_0)}{2!}(x-x_0)^2+\cdots+\frac{f^{(n)}(x_0)}{n!}(x-x_0)^n+R_n(x)$$

把泰勒级数运用到对期权价值变动的归因分析，基于常用的希腊值 Delta、Vega、Theta、Rho 和 Gamma，可得出期权价格的泰勒展开式：

$$\text{P\&L}=\text{Delta}\times\Delta S+\text{Vega}\times\Delta\sigma+\text{Theta}\times\Delta t+\text{Rho}\times\Delta r+1/2\times\text{Gamma}\times(\Delta S)^2$$

无论一阶、二阶还是更高阶的希腊值，其作用都是用来理解布局复杂的期权持仓的风险收益结构。更直观地讲，就是用希腊值来预估行情变化之后的期权持仓损益。买入一张期权合约，当行情变动 ΔS，波动率变动 $\Delta\sigma$，时间过去 Δt 天，利率变动 Δr 时，可以运用希腊值估算期权的损益 P&L，对期权进行业绩归因分析，搞清楚哪个因子在赚钱，贡献了多少，哪个在亏钱，亏了多少。在资金有限时，可以通过对比多个交易机会的收益率和损益比来择优建仓。关于希腊值的应用，首先要解决数学问题，然后在实践中只要把握好统一计量单位、保持标的物一致性、实时计算这几个要素即可。

前述泰勒展开式，是取传统上对期权价格有重要影响的 5 个因子得出的，方程中包含 4 个一阶希腊值和 1 个二阶希腊值，对于一般投资者而言，这个分解方程就足以满足需要了。对于期权机构或专业投资者来说，如果需要提高泰勒展开式的精确程度，还可以纳入除 Gamma 以外的更多二阶希腊值，包括一、二阶希腊值后的分解方程如下：

$$\text{P\&L}=\text{Delta}\times\Delta S+\text{Vega}\times\Delta\sigma+\text{Theta}\times\Delta t+\text{Rho}\times\Delta r+1/2\times\text{Gamma}\times(\Delta S)^2+\text{Charm}\times\Delta S\times\Delta t+\text{Vanna}\times\Delta S\times\Delta\sigma+1/2\times\text{Vomma}\times(\Delta\sigma)^2+\text{Veta}\times\Delta\sigma\times\Delta t$$

除一阶、二阶希腊值外，还可以进一步纳入更高阶三阶希腊值，因此最为完整的分解方程如下：

$$\text{P\&L}=\text{Delta}\times\Delta S+\text{Vega}\times\Delta\sigma+\text{Theta}\times\Delta t+\text{Rho}\times\Delta r+1/2\times\text{Gamma}\times(\Delta S)^2+\text{Charm}\times\Delta S\times\Delta t+\text{Vanna}\times\Delta S\times\Delta\sigma+1/2\times\text{Vomma}\times(\Delta\sigma)^2+\text{Veta}\times\Delta\sigma\times\Delta t+1/6\times\text{Speed}\times(\Delta S)^3+1/2\times\text{Color}\times(\Delta S)^2\times\Delta t+1/2\times\text{Zomma}\times(\Delta S)^2\times\Delta\sigma+1/6\times\text{Ultima}\times(\Delta\sigma)^3$$

基于多阶希腊值的期权价格变动的估计

2019年9月11日，50ETF收盘价格为3.007元，9月合约剩余到期时间为14天，收盘后，我们想对次日即9月12日的期权价格变动做一个预测。假如次日标的50ETF价格上涨0.040元，波动率在今日各期权的隐含波动率基础上下降0.28%，时间流逝1天，利率保持不变，下面我们分别用BS模型、传统5希腊值、二阶希腊值以及三阶希腊值，分别对从2.7到3.4的11个行权价格的CALL（认购期权）与PUT（认沽期权）进行价格变动估计，结果见表12-1和表12-2。

表12-1　50ETF认购期权价格变动的预测与估计　　单位：元

CALL执行价格	Call当前市场价格	BS模型预测理论价格	BS模型预测市价变动	传统5希腊值估计价格变动	二阶希腊值估计价格变动	三阶希腊值估计价格变动
2.70	0.313 4	0.352 2	0.038 8	0.039 431	0.039 592	0.039 569
2.75	0.264 8	0.302 9	0.038 1	0.038 862	0.039 102	0.039 057
2.80	0.215 0	0.252 9	0.037 9	0.038 704	0.038 982	0.038 901
2.85	0.165 8	0.203 1	0.037 3	0.038 249	0.038 591	0.038 442
2.90	0.122 8	0.156 5	0.033 7	0.035 196	0.035 599	0.035 400
2.95	0.082 0	0.111 4	0.029 4	0.031 311	0.031 613	0.031 391
3.00	0.050 1	0.072 8	0.022 7	0.025 039	0.025 036	0.024 914
3.10	0.015 6	0.025 0	0.009 4	0.011 513	0.010 974	0.011 127
3.20	0.005 2	0.008 3	0.003 1	0.004 455	0.003 981	0.004 134
3.30	0.002 1	0.003 2	0.001 1	0.001 853	0.001 553	0.001 645
3.40	0.001 2	0.001 7	0.000 5	0.000 987	0.000 788	0.000 842

表12-2　50ETF认沽期权价格变动的预测与估计　　单位：元

PUT执行价格	Put当前市场价格	BS模型预测理论价格	BS模型预测市价变动	传统5希腊值估计价格变动	二阶希腊值估计价格变动	三阶希腊值估计价格变动
2.70	0.001 3	0.000 5	−0.000 8	−0.000 596	−0.000 431	−0.000 455
2.75	0.001 6	0.000 5	−0.001 1	−0.000 773	−0.000 569	−0.000 612
2.80	0.002 6	0.000 9	−0.001 7	−0.001 279	−0.001 002	−0.001 083
2.85	0.004 0	0.001 4	−0.002 6	−0.002 035	−0.001 682	−0.001 827
2.90	0.008 0	0.003 0	−0.005 0	−0.004 022	−0.003 606	−0.003 833
2.95	0.017 2	0.007 6	−0.009 6	−0.008 135	−0.007 811	−0.008 061
3.00	0.035 5	0.018 9	−0.016 6	−0.014 762	−0.014 762	−0.014 890
3.10	0.101 0	0.070 5	−0.030 5	−0.028 902	−0.029 457	−0.029 278
3.20	0.192 8	0.156 6	−0.036 2	−0.035 213	−0.035 697	−0.035 552
3.30	0.287 2	0.248 1	−0.039 1	−0.039 283	−0.039 444	−0.039 371
3.40	0.386 8	0.347 4	−0.039 4	−0.039 626	−0.039 725	−0.039 688

通常情况下，使用高阶希腊值估计期权价格变动，比使用传统希腊值更能提高精确程度。但对于普通投资者而言，跟踪高阶希腊值以提升投资收益的意义不是太大，因为 100 万元的投资可能才多获取几十或几百元的额外收益，但对于期权做市商或基金等机构投资者而言，这就是竞争力的体现，通过高阶希腊值，改善报价精度或优化交易策略，超额收益累积起来还是相当可观的。

实际交易中，专业投资者在每个交易日收盘后，通常都会做一件事情，就是要对当天的业绩进行归因分析，也就是要对当天的头寸或组合盈亏，按希腊值进行分解，找出赚钱的因素和亏钱的因素，并对其量化，做到盈亏心中有数，策略应对自如。

表 12-3 是笔者对 2019 年 8 月 19 日建仓的一笔认沽期权空头交易所做的每日业绩归因分析。相关交易数据如下：开仓卖出 10 手 9 月 50ETF 认沽期权，每手 10 000 份，行权价格 2. 95 元，总投入 38 524. 8 元，截至 2019 年 9 月 12 日，已持仓 24 天。建仓当天有 0. 44 元的亏损，表中数据是从次日开始到 9 月 12 日，共 18 个交易日的希腊值业绩分解。

从业绩分解数据可见，希腊值业绩归因效果是非常不错的，希腊值解释了策略盈利中 99. 42%的收益来源。其中，68. 09%的收益来自 Delta 的贡献，28. 62%的收益是由 Theta 贡献的，还有 19. 64%的收益归因于 Vega，本策略是卖出期权，因此 Gamma 是负收益，为-16. 94%。本策略在 24 天持仓时间内，取得了 21. 21%的回报，主要得益于正确的方向把握，丰厚的时间价值流逝以及隐含波动率的下降。需要注意的是，在做希腊值归因分析的时候，要用动态希腊值而非建仓时刻的静态希腊值。具体做法是，每天都要对希腊值进行动态更新，用前一交易日的希腊值对下一个交易日的业绩进行归因，测试证明，其分析效果最好。

表 12-3 期权策略希腊值归因分析

归因日期	标的价格/元	策略盈亏	策略收益率/%	价值变化	隐含波幅/%	Delta 贡献	Gamma 贡献	Vega 贡献	Theta 贡献	希腊值总贡献	归因误差
2019/8/20	2.921	69.3	0.13	69.74	22.23	-300.25	-3.35	286.27	94.25	76.92	-7.18
2019/8/21	2.919	531.59	1.01	462.29	20.92	-102.87	-0.39	479.11	91.15	467	-4.71
2019/8/22	2.923	859.74	1.65	328.15	20.82	209.04	-1.69	36	85.54	328.89	-0.74
2019/8/23	2.963	2 900.28	5.60	2 040.54	20.66	2 063.2	-171.67	56.9	87.14	2 035.57	4.97
2019/8/26	2.914	340.72	0.70	-2 559.56	22.03	-2 110.4	-256.24	-479.57	273.81	-2 572.4	12.84
2019/8/27	2.934	2 170.89	4.15	1 830.17	19.94	1 077.85	-43.14	693.24	99.12	1 827.07	3.1
2019/8/28	2.912	1 030.47	2.04	-1 140.42	20.17	-1 098.23	-58.55	-75.88	92.41	-1 140.25	-0.17
2019/8/29	2.901	581.32	1.13	-449.15	19.89	-609.29	-14.7	89.27	91.62	-443.1	-6.05
2 019/8/30	2.916	1 339.15	2.58	757.83	20.49	877.22	-27.95	-184.58	88.91	753.6	4.23
2019/9/2	2.94	2 940.45	5.75	1 601.3	20.36	1 314.15	-71.54	40.08	295.66	1 578.35	22.95
2019/9/3	2.939	2 949.91	5.95	9.46	20.54	-49.17	-0.13	-52.99	109.63	7.34	2.12
2019/9/4	2.973	4 971.11	10.03	2 021.2	19.18	1 685.23	-155.6	391.46	113.57	2 034.66	-13.46
2019/9/5	3.004	6 379.02	14.22	1 407.91	18.39	1 238.85	-135.67	217.6	108.98	1 429.76	-21.85
2019/9/6	3.037	7 289.24	18.28	910.22	18.63	1 010.62	-147.74	-59.22	100.5	904.16	6.06
2019/9/9	3.032	7 290.2	20.65	0.96	19.56	-110.88	-2.88	-191.67	274.76	-30.67	31.63
2019/9/10	3.021	7 220.17	20.15	-70.03	19.14	-251.4	-14.75	80.67	107.65	-77.83	7.8
2019/9/11	3.007	7 250.23	19.55	30.06	17.70	-345.14	-26.38	278.16	112.77	19.41	10.65
2019/9/12	3.047	8 169.84	21.21	919.61	17.70	1 064.51	-251.85	0	111.04	923.7	-4.09
汇总				8 170.28		5 563.04	-1 384.22	1 604.85	2 338.51	8 122.18	48.1

第三部分　期权波动率

第 13 章

波动率的定义、特征与类型

我们知道，期权价格受以下 5 个因素的影响：标的资产的即期价格，期权的行权价格，期权的到期时间，标的资产价格的波动率，无风险利率。将这几个参数的具体数值，输入著名的期权定价模型 BS 模型，就可得出期权的理论价格。现在，5 个参数中除了标的资产价格的波动率外，其他都是已知的，可见波动率在期权定价中具有决定性的作用。甚至，在交易期权时，经常只须报出波动率，就可作为对期权的报价。因此，可以这样说，在期权交易中，波动率是一个不可忽视的重要指标。它不仅被用于定价，判断期权价值是否被高估或低估，观察市场情绪是否存在恐慌，构造各种复杂的套利与交易策略，更可以被直接编制成指数独立交易。那么，波动率究竟是什么？它有什么属性与特征？又该如何计算？

波动率的定义及其特征

波动率是指标的资产价格的波动程度，金融市场上通常以标的资产价格收益率的一个年化标准差来度量该资产价格的波动程度。研究显示，波动率具有以下特征：

（1）尖峰肥尾：指资产收益分布偏离标准正态分布，呈现尖峰肥尾的特征。这种分布下，收益率出现极端值的概率远高于正态分布，而基于收益率正态分布的前提假设，会大大低估到期时期权价值变为实值与虚值出现的概率，相应也低估了深度实值和深度虚值期权的价格。

（2）群集性：对金融时间序列的观测可以发现高或低波动率时段的聚集现象。事实上，波动率群集和资产收益肥尾是密切相关的，后者事实上是对前者的一个静态解释。

（3）杠杆效应：杠杆效应是指股票价格运动和波动率变动呈负相关的现象。因为下跌的股票价格暗示公司财务杠杆提高，人们相信这意味着更多的不确定性及更高的波动率。不过，实证证据表明，杠杆效应自身作用太小，不足以解释股票价格中发现的不对称性。

（4）长记忆性：指波动率具有高度持续特性。研究发现，大量金融时间序列存在长期相关性，所以波动率存在长记忆性。

（5）协同运动：有大量文献研究了资本市场全球化对资产价格波动率的影响，发现投机市场存在跨国协同运动，认为波动率具有国际共同性或共同趋势。

（6）均值回复：长期来看，波动率会收敛于其平均水平，无论波动率上涨或下跌的趋势延续多长都不能永远持续下去，最终均值回复的规律一定会出现。

波动率一般可以分为 4 类：历史波动率、隐含波动率、未来波动率和预测波动率。

历史波动率

历史波动率衡量的是标的资产在过去某一时段的波动特征。它由标的资产市场价格过去一段时间的历史数据统计分析得出。假定未来是过去的延伸，利用历史方法估计波动率，类似于估计标的资产收益系列的标准差。假定收益率分布大致是关于均值对称的或呈钟形曲线的正态分布，方差与标准差都是度量风险的一种适当方法，其值越大，偏离均值的幅度越大，收益的波动性越强，表示风险就越高。显然，如果实际波动率是一个常数，它不随时间的推移而变化，则历史波动率就有可能是实际波动率的一个很好的近似值。

研究发现，历史波动率的高低与选取样本的长短有很大关系，选择较长的时间段，倾向于生成平均波动率水平，而选择较短时间段则倾向于反映波动率异常值。因此，在对波动率的研究中，通常会检测各种历史时段的波动率。在具体交易中，短线或者高频交易者倾向于用短期历史波动率，如 5 日、10 日、20 日、30 日的历史波动率，中线和长线交易者通常用长期历史波动率进行交易，如 60 日、120 日、250 日的历史波动率。

隐含波动率

历史波动率反映的是标的资产过去一段时间的波动程度，而隐含波动率反映的则是资产价格未来一段时间的波动率，反映了投资者对未来标的证券波动率的预期。当投资者认为未来行情有较大不确定性，或是会有意外波动时就会更积极地买入期权避险，从而推高期权价格，表现为隐含波动率不断上涨。可以通过对所有合约的隐含波动率进行有选择的特定加权，计算得到波动率指数，这也被称为“恐慌指数”。

隐含波动率包含在期权合约的价格中，如果知道期权的价格 V、行权价格 K、无风险利率 r、股息红利率 q 和从 t 时刻到 T 时刻的年限 τ，那么就可以通过 BS 模型计算出隐含在这一价格水平的标的资产波动率 σ：

$$V = f(S, K, \sigma, r, q, \tau)$$

通过 BS 模型求解隐含波动率不存在解析解，实际中常用数值方法来计算隐含波动率，常用的求解方法有牛顿迭代法和二分法。牛顿迭代法的思路是，先设定一个初始波动率值，建立一种迭代关系：因为期权价格与波动率成正比，如果由初始波动率值得到的期权价格高于市场价格，那么就从初始波动率减少一定的量，反之则增加。如此迭代，直到计算出的期权价格越来越逼近市场真实价格。在不影响精度的情况下，可设置一个阈值，比如二者之差的绝对值小于一个基点就认为它们相等，这样可以减少运算次数，节省时间。牛顿迭代法用在极度虚值或者实值的期权上时，波动率变化对期权价格的影响变得很小，甚至没有影响，可能造成迭代不收敛，从而产生较大的误差。二分法的计算效率要比牛顿迭代法高一倍，因为二分法是折半迭代。第一步是先设定波动率的初始最小值和最大值，以及居中值，形成两个区间；第二步是都代入 BS 公式看市场价格位于哪个区间内；第三步是把该区间再折半，如此循环往复，最终求出的居中波动率值就是隐含波动率。

由于以同一只资产为标的的期权合约有很多，执行价格和到期时间不同的期权具有不同的隐含波动率。即使到期时间相同，不同执行价格的期权也具有不同的隐含波动率。相对于平值期权，虚值期权的隐含波动率较高，这是因为在标的资产价格波动较大时，虚值期权的风险更大。为补偿这种风险，虚值期权定价相对更高一些。虚值认购期权和认沽期权不一定具有相同的隐含波动率，这一差别体现了市场的偏好。这一偏好可能是投资者对资产或市场行情走势的判断所致，也可能是对认购或认沽期权的大量需求所致，这会引起隐含波动率的上升。通过计算以同一资产为标的的不同期权的隐含波动率的平均值来作为这一资产的隐含波动率。

隐含波动率的平均值计算并没有统一的标准，有人只简单地利用几个到期日临近的平值期权的隐含波动率来计算平均值，有人则通过几个平值期权加虚值期权来计算，也有人会考虑到实值期权。我们认为，一定程度在值水平的虚值期权、实值期权和平值期权，都应该纳入考虑，在某些情况下，实值期权的波动率可能还高于虚值期权，不能选择性忽视其影响。还有更为精细的加权方法，比如，考虑到交易量、持仓水平等。

隐含波动率是期权定价中唯一不能从市场中直接获得的因素，当影响期权定价的其他因素都被锁定时，期权价格完全依赖于隐含波动率。当计算不同期权间的相对价值时，隐含波动率也是影响期权相对价值的重要因素。在比较两个期权的相对价值时，你只需要比较它们的隐含波动率。

隐含波动率反映了投资者对标的资产未来价格变动的预期。高的隐含波动率意味着市场预期资产价格会朝一方大幅波动或上下大幅振荡。相反，低的隐含波动率意味着资产价格波动较小。资产未来价格变动是众多因素变动的综合结果，隐含波动率包含了更多的信息，所有在定价逻辑上解释不了的东西，都可以把它们归结于隐含波动率的增大或缩小。因此，可以说隐含波动率就是一个期权价格的“黑匣子”，破解了这个“黑匣子”就能掌握期权的财富密码。

隐含波动率可以左右期权价格，隐含波动率的改变意味着期权价值的改变。很多时候，标的资产的期权隐含波动率明显变化，往往是市场转向前的一个信号。通常，资产价格下跌，隐含波动率一般会上升。很多时候，资产价格出现技术层面的突破点时，会伴随隐含波动率的剧烈变化，这可以理解为市场相信突破信号是真实的，资产价格会有大幅变动。如果突破信号没有伴随着波动率的变化，或这个变化很微小，那么突破有可能只是一种假象。因此，隐含波动率除了有倾向性，还对市场走势有着敏锐的洞察力，研究资产隐含波动率模型会得到更多来自市场角度的资产信息。例如，某领域资产的期权隐含波动率快速下降，甚至在某些时候低于历史波动率，然而与之相反的是，资产价格只是小幅下挫。这表明市场的下行并不值得担心，投资者预期未来市场会保持稳定。

期权交易不同于标的资产交易，最大的区别是，期权波动率可以成为直接交易对象。基于对波动率的判断与预测，可以设计多种波动率策略。投资者可以不考虑标的价格变动方向进行期权交易，例如，专业的期权交易者、做市商和机构投资者通过 Delta 对冲来做波动率交易，通过买卖期权对冲标的资产的风险敞口，从而消除标的价格波动带来的风险，赚取波动率符合预期变动后带来的收益。这些策略包括，买入隐含波动率低于标的资产历史波动率的期权，或卖出隐含波动率高于标的资产历史波动率的期权，或利用历史波动率和隐含波动率的差异，构建组合来进行波动率套利交易等。

在期权交易中，交易者更倾向于直接交易波动率，说明预测波动率比预测价格更容易。这是因为几乎所有股票、指数或期货合约的隐含波动率图形都有相似的模式：一个所谓的“正常”交易范围。正是由于有这样的“正常”交易模式，投资者热衷于对波动率进行预测。当然，不排除隐含波动率会突破这个“正常”的交易范围，比如，企业的收购、兼并，或者股票的价值稀释等。如果有人提前得知内幕消息，就会积极地、想法设法地买进相关期权，期权的价格会上涨，隐含波动率也会增加，甚至突破这个“正常”的交易范围。所以，如果期权交易量急剧增加，同时隐含波动率突然上涨，波动率卖出方就应该谨慎行事。

标的合约的未来波动率决定了基于该合约的期权合约的价值，隐含波动率是每个期权合约价格的反映。虽然交易者可以准确的计算出隐含波动率，但并不意味着计算出的隐含波动率是对将要出现的实际波动率的最优评估。由于隐含波动率是对未来的评估，它是以交易者的推测为基础，因而有可能是错误的。波动率交易者的主要目标不是关注标的证券的前景，而是寻找隐含波动率可能出错的情况。如果合约价值高但价格低，那么就出现了买入机会，这在波动率的反应上即为未来波动率较高而隐含波动率较低。由于未来波动率需要观察历史波动率而进行推测，所以通常将隐含波动率和历史波动率进行比较。

隐含波动率与历史波动率之间的关系

同期隐含波动率与历史波动率具有较强的相关性。在较为成熟的市场中，衍生品的定价即市场对未来的走势的预测是较为准确的，在这样的前提下，隐含波动率与未来的历史波动率走势较为一致，因此当前的隐含波动率与当前的历史波动率一样，也具有一定的群聚性、相关性，对更长期的历史波动率有一定的回归性。市场上使用的隐含波动率预测模型多以历史数据为基准进行推演，以此为依据的隐含波动率自然与历史波动率相关性较大。

通常而言，隐含波动率对于同期历史波动率有一定的风险溢价。真实市场中由于冲击成本、交易成本、交易规则限制的存在，隐含波动率需要对历史波动率存在一定溢价。隐含波动率是对未来波动率的预测，隐含波动率对历史波动率的溢价中有一部分由时间价值组成。若以上因素没有较大变动，溢价应维持稳定。

图 13-1 是华泰柏瑞沪深 300ETF 期权隐含波动率指数与标的资产 20 日历史波动率的对比。从图中可以看出，隐含波动率与历史波动率的确存在很强的相关性，总体变动方向是一致的。大部分时间，隐含波动率大于历史波动率，存在一个正的风险溢

价；但在某些特定区间，隐含波动率也会低于历史波动率，这时两者之间是负溢价。可见，隐含波动率与历史波动率之间的关系并不是固定的，通常是动态调整的。特别是在行情拐点到来时，隐含波动率更为敏感，其突变性较历史波动率大，历史波动率的反应则相对滞后，这时两者就会发生交叉，原本的正溢价就可能变为负溢价，或者相反。

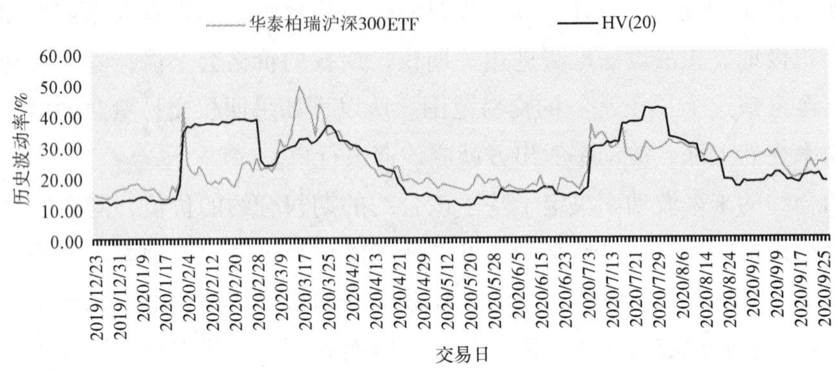

图 13-1　华泰柏瑞沪深 300ETF 期权隐波指数与标的资产 20 日历史波动率

未来波动率

未来波动率能够准确显示合约未来的价格分布，如果能够获得准确的未来波动率，通过模型就可以得到准确的期权理论价值，借此投资者几乎可以笃定获利。但由于不可能预知未来，所以很少有人去研究未来波动率，人们只能通过各种办法得到它的估计值。

预测波动率

预测波动率即人为的对未来波动率的预测，又称为预期波动率，它是指运用统计推断方法对未来实际波动率进行预测，并将其用于期权定价模型，确定出期权的理论价值。因此，预测波动率是投资者对期权进行理论定价时实际使用的波动率，即在讨论期权定价问题时所用的波动率一般均是指预测波动率。虽然未来的数据不可预知，但可以通过分析历史数据来推测未来波动率，即通过获得历史波动率来对期权进行定价。一般来说，预测波动率并不等于历史波动率，预测波动率是人们对未来的实际波动率的理解和认识，历史波动率是这种理解和认识的基础，而对未来实际波动率的预测还可能考虑了经验判断等其他方面的因素。

第 14 章

波动率的度量方法

标准方差估计法

波动率的估计思路一般是根据资产价格时间序列数据，计算出相应的回报率数据，然后计算回报率的标准差，从而得到波动率的估计值。在处理资产价格时间序列数据时，一般有两个方法，即百分比价格变动法和对数价格变动法。百分比价格变动法考察价格的环比增长速度，通常采用交易时段的收盘价格来计算。百分比价格变动法计算公式为：$r_i = (C_i - C_{i-1})/C_{i-1}$，对数价格变动法计算公式为：$r_i = \ln(C_i/C_{i-1})$。其中，$r_i$ 是资产的百分比收益，C_{i-1} 是前期资产的收盘价格，C_i 是当期资产的收盘价格。值得注意的是，上述两个公式的假设不一样，百分比收益公式假设有固定的不连续间隔价格变化，而对数收益公式假设价格是连续的变化。在 BS 模型中，假设价格变动是连续的。所以，在研究估计波动率时一般采用对数收益公式。不过，两者估计出来的结果，差距并不是很大。计算公式如下：

$$\sigma_t = \sqrt{\frac{F}{N-1}\sum_{i=1}^{N}[r_i - \bar{r}]^2} \text{ 或 } \sqrt{\frac{F}{N-1}\sum_{i=1}^{N}\ln\left(\frac{C_i}{C_{i-1}}\right)}$$

式中，σ_t 是 t 时刻的年化波动率，F 是一年可获取的总样本量，N 是计算时实际选取的样本量，$\bar{r}$ 是变量的平均值。

标准方差波动率计算简便，是比较常见的度量波动率的方法。但它也有一些缺陷，例如交易数据的信息采纳十分有限，只使用了收盘价格，没有考虑最高价、最低价、开盘价等的影响；没考虑到非连续交易行情的情况，比如价格跳跃等的影响，其结果比较粗糙，但标准方差波动率是后来各种调整方法的基础，比较常见的 Parkinson 估计法、Garman—Klass 估计法和 Yang—Zhang 估计法等，都是在标准方差波动率基础上进行了一定的改进与拓展。

Parkinson 估计法

以收盘价为基础计算波动率，不能全面反映一个交易时段内的全部信息，例如，这个交易时段的证券收盘价格与上个交易时段的收盘价格相比并未发生变化，但并不代表这个证券在整个交易时段都不曾发生价格波动，因此，考察波动率使用交易时段内达到的最高价和最低价似乎更符合实际情况。

1980 年，Parkinson 最早对只基于收盘价的波动率计算方法提出了改进，取每个交易时段的最高和最低价格数据，利用极差来估计波动率，这就是 Parkinson 估计法。该方法只需要较少的时间周期就可以收敛于真实波动率，提高了估计效率，改善了波动率的准确程度。计算公式如下：

$$\sigma_t = \sqrt{\left(\frac{F}{N}\right)\frac{1}{4\ln(2)}\sum_{i=1}^{N}\left(\ln\left(\frac{H_i}{L_i}\right)\right)^2}$$

式中，σ_t 是 t 时刻的年化波动率，F 是一年可获取的总样本量，N 是计算时实际选取的样本量，H_i 是 t 时刻的最高价，L_i 是 t 时刻的最低价。

不过，Parkinson 估计法也并没有完全解决波动率反映信息不全的问题，比如，没有处理常见的价格跳跃现象，没有考虑到开盘价和收盘价对波动率的影响等。

Garman—Klass 估计法

Garman—Klass 估计法也被称之为 OHLC 估计法，是 Garman 与 Klass 在 1980 提出来的一种高频波动率的估算方法，是对 Parkinson 波动率估算方法的拓展。Parkinson 波动率估计法只用到交易数据的最高价和最低价，忽略了开盘价和收盘价的影响，而开收盘期间是交易活动最活跃的时段，因此，这是 Parkinson 估计法一个非常明显的缺陷。为解决这个问题，OHLC 估计法采用样本数据的开盘价（Open）、最高价（High）、最低价（Low）和收盘价（Close）估计历史波动率，其取样频率通常要高于一般历史波动率计算方法的取样频率。OHLC 估计法的名称，是每个变量的首字母缩写形成的。计算公式如下：

$$\sigma_t = \sqrt{\left(\frac{F}{N}\right)\sum_{i=1}^{N}\frac{1}{2}\left(\ln\left(\frac{H_i}{L_i}\right)\right)^2 - (2\ln(2)-1)\left(\ln\left(\frac{C_i}{O_i}\right)\right)^2}$$

式中，σ_t 是 t 时刻的年化波动率，F 是一年可获取的总样本量，N 是计算选取的样本量，H_i 是 t 时刻的最高价，L_i 是 t 时刻的最低价，C_i 是 t 时刻的收盘价，O_i 是 t 时刻的开盘价。如果没有开盘价，就用前收盘价替代。

Garman—Klass 估计法更充分地利用了交易数据提供的信息，进一步提高了估计效率，但它仍然没有解决价格序列中存在的跳空开盘的问题。

Rogers—Satchell 估计法

前述波动率的拓展估计方法都假定价格服从不带漂移项即均值为 0 的几何布朗运动，并且可以连续交易，显然这些假设是不符合真实市场情况的。1990 年，Rogers 和 Satchell 引入带漂移项的估计方法，进一步优化了波动率的估计。计算公式如下：

$$\sigma_t = \sqrt{\left(\frac{F}{N}\right)\sum_{i=1}^{N}\ln\left(\frac{H_i}{C_i}\right)\ln\left(\frac{H_i}{O_i}\right) + \ln\left(\frac{L_i}{C_i}\right)\ln\left(\frac{L_i}{O_i}\right)}$$

虽然 Rogers—Satchell 估计法解决了非零均值证券的波动率计算问题，但它仍然没法处理跳空开盘的情形。

Garman—Klass Yang—Zhang 拓展估计法

Yang 和 Zhang 拓展了 Garman—Klass 估计法，使其能够处理开盘价格跳空现象。经拓展后的计算公式如下：

$$\sigma_t = \sqrt{\left(\frac{F}{N}\right)\sum_{i=1}^{N}\left(\ln\left(\frac{O_i}{C_{i-1}}\right)\right)^2 + \frac{1}{2}\left(\ln\left(\frac{H_i}{L_i}\right)\right)^2 - (2\ln(2)-1)\left(\ln\left(\frac{C_i}{O_i}\right)\right)^2}$$

Yang—Zhang 估计法

Yang 和 Zhang 在 2000 年提出了既能处理开盘跳空又能处理漂移的波动率估计方法。Yang—Zhang 波动率其实是隔夜波动率或跳空波动率与开盘价—收盘价波动率和 Rogers—Satchell 波动率的加权平均波动率之和。Yang—Zhang 波动率的计算公式如下：

$$\sigma_t = \sqrt{N(\sigma_{on}^2 + k\sigma_{oc}^2 + (1-k)\sigma_{RS}^2)}$$

$$k = \frac{0.34}{1.34 + \frac{N+1}{N-1}}$$

$$\sigma_{on}^2 = \frac{1}{N-1}\sum_{i=1}^{N}\left[\ln\left(\frac{O_i}{C_{i-1}}\right) - \frac{1}{N}\sum_{i=1}^{N}\ln\left(\frac{O_i}{C_{i-1}}\right)\right]^2$$

$$\sigma_{oc}^2 = \frac{1}{N-1}\sum_{i=1}^{N}\left[\ln\left(\frac{C_i}{O_i}\right) - \frac{1}{N}\sum_{i=1}^{N}\ln\left(\frac{C_i}{O_i}\right)\right]^2$$

$$\sigma_{RS}^2 = \frac{1}{N}\sum_{i=1}^{N}\ln\left(\frac{H_i}{C_i}\right)\ln\left(\frac{H_i}{O_i}\right) + \ln\left(\frac{L_i}{C_i}\right)\ln\left(\frac{L_i}{O_i}\right)$$

式中，σ_{on} 是隔夜波动率或收盘价—开盘价波动率，σ_{oc} 是开盘价—收盘价波动率，k 是其加权权重，σ_{RS} 是 Rogers—Satchell 波动率，$(1-K)$ 是其加权权重。

Yang—Zhang 估计法与其他波动率估计方法相比较，可以发现其数据信息发掘最为充分，提取了开盘价、收盘价、最高价和最低价，既能处理漂移项又能处理隔夜开盘跳空，是估计误差最小和效率最高的估计方法。

上述几种波动率估计量，每种方法都克服了某些不足，就理论上而言，都在一定程度上有所进步。但值得注意的是，在实际环境下进行测试表明，没有任何迹象显示哪一个估计量是最好的。在使用这些方法时，更重要的是提取其中的特殊信息，例如，如果 Parkinson 波动率远远大于标准方差波动率，说明真实波动率绝大部分是由较大的日内极差造成的，在基于波动率决定对冲策略时，利用这些信息可以做出更好的交易决策。

已实现波动率的计算

已实现波动率是基于高频时间序列数据计算的一种波动率，又称为日内波动率或高频波动率。高频数据是指以小时、分钟或秒为采集频率的数据。还有一类超高频数据，即实时的每笔成交数据。超高频数据的时间间隔不一定是相等的，具有时变性，它是交易过程中实时采集的数据，或称逐笔数据。由于高频或超高频数据中蕴含了比低频数据更多的市场波动信息，因此基于高频数据的波动率测度是一种更为真实的市场波动描述。

计算每日已实现波动率的方法很简单，只须对日内收益平方求和即可。其理论基础是，只要日内收益的采样频率足够高，已实现波动率就能无限逼近瞬时波动率在样本区间上的积分，而积分波动率是对波动率的自然测度。我们定义 $P(t)$ 是标的资产的对数价格过程，投资该资产 Δ 时段上的对数收益率为：

$$r(t,\ \Delta) = P(t + \Delta) - P(t)$$

当 $\Delta = 1$ 时，则日间收益率则为：

$$r(t,\ \Delta) = P(t + 1) - P(t)$$

第 t 日的已实现波动率为：

$$\sigma_{t,\ \Delta}^{2} = \sum_{j=1}^{1/\Delta} r_{t-1+j\Delta,\ \Delta}^{2}$$

其中，Δ 是两次采样的时间间隔，$1/\Delta$ 是采样频率，当 Δ 趋近于 0 时，即连续取样，这时已实现波动率收敛于积分波动率，故有：

$$RV_t = \int_0^1 \sigma_{t-1+s}^2 ds$$

理论证明，在抽样频率选取适当的情形下，用这一方法估计出来的波动率是日收益波动率的无偏且有效的估计量。

波动率计算的数据选择问题

依据标的资产每天交易价格的收盘价来计算波动率，用到的收益率可以取算术收益率，也可取几何收益率。通常人们更习惯使用算数收益率，几乎所有的行情数据系统每天收盘后给出的统计数据也是算术收益率。但我们知道，期权定价模型使用的是连续复利收益率，或对数收益率。如果严格按照定价模型的要求，收益率就不能从行情数据库导出来直接使用，需要额外做些处理，不是很方便。我们知道，如果样本数据符合正态分布，这两种收益率之间会保持固定的差距，算术收益率（r_m）会大于几何收益率（r_g）半个方差：

$$r_m = r_g + 0.5\sigma^2$$

那么，基于两种收益率数据计算出来的波动率或标准差，会不会有很大的差异？如果没有太明显的差异，直接使用算术平均数来计算波动率就可以节省额外的数据处理环节。就此问题，我们做了一个对比分析，结论是差异不大，因此实践中可以采取拿来主义，直接使用行情数据库导出来的算术收益率估算波动率。我们提取了 3 169 天 50ETF 的交易数据，分别用算术收益率和几何收益率计算了 50ETF 的标准差，图 14-1 中的波动率差是基于算术收益率计算的标准差减去基于几何收益率计算的标准差，这个差值大致在0.2%到-0.4%之间，均值在0附近，因此可以认为，两种收益率数据序列对波动率的影响不大，在实际交易中，可用算术收益率代替对数收益率，简化分析环节。从图中也可以看出，以算术收益率减去几何收益率得到的收益率差，都大于零，并且可以验证，两者之间大致有半个方差大小的差距。

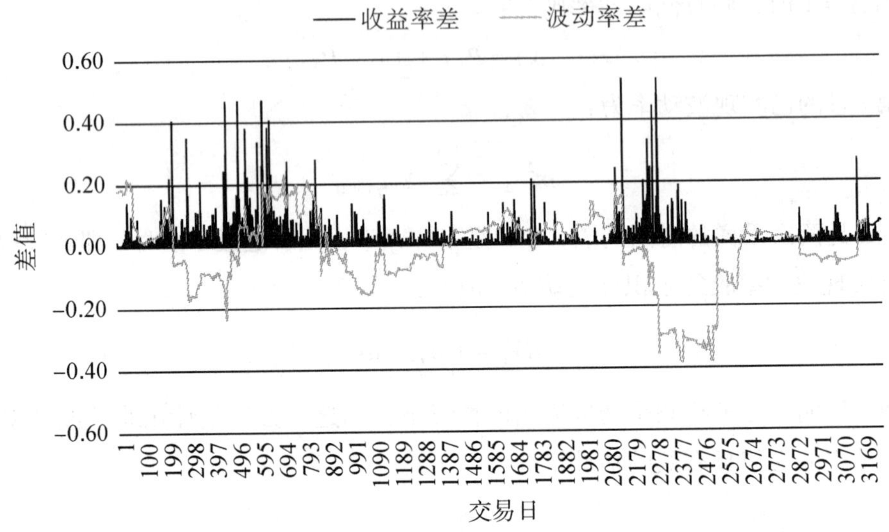

图14-1 基于算术收益率与几何收益率计算的波动率的比较

第 15 章

波动率的预测方法

历史波动率反映的是过去收益率数据的波动情况，在实际交易中，我们需要判断的是未来的波动率水平，因此，预测波动率十分重要。如何预测未来的波动率水平，可以基于波动率具有非对称、长记忆和均值回归等属性，建立相应模型来刻画。

观察历史数据和实证研究表明，波动率的移动轨迹是不对称的，在标的资产上涨时波动率倾向于变小，而在标的资产价格下跌时波动率倾向于变大。波动率的另一个重要特性是它的持续性，即市场波动一般会持续一段时间，随着时间的推移而慢慢消失。正常情况下，波动率的这一属性在短时间内并不容易发生太大的变化。另外，许多研究表明，波动率具有均值回归的特性。金融时间序列往往会围绕均值上下波动，当波动率远高于均值时，波动率会最终回落到平均波动率；当波动率远低于均值时，波动率必然会回升至平均波动率。该性质使得波动率的未来走向具有可分析性。

我们可以在估计历史波动率后，以历史波动率作为初始预测值，通过移动平均模型模拟具备这些属性的时间序列，根据定量资料和新得到的实际价格资料，不断调整修正，从而预测出波动率在未来最可能的变化方向与幅度。预测波动率时，常用的模型有简单移动平均法、指数平滑法（EWMA）、ARCH 与 GARCH 类模型法等。

简单移动平均法

简单移动平均法是以过去 N 天的收益率的样本方差作为当前时刻或者说当日波动率的估计值。根据权重设置的不同，可分为等权移动平均和不等权移动平均两种方法，前者是等权重的，后者则对不同的时点赋予不同的权重。该方法需要确定的重要参数即天数 N，根据经验值，对于日度数据，每周 5 个交易日，一个月一般有 20 个交易日，因此，N 取 5 天或 20 天比较合适。这种预测方法优点是简单，但存在一个明显的问题，就是资产价格大幅变动会在波动率估计量的序列保持一段时间后突然消失，使得对波动率的预测存在较大的偏差。

指数平滑法或 EWMA 模型

指数平滑法，是以指数式递减加权的移动平均法。各数值的加权影响力随时间而指数式递减，越近期的数据加权影响力越重，但较旧的数据也给予一定的加权值，因此也叫指数加权移动平均（EWMA）模型。该方法引入指数平滑系数或称衰减因子 λ，通过对第 $t-1$ 期的方差 σ^2 与第 $t-1$ 期的收益率 r 对均值 μ 的离差的平方进行加权平均，得到第 t 期的方差。模型如下：

$$\sigma_t^2 = \lambda\sigma_{t-1}^2 + (1-\lambda)(r_{t-1} - \mu_{t-1})^2$$

通过上式，可迭代出第 t 期的方差估计值：

$$\sigma_t^2 = (1-\lambda)\sum_{j=1}^{T} \lambda^{t-1}(r_{t-j} - \mu_{t-j})^2$$

式中，平滑系数 λ 取值范围在 0～1 之间，其具体取值是该方法需要确定的重要参数。J. P. Morgan 的 Riskmetrics 系统建议 λ 值随数据周期改变，并给出一个规范值，日度数据为 0.94，月度数据为 0.97。

这种方法假设事件的影响呈指数式递减，对最近观测值赋予最大权重，是对简单移动平均法的改进。指数平滑法的优点是，不需要太多数据，也不涉及复杂的优化算法。不足之处在于，需要为模型选择合适的衰减因子，并且目前还没有比较好的方法来估计这个重要参数；此外，没有考虑最近波动率估计量所处的市场环境，灵敏度不够，如忽略了高波动率后往往是低波动率的现象，而且对任何一天的预测值都是一样的，与实际情况不太相符。

ARCH 与 GARCH 模型

运用一般回归模型预测波动率的时候，有个突出的问题是，这些模型通常都假设回归残差的同方差性，从而确保回归系数的无偏性、有效性和一致性。但实际的金融时间序列数据，回归残差几乎都存在一定的异方差性，比如出现所谓的“尖峰肥尾”分布、波动率的聚集性和爆发性等特征，要确保回归结果的有效性，就必须解决时间序列中的异方差问题，而 ARCH（自回归条件异方差）和 GARCH（广义自回归条件异方差）模型通过预测被解释变量的方差，提供了解决这个问题的方法，目前被广泛运用于金融时间序列的分析之中。

ARCH 模型是在 1982 年由 Engle 首先提出来的，一个 q 阶的 ARCH（q）模型可由均值方程和条件方程方程给出：

$$R_t = E(R_t \mid \Omega_{t-1}) + \varepsilon_t$$

$$\sigma_t^2 = \mathrm{var}(\varepsilon_t \mid \Omega_{t-1}) = a_0 + a_1\varepsilon_{t-1}^2 + a_2\varepsilon_{t-2}^2 + \cdots + a_q\varepsilon_{t-q}^2$$

$$\sigma_t^2 = \alpha_0 + \sum_{i=1}^{q}\alpha_i\varepsilon_{t-i}^2$$

其中，R_t 是均值方程，Ω_{t-1} 表示 $t-1$ 时刻所有可得信息的集合，t 时刻的收益 R_t 包括可预测 $E(R_t \mid \Omega_{t-1})$ 和不可预测的 ε_t 两个部分，σ_t^2 为条件方差，其表示误差项 ε_t 的方差 σ_t^2 由两部分组成：一个常数项和前 q 个时刻关于变化量的信息，用前 q 个时刻的残差平方表示，即 ARCH 项。

ARCH 模型在 1986 年被 Bollerslev 扩展成 GARCH（p，q）模型，即广义自回归条件异方差模型，条件方差可表示为：

$$\sigma_t^2 = \mathrm{var}(\varepsilon_t \mid \Omega_{t-1}) = a_0 + a_1\varepsilon_{t-1}^2 + \cdots + a_q\varepsilon_{t-q}^2 + \beta_1\sigma_{t-1}^2 + \cdots + \beta_p\sigma_{t-p}^2$$

$$\sigma_t^2 = \alpha_0 + \sum_{i=1}^{q}\alpha_i\varepsilon_{t-i}^2 + \sum_{i=1}^{p}\beta_i\sigma_{t-i}^2$$

当统计分析检测到数据存在条件异方差性，也就是存在 ARCH 效应时，接着就可以进行 GARCH（p，q）模型的估计。估计过程中需要使用赤池信息准则（AIC）、贝叶斯信息准则（BIC）和对数似然比（LR）检验等三种标准，权衡所估计模型的复杂度和拟合数据的优良性，确定最优滞后阶数。目前，GARCH（1，1）模型是最常用的度量金融市场波动性的模型。其实，EWMA 模型只是 GARCH（1，1）模型的一个特殊情况，而 GARCH（1，1）是 EWMA 模型的一般形式。

在实际交易中，使用 GARCH（1，1）模型预测波动率，能够捕获到一些方差随时间演变的因素，而且该模型能被大量简单的基于市场微观结构的论据所支持。不过，GARCH 模型也存在一定的不足，如该模型不能解释资产收益和收益变化波动之间出现的负相关现象。GARCH（p，q）模型假定条件方差是滞后残差平方的函数，因此，残差的符号不影响波动。但在实际交易和实证研究中发现，当利空消息出现时，即预期资产收益会下降时，波动率趋向增大；当利好消息出现时，波动率趋向减小。GARCH（p，q）模型不能解释该现象。此外，由于GARCH模型中正的和负的对冲对条件方差的影响是对称的，GARCH模型不能体现收益率条件方差波动的非对称性。此外，作为基于历史信息建立的时间序列模型，其在预测未来时，是建立在未来的变化规律与过去相同的基础上，因而预测的期限越长，这种相同的可能就越小，预测的效果也就越差。

比较各种预测方法后，可以发现，没有哪一种方法是万能的，具体使用哪一种方法依赖于具体的市场环境。预测对估计量、采样频率和预测方法的选择往往需要依靠长期的市场经验。在适当的市场环境中，一些方法的效果要好于其他方法。但在判断波动率是处于极端水平还是市场正常水平时，需要综合考虑整个市场的发展状况。

第16章 波动率微笑与偏斜

按照BS模型的假设，模型中的隐含波动率应该是常数，与行权价格无关。但实际市场上，两者之间其实是有关系的。通过真实交易数据计算出隐含波动率并按行权价格顺序排列，就能得到一条“微笑曲线”。通常情况下，平值期权的隐含波动率最低，随着虚值与实值程度加深，隐含波动率逐步升高。从低到高把不同行权价格下的隐含波动率连接起来，并不是一条直线，而是一条曲线，这条描绘隐含波动率与行权价格之间关系的曲线，就叫波动率微笑曲线。得名来源于曲线的形状：当行权价格偏离平值状态时，期权的隐含波动率上升，从而呈现出中间低两边高的微笑形状。

值得注意的是，隐含波动率曲线不总是微笑的，也可能会出现歪斜，这种情况被称为波动率偏斜。当市场出现单边趋势行情的时候，隐含波动率曲线因深度虚值和深度实值期权供求失衡，也可能会呈偏斜状，既可能是右高左低偏斜状，也可能是左高右低偏斜状。

波动率微笑或偏斜的成因

对于波动率微笑或偏斜的成因解释有很多，主流的观点认为，波动率微笑或偏斜从本质上来说反映了投资者对于市场大幅下跌的担忧。由BS模型的假设可知，股票价格的变动应服从对数正态分布，而在市场中的投资者预测，市场发生大幅下跌的概率远大于理论预测值，即出现“肥尾现象”。所以人们购买更多保险，从而抬高了低行权价格认沽期权的价格。另外一种说法是当股票价格下跌时，引起投资者对于股票所代表的公司价值的担忧，争相购买认沽期权保险，从而引起期权价格上升。

隐含波动率是利用BS期权定价模型反推出来的。在BS期权定价模型假设下，期权波动率为常数。收益率如果符合标准正态分布，则隐含波动率是常数，不随执行价格的变化而变化，隐含波动率在一定时期内表现为一条水平线，与期权执行价格无关，即对于同一标的资产的期权，如果执行价格不同，但期权性质相同且到期时间相同，那么在同一时间点反推出的一组隐含波动率理论上应该趋同。然而这与实际情况有较大差别，深度虚值期权和深度实值期权的波动率通常高于平值期权的波动率，使得波动率曲线呈现出中间低两边高的向上的半月形，像是微笑形状。

什么原因导致了隐含波动率的微笑现象？从统计学上分析，如果收益率的分布在标准正态分布基础上出现“尖峰肥尾”等特征，隐含波动率关于执行价格的函数则会呈现一定的偏斜。可见，波动率微笑或偏斜形态与标的价格的分布形态息息相关，本质上是由标的资产收益率的实际概率分布的偏度所决定的。收益率的实际概率分布通常在标准正态分布的基础上产生“左端尾部肥大”“右端尾部肥大”“双侧尾部肥大”的特征，对应使得波动率微笑曲线的形状呈现左偏形态、右偏形态和微笑三种形态。导致资产收益率非正态分布的原因，可以用杠杆效应来解释。杠杆效应是指公司股票下跌，公司资产价值降低，负债相对增加，这意味着公司杠杆增大，风险增大，因此波动率增加。相反，当股票上涨时，杠杆降低，公司破产的风险减小，反映到股票上，波动率会减小。此外，BS模型假设标的资产价格服从“几何布朗运动”，而忽略了现实市场中标的资产价格会在极端情况下发生跳跃。人们对于外界消息不能作出合理的反应，高估或低估都会导致标的资产价格的跳跃，以及收益率分布曲线的不对称，出现肥尾或尖峰。有证据表明，资产价格的跳跃也是导致资产收益率非正态分布的重要原因。

波动率微笑的出现，也说明根据BS期权定价模型得出的期权价格与实际期权价格之间出现了定价偏差，BS期权定价模型倾向于低估深度实值和深度虚值的期权价格。这体现在以期权市场价格反推隐含波动率时，深度实值和深度虚值期权的隐含波动率高于平值期权的隐含波动率。

波动率微笑曲线的拟合

典型的波动率微笑曲线是平值的隐含波动率最低，随着虚值和实值的程度变深，隐含波动率逐渐变大，其曲线与抛物线近似。因此，我们可以使用 N 个参数，以一元二次方程来拟合不同行权价格水平的隐含波动率轨迹，作为期权的动态价格参考。我们以 M 代表在值程度，M_i 表示第 i 个虚值或实值期权的行权价格 K_i 距离平值期权行权价格 K 的距离，$M_i=(K_i-K)/K$，以百分比表示。行权价格为 K_i 的隐含波动率 IV_i 由 a_1，a_2，a_3 三个参数决定，我们用二次曲线来描述：

$$IV_i = \alpha_1 M_i^2 + \alpha_2 M_i + \alpha_3$$

其中：a_1 表示波动率曲线的曲率变化，a_2 表示波动率曲线的偏度变化，a_3 表示 K_i 的隐含波动率在平值期权的隐含波动率基础上的平行移动距离。因此，行权价格为 K_i 的隐含波动率 IV_i 是在平值期权隐含波动率的基础上，考虑到波动率平行移动、偏度与曲率变化的综合结果。

图 16-1 是 2020 年 6 月 30 日华泰柏瑞沪深 300ETF 期权各月认沽合约的真实隐含波动率曲线，从曲线的形状看，当月合约呈深微笑形态，其他合约呈浅微笑形态，各月合约受期限的影响，微笑形态可能存在较大差异。

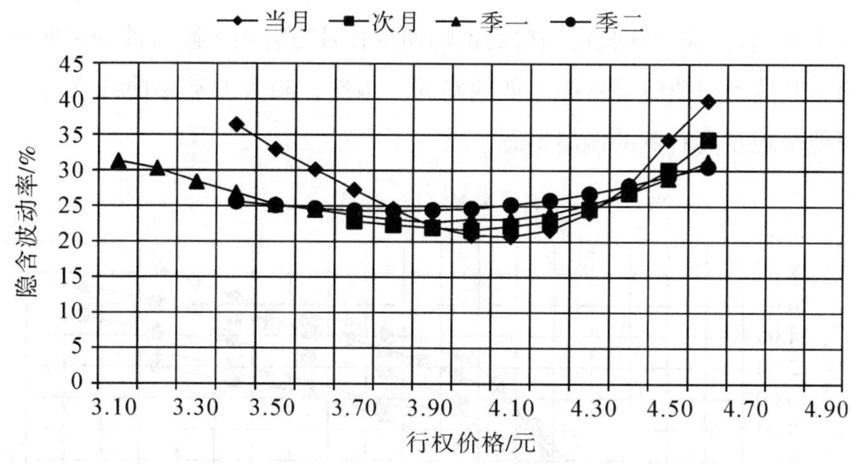

图 16-1　2020-06-30：华泰柏瑞沪深 300ETF 期权各月认沽合约隐含波动率曲线

图 16-1 中，当月（7 月）合约的隐含波动率曲线最接近典型的微笑曲线。图 16-2 是基于在值程度描绘的散点分布图，用二次曲线拟合，可以得出其微笑方程：$IV_i = 3.4098 M_i^2 + 0.4505 M_i + 0.2452$。

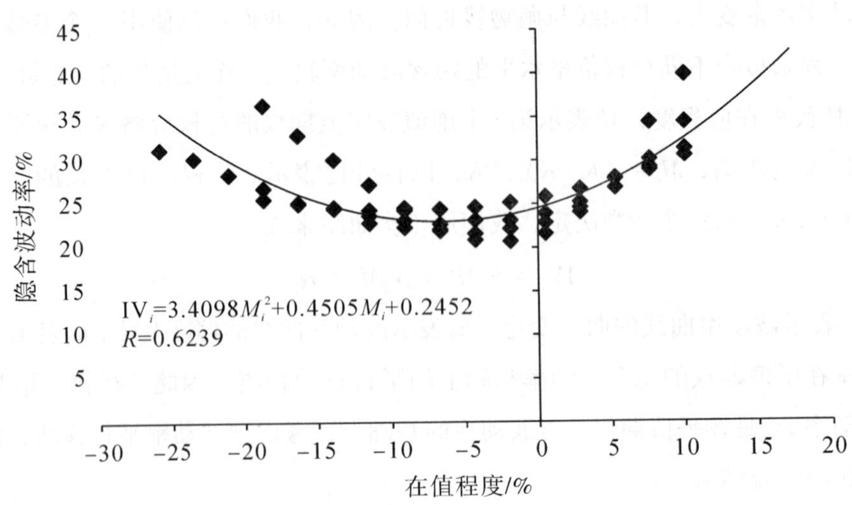

图 16-2　2020-06-30：华泰柏瑞沪深 300ETF 期权 7 月认沽合约波动率微笑曲线拟合

在实际交易中，当市场出现单边趋势行情的时候，隐含波动率曲线因深度虚值和深度实值期权供求失衡，波动率可能不再“微笑”，有可能呈偏斜状。图 16-3 是 2020 年 6 月 30 日沪深 300 股指期权的认购期权各月份合约的隐含波动率曲线，可以明显看出，其波动率曲线是右高左低偏斜的。当然，隐含波动率曲线在另外的行情下，也可能呈现左高右低的偏斜形态。

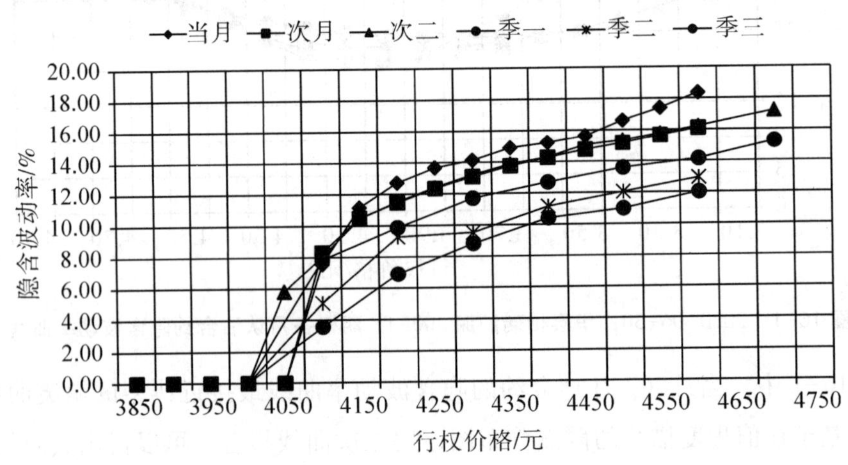

图 16-3　2020-06-30：沪深 300 股指期权各月认购合约隐含波动率曲线

在一个较长的区间内，观测更多的期权交易数据，总体上来看，隐含波动率曲线呈微笑状还是成立的。我们处理了 2018 年 11 月 22 日至 2020 年 4 月 20 日期间，50ETF 期权合约的全部交易数据，剔除隐含波动率为零的样本后，共获得 16 318 个隐含波动率数据，图 16-4 是各行权价格下的认购与认沽期权的综合隐含波动率分布情况。

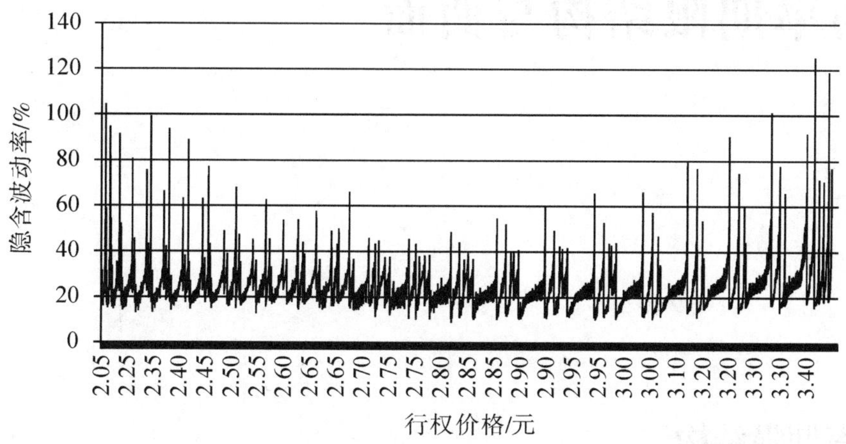

图 16-4　2018 年 11 月至 2020 年 4 月 50ETF 期权合约的隐波分布

统计标的 50ETF 的表现发现，这期间其交易加权平均价格为 2. 78 元，以此为中心，可以认为 2. 75~2. 80 元这个区间为平值范围。从图 16-4 可以看出，这一区间的隐含波动率是最低的，行权价格向两边偏离中心价格越远，隐含波动率的平均水平也越大。可见，期权交易中，虽然某些特定时段和某些特定合约，隐含波动率可能并不符合微笑曲线的特征，但整体上而言，隐含波动率微笑这种曲线结构仍然是不可推翻的。

波动率微笑曲线揭示了隐含波动率随执行价格变化而产生不同的偏度这一特征，在实际运用中，可以据此构造合适的交易策略。偏度作为描述不同期权隐含波动率偏斜程度的指标，可清晰表明期权价格的相对高低。借助拟合的波动率微笑方程，输入不同的在值程度，可以得到对应的隐含波动率的预测水平。当然，这反映的只是对应在值程度下的隐含波动率的平均水平，运用到具体的投资决策上，还需要基于市场流动性、对行情发展的预期等因素，进行适当调整。总之，及时观察并合理利用波动率微笑或偏度特征，可以有效提高获胜概率。

第 17 章

波动率期限结构与曲面

波动率期限结构

除波动率微笑之外，期限因素也会影响到期权波动率的高低。一般来说，到期时间越近，期权隐含波动率的变化率越大，随着到期时间的延长，波动率的变化越小。实践中也很容易观察到，接近到期的期权合约，波动率通常很高。我们计算了 2018 年 11 月 22 日至 2020 年 4 月 20 日期间，所有 50ETF 期权合约的每日收盘隐含波动率，剔除隐含波动率为零的样本后共取得 16 318 个数据，图 17-1 和图 17-2 分别是样本期间 50ETF 认购期权与认沽期权的隐含波动率与剩余到期时间的散点分布图。

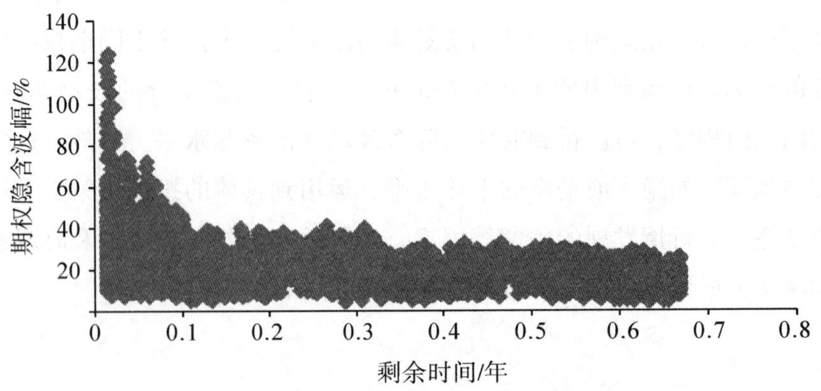

图 17-1　50ETF 认购期权隐含波动率与剩余到期时间散点分布

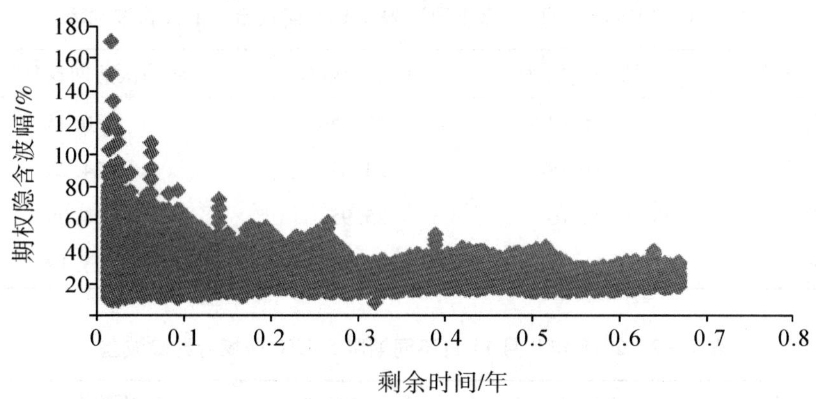

图 17-2　50ETF 认沽期权隐含波动率与剩余到期时间散点分布

从图 17-1 和图 17-2 中可以清晰地看出，期权剩余期限与隐含波动率存在明显的负相关关系。我们把因期限不同所导致的波动率差异，称为波动率的期限结构。因此，在期权投资管理中，我们还可以通过分析波动率的期限结构特性，预测期权价格。预测方法与波动率微笑类似，只不过在这一特性中呈现的是隐含波动率与到期时间之间的关系。

图 17-3 是 2018 年 9 月 11 日 50ETF 期权合约的波动率期限结构图，数据见表 17-1，隐波差见表 17-2。

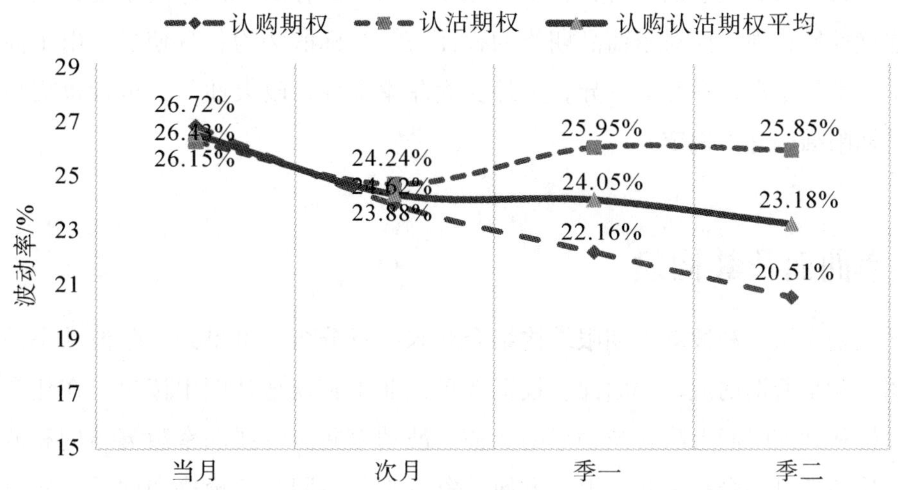

图 17-3　2018 年 9 月 11 日 50ETF 期权合约的波动率期限结构

表 17-1　2018 年 9 月 11 日不同期限 50ETF 期权合约的隐含波动率

期权合约	认购期权/%	认沽期权/%	认购认沽期权平均/%
当月	26.72	26.15	26.43
次月	23.88	24.62	24.25
季一	22.16	25.95	24.05
季二	20.51	25.85	23.18

表 17-2　2018 年 9 月 11 日不同期限 50ETF 期权合约隐波差

合约隐波差	认购期权/%	认沽期权/%	认购认沽期权平均/%
当月—次月	2.84	1.53	2.18
当月—季一	4.56	0.20	2.38
当月—季二	6.21	0.30	3.25
次月—季一	1.72	-1.33	0.20
次月—季二	3.37	-1.23	1.07
季一—季二	1.65	0.10	0.87

需要注意的是，对于不同类别的标的资产而言，其期权的波动率期限结构可能差异比较大。对于股票期权而言，期权到期，新合约挂牌，但标的不变，波动率前后的连续性比较强。而对于商品期货期权而言，其标的物为各月期货，由于商品期货主次月交易形态存在巨大差异，另外受商品季节性、政策性与大量投机交易的影响，其期限结构并不稳定。

波动率曲面及其构建

把波动率微笑和波动率期限结构结合起来进行分析，可得到一张波动率的三维曲面图，就是所谓的波动率曲面。投资者可以非常直观地从图中读出，在任意一个行权价格和到期时间上隐含波动率的数值。波动率曲面将波动率微笑结构和波动率期限结构的信息整合在一张图上，方便投资者判断不同行权价格和期限结构条件下期权定价水平的高低，从而捕捉潜在的交易机会或发现风险的信号。

图 17-4 和图 17-5 分别是 2020 年 10 月 18 日华泰柏瑞 300ETF 的认购期权和认沽期权隐含波动率曲面。从图中很容易直观地看出，认购期权的隐含波动率曲面呈左高右低倾斜状，由于横坐标是从右到左增大的，近月虚值认购隐波明显偏高，实值偏低，深度实值甚至为 0；而认沽期权的隐含波动率曲面则呈不对称微笑状，近月实值隐波高于虚值隐波。投资者通过读解波动率曲面透露的信息，可以制订出更合适的交易策略。

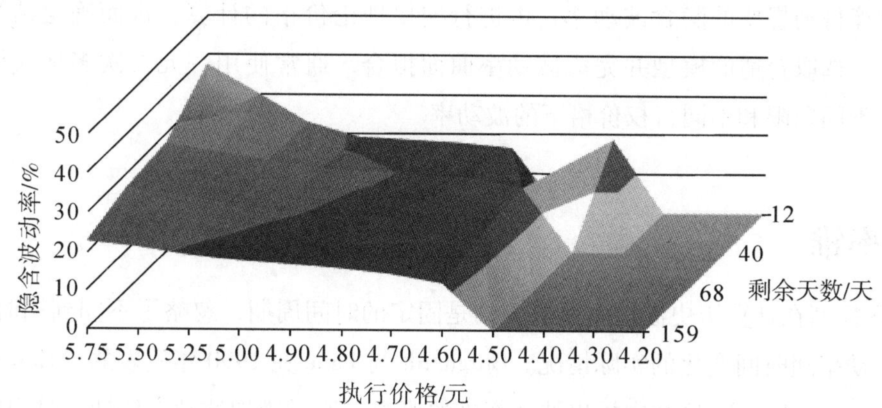

图 17-4　2020-10-18：华泰柏瑞 300ETF 认购期权隐含波动率曲面

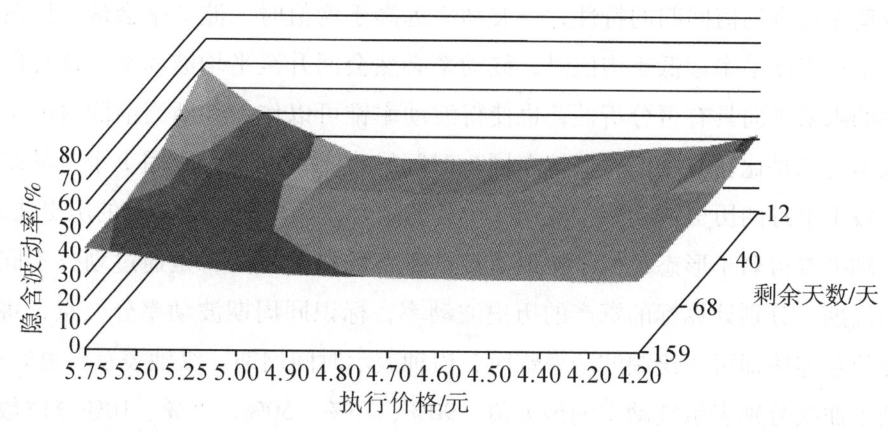

图 17-5　2020-10-18：华泰柏瑞 300ETF 认沽期权隐含波动率曲面

利用隐含波动率样本数据，通过建模可以得到波动率曲面。在构建得到隐含波动率曲面的基础上，使用期权定价模型以及相应的参数可计算出各期权的理论价值，对于没有形成每日结算价的合约，可以采用该理论价值作为当日该合约的结算价。

构建波动率曲面的第一步，首先要按照一定标准对期权合约进行筛选。通常按照成交量从大到小进行排序，选取排名靠前的合约作为波动率曲面建模的样本合约。

第二步，要计算隐含波动率样本数据。通过期权定价模型和所选择合约当日的结算价计算相应的隐含波动率，使用这些数据作为估计隐含波动率曲面的样本数据。当待确定结算价的期权合约的到期期限是样本数据中的某一个到期期限时，找到该到期期限下隐含波动率的模型，根据行权价计算出隐含波动率，进而再根据期权定价模型计算期权理论价格作为结算价。当待确定结算价的期权合约的到期期限并不在样本数据中时，可以找到与这个期限临近的且在样本数据中的到期期限，然后进行插值计算得到想要的隐含波动率，再进行期权理论价格的计算，进而确定结算价。第三步，选取合适的模型并完成波动率曲面拟合，通常使用一元二次多项式模型，拟合出不同期限和不同行权价格下的波动率。

波动率锥

BS 模型在计算历史波动率时使用的是固定的时间周期，忽略了不同到期时间期权的波动率随时间变化的实际情况。Burghardt 与 Lane 在 1990 年发表的“How to tell if options are cheap”论文中提出波动率锥的概念，通过增加波动率估计的时间区间，为波动率的分析与预测提供了另一种思路。波动率锥的描绘基于两个基本理念前提。一是波动率具有均值回归的特性，当波动率远高于均值时，波动率会最终回落到平均波动率；当波动率远低于均值时，波动率必然会回升至平均波动率。该性质使得波动率的未来走向具有可分析性，也使得波动率锥可以作为判断当前隐含波动率高低的依据。二是比较波动率应保持在同一时间维度，也就是说，用 1 个月的隐含波动率比较 1 个月的历史波动率，或用 3 个月的隐含波动率比较 3 个月的历史波动率。

波动率锥得名于形态类似于锥形。波动率锥的描绘方法，是通过划分不同的到期时间周期，分别计算标的资产的历史波动率，标识同周期波动率分位点，将同水平的分位点连接即可。绘制波动率锥时，横轴表示时间周期，纵轴表示历史波动率，从上至下曲线分别表示波动率的最大值、90%、75%、50%、25%、10%分位数以及最小值。长期波动率具有向中位聚集的特征，而短期波动率的变化较为发散。因此，从图形上看，按时间长短描绘，波动率呈锥形结构。图 17-6 是 2020 年 9 月 25 日，沪深 300 股指的历史波动率锥与沪深 300 股指期权各月份合约的隐含波动率期限结构。

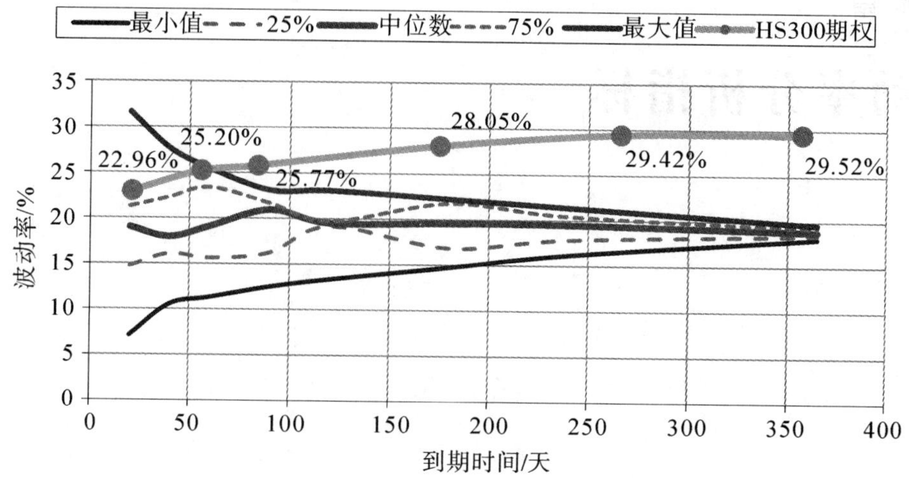

图 17-6　2020 年 9 月 25 日沪深 300 股指波动率锥与沪深 300 股指期权期限结构

从图 17-6 可以看出，标的资产沪深 300 股指的历史波动率，长期中位数在 20%附近，其最大值与最小值相差不大，与中位数的偏离幅度很小。不过，短期波动较大，波动率锥上下轨之间的距离，随着观测期限的缩短变大，上轨高于 30%，下轨低于 10%，不过中位数略低于 20%，波动并不大，这与指数本身的属性一致。不过，基于该指数的期权合约，与其对比可以发现，目前的隐含波动率明显偏高，特别是剩余期限较长的三个季月合约，隐含波动率远高于历史波动率锥的中位数和上轨，定价不合理，存在波动率交易机会。

第 18 章

波动率分析指标

隐含波动率指数（VIX）

隐含波动率是根据市场上的期权价格反推出来的波动率数值，代表期权市场参与者通过交易形式反映出的对于标的在期权剩余期限内将出现的波动率的预测，最著名的隐含波动率指数是 CBOE 基于 S&P 500 指数期权编制的隐含波动率指数，用来描述未来一个月内的期权隐含波动率水平，反映 S&P500 指数期权未来 30 天内波动的市场预期，通常被称为“恐慌指数”。

1993 年，CBOE 推出了基于 S&P100 指数的平值期权的隐含波动率指数，即 VIX，目的是估计市场对未来 30 天的波动率的期望水平，随后这个指数很快就成了观测美国股票市场波动性的标志性工具。10 年后的 2003 年，CBOE 和高盛公司一起对 VIX 进行了升级，新的 VIX 基于美国股票市场的核心指数 S&P500 指数，改进了计算方法，通过无模型隐含方差求解波动率，使 VIX 从抽象的概念变成了波动率交易与对冲的实用标准，在金融理论研究、风险管理和实际交易中都广为运用。2004 年 3 月 24 日，CBOE 推出了第一份可在交易所交易的 VIX 期货合约，两年后的 2006 年 2 月，CBOE 又推出了最为成功的创新产品 VIX 期权合约。

一般而言，隐含波动率指数的快速上扬表明市场遇到极大的特殊事件，后市的走势十分不明朗。若波动率指数在低位运行，则表明后市波动将趋窄。隐含波动率指数具有均值回归特性，对后市的判断也有一定的作用，甚至有交易所直接推出挂钩隐含波动率指数的衍生品品种，给波动率的对冲提供了非常大的便利。对于期权多头组合，波动率指数的升高是有利的，反之亦然。通过观察隐含波动率指数，可以辅助判断标的资产交易的出入场时机，在高波动率指数下，投资者入场持有标的资产多头时应格外谨慎。

VIX 的计算方法

S&P500 指数是股票指数，而 VIX 是基于这个指数的期权产品的隐含波动率指数，每只期权的价格都反映了市场对未来波动率的预期。计算 VIX 也涉及到两个重要方面，一是选择成分期权，二是确定计算方法和公式。不同于常规股票指数计算的是，VIX 期货与期权在确定最终结算价格时，适用不同的规则。VIX 的计算公式如下：

$$\sigma^2 = \frac{2}{T}\sum_i \frac{\Delta K_i}{K_i^2} e^{RT} Q(K_i) - \frac{1}{T}\left(\frac{F}{K_0} - 1\right)^2$$

$$\Delta K_i = \frac{K_{i+1} - K_{i-1}}{2}$$

$$VIX = \sigma \times 100$$

式中，σ^2是无模型隐含方差，σ 是隐含波动率，T 是到期时间（年），F 是指数期权价格推算出的远期指数价格水平，K_0是远期指数价格 F 之下的第一个行权价格，K_i是虚值期权的第 i 个行权价格，$K_i>K_0$是认购期权，$K_i<K_0$是认沽期权，$K_i=K_0$则既包括认购期权也包括认沽期权，ΔK_i是行权价格的间距，R 是无风险利率，Q（K_i）是行权价格为 K_i的每个期权买卖价差的中间价位。

关于到期时间 T 的计量，为满足专业期权交易和波动率交易常用到的精确复制，需要将总分钟数计的到期时间换算为年数。到期时间的计算公式如下：

$$T = (M_c + M_s + M_o)/M_{365}$$

式中，M_c是当天到午夜的剩余分钟数，M_s是结算日分钟数，标准期权是从结算日午夜起距离当天开市的剩余分钟数，周期权是从结算日午夜起距离到期时点的剩余分钟数，M_o是当天到结算日之间全部整数天的分钟数，M_{365}是一年的总分钟数，即 525 600 分钟。

第一步，挑选期权并计算远期指数价格 F。标准是以平值行权价格 K_0为中心，选取非零报价的虚值认购期权和虚值认沽期权。对于每个合约月份，决定远期指数价格 F 的估计值。首先通过比较认购期权与认沽期权价格之差的方法，确定近月合约和次月合约的平值行权价格。基于期权定价原理，我们可以推知，在平值行权价格水平的认购期权与认沽期权，其价格之差的绝对值最小，这样我们就可以准确地确定期权的平值行权价格。然后，根据下面的公式，代入平值行权价格 K_0、对应期限的无风险利率 R、到期时间 T、认购期权价格 C_0和认沽期权价格 P_0，分别计算出近月合约与次月合约的远期指数价格 F_n和 F_f：

$$F = K_0 + e^{RT} \times (C_0 - P_0)$$

第二步，公式代入参数，分别计算近月合约的波动率参数 σ_n^2与次月合约的波动率参数 σ_f^2：

$$\sigma_n^2 = \frac{2}{T_n}\sum_i \frac{\Delta K_i}{K_i^2} e^{R_n T_n} Q(K_i) - \frac{1}{T_n}\left(\frac{F_n}{K_0} - 1\right)^2$$

$$\sigma_f^2 = \frac{2}{T_f}\sum_i \frac{\Delta K_i}{K_i^2} e^{R_f T_f} Q(K_i) - \frac{1}{T_f}\left(\frac{F_f}{K_0} - 1\right)^2$$

式中，T 是以年计算的合约剩余到期时间，T_n是近月合约的剩余年限，T_f是近月合约的剩余年限。

第三步，计算 σ_n^2和 σ_f^2的 30 天加权平均值，开平方后再乘以 100，即可得出 VIX。公式如下：

$$VIX = 100 \times \sqrt{\left[T_n\sigma_n^2\left(\frac{M_f - M_{30}}{M_f - M_n}\right) + T_f\sigma_f^2\left(\frac{M_{30} - M_n}{M_f - M_n}\right)\right] \times \frac{M_{365}}{M_{30}}}$$

式中，M 是以分钟计算的区间时间，M_n是近月合约的剩余分钟数，M_f是次月合约的剩余分钟数，M_{30}是 30 天的分钟数，即 43 200 分钟。

以上是 CBOE 的隐含波动率指数的计算方法。对 CBOE 发布的 2004 年 1 月 2 日至 2020 年 10 月 2 日的 VIX 历史数据进行统计分析发现，VIX 的收盘最小值为 9. 14，最大值为 82. 69，均值为 18. 77。从美国市场的运行实践看，每当市场出现恐慌、股价骤跌之时隐含波动率指数就会出现明显上升，当压力趋缓、股价回升时又会引起波动率水平的下降，这也表明现阶段出现系统性风险的概率很小。从长期看，隐含波动率指数与其标的指数走势呈现较强的负相关性，并且几乎完全捕捉到了市场的重大敏感事件，对重大消息尤其是负面消息，反应非常迅速。因此，隐含波动率指数被称为“恐慌指数”，指数点位越高代表投资者预期后市波动程度愈加激烈，点位越低代表后市的走势愈加平稳。表 18-1 是 2012 年 1 月至 2020 年 9 月间 S&P500 跌幅超 5%月份的 VIX 最大值的对照比较，可以发现发生暴跌月份的 VIX 的最大值都远高于 VIX 的平均值 18. 77，2020 年 3 月 VIX 最高达到 82. 69，当月 S&P500 指数下跌 12. 51%，振幅达到 31. 98%，是期间表现最差和波动最大的月份。

表 18-1　VIX 与 S&P500 跌幅超 5%月份的表现（2012 年 1 月—2020 年 9 月）

日期	当月 VIX 最大值	当月 S&P500 的表现/%	当月 S&P500 的振荡幅度/%
2015 年 8 月	40.74	-6.26	11.68
2016 年 1 月	27.59	-5.07	11.05
2018 年 10 月	25.23	-6.94	11.54
2018 年 12 月	36.07	-9.18	16.48
2019 年 5 月	20.55	-6.58	6.91
2020 年 2 月	40.11	-8.41	16.67
2020 年 3 月	82.69	-12.51	31.98

数据来源：根据 www.cboe.com 数据整理。

CBOE 的 VIX 计算过程相对比较复杂，且考虑因素又比较单一，仅考虑了行权价格和两个最近期限的影响。其实，还可以采用更为简单的，或考虑更多因素的替代方法，比如，移动平均加权，成交量加权，认购期权和认沽期权按特定权重加权等方法，设计不同的隐含波动率指数，应用于不同的市场，满足不同的需要。图 18-1 是专业期权机构富融期权运用成交量和期限混合加权方法自行编制的 50ETF 期权隐含波动率指数，与 50ETF 价格走势对比，可以明显地看出两者之间的反向变动关系，也很好地起到了风险警示作用。实践中，专业期权投资机构，可以根据自己的资源与算法，开发自己的隐含波动率指数，用于指导自身的期权投资管理。

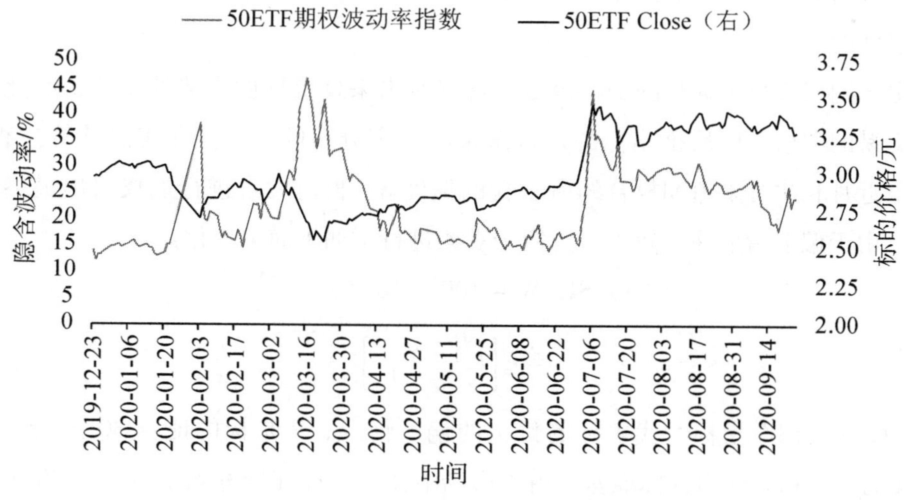

图 18-1　50ETF 价格走势与隐含波动率指数曲线

通常，除编制一个综合的隐含波动率指数外，还可以针对认购认沽期权分别编制结构指数，从隐含波动率结构的变动来寻求对未来市场走势的预测，更加准确地把握市场情绪的来源和状态，设计出更好的期权投资与套利策略。从认购认沽隐含波动率指数价差或比率来看，认购期权隐含波动率大部分时间低于认沽期权，若认购期权隐含波动率高于认沽期权，则表明投资者对未来市场的强烈看好，在实践中则可以设定认购期权隐含波动率与认沽期权隐含波动率价差或比率高于某个数值作为标准，制订相应的操作策略。

偏斜指数

偏斜指数（SKEW Index），也叫“黑天鹅指数”，是除被称为“恐慌指数”的隐含波动率指数之外，CBOE 开发出来衡量市场未来出现大幅下跌风险的另外一个指标，可以用来预测未来 30 天中发生“黑天鹅事件”的概率。CBOE 推出的两个风险指数，即隐含波动率指数和偏斜指数（VIX 和 SKEW），两者虽然功能相仿，但是相关性很低，隐含波动率指数是基于平值期权（ATM），而偏斜指数则是基于虚值期权（OTM），因此两个指标各自具有独特的价值。

偏斜指数的构造原理来源于对指数收益率分布的讨论，学术上进行期权定价时，往往会假设股票价格的对数收益率服从正态分布，但实际中股票或指数的对数收益率可能会是一个左偏的分布。如次贷危机，“9·11”恐怖事件等，这些突发事件会导致极大的负向收益，从而导致收益分布呈现出极长的左部肥尾，这是无法用正态分布解释的。

由于期权市场中期权的交易价格暗含着对未来现货标的走势的看法，因此从市场上交易的期权可以反推出标的现货未来收益率分布的偏度。在实际计算过程中，先求出近月和次月虚值期权合约所隐含的偏度 S，再对两者进行加权得出最终偏度指数。由于偏度指数往往较小，为便于观察进行了如下简单变化：

$$\mathrm{SKEW} = 100 - 10 \times S$$

$$S = E\left[\left(\frac{R-\mu}{\sigma}\right)^{3}\right]$$

上式中，S 为偏度指标，代表标的价格的偏度情况；R 是标的证券 30 天的对数收益，μ 为其均值，σ 为其标准差。由于市场中往往不存在恰好剩余时间为 30 天的期权，需要对近月合约和远月合约进行加权处理。我们用 W 表示近月合约的权重，1-W 即为远月合约的权重，S_n 表示近月合约的偏度，S_f 表示远月合约的偏度，M_n 表示近月合约以分钟计算的到期时间，M_f 表示远月合约以分钟计算的到期时间，M_{30} 表示

30 天的分钟数，即 43 200 分钟。

$$S = W \times S_n + (1 - W) \times S_f$$

$$W = (M_f - M_{30}) / (M_f - M_n)$$

偏斜指数的计算，考虑的是全部虚值期权，并且该模型不涉及 BS 定价模型，只对标的收益率的分布进行了假设，与利用 BS 模型倒推期权隐含波动率进而求得隐含波动率的偏度的方法不同。

从全部历史数据看，“黑天鹅指数”取值范围为 100~160，其值越高，意味着尾部风险和发生“黑天鹅”事件的可能性越大。标准正态分布下，不存在偏斜，偏斜指数在 100 附近，发生异常收益率的概率很小；如果计算出的“黑天鹅指数”数值小于 100，这表明投资者认为大盘指数不存在大的下行风险。图 18-2 是 CBOE 编制的 1990 年 1 月—2020 年 9 月期间的偏斜指数。图中偏斜指数平均值为 119. 86，最小值为 101. 23，最大值为 159. 03。从这些数据可以推定，正常情况下，都存在一定的负偏，而过去近 30 年偏斜指数的均值在 120 附近。据此，我们可以认为，偏斜指数在 120 附近波动，是正常的市场波动状态，高于 140 是需要特别小心的区域。

“黑天鹅指数”究竟能不能预测“黑天鹅”事件，投资管理中是否值得以该指数作为风控监测工具，甚至作为对冲操作的依据，存在很大的争议。有研究人员认为，影响该指数的因素很多，其偏离正常水平可能并不必然意味着风险的增大，因此，这个指数的意义有限。为验证偏斜指数的预测能力，我们把 CBOE 发布的过去近 30 年的偏斜指数按倒序排列，找出指标值大于 150 的日期，具体见表 18-2，一共有 15 天“黑天鹅指数”大于 150。按指标的含义，意味着风险正在逼近，接下来资本市场出现暴跌的可能性很大。对照该偏斜指数出现当月的 S&P500 表现以及振荡幅度，发现完全出乎我们的意料。当这些预警“黑天鹅”即将来临的指标出现后，S&P500 指数不仅没有发生暴跌，反而上涨幅度还比较大，振荡幅度也在正常范围。

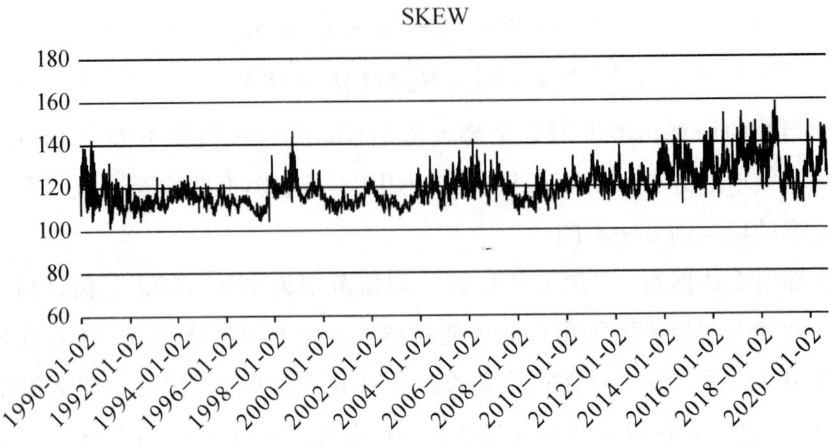

图 18-2 CBOE 偏斜指数（1990 年 1 月 2 日—2020 年 9 月 29）

表 18-2 CBOE 偏斜指数最大值排序（1990 年 1 月 2 日—2020 年 9 月 29）

日期	SKEW	当月 S&P500 的表现/%	当月 S&P500 的振荡幅度/%
2018-08-13	159.03	3.03	4.27
2017-03-17	154.34	-0.04	3.37
2018-07-18	154.25	3.60	5.48
2018-07-23	153.78	3.60	5.48
2016-06-28	153.66	0.09	6.15
2017-03-20	152.93	-0.04	3.37
2018-07-20	152.72	3.60	5.48
2018-08-14	152.41	3.03	4.27
2018-09-14	151.59	0.43	2.65
2018-09-18	151.37	0.43	2.65
2018-07-19	150.98	3.60	5.48
2018-09-17	150.95	0.43	2.65
2018-09-13	150.64	0.43	2.65
2019-12-19	150.14	2.86	5.65
2017-10-17	150.12	2.22	2.53

数据来源：根据 www.cboe.com/SKEW 数据整理。

表 18-3 是 2012 年 1 月至 2020 年 9 月期间，S&P500 发生的超过 5%以上的暴跌月份的相关统计数据，这 7 次暴跌行情发生当月的前后一段时间，“黑天鹅指数”

都未曾超过 150，最高也才 145.88。尤其是 2020 年 3 月，S&P500 跌幅高达 12.51%，振幅达到罕见的 31.98%，当月“黑天鹅指数”的最大值发生在 3 月 4 日，读数也只有 127.38，“黑天鹅指数”对随后的暴跌没有起到任何的预警作用。可见，这个指数有点名不符实，投资管理实践中，要重视其发出的预警信息，但不可仅仅据此做出重要的操作决策。

表 18-3　S&P500 跌幅超 5%的月份与 CBOE 偏斜指数（2012 年 1 月—2020 年 9 月）

时间	SKEW 最大值	当月 S&P500 的表现/%	当月 S&P500 的振荡幅度/%
2015 年 8 月	130.38	-6.26	11.68
2016 年 1 月	145.88	-5.07	11.05
2018 年 10 月	141.52	-6.94	11.54
2018 年 12 月	125.38	-9.18	16.48
2019 年 5 月	132.21	-6.58	6.91
2020 年 2 月	141.81	-8.41	16.67
2020 年 3 月	127.38	-12.51	31.98

数据来源：根据 www.cboe.com/SKEW 数据整理。

方差风险溢价

VIX 指数度量的是隐含方差的大小，隐含方差（implied variance）与已实现方差（realized variance）的期望值之差便是方差风险溢价，它度量了方差在两种概率测度下的溢价水平。其中，隐含方差是利用到期期限在一个月左右的虚值欧式认购认沽期权，通过无模型方法计算得出的，是关于未来一个月方差的预期指标。已实现方差则是利用高频数据，在连续取样条件下计算出来的积分波动率，是在 t 时刻信息集基础上度量的 t 时刻的波动率。

我们用 VRP_t 表示 t 时的方差风险溢价，VIX_t^2 表示 t 时的隐含方差大小，$E(RV_t)$ 表示 t 时的已实现方差的期望值，代表未来的实际波动率。VRP_t 的计算公式如下：

$$VRP_t = VIX_t^2 - E(RV_t)$$

方差风险溢价指标计算公式中的 VIX 所对应的时间范围是未来一个月，所以未来实际波动率是指未来一个月的实际波动率。由于涉及未来实际波动率的预测，所以不同的实际波动率预测模型推导出的方差风险溢价也会存在一定的差异。由于隐含波动率与期权的价格正相关，所以直观来看方差风险溢价越高，则表明期权价格越贵，即说明投资者愿意支付更多来购买期权对冲风险或者增加投机。

我们知道，隐含波动率指数自身就是对未来市场波动程度的预测，那么其与已实现方差的差异从何而来？由于隐含波动率指数中实际包含了期权投资者的非理性情绪，因此其并不是未来实际波动率的最好预测，通过构建有效的波动率预测模型，从而能够探测出期权投资者的这种非理性情绪，可见，方差风险溢价表征的是投资者的恐慌情绪程度。

从所涵盖的信息范围来看，隐含波动率是基于历史信息和当前新信息所形成的，其变化反映市场预期的变化。实际波动率是标的在过去一段时间内的实际波动情况，反映了市场基于历史信息的定价。因此，隐含波动率与实际波动率之差得到的方差风险溢价，体现了市场对新信息的认知，是对未来资产价格波动风险的补偿。由于市场会根据新的信息不断矫正预期，故隐含波动率和实际波动率之差通常不会太大。为考察两者之间的关系，我们假设历史波动率是未来实际波动率的最佳预测，用2019 年 12 月 23 日至 2020 年 9 月 30 日 50ETF 的隐含波动率指数与历史波动率数据，来分析方差风险溢价的变动规律或预测能力。

如图 18-3 所示，我们可以得出以下几点重要结论：一是方差风险溢价在大部分时间都是正的，体现了对标的未来波动性风险的补偿；二是方差风险溢价具有均值回归属性，不会长时间大幅度偏离均值；三是方差风险溢价均值回归的路径具有不确定性。对于过大的方差风险溢价，其回归均值的过程，可能是通过隐含波动率的下降，也可能是通过未来实际波动率的上升实现的；对于过小的方差风险溢价，则可能是通过隐含波动率的上升，也可能是通过未来实际波动率的下降实现的。

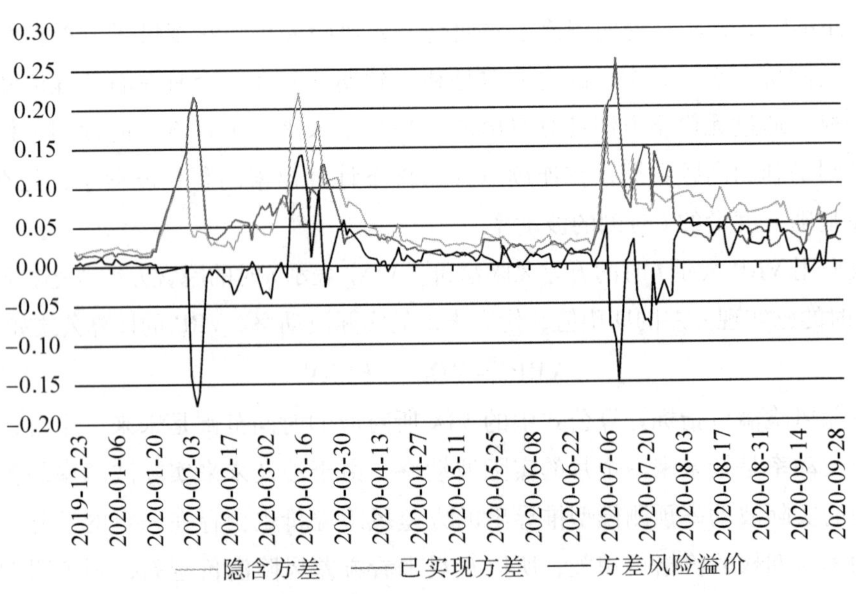

图 18-3 50ETF 期权的隐含方差、已实现方差与方差风险溢价

从总体上来看，方差风险溢价很高时，表明投资者认为未来的不确定性增加，此时投资者的情绪往往过于恐慌，方差风险溢价增大往往伴随着重大的负面事件，也就预示着市场的下跌；方差风险溢价很低时，表明投资者认为未来的不确定性很低，投资者的恐慌情绪较低，未来市场的风险较小。

实践中，可以通过观察方差风险溢价水平，选择合适的交易策略从中获益。当方差风险溢价过低时，通常意味着期权隐含的波动率水平较低，期权价格便宜，此时适合选择波动率多头策略；当方差风险溢价过高时，则可选择做空波动率套利。需要注意的是，方差风险溢价具有较好的短期预测作用，但随着时间区间的拉长，其预测能力逐渐降低。

认购—认沽隐波比率（CPIVR）

隐含波动率指数 VIX 度量的是认购期权和认沽期权的综合隐含波动率水平，是两类性质相反期权的隐含波动率的加权平均。这个指数的缺陷是，如果市场出现明显的单边行情，认购期权和认沽期权的隐含波动率水平通常会失去均衡，呈两极化发展。特别是，在大涨时市场对认沽期权需求降低，其隐波会快速降低；相反，在大跌时市场对认沽期权的需求增大，其隐波会快速攀升。认购期权的情况则刚好相反。结果是，VIX 度量的综合隐含波动率可能变化不大，但其内部结构却发生了很大的变化，透过这一变化可以更为清晰地把握市场情绪，研判行情的发展方向，从而更好地做出投资决策。因此，有必要单独计算认购期权和认沽期权的隐含波动率，并对比它们的高低与变化方向。

为便于分析，这里我们用认购期权的隐含波动率除以认沽期权的隐含波动率，设计一个认购—认沽隐波比率（CPIVR）指标，对 VIX 做进一步的结构分析，完善 VIX 的功能。具体计算时，可以考虑三种方式：一是算术加权，也就是认购期权的隐含波动率加认沽期权的隐含波动率之和除以 2；二是成交量加权，用两种期权各自的成交量占总成交量的比例作为权重，对其隐含波动率加权；三是成交金额加权，用两种期权各自的成交金额占总成交金额的比例作为权重，对其隐含波动率加权。

计算出来的认购—认沽隐波比率如果在 1 附近，说明目前市场运行平稳，处于均衡状态。在实际交易中，可以把这个取值设定在一个合理区间，比如 0.8~1.2。因此，如果大于 1.2，则可以解读为市场上涨预期较强，目前或近一段时间认购期权的价格倾向于被高估；如果小于 0.8，则可以解读为市场下跌的预期较强，目前或近一段时间认沽期权的价格倾向于被高估。例如，如果整个市场的认购期权的平均隐含波动率为 30%，认沽期权的平均隐含波动率为 25%，那么此时的认购—认沽隐波比率就是 30%/25%=1.2，表示期权市场目前对认购期权的价格高估了 20%。

如何正确理解并运用认购—认沽隐波比率？当市场的认购—认沽隐波比率特别高的时候，意味着市场已经产生上涨的一致预期，人们愿意为此付出更高的风险溢价，通过购买认购期权，尤其是虚值认购期权，来参与标的证券的投机；相反，如果认购—认沽隐波比率很低，那么表示市场恐慌情绪蔓延，投资者为避险加大持有认沽期权，特别是虚值认沽期权，推高了认沽期权的隐波，而对认购期权的需求减弱，使其隐波走低。

图 18-4 是 2019 年 12 月 23 日至 2020 年 9 月 30 日期间 50ETF 期权认购—认沽隐波比率及 50ETF 的价格运行动态图。从图 18-4 中可以看出，50ETF 期权认购—认沽隐波比率及 50ETF 的价格运行动趋势大致相同，显示两者具有正向变动关系，不过认购—认沽隐波比率还具有均值回复属性，理性的投资者应该注意发掘认购—认沽隐波比率脱离均衡区间带来的交易机会。例如，当认购—认沽隐波比率从低谷开始回升时，抓住标的上涨的交易机会，而非在其高位时追涨，或抓住该指标从高位开始下降时标的下降的交易机会，而非在其低位时杀跌。

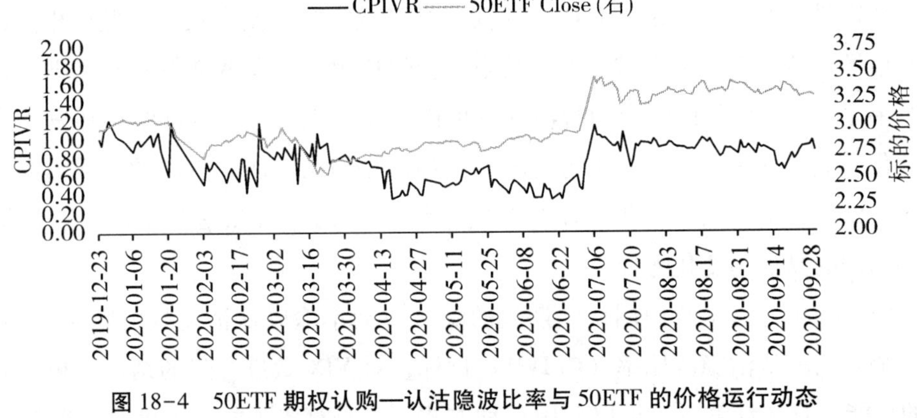

图 18-4 50ETF 期权认购—认沽隐波比率与 50ETF 的价格运行动态

不过，需要注意的是，不宜单方面地过分解读认购—认沽隐波比率发出的信号，其值也有可能受到期权市场的供求关系、做市商的观点或者场外交易者的大规模对冲行为的影响，此时这个比率是否值得去交易，就需要更深入地分析。实践中，还需要注意行权价格虚实程度对认购—认沽隐波比率的影响，特别是波动率不是典型的微笑形态时，例如偏斜形态，这一比率可能被成倍地放大或缩小，其中隐含的未必是标的价格运行的拐点。

第19章

未来波动率与波动率交易

关于对未来波动率的预测

对未来波动率的预测方法很多，但实践中，我们通常可以采用标的资产的历史波动率数据、期权的隐含波动率以及各种计量模型来预测未来波动率，例如GARCH模型、波动率曲线的形态结构模型和期限结构模型等。实践证明，复杂的模型，假设条件多，准确度并不高。比如GARCH模型，作为波动率的一种预测技术，从本质上说，与其他的预测技术一样也具有不确定性，其对于长期波动率的预测并不是很稳定。相对来说，用隐含波动率和历史波动率数据进行预测，对于市场数据没有进行过多的处理，可以更好地反映市场真实情况，这也是市场最流行的方法。

具体而言，可参考以下一种或几种方法来预测波动率。一是判断当前隐含波动率和历史波动率在隐含波动率、历史波动率历史数据中的分位，进而推测未来波动率的可能位置；二是判断同期隐含波动率和历史波动率差值在历史数据中的分位，判断当前隐含波动率和历史波动率是否偏高或偏低，从而判断未来波动率的动向；三是基于不同期限的历史波动率和隐含波动率，按一定权重进行加权处理，来预测未来的波动率，使用这种方法的关键，是对不同波动率的权重设置。研究发现，近期的历史波动率相对于远期的历史波动率，对未来波动率影响更大，据此可以加大近期历史波动率的权重；期权的隐含波动率相对于历史波动率，隐含波动率与未来波动率之间的相关性更大，因此可以加大隐含波动率的预测权重。

在实践中观察发现，未来的波动率一般会遵循最近观测到的波动率的轨迹，尤其是所涉及的时间很短的时候。但是波动率容易受到市场短期事件的冲击而走出尖峰走势。通常，标的证券价格下跌时波动率会上升，特别是大幅下跌时，波动率会飙涨，原因是市场的悲观情绪被放大，会有更多的人避险进而推高波动率。波动率无论是高还是低，再次缓慢回归到历史均值之前，都会持续很长一段时间。而且在经历一个低波动区间之后，往往会对应着一个高波动区间，反之亦然。期权波动率的效率其实很低，有时候甚至比标的本身的效率还要低。它们会经常地被高估或低估。波动率代表了受到不充分信息刺激的所有市场参与者的集体情绪。

波动率交易

期权有不同到期时间，不同行权价，价格差异很大，没有办法比较不同行权价格、到期时间的期权谁便宜谁贵，我们只能比较波动率高低。因此，期权的价格其实就是波动率，波动率才真正反映了期权价格。通过比较隐含波动率和实际波动率之间的关系，就可以简单判断定价高低，从而做出交易决策。

因此，波动率这个原本只是期权交易中用来判断定价高低、有无套利机会的重要指标，在波动率指数推出后，波动率本身逐渐产品化并演变成单独的资产类别，就像股票一样，市场上出现了许多专门从事波动率交易的投资基金，这些基金通过做空和做多波动率，可以取得非常可观的业绩。通常，随着市场波动的增加，做多波动率的基金有望产生丰厚回报，其为抵御损失构建的投资组合也更为保险；当波动率已经很高的时候，由于波动率的均值回归属性，做空波动率就会成为比较好的策略。由于波动率相对稳定，并且其变化具有某些独特属性，如均值回归等，因此，在众多投资策略中，这类基金极具吸引力。

波动率交易既可以基于基本面分析，也可以基于量化分析。波动率基金往往采用定向、套利或者组合交易策略。其中，定向策略对特定资产的隐含波动率的增大或缩小有预判；而套利策略则在多个期权的价格之间找到获利机会，波动率套利头寸通常对隐含波动率和实际波动率水平、利率水平及发行人股票估值具有独特的敏感性。所以，定向策略是方向性交易，在交易方向上，不管是做多还是做空隐含波动率，均可为基金经理带来回报；而对于从事波动率套利的期权交易员来说，期权合约是针对标的资产波动率的投机方法，而不是对标的资产的价格进行方向性投资。

作为一种对冲基金策略，波动率策略正越来越得到广泛运用，包括在场外、场内市场的套利与对冲交易。例如，由于投资组合对冲的需求大于供应，股票指数期权往往标价过高，而个股期权则有可能标价过低，原因在于结构性产品的供应量较大，这就会给对冲基金创造很多套利机会。一般而言，资产的未来价格走向越不明朗，隐含波动率越高，期权价格也越高，股票的隐含波动率通常与股票价格，特别是股票价格的大幅波动，呈负相关关系。由于存在这种负相关关系，做多股票波动率的策略可以作为对冲工具，为投资组合提供下行保护。从长期的回报和风险看，波动率基金的年化回报稳定，标准差较小，风险很低。

第四部分　期权希腊值

第 20 章

一阶希腊值及常用二阶希腊值

希腊值（Greeks）又名风险敏感度或对冲参数，可以用来衡量期权价格对标的参数变化的敏感程度。希腊值主要应用于期权头寸或组合的价格预测、策略监控、风险管理和业绩归因分析，理解希腊值，对于投资者制定期权策略和构建期权组合至关重要。

进入期权市场的初学者最容易犯的一类错误，就是根据自己对于行情不同周期、不同价格的观点构建各类组合策略，但对组合内部各头寸间的相互影响和相互关系毫无概念，不知道所构建的这个复杂的期权组合到底在什么情况下会盈利，风险点在哪里。掌握期权的希腊值以及它们之间的相互关系，才能灵活自如地运用期权工具，有效发挥期权的策略投资目标。

在风险管理中，希腊值也是重要工具。每一个值都被用来度量交易中的某个特定风险，交易员要管理这些希腊值，使其保持在一个可以接受的敞口范围之内，达到风险管理的目标。

希腊值的计算方法有两种，一种是求导算法，也就是根据 BS 期权定价模型求各变量的偏导数的方法，比较适合于欧式期权。此外，对于没有精确解析解的期权，比如美式期权，则可以运用数值近似法来求解。数值近似法的思想是将相关变量变动一定比率，计算出期权价格的改变量，期权价格变动量和该变量变动的比值即为相应的希腊值。

希腊值依据在计算过程中对期权价格求各变量的偏导时的不同阶数，可分为一阶、二阶和三阶希腊值。最早被提出来，也是最常用的希腊值，有 Delta、Gamma、Theta、Vega 和 Rho 这 5 个，我们统一把它们称为传统希腊值。其中，除 Gamma 是二阶偏导外，其他几个希腊值都是一阶偏导。Rho 反映的是利率变动对期权价格的敏感程度，由于利率不常变化，即便调整，变化也较小，在相对短期的交易策略中，没有太大的考虑必要，因此，Delta、Gamma、Theta 和 Vega，这四个希腊值是我们在期权交易中需要重点关注的指标。除 Gamma 以外的其他二阶希腊值，比较重要的有 Charm、Vanna、Vomma 和 Veta 等。如果需要进一步改善监测期权组合价格变动的敏感程度，可以在一阶和二阶的基础上，继续加入 Speed，Color，Zomma 和 Ultima 等三阶希腊值。在所有的希腊值指标中，Delta 是标的证券和期权同时具备的，而其他都只是期权独有的指标。

为方便理解各希腊值的含义以及它们之间的关系，我们把影响期权价格变动的几个主要因素与希腊值列成一个矩阵，见表 20-1。在希腊值矩阵中，第一行是一阶希腊值；第二、三和四行是二阶希腊值；第五、六行是三阶希腊值。请注意，二阶希腊值中的 Vanna、Charm 和 Veta 各出现了两次，这是因为交叉偏导数在 Schwarz 定理中是相等的，如果 n 阶混合偏导连续，则不大于 n 阶的混合偏导与次序无关。

表 20-1　希腊值矩阵

	标的价格（S）	波动率（σ）	到期时间（τ）	利率（r）
期权价格（f）	Delta（Δ）	Vega（Λ）	Theta（Θ）	Rho（ρ）
Delta（Δ）	Gamma（Γ）	Vanna	Charm	
Vega（Λ）	Vanna	Vomma	Veta	
Theta（Θ）	Charm	Veta		
Gamma（Γ）	Speed	Zomma	Color	
Vomma		Ultima		

需要说明的是，对高阶希腊值的研究仍然不完备，如 Theta 和 Vomma 对到期时间的敏感性，Vomma 对标的资产价格的敏感性，相关数量关系尚待确定，因此这三个位置暂时空置。由于利率因素对期权价格影响较小，且利率通常不会连续变动，我们不进一步探究各希腊值对利率指标的高阶敏感性，因此对应的几个位置也是空置的。

Delta

Delta 指的是假设其他因素保持不变的情况下，给定 1 单位标的资产的价格变化所引起的期权价值变化的一个估计值。希腊字母 Delta 在期权交易中非常重要。对大多数投资者而言，交易最大的风险来自方向，但标的资产的方向性变动仅仅是导致期权价格波动的因素之一，并且这一风险在期权的操作中很容易对冲掉。期权的各种组合策略非常多，了解希腊字母与期权价格的关系对于组合策略十分重要，Delta 衡量了期权价格对标的资产市场价格变动的敏感度，它等于期权价格变化与标的资产价格变化的比率，通过它能让投资者很直观地对所持头寸的方向性风险做到心中有数。

Delta 值的数学意义为期权价格对标的资产价格的一阶导数，从几何意义上看，它是期权价格与标的资产价格关系曲线切线的斜率。期权的 Delta 主要回答了一个问题：如果标的资产价格上涨或者下跌了 1 个点，那么期权的涨跌是多少。需要注意的是，Delta 值并非固定不变，除会随时间变化外，其他因素也会导致 Delta 值发生动态改变。但不管怎样变化，通常其取值范围是固定的。无收益资产的认购期权的 Delta 取值范围为［0，1］，无收益资产的认沽期权的 Delta 值范围为［-1，0］。图 20-1 和 20-2 分别是行权价格为 3 元、剩余期限 30 天的 50ETF 认购与认沽期权的 Delta 曲面图。

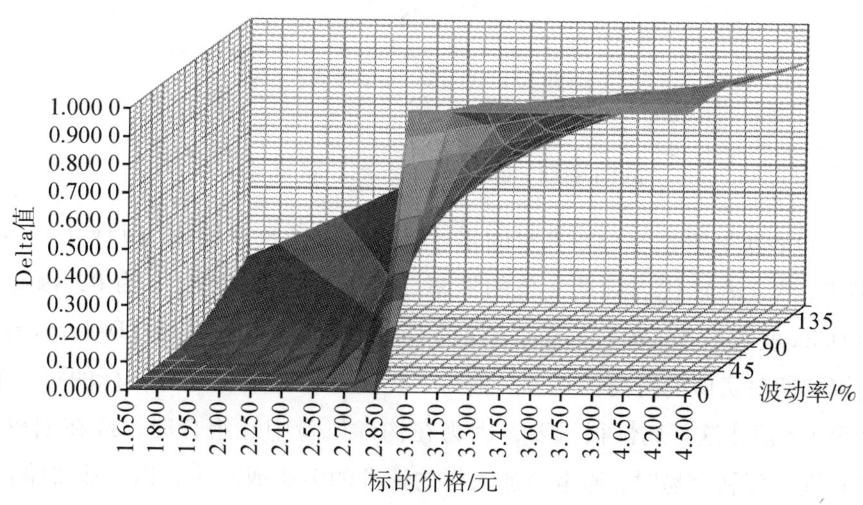

图 20-1　认购期权 Delta 曲面

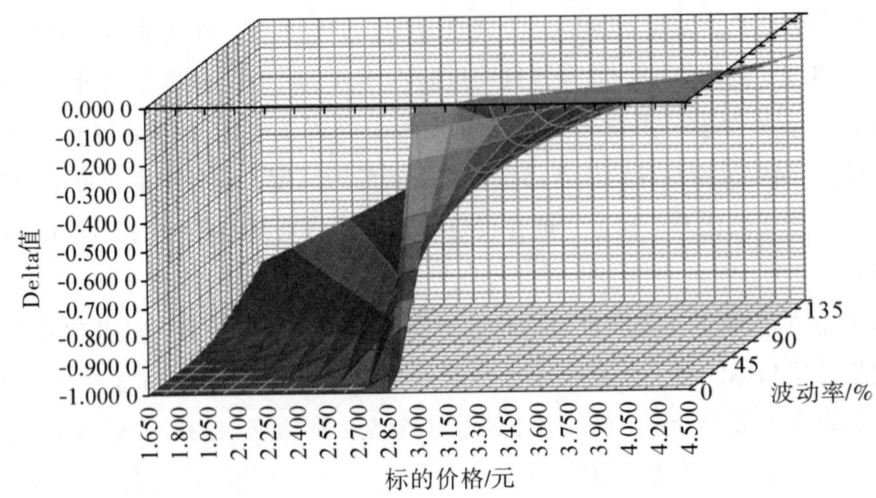

图 20-2 认沽期权 Delta 曲面

具体该如何计算 Delta 呢？我们用 f 表示期权的价格，则可以用下面几个公式来描述期权的 Delta：

$$\Delta = \frac{\partial f}{\partial S}$$

$$\text{认购期权：}\Delta = \frac{\partial C}{\partial S} = e^{-q\tau}N(d_1)$$

$$\text{认沽期权：}\Delta = \frac{\partial P}{\partial S} = -e^{-q\tau}N(-d_1)$$

式中，$N(d)$ 表示标准正态分布变量的累计概率分布函数，且 $N(-d)=1-N(d)$。在 BS 模型里，$N(d_1)$ 代表到期实值的概率，对于无收益期权，q 为 0，因此，认购期权的 Delta 就等于 $N(d_1)$，认沽期权的 Delta 等于 $N(d_1)-1$。Delta 的绝对值越大，期权到期时实值的可能性越大。值得一提的是，除期权之外，标的资产的 Delta 值恒等于 1。记住这一属性很重要，因为在构建风险中性组合时，或在期权与标的证券之间进行套利交易时，通常会加入标的证券的多头或空头，以达成策略目标。

相同标的证券、行权价格和到期时间的无红利支付的欧式认购与认沽期权，其 Delta 值的绝对值之和等于 1，更确切地说，认购期权的 Delta 减去认沽期权的 Delta 等于 1。这是由于认购与认沽期权之间存在平价关系，多头认购同时空头认沽，复制了标的证券，而标的证券的 Delta 等于 1。因此，如果已经知道一个认购期权的 Delta，就可以减去 1 得到相同标的证券、行权价格和到期时间的认沽期权的 Delta；如果已知认沽期权的 Delta，则可加 1 得到相同条件的认购期权的 Delta。下文中，我们用 Call 表示认购期权，Put 表示认沽期权。

$$\Delta(\text{Call}) - \Delta(\text{Put}) = 1$$

$$\Delta(\text{Call}) = \Delta(\text{Put}) + 1$$

$$\Delta(\text{Put}) = \Delta(\text{Call}) - 1$$

根据 Delta 的定义，我们可以直接估算 Delta 对期权头寸利润的贡献，如果标的证券价格变化 ΔS，其他因素维持不变的条件下，Delta 对期权的价值增量为：

$$\text{Delta 的价值增量} = \text{Delta} \times \Delta S$$

例如，表 20-2 中行权价格为 3 元的认购期权，在标的证券价格为 3 元时，Delta 值为 0.54，而表 20-3 中相同参数的认沽期权，Delta 则为-0.46，两者的绝对值之和刚好等于 1。

假定标的证券的波动率是 20%，剩余期限为 30 天，表 20-2 是行权价格分别为 2.9 元、3.0 元和 3.1 元的认购期权的 Delta 值。

表 20-2　标的价格对认购期权 Delta 的影响

	2.50	2.60	2.70	2.80	2.90	3.00	3.10	3.20	3.30	3.40	3.50
2.90	0.006 4	0.035 6	0.125 9	0.304 4	0.540 0	0.755 4	0.896 8	0.965 4	0.990 7	0.998 0	0.999 6
3.00	0.001 0	0.008 3	0.041 2	0.135 0	0.311 7	0.540 0	0.749 3	0.889 9	0.961 0	0.988 8	0.997 4
3.10	0.000 1	0.001 5	0.010 5	0.047 0	0.143 9	0.318 6	0.540 0	0.743 5	0.883 1	0.956 5	0.986 7

例如，上表中行权价格为 3 元的认购期权，在标的证券价格为 3 元时，Delta 值为 0.54，意味着此时标的证券价格上涨 1 元时，这一认购期权价格会上涨 0.54 元。标的价格对认购期权 Delta 的影响见图 20-3。

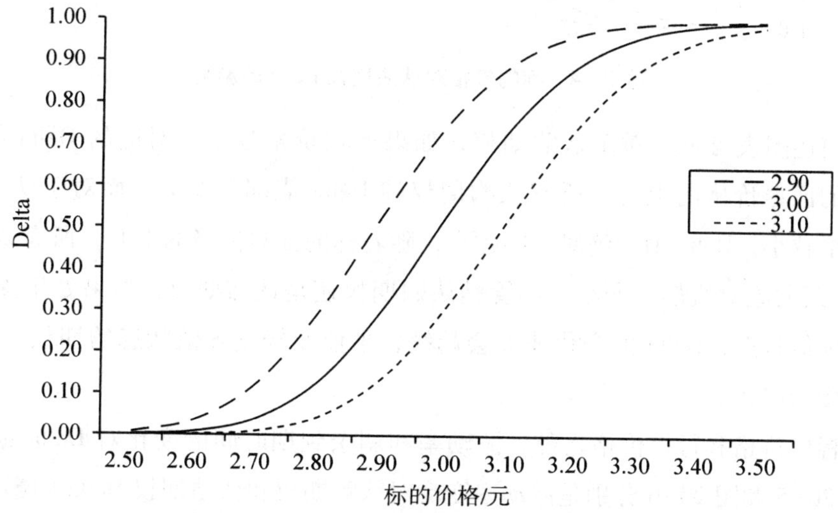

图 20-3　标的价格对认购期权 Delta 的影响

标的证券波动率是 20%，剩余期限为 30 天，行权价格分别为 2. 9 元、3. 0 元和 3. 1 元的认沽期权，其 Delta 值如表 20-3 所示。

表 20-3　标的价格对认沽期权 Delta 的影响

	2. 50	2. 60	2. 70	2. 80	2. 90	3. 00	3. 10	3. 20	3. 30	3. 40	3. 50
2. 90	-0. 993 6	-0. 964 4	-0. 874 1	-0. 695 6	-0. 460 0	-0. 244 6	-0. 103 2	-0. 034 6	-0. 009 3	-0. 002 0	-0. 000 4
3. 00	-0. 999 0	-0. 991 7	-0. 958 8	-0. 865 0	-0. 688 3	-0. 460 0	-0. 250 7	-0. 110 1	-0. 039 0	-0. 011 2	-0. 002 6
3. 10	-0. 999 9	-0. 998 5	-0. 989 5	-0. 953 0	-0. 856 1	-0. 681 4	-0. 460 0	-0. 256 5	-0. 116 9	-0. 043 5	-0. 013 3

表 20-3 中行权价格为 3 元的认沽期权，在标的证券价格为 3 元时，Delta 值为-0. 46，意味着此时标的证券价格下跌 1 元时，这一认沽期权价格会上涨 0. 46 元。标的价格对认沽期权 Delta 的影响见图 20-4。

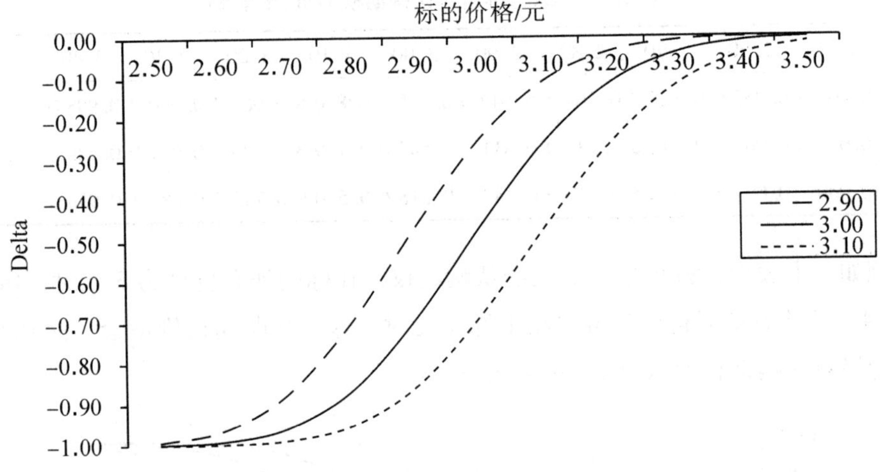

图 20-4　标的价格对认沽期权 Delta 的影响

从前述图表可见，对于认购期权，如果行权价格越小，对应的 Delta 值越大，随着标的证券价格的上升，所有认购期权的 Delta 值都会变大。而对于认沽期权，行权价格越小，Delta 值的绝对值则越小，随着标的证券价格的上升，所有认沽期权的 Delta 值的绝对值都会变小。不管是认购期权还是认沽期权，如果处于深度实值或深度虚值状态，Delta 的变化速度会趋缓，平值及轻度虚值状态的期权，Delta 的变化速度会趋快。

除标的价格和行权价格之外，波动率和剩余到期时间的变化对 Delta 也会有影响。图 20-5 和图 20-6 分别是波动率变动对认购期权和认沽期权 Delta 的影响曲线。对于平值和实值认购期权，控制其他因素不变，随着波动率的上升，Delta 会逐渐变小，说明波动率的增加会相对降低方向因素的影响效果，两者对期权价格的效果会部分抵消。而对于虚值认购期权则刚好相反，控制其他因素不变，随着波动率的上升，Delta 会逐渐变大，说明波动率的增加与方向因素对期权价格的影响方向相同，有相互加强的效果。这种现象经常会在市场上得到验证，比如，我们通常见到的虚值认购期权暴涨行情，其背后基本上都是由波动率与方向因素的正向加强效果的结果。

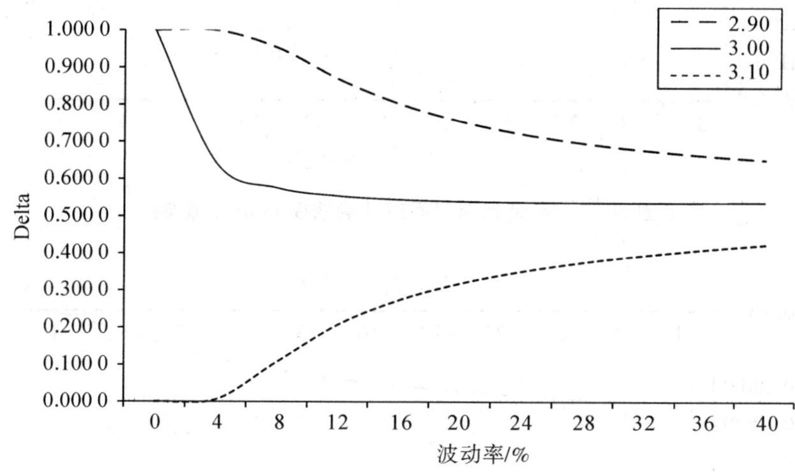

图 20-5　波动率对认购期权 Delta 的影响

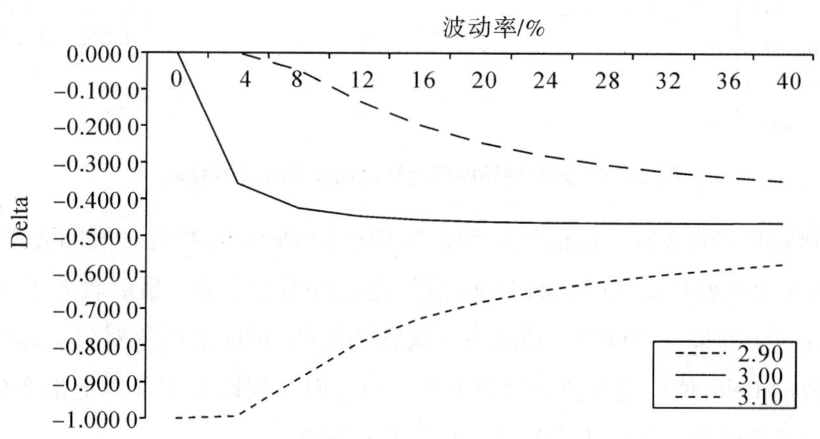

图 20-6　波动率对认沽期权 Delta 的影响

我们再看看剩余到期时间对期权 Delta 有何影响。控制标的证券价格在 3 元，波动率在 20%不变，行权价格分别为 2. 9 元、3. 0 元和 3. 1 元的认购期权，随着到期时间的临近，图 20-7 和 20-8 分别是认购期权和认沽期权 Delta 的变化情况。

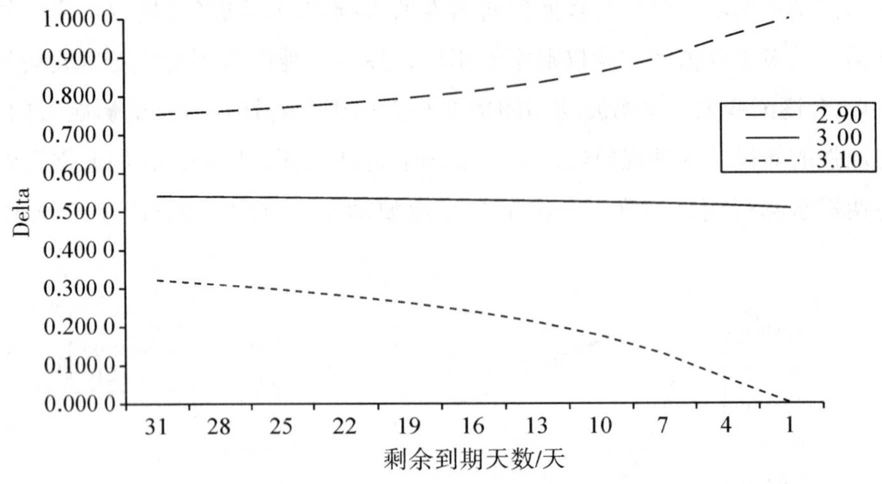

图 20-7　剩余到期时间对认购期权 Delta 的影响

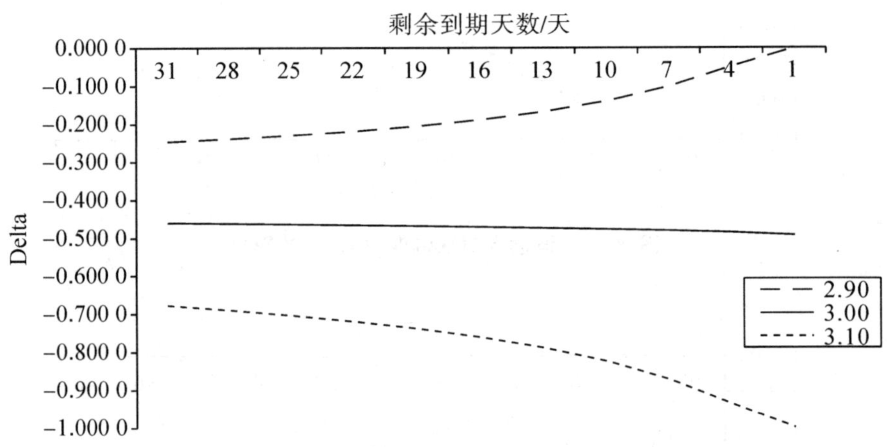

图 20-8　剩余到期时间对认沽期权 Delta 的影响

随着到期时间的递减，虚值认购和认沽期权的 Delta 值的绝对值都会递减，最后归 0，而实值认购和认沽期权的 Delta 值的绝对值则会递增，最后收敛于 1。对于平值期权而言，如果一直维持平值状态，认购期权的 Delta 值的绝对值会轻微降低，而认沽期权的 Delta 值的绝对值会轻微上升，但它们在到期之前基本上都变化不大，只不过会在最后时刻，确认不会转为实值状态后归 0。

前面我们讨论了 Delta 的属性和计算方法。在较为复杂的组合策略中，通常会包括多个期权品种，或者加入标的资产，那么期权组合的 Delta 又该如何计算呢？我们知道 Delta 自身是带符号的，认购期权的 Delta 为正，认沽期权的 Delta 为负。在交易中，投资者的交易行为也是有方向的。在构建期权组合过程中，可能有多笔交易，且有买有卖，这就需要进行希腊值运算。如何确定一笔交易的 Delta 符号？规则非常简单，依据投资者在交易中是多方还是空方，多方在交易中买入期权则为加号，空方卖出期权则为负号。经过交易数量对单个期权的 Delta 进行加权运算后，就得出了整个组合的 Delta 值。如果组合的 Delta 值为正，说明这个组合策略是偏多的，为负则是偏空的，为 0 或在 0 附近，则是中性的。

表 20-4 是 2019 年 9 月 12 日当天，我们对一个组合策略的 Delta 头寸所作的情景分析。当天标的收盘价格为 3. 047 元，组合的 Delta 值为 68 789. 96，策略偏多。基于目前组合的 Delta 头寸，如果下一个交易日标的 50ETF 价格上涨 0. 03 元，组合价值可以获取方向上的收益 2 063. 70 元。

期权价值变动= Delta×标的价值变动=68 789. 96×0. 03=2 063. 70（元）

表 20-4　组合策略的 Delta 头寸情景分析

标的价格	交易 1：卖 30 张行权价 3. 0Call	交易 2：买 30 张 50ETF	交易 3：买 30 张行权价 2. 9Put	组合 Delta 合计
2. 700	-401. 98	300 000. 00	-292 085. 97	7 512. 06
2. 750	-2 033. 59	300 000. 00	-276 838. 29	21 128. 12
2. 800	-7 767. 85	300 000. 00	-246 411. 52	45 820. 64
2. 850	-22 894. 32	300 000. 00	-199 483. 94	77 621. 74
2. 900	-53 271. 78	300 000. 00	-142 823. 24	103 904. 98
2. 950	-100 336. 23	300 000. 00	-88 618. 21	111 045. 56
3. 000	-157 297. 08	300 000. 00	-47 064. 34	95 638. 58
3. 050	-211 784. 39	300 000. 00	-21 264. 33	66 951. 28
3. 100	-253 437. 51	300 000. 00	-8 159. 73	38 402. 75
3. 150	-279 150. 85	300 000. 00	-2 662. 65	18 186. 49
3. 200	-292 095. 90	300 000. 00	-741. 18	7 162. 92

资料来源：OptionsFront 期权策略分析系统。

Delta 中性状态

由于标的资产和相应的衍生证券可取多头或空头，因此其 Delta 值可正可负，当我们手中拥有某种证券或证券组合时，可以通过适当配置组合内标的资产和期权及其他衍生证券的数量与交易方向，使整个组合的 Delta 值等于 0。我们称 Delta 值为 0 的证券组合处于 Delta 中性状态。当证券组合处于 Delta 中性状态时，组合的价值显然就不受标的资产价格波动的影响，从而实现了套期保值。但是值得强调的是，证券组合处于 Delta 中性状态只能维持一个很短的时间，因为 Delta 实质上是导数。因此，我们只能说，当证券组合处于 Delta 中性状态时，该组合价值在一个"短时间"内不受标的资产价格波动的影响，从而实现了"瞬时"套期保值。

这种套期保值方法称为 Delta 中性保值法。Delta 中性保值只是在瞬间实现的，随着标的价格、波动率、到期时间以及利率等期权价格影响因素的变化，Delta 值也在不断变化，因此需要不断调整保值头寸以便使保值组合重新处于 Delta 中性状态，这种调整称为再均衡，因此被称为"动态套期保值"。

Delta 中性在套利或套期保值中的运用

例如，某机构在场外期权市场有较强的定价能力，出售了 10 万股基于某股票的持有期无红利欧式认购期权，期权费收入 15 万元，对应的隐含波动率高达 40.66%。该股票当时的市场价格为 50 元，出售的认购期权行权价格为 52 元，年利率 5%，股票价格的历史波动率为年 30%，距离到期时间还剩 4 周。由于无法在场内市场找到相应的认购期权进行对冲，就可以运用 Delta 中性保值法解决风险管理问题。

做法如下：用标的资产即该股票对场外期权的卖出义务进行中性对冲，具体操作如表 20-5 所示。该机构目前有欧式认购期权的空头头寸，Delta 值为负，需要用正的 Delta 值进行对冲，即应该购买标的资产，才能构建中性组合。之后，需要不断调整标的资产的交易数量，以适应期权 Delta 值的变化。在实际中，过于频繁的动态调整需要相当的交易费用，因此调整间隔可以设置长一些，比如每周。

表 20-5　Delta 中性对冲操作步骤

周次	股票价格	期权理论价格	Delta	股票交易数量/股	股票资金占用/万	利息费用/万	累计资金成本/万
0	50.00	0.94	0.351	0.351×100 000=35 100	35 100×50.00=175.500 0	0.000 0	175.500 0
1	53.50	2.48	0.681	(0.681-0.351)×100 000=33 000	33 000×53.50=176.550 0	0.168 8	352.218 8
2	51.15	0.87	0.414	(0.414-0.681)×100 000=-26 700	-26 700×51.15=-136.570 5	0.338 7	215.986 9
3	52.53	1.19	0.613	(0.613-0.414)×100 000=19 900	19 900×52.53=104.534 7	0.207 7	320.729 3
4	53.18	1.18	1.000	(1.000-0.613)×100 000=38 700	38 700×53.18=205.806 6	0.308 4	526.844 3
交收				100 000	100 000×52.00=520.000 0		

运用标的资产进行 Delta 中性对冲的结果是：到期股票价格大于行权价格，卖出的认购期权被行权，需要以 52 元的价格交付 10 万股标的股票，收到资金 520 万元。综合来看，加上卖出认购期权收到的权利金收入 15 万元，扣除对冲过程形成的资金成本 526.844 3 万元，产生净收入：520+15−526.844 3＝8.155 7（万元）。

对冲过程中，当 Delta 上升的时候，也就是标的资产价格上涨的时候，必须增加借款买入股票；当 Delta 下降的时候，也就是标的资产价格下跌的时候，必须卖出股票偿还借款。这个“买高卖低”的对冲过程，会产生一定的对冲成本，扣除对冲成本后的利润，来源于期权高于市场合理定价水平被高估的部分。由于在场外期权市场，机构具有定价优势，本例中标的的历史波动率仅为 30%，而机构以 1.5 元的价格卖出的认购期权，隐含的波动率高达 40.66%，因此，基于上述操作，机构可以套取一个无风险的稳定利润。

在实际交易中，Delta 中性对冲方法也可以利用同种标的资产的期货头寸而非现货头寸来进行，这样可以获得杠杆效果。利用期货合约并不一定需要和期权合约的到期日相同，往往需要选择到期时间更长的期货合约对期权合约进行对冲。

Gamma

Gamma 是一个与 Delta 联系密切的敏感性指标，是 Delta 的 Delta，用于衡量该证券的 Delta 值对标的资产价格变化的敏感度，它等于期权价格对标的资产价格的二阶偏导数，也等于期权的 Delta 对标的资产价格的一阶偏导数。从几何意义上看，它反映了期权价格与标的资产价格关系曲线的凸度。当标的资产价格上涨 1 个单位，对于认购期权，Delta 为正，因此新 Delta 值变大到原 Delta ＋ Gamma，增加幅度为 Gamma；对于认沽期权，Delta 为负，因此新 Delta 值的绝对值变小到 Abs（原 Delta）− Gamma，减小幅度为 Gamma。相反，当标的资产价格下降 1 个单位，对于认购期权，新 Delta 值变小到原 Delta − Gamma，减小幅度为 Gamma；对于认沽期权，新 Delta 值的绝对值变大到 Abs（原 Delta）＋ Gamma，增加幅度为 Gamma。

由于标的上涨或下跌对 Delta 的影响方向不同，究竟在原 Delta 上该加还是该减去 Gamma，这里很容易混淆。下面给一个简单的计算方法，由于 Gamma 测度的是标的资产价格变动 1 个单位，导致 Delta 值相应变化的幅度，虽然计算出来的认购和认沽期权的 Gamma 值都是正值，但在使用 Gamma 这个参数时，必须与标的资产价格变动的方向同时使用。因此，我们设定，如果标的价格上涨，方向取 1，标的价格下跌，方向取-1。那么，对认购或认沽期权在所有情况下都适用的 Delta 与 Gamma 之间的关系，可表示为：

新 Delta=原 Delta + Gamma×标的价格变动方向

从上面的分析中我们了解到，要更为精准地把握期权的价格变动，除 Delta 外，Gamma 也很重要。我们用 Γ 来表示 Gamma，从数学上看，Gamma 是 Delta 对标的资产价格的一阶偏导数，是期权价格对标的资产价格的二阶偏导数，据此可推导出欧式认购和认沽期权的计算公式：

$$\Gamma = \frac{\partial \Delta}{\partial S} = \frac{\partial^2 f}{\partial S^2}$$

$$\Gamma = \mathrm{e}^{-q\tau} \frac{N'(d_1)}{S\sigma\sqrt{\tau}} = K\mathrm{e}^{-r\tau} \frac{N'(d_2)}{S^2\sigma\sqrt{\tau}}$$

其中，$N'(x)$ 是标准正态分布曲线的密度函数。

Gamma 的属性与特征

要了解 Gamma 的属性与特征，我们先看看 Gamma 曲面图。图 20-9 是执行价格为 3 元、剩余 30 天的 50ETF 期权的 Gamma 曲面图。Gamma 曲面图以平值行权价格为中心呈尖锥形状，意味者当标的价格达到行权价格附近时，Gamma 接近最大值。

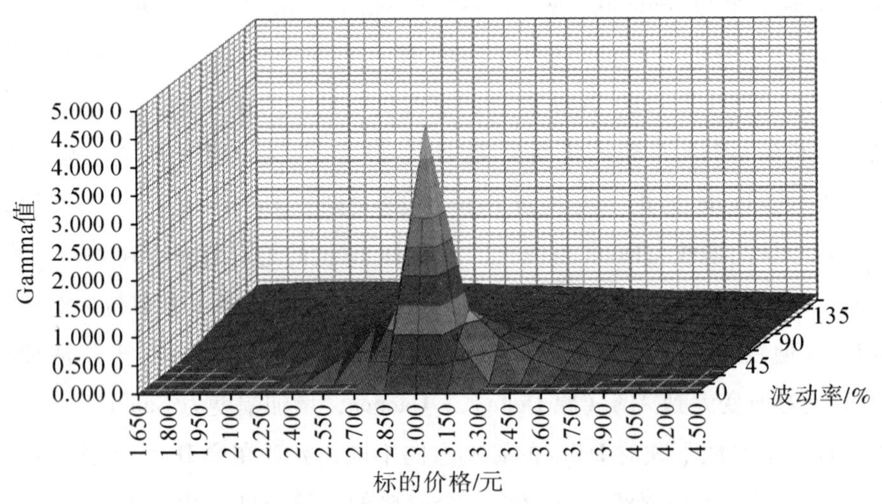

图 20-9　50ETF 期权的 Gamma 曲面

假设波动率为 20%，剩余期限为 30 天，行权价格分别为 2.9 元、3.0 元和 3.1 元的认购期权和认沽期权的 Gamma 随标的资产价格变化的情况见图 20-10。

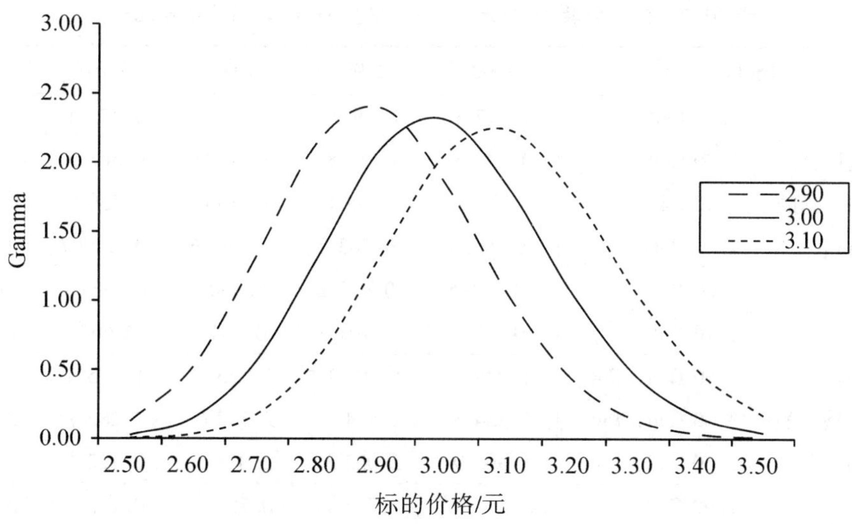

图 20-10　Gamma 随标的资产价格变化曲线

首先，需要说明的是，在其他参数相同的条件下，由于平价原理，基于相同标的证券的同一执行价格的认购期权和认沽期权，其 Gamma 值是相等的。其次，当标的资产价格在行权价格附近，即接近于平值时，Gamma 值最大，对标的价格最敏感，这一特征可从图 20-10 看出。再次，随着实值或虚值程度加深，期权的 Gamma 值会逐渐变小，最后会趋近于 0，这也可以从上图中得到证实。最后，标的资产、远期和期货合约的 Gamma 值均为 0，只有期权才有 Gamma 值。

实际交易中，必须密切注意期权 Gamma 值的增减变化情况以及其对头寸或策略组合的影响。不管是持有认购还是认沽期权，多头的 Gamma 值均为正值；无论是卖出认购还是认沽期权，空头的 Gamma 值均为负值。当标的资产价格变化一个单位时，新的 Delta 值等于原来的 Delta 值加上或减去 Gamma 值。因此 Gamma 值越大，Delta 值变化越快。进行 Delta 中性套期保值，Gamma 绝对值越大，意味着风险程度越高；相反，Gamma 绝对值越小，风险程度相对越低。当证券组合中含有标的资产和该标的资产的各种期权和其他衍生产品时，该证券组合的 Gamma 值就等于组合内各种期权 Gamma 值与其数量乘积的总和。

通过 Gamma 值可以快捷地估算出新的 Delta 值的大小，这对日常交易中的头寸管理和风险控制提供了很大的便利。不过，这种方法估算出来的 Delta 值，其精确程度肯定要低于模型计算。模型计算 Delta 与 Gamma 估算 Delta 之间究竟有多大的差异，我们用 3 组行权价格的认购与认沽期权做一对比分析，结果见表 20-6。

表 20-6 模型计算 Delta 与 Gamma 估算 Delta 之间的差异比较

标的价格/元		2.98	2.99	3.00	3.01	3.02
模型计算得出的精确的 Delta 值	2.90 Call	0.717 3	0.736 8	0.755 4	0.773 3	0.790 3
	3.00 Call	0.493 5	0.516 8	0.540 0	0.562 9	0.585 6
	3.10 Call	0.278 2	0.298 1	0.318 6	0.339 6	0.361 1
	2.90 Put	−0.282 7	−0.263 2	−0.244 6	−0.226 7	−0.209 7
	3.00 Put	−0.506 5	−0.483 2	−0.460 0	−0.437 1	−0.414 4
	3.10 Put	−0.721 8	−0.701 9	−0.681 4	−0.660 4	−0.638 9
模型计算得出的精确的 Gamma 值	2.90 Call，Put	1.979 1	1.904 1	1.825 9	1.745 3	1.662 9
	3.00 Call，Put	2.334 5	2.324 9	2.307 6	2.282 7	2.250 6
	3.10 Call，Put	1.963 9	2.022 3	2.075 2	2.122 1	2.162 7
通过模型计算的 Delta 与 Gamma 估算得出的新的 Delta 值	2.90 Call	—	0.737 1	0.755 8	0.773 7	0.790 7
	3.00 Call	—	0.516 8	0.540 0	0.563 0	0.585 7
	3.10 Call	—	0.297 8	0.318 4	0.339 4	0.360 8
	2.90 Put	—	−0.262 9	−0.244 2	−0.226 3	−0.209 3
	3.00 Put	—	−0.483 2	−0.460 0	−0.437 0	−0.414 3
	3.10 Put	—	−0.702 2	−0.681 6	−0.660 6	−0.639 2
模型计算 Delta 与 Gamma 估算 Delta 值之差	2.90 Call	—	0.000 4	0.000 4	0.000 4	0.000 4
	3.00 Call	—	0.000 0	0.000 1	0.000 1	0.000 2
	3.10 Call	—	−0.000 3	−0.000 3	−0.000 2	−0.000 2
	2.90 Put	—	0.000 4	0.000 4	0.000 4	0.000 4
	3.00 Put	—	0.000 0	0.000 1	0.000 1	0.000 2
	3.10 Put	—	−0.000 3	−0.000 3	−0.000 2	−0.000 2

表 20-6 中的分析基于与前面相同的数据：标的证券的波动率 20%，无风险利率 5%，剩余期限 30 天，期间无红利收益支付。通过 Delta 和 Gamma 的计算公式，我们计算出，标的价格为 2.98 元时各行权价期权的 Delta 和 Gamma 值，然后，假设标的价格上涨 0.01 元，我们用这个 Delta 和 Gamma 值，就可快速估算出新的 Delta 值应该是多少。比如，行权价为 3 元的认购期权，新的 Delta 值等于模型计算出的 Delta 值 0.493 5，加上标的价格上涨 0.01 元的 Gamma 值增量部分，即 2.334 5×0.01=0.023 345，为 0.516 845，取小数点后 4 位数即 0.516 8，刚好等于标的价格为 2.99 时，通过模型计算出的认购期权的 Delta 值。行权价为 3 元的认沽期权，新的 Delta 值等于模型计算出的 Delta 值−0.506 5，加上标的价格上涨 0.01 元的 Gamma 值增量部分，即 2.334 5×0.01=0.023 345，为−0.483 155，取小数点后 4 位数即

-0.483 2，也刚好等于标的价格为 2.99 时，通过模型计算出的认沽期权的 Delta 值。我们用更多的数据，对模型计算的 Delta 与 Gamma 估算的 Delta 值进行了差值比较，发现用 Gamma 快速估算的 Delta 值，其精确程度还是很高的，除精确吻合之外，两者差值都很小。

除行权价格和标的证券价格对 Gamma 的影响外，波动率和剩余期限也会导致 Gamma 发生变化。图 20-11 是波动率变化对期权 Gamma 的影响。一般来讲，波动率越高，Gamma 越低。因而在隐含波动率较高时进场购买期权并不能得到高额的利润，这时市场对标的会大幅波动已经有了理性的预期。另外，不同在值程度的期权，无论是平值还是实值或虚值，其 Gamma 都会随着波动率的增大趋于收敛下降。在波动率很大即价格的变动大时，这一时点的实值期权下一时点就有可能变成虚值，因而不同在值程度的的期权之间很相似。随着波动率的降低，平值、实值和虚值期权的 Gamma 值都会逐渐增加，当波动率降低到一定的水平的时候，平直期权的 Gamma 会急剧增加，而实值和虚值的 Gamma 会快速下降。

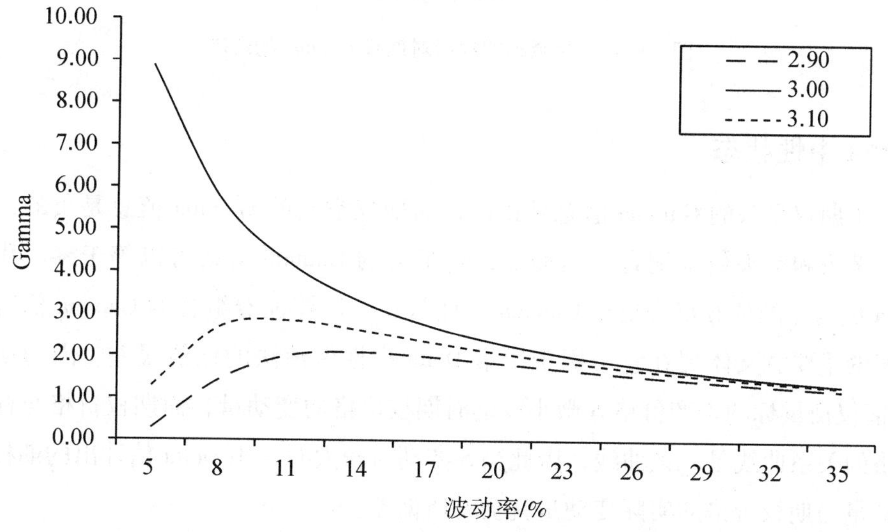

图 20-11　波动率变化对期权 Gamma 的影响

如果我们控制波动率，认购期权和认沽期权的 Gamma 随剩余期限变化的情况如图 20-12 所示。从图 20-12 中可以看出，当剩余期限很较长时，不同执行价格期权的 Gamma 趋于收敛。这是因为到期时间较长的期权，无法确定哪个执行价格可以行权，它们之间的相似度很高，即 Gamma 值很接近。但随着剩余到期时间的缩短，不管是平值还是虚值或实值期权，Gamma 都会逐渐增大，但当剩余期限缩短到接近到期前 1 周左右，执行价格不同的期权间 Gamma 的差距开始扩大，虚值与实值期权的

Gamma 会快速回落，与平值期权明显地分道扬镳，此时平值期权的 Gamma 值反而会急剧增加。其实这很容易理解，即将到期，标的价格很小的一个波动，就有可能使平值期权变为可执行的实值期权，所以此时 Gamma 会很大。

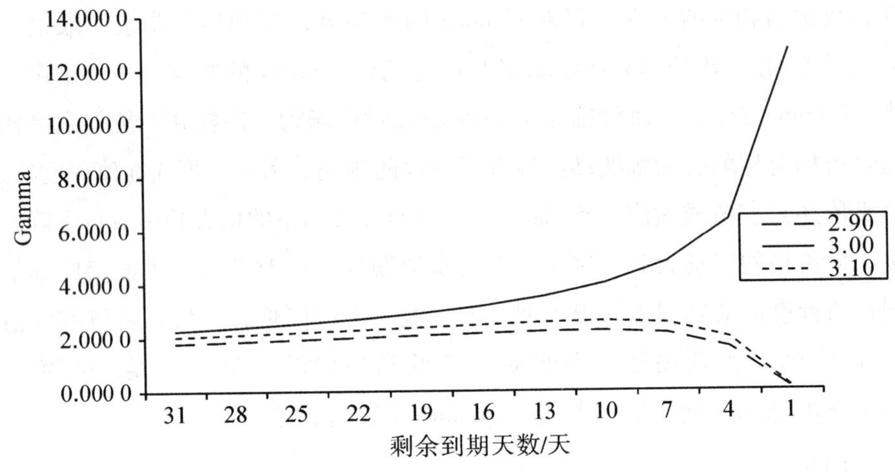

图 20-12 剩余到期时间对期权 Gamma 的影响

Gamma 中性状态

由于期权多头的 Gamma 值总是正的，而期权空头的 Gamma 值总是负的，因此若期权多头和空头数量配合适当的话，该组合的 Gamma 值就可以等于零。我们称 Gamma 值为零的证券组合处于 Gamma 中性状态。计算证券组合的 Gamma 值对于套期保值的重要意义体现在它可用于衡量 Delta 中性保值法的保值误差。因为期权的 Delta 值仅衡量标的资产价格 S 微小变动时期权价格的变动量，而期权价格与标的资产价格的关系曲线是一条曲线，因此当 S 变动量较大时，用 Delta 估计出的期权价格的变动量与期权价格的实际变动量就会有所偏差。

图 20-13 显示，当标的资产价格从 S_0 上涨到 S_1 时，Delta 中性保值法假设认购期权价格从 C_0 增加到 C_1，而实际上是从 C_0 增加到 C_1'，C_1 和 C_1'之间的误差就是 Delta 中性保值的误差。这种误差的大小取决于期权价格与标的资产价格之间关系曲线的曲度。Gamma 值越大，该曲度就越大，Delta 中性保值误差就越大。为了消除 Delta 中性保值的误差，我们应使保值组合的 Gamma 中性化。

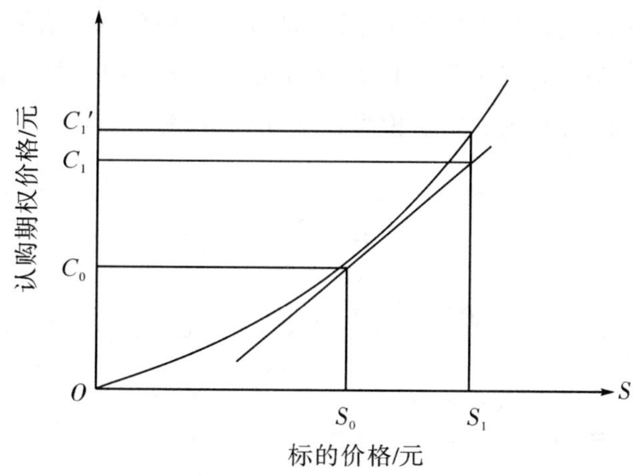

图 20-13　标的价格、期权价格与 Gamma 的关系

由于标的资产的 Gamma 为 0，Delta 不随价格变化而变化，其盈亏与标的资产价格的变化关系是线性的。期权的 Gamma 大于零，Delta 随标的价格的变化而变化，所以期权头寸的盈亏是一条曲线。

假设其他因素都不变，而且比较的是交易当日的盈亏，Gamma 就是标的证券与期权之间利润差异的根本原因。可见，与直接买入标的证券相比，买入期权的盈利总是更高。在标的价格上涨时买入期权赚得更多，在标的价格下跌时买入期权亏得更少。实际上，根据 Gamma 的定义，我们可以直接估算 Gamma 对利润的贡献。其中，ΔS 为标的证券价格的变化，Gamma 对期权的价值增量为：

$$\text{Gamma 的价值增量} = 0.5\times \text{Gamma}\times (\Delta S)^2$$

假设某个 Delta 中性的保值组合的 Gamma 值等于-5 000，该组合中标的资产的某个认购期权多头的 Delta 和 Gamma 值分别等于 0. 80 和 2. 0。为使保值组合 Gamma 中性，并保持 Delta 中性，应如何对冲？

要使 Gamma 中性，需买入 5 000/2=2 500 份认购期权，而购入 2 500 份认购期权后，新组合的 Delta 值将由 0 增加到 2 500×0. 80=2 000。因此，为使 Delta 重新保持中性，应出售 2 000 份标的资产对冲。

Theta

Theta 定义为在其他条件不变时，期权价值变化与时间变化的比率，衡量的是期权价值对时间变化的敏感度。Theta 也被称为时间耗损，其值通常为负，这是因为在其他条件不变的情况下，随着期限的缩短，期权的价值会降低。在计算期权价值时，时间是以年为单位的，而计算 Theta 时通常是以天为单位的，表示一天过后期权价值的变化。Theta 在数学意义上等于期权价格对时间 τ 的偏导数。我们用 Θ 来表示 Theta，基于认购与认沽期权的定价模型，求期权价格对时间的偏导，可得出 Theta 的具体计算公式：

$$\Theta = \frac{\partial f}{\partial \tau}$$

$$Call：\Theta = -\mathrm{e}^{-q\tau}\frac{SN'(d_1)\sigma}{2\sqrt{\tau}} - rK\mathrm{e}^{-r\tau}N(d_2) + qS\mathrm{e}^{-q\tau}N(d_1)$$

$$Put：\Theta = -\mathrm{e}^{-q\tau}\frac{SN'(d_1)\sigma}{2\sqrt{\tau}} + rK\mathrm{e}^{-r\tau}N(-d_2) - qS\mathrm{e}^{-q\tau}N(-d_1)$$

根据 Theta 的定义，我们可以通过 Theta 估算随着时间的一天天流逝，期权头寸价值的耗损情况，如果时间过去天数为 $\Delta\tau$，其他因素维持不变的条件下，期权价值的耗损为：

$$\text{Theta 对期权价值的耗损} = \text{Theta} \times \Delta\tau$$

时间价值是期权价值的一部分，而时间价值与期权剩余期限的长短并不呈现线性关系。随着到期期限的临近，时间价值将以越来越快的速度消减。根据这一特征，可以推知在一般情况下，期权剩余期限越长，其 Theta 的绝对值越小；而期权剩余期限越短，其 Theta 的绝对值越大。这就是期权的边际时间价值递减规律。当越来越临近到期日时，期权的时间价值会越来越小，因此期权的 Theta 几乎总是负的，它代表的是期权的价值随着时间推移而逐渐衰减的程度。图 20-14 和图 20-15 分别是执行价格为 3 元、剩余期限 30 天的 50ETF 认购期权与认沽期权的 Theta 曲面图。

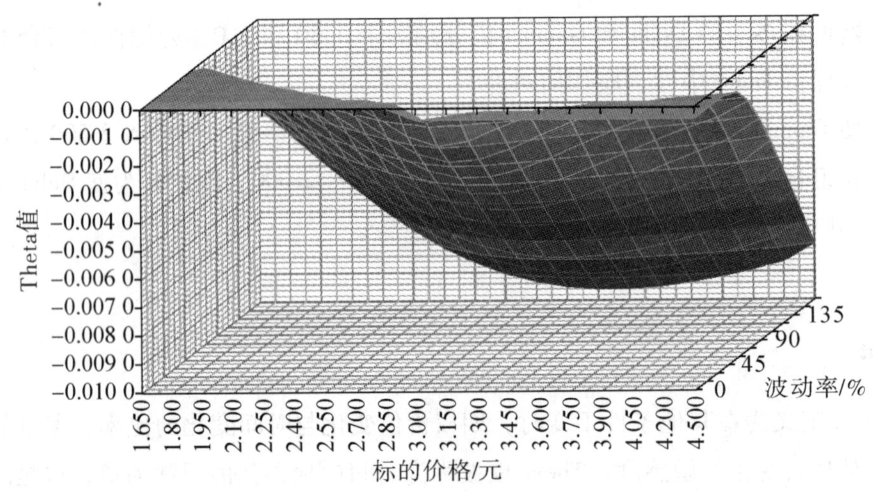

图 20-14　认购期权的 Theta 曲面

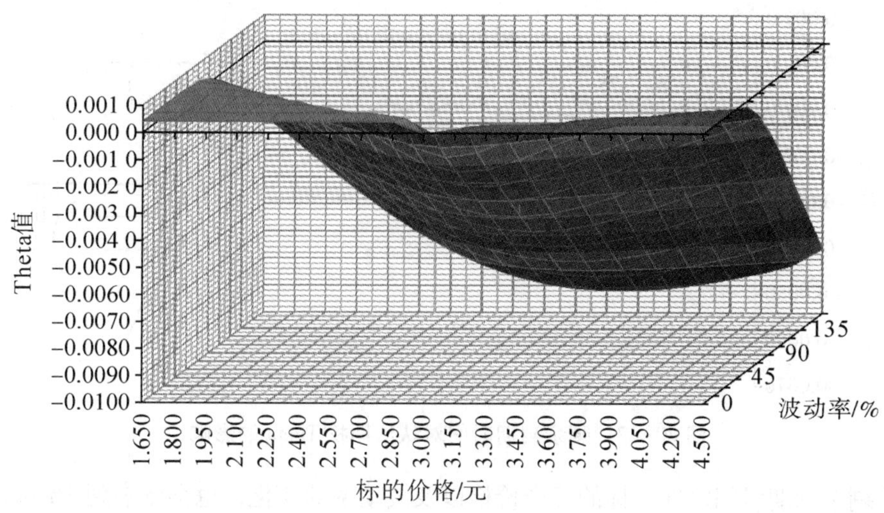

图 20-15　认沽期权的 Theta 曲面

不过，不同在值程度的期权，对时间的敏感度是不同的。如果标的资产价格为 3 元，波动率为 20%，行权价格分别为 2.9 元、3.0 元和 3.1 元的认购和认沽期权，其 Theta 随时间变化的情况，见图 20-16 和图 20-17。从图中我们可以看出，剩余时间较长时，Theta 的绝对值相对较小，不同在值程度的认购和认沽期权的 Theta 趋向于一致，差距较小，但平值期权 Theta 的绝对值总是最大的。随着到期时间的缩短，时间价值流逝的速度明显加快，特别是进入最后两周的时候，平值期权的时间价值呈现最为明显的加速流逝，而实值和虚值期权的时间价值流逝速度反而降低。在到期前的短暂时间，实值认沽期权的时间价值还有可能由负转正。

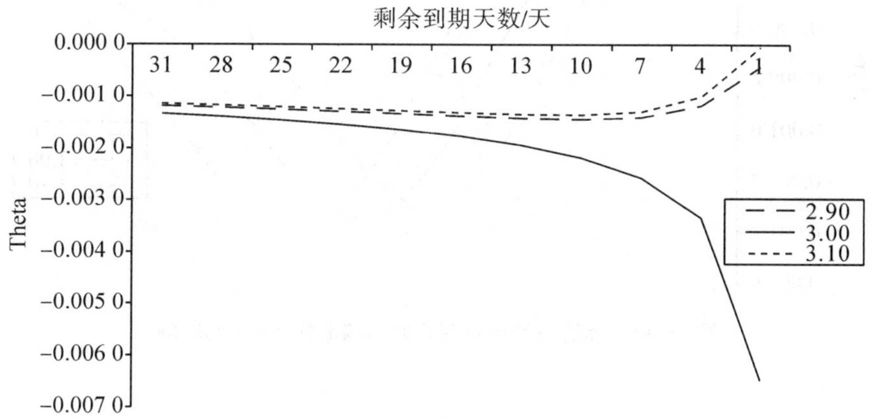

图 20-16　剩余到期时间对认购期权 Theta 的影响

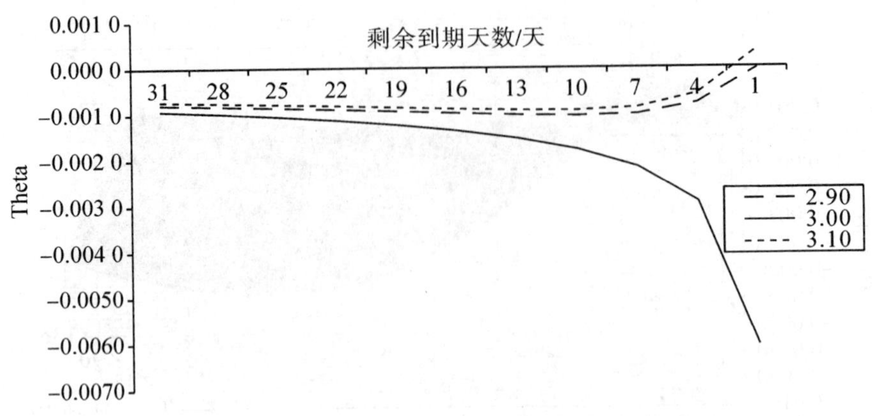

图 20-17　剩余到期时间对认沽期权 Theta 的影响

除剩余到期时间之外，标的资产价格以及波动率的变化，也会影响到 Theta。从图 20-18 和图 20-19 可见，当标的资产价格在行权价格附近时，这时侯期权处于平值状态，Theta 的绝对值最大。随着标的资产价格的进一步下降或上涨，期权进入实值或虚值状态，程度越深，Theta 的绝对值变得越小。值得注意的是，随着标的资产价格的下降，进入深度实值状态的认沽期权，其 Theta 发生了由负变正的转变。可见，不是所有期权空头，都一定会收集到时间价值，卖出深度实值状态的认沽期权，可能还要支付时间价值。

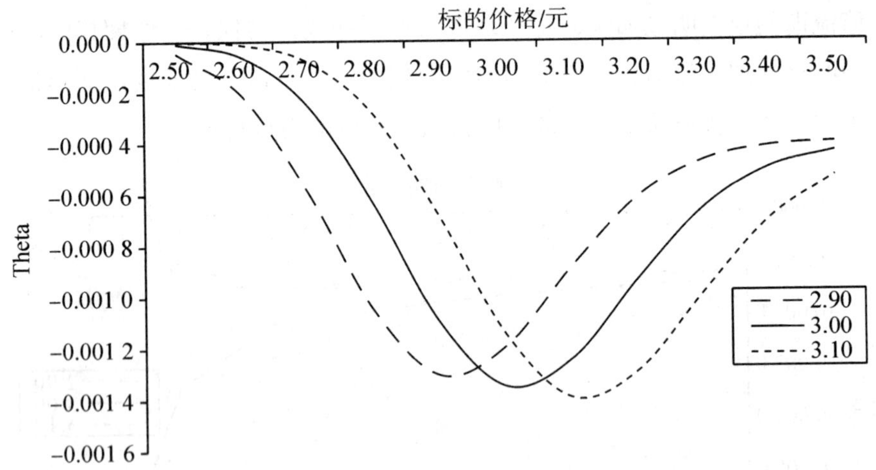

图 20-18　标的资产价格变化对认购期权 Theta 的影响

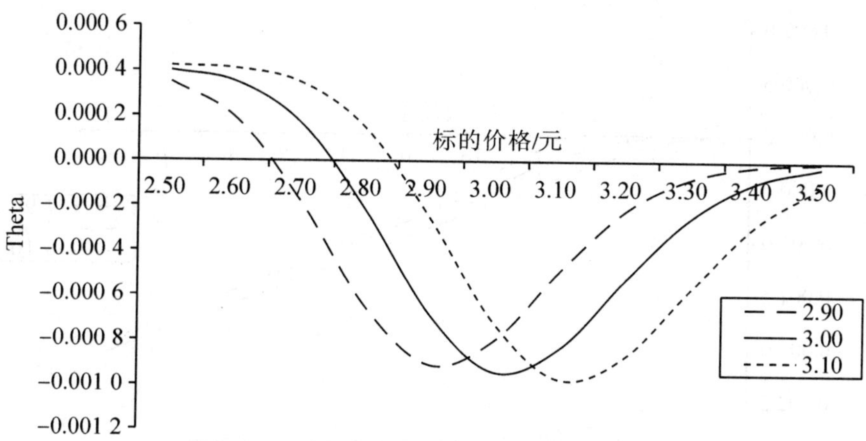

图 20-19　标的资产价格变化对认沽期权 Theta 的影响

如果标的资产价格为 3 元，剩余到期时间为 30 天，行权价格分别为 2.9 元、3.0 元和 3.1 元的认购和认沽期权，其 Theta 随波动率变化的情况，见图 20-20 和图 20-21。随着波动率的增大，不同在值程度的认购和认沽期权的 Theta 的绝对值逐渐变大，且差异缩小，但平值期权 Theta 的绝对值总是最大。随着波动率的降低，所有期权的 Theta 的绝对值都变小。比较特殊的是，实值认沽期权在波动率降到很低时，Theta 可能会变为正值。

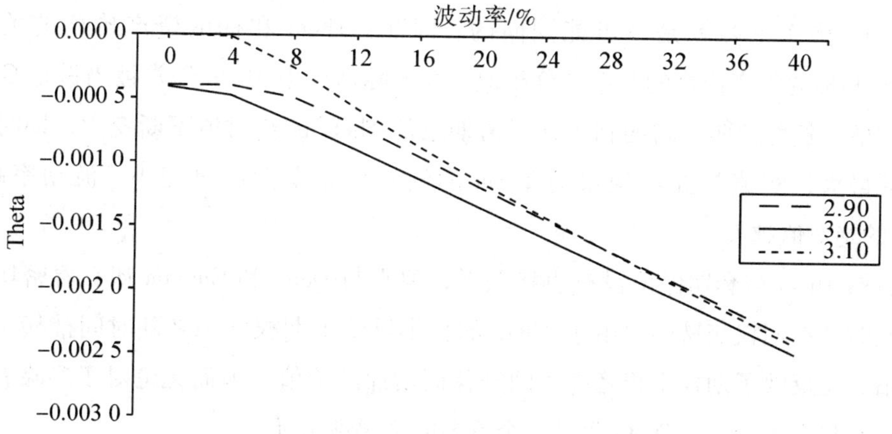

图 20-20　波动率变化对认购期权 Theta 的影响

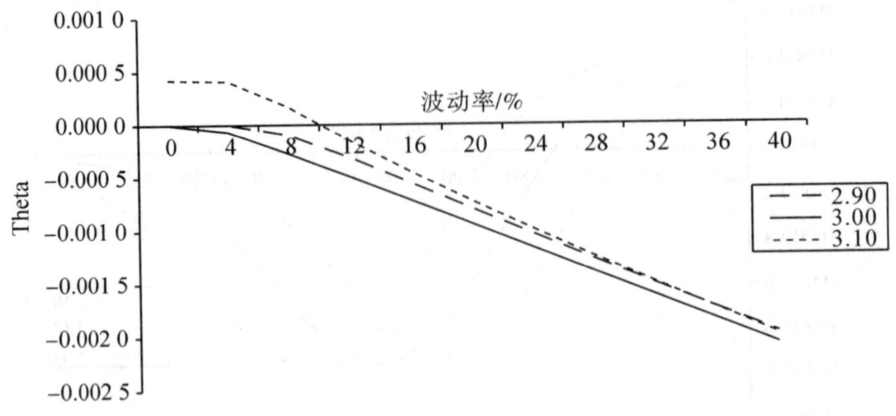

图 20-21 波动率变化对认沽期权 Theta 的影响

期权的时间价值曲线一开始比较平，接近到期时期权的时间价值衰减开始加速，到最后一天几乎按小时耗损。正 Theta 代表在时间维度上赚钱，负 Theta 代表在时间维度上亏钱，Theta 的收益并不是免费的，是需要通过承担风险去获取。几乎所有的买方策略，Theta 都是负的，几乎所有的卖方策略，Theta 都是正的。平值期权的 Theta 绝对值最大，Theta 的损耗是非线性的，越临近交割日其损耗越快。对于 Delta 中性的投资组合而言，Gamma 和 Theta 是近似互为反数的两个值。当买入期权，也就是买入了 Gamma，但同时也就要承担时间价值也就是 Theta 的损失，也就是卖出了 Theta，操作上两者是不可能同向的。因此，Theta 和标的资产价格的关系与 Gamma 和标的资产价格的关系十分相似，在实际运用中 Theta 经常被当做是 Gamma 的镜像值。随着到期时间的临近，平值期权的 Theta 的绝对值不断变大，即时间价值损耗最大，实值与虚值期权的 Theta 的绝对值先变大后再变小。波动率越高，Theta 的绝对值越大。

虽然 Theta 与套期保值没有直接关系，但它与 Delta 和 Gamma 却有着密切的联系。同时，在期权交易中，由于 Theta 的大小反映了期权购买者随时间推移所损失的价值，也反映了期权出售者随时间推移而增加的价值，因而无论对于避险者、套利者还是投资者而言，Theta 都是一个重要的敏感性指标。

Theta、Delta 和 Gamma 之间的关系

假定 r 为无风险收益率，市场上投资者在标的资产和期权组合之间的无风险套利行为，将使无收益资产的期权价格 f 满足“布莱克—斯科尔斯—默顿微分方程式”，即：

$$\frac{\partial f}{\partial \tau} + rS\frac{\partial f}{\partial S} + \frac{1}{2}\sigma^2 S^2 \frac{\partial^2 f}{\partial S^2} = rf$$

$$\frac{\partial f}{\partial \tau} = \Theta,\ \frac{\partial f}{\partial S} = \Delta,\ \frac{\partial^2 f}{\partial S^2} = \Gamma$$

$$\Theta + rS\Delta + \frac{1}{2}\sigma^2 S^2\Gamma = rf$$

对于 Delta 中性状态的组合，Theta 和 Gamma 有如下固定关系，两者方向总是相反的，且数量上两部分之和为：

$$\Theta + \frac{1}{2}\sigma^2 S^2\Gamma = rf$$

这意味着，Theta 若为负值并且很大时，Gamma 将会为正值并且也很大，相反，则反是。对于处于 Delta 中性和 Gamma 中性状态的组合，其价值将随时间以无风险连续复利率的速度增长：

$$\Theta = rf$$

Delta、Theta 和 Gamma 之间的符号关系如表 20-7 所示，从表中可以看出，Gamma 的符号总是与 Theta 的符号相反。

表 20-7　Delta、Theta 和 Gamma 之间的符号关系

期权交易	Delta	Theta	Gamma
多头认购	+	−	+
多头认沽	−	−	+
空头认购	−	+	−
空头认沽	+	+	−

Theta 是期权买方付出的代价。对于标的证券来说，只要价格不发生变化，不管持有期多长，投资者都将保持盈亏平衡的状态。然而，对于期权的买方，由于 Theta<0，每持有一天，有效期将缩短一天，投资者将承受一定的时间价值损耗。投资者选择期权买方的主要目的是获取正的 Gamma，因为 Gamma 能够帮助投资者在波动中获利，而在获得 Gamma 的同时，需要付出的代价是负的 Theta，而 Theta 带来的损失与持有期的长短有关。这也就是为什么行情波动越大，Gamma 利润越高，发动速度越快，Theta 损失越小，对于期权买方就越有利的原因。反之，投资者选择作为期权卖方，则是获取了正的 Theta，同时承担负的 Gamma，在持有期的延长中赚取时间价值，但标的价格的波动则会给投资者带来损失。

既然 Gamma 和 Theta 是投资者选择期权买方和卖方的主要动机，那么如何选择合约才能最有效地获取 Gamma 或者 Theta 呢？我们可以分别从期限和行权价格两个方面来分析。

相同行权价格的期权合约有三个特点：第一，相同期限的认购期权和认沽期权，Gamma 和 Theta 几乎相同；第二，期限越短，Gamma 和 Theta 的绝对值越大；第三，无论期限多长，Gamma 与 Theta 的比值几乎恒定，买方获得 Gamma 对应的 Theta 代价总是固定的。所以，在理想情况下，选择任何月份的合约在 Gamma 和 Theta 上也是没有差别的，但考虑到流动性和交易成本，由于近月合约的 Gamma 和 Theta 最大，且近月合约流动性好，使用近月合约能够以最小的成本获取最大的 Gamma/Theta。

同一月份的期权合约也有三个特点：第一，相同行权价格的认购和认沽期权，Gamma 和 Theta 几乎相同；第二，Gamma 和 Theta 的绝对值，在平值期权上最大，偏离平值越多，则越小；第三，无论行权价格是多少，Gamma 与 Theta 的比值几乎恒定，买方获得 Gamma 对应的 Theta 代价总是固定的。所以，在理想情况下，选择任何行权价格的合约，在 Gamma 和 Theta 上是没有太大差别的，但是考虑到流动性和交易成本，平值期权因 Gamma/Theta 最大，且合约流动性最好，投资者能够以最低的成本获取最大的 Gamma/Theta。

综合上述关于 Gamma 和 Theta 的讨论，我们可以得出结论：如果投资者对行情发动的速度和波动的幅度有较为确定的判断，那么可以选择使用期权替代标的证券来获得最佳的投资效果，在交易期权时，应尽量选择近月的平值期权，以最大限度发挥期权的优势。

隐含波动率决定 Gamma 与 Theta 的相对关系

隐含波动率反映的是市场参与者对未来市场波动的一个量化指标。在不同的隐含波动率水平，Gamma 与 Theta 的相对关系也存在明显的差异。其中，在低隐含波动率环境下，较大的 Gamma 对应较小的 Theta；在高隐含波动率环境下，较小的 Gamma 对应较大的 Theta。可见，隐含波动率越低，Gamma/Theta 越大。如果以期初投入的权利金为本金计算收益率，那么不同波动率下收益率的差异是巨大的，不仅在标的证券上涨时，低隐含波动率情形的盈利更高，在标的证券下跌时，低隐含波动率情形的亏损也是最少的。隐含波动率越高，表明市场对于未来出现大幅波动的预期越强，因此对 Gamma 获利能力的预期也就越强，以 Theta 来衡量的 Gamma 的价格也就越贵。获取 Gamma 的成本越高，盈利的概率自然就越低，这就是高隐含波动率环境下期权相对标的证券的优势没有低隐含波动率环境下大的原因。

前述的讨论，针对的都是期权买方，然而期权卖方的原理类似。由于卖方获得的是正 Theta，赚取时间价值，承担的是负 Gamma，在波动中亏损，隐含波动率越高，Theta 越大，Gamma 越小，卖方在单位时间内获得的时间价值就越大，在波动中承担的亏损也就越小。因此，隐含波动率越高，期权卖方的优势越大。

根据以上分析，可以得出结论：投资者在交易期权时，需要结合隐含波动率来选择对应的头寸，隐含波动率越高，越适合做卖方，而隐含波动率越低，越适合做买方。

Vega

期权希腊值中有一个比较特殊的指标 Vega，它其实并不是一个希腊字母。一些数学家、交易员也会用 Kappa 或者 Lambda（Λ）来代替 Vega。笔者猜测最初创造 Vega 的人一定是希望用一目了然的单词来表示 Vega 背后的意义，其中的“V”，应该是指 Volatility，即波动率的意思。这是期权定价中最重要，同时也是最难以把握的风险。

在期权定价和风险管理中，Vega 与 Delta、Gamma、Theta、Rho 相比，不仅很特殊也很重要。因为标的资产价格的波动率一直是期权定价和交易要考虑的核心因素，而 Vega 正是衡量在其他因素不变的情况下，标的资产波动率变动一个百分点时期权价值的损益变动。Vega 是期权的属性，只有期权才有 Vega 值，标的资产、远期和期货合约都没有 Vega 值。

通常，不确定性越大，风险也就越高，承担风险的一方会要求更高的风险溢价作为补偿。在期权定价中，预期波动率描述了人们对未来的不确定程度，对于预期波动比较大的标的证券所对应的期权，期权卖方会收取更高的期权费。而 Vega，就是用来衡量期权价格和预期波动率之间关系的一个指标。

Vega 在数学意义上等于期权价格对波动率 σ 的偏导数。我们用 Λ 来表示 Vega，运用 BS 模型，求期权价格对波动率的偏导，可得出 Vega 的具体计算公式：

$$\Lambda = \frac{\partial f}{\partial \sigma}$$

$$\Lambda = S\mathrm{e}^{-q\tau}N'(d_1)\sqrt{\tau} = K\mathrm{e}^{-r\tau}N'(d_2)\sqrt{\tau}$$

$$\Lambda = S^2\Gamma\sigma\tau$$

需要注意的是，相同标的证券、相同行权价格以及相同到期日的认购、认沽期权，它们的 Vega 值相同。从其计算公式可知，Vega 与标的价格、Gamma、波动率和剩余到期时间都是正相关关系，而决定 Vega 的这几个因素都是正值，因此无论认购还是认沽期权，Vega 值也都是正数。Vega 和 Gamma 都与波动有关，两者有些属性很相似，但区别在于，Gamma 是对波动的敏感度，Vega 则是对波动率的敏感度。波动代表标的资产的波动，需要标的证券价格实际发生物理位移，波动率代表市场情绪，是预期未来会发生多大的波动，不需要位移实际发生。

标的价格、波动率和剩余到期时间如何具体影响到 Vega 值的变化，图 20-22 是执行价格 3.0 元、剩余期限 30 天的 50ETF 期权的 Vega 曲面。假定标的证券的波动率是 20%，图 20-23 是行权价格分别为 2.9 元、3.0 元和 3.1 元的认购期权和认沽期权的 Vega 随标的价格变化的情况。

Vega 随标的价格的变化与 Gamma 类似，当标的价格接近行权价格时，期权是否会被行权的不确定性最大，期权价格对标的价格的波动也最为敏感，Vega 达到峰值，而在标的价格极大或极小时，Vega 接近于零。

从图 20-22 和图 20-23 可见，对于相同到期月份的期权，在虚值、平值及实值的期权中，平值期权的 Vega 值最大，原因在于标的证券价格的轻微变动就可能使平值期权变为实值期权，使持有者获利。至于虚值或实值期权，波动率变动太小可能还不足以使期权变为实值或虚值，所以这些期权的价格对于标的证券价格波动率的感度就比较弱，尤其是深度虚值或实值的期权，它们的 Vega 值会很小，标的证券价格的波动率需要大幅上升，才可使虚值或实值期权的价格有所增加。

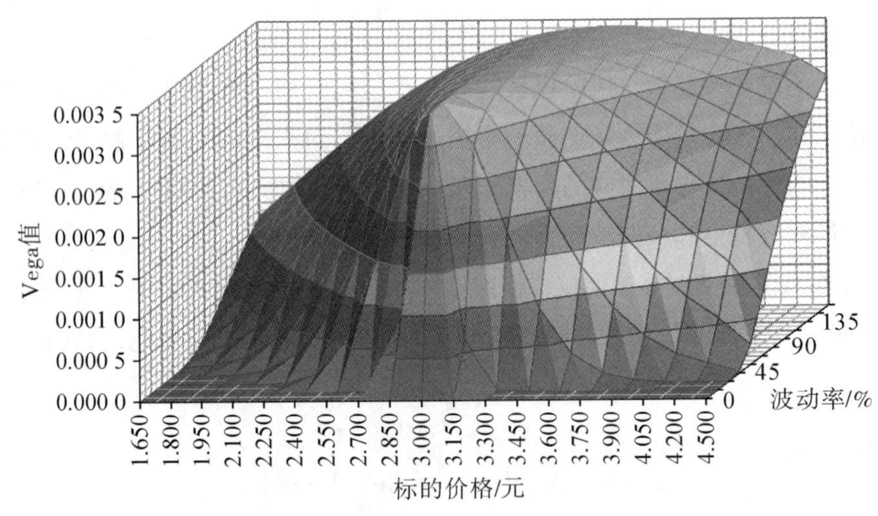

图 20-22　50ETF 期权的 Vega 曲面

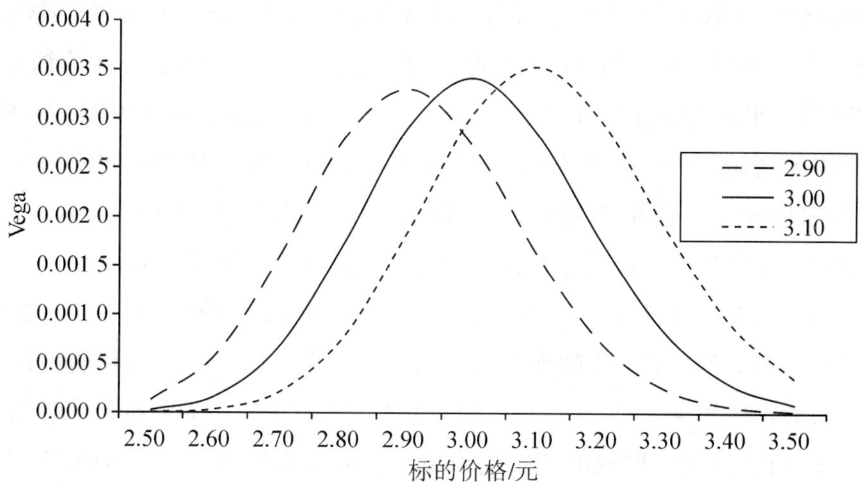

图 20-23　标的价格对 Vega 的影响

除标的价格外，波动率的高低也会影响到 Vega 值的大小。当控制其他几个因素，相关标的证券的价格波动率增加时，可以推测，持有期权合约行权的可能性和收益都会增加，因而期权价格会上升，反之则会下降。图 20-24 是不同行权价格的认购期权和认沽期权的 Vega 随波动率变化的情况。

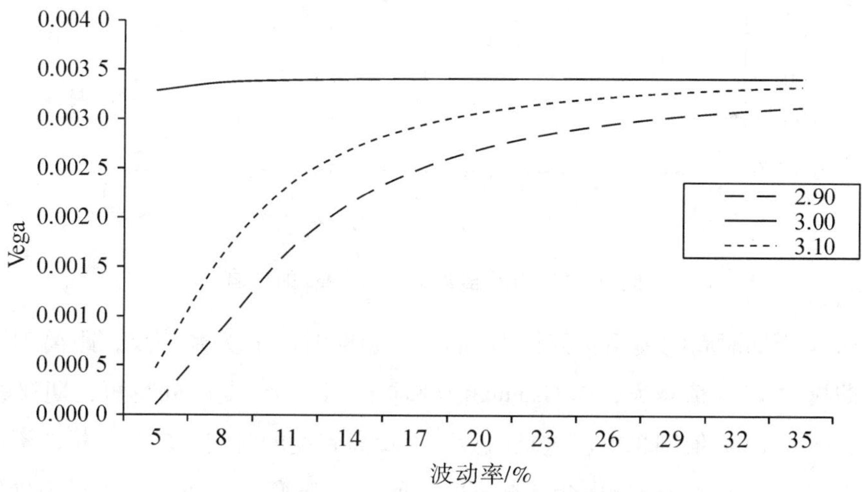

图 20-24　波动率对 Vega 的影响

如图 20-24 所示，在任何一个波动率水平，平值期权的 Vega 最大，实值期权和虚值期权的 Vega 值都小于平值期权的 Vega。当波动率水平较低时，无论是实值期权还是虚值期权，Vega 值都比较低，随着波动率水平的增大，Vega 值也随之增大，直到波动率水平上涨到一定水平后，Vega 值趋于稳定。对于平值期权来说，Vega 值变化比较平缓，在隐含波动率较低水平，平值期权价值也是递增的，但递增的速度较慢，当波动率达到一定水平后，Vega 值也趋于稳定。总的来说，波动率越高，Vega 值越大。不同波动率条件下，平值期权的 Vega 值相对稳定，因此，平值期权的理论价值比较容易预测。

由于平值期权、实值期权和虚值期权具有不同的内在价值和时间价值，而期权的 Vega 与其时间价值有着很强的关系。显而易见，期权的剩余到期时间对 Vega 也会产生影响。如图 20-25 所示，在到期前任何一天，平值期权的 Vega 最大，实值期权和虚值期权的 Vega 值都小于平值期权的 Vega。这是由于波动率仅仅影响期权价值中的时间价值部分，其中平值期权的时间价值最大，所以平值期权的价格波动也最剧烈。时间价值和 Vega 呈绝对的正相关关系，期权的剩余期限越长，时间价值越大，其 Vega 值就越大；期权的剩余期限越短，时间价值越小，其 Vega 值也越小。Vega 会随着期权到期日临近而整体趋于 0。

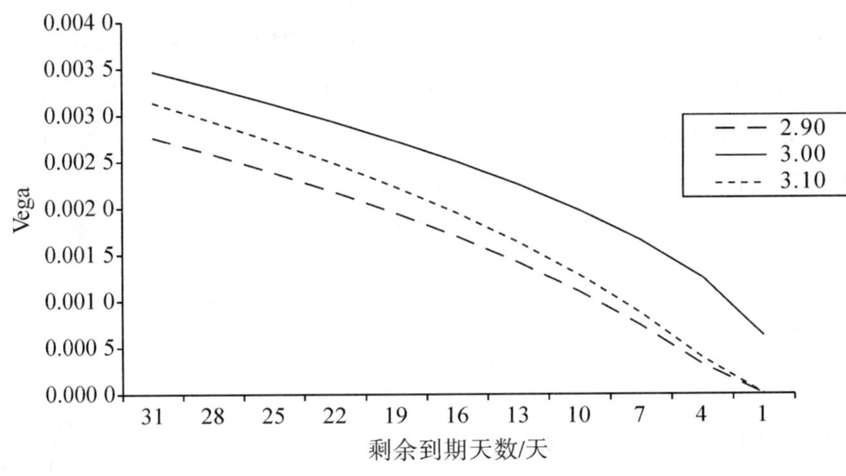

图 20-25　剩余到期天数对 Vega 的影响

Vega 与到期时间的关系正好同 Gamma 与到期时间的关系相反，距离到期时间越长，期权的 Vega 值越大，而 Gamma 值则越小；距离到期时间越短，期权的 Vega 值越小，而 Gamma 值则越大。这是因为，当距离到期的时间比较长，标的资产的波动率发生变动，标的资产价格会有充分的时间发生改变，从而影响期权的价格，因此距离到期时间越长 Vega 越大；当临近到期时，即使波动率变大，也已无足够时间让标的资产价格发生变化，因此当接近到期的时候 Vega 值会迅速变小。

买入认购期权或认沽期权时，买方将获得正的 Vega，卖出时则相反，卖方将获得负的 Vega。根据 Vega 的定义，我们可以直接估算 Vega 对利润的贡献。我们用 ΔV 表示波动率的变化，Vega 对期权的价值增量为：

$$\text{Vega 的价值增量} = \text{Vega} \times \Delta V$$

正的 Vega，意味着随波动率增加时，期权价值或买方的收益将一起增加，当波动率降低时，期权价值或买方的收益将一起降低。负的 Vega，意味着随波动率增加时，期权价值会增大而卖方的收益会下降，相反，当波动率降低时，期权价值将变小而卖方的收益会增大。证券组合的 Vega 值等于该组合中各证券的数量与各证券的 Vega 值乘积的总和。证券组合的 Vega 值越大，说明其价值对波动率的变化越敏感。

例如，2019 年 9 月 23 日，10 月到期的 50ETF 期权剩余期限还有 30 天，当天标的资产收盘价格为 2. 981 0 元，表 20-8 和表 20-9 分别是行权价格从 2. 9 到 3. 2 元的 10 月 50ETF 认购和认沽期权的 Vega 值、市场价格以及倒推出来的隐含波动率，以及假定波动率在各自的隐波基础上增加 0. 5%，其他因素维持不变，我们分别用 Vega 和 BS 模型对各期权的理论价格进行估算的结果，如果保留 4 位小数，两者完全相等，仅仅在保留 5 位小数时有微小误差。当波动率增加 0. 5%时，行权价格为 3. 2 元的认购期权理论价值会增加 10. 85%，单是隐含波动率的改变，已经可以给期权的头寸带来这么大的变化。波动率的重要性可见一斑，因此在交易中，我们不得不小心处理期权的 Vega 风险。

表 20-8　波动率对认购期权价值的影响

Call 执行价格/元	IV 变动前期权价格/元	上升 0. 5%后的新隐波/%	VEGA 的值	0. 5%隐波变动的价值	VEGA 估算期权价值	BS 模型期权价值	Call 价格变动/%
2. 90	0. 104 8	13. 45	0. 233 2	0. 001 17	0. 105 97	0. 105 99	1. 13
2. 95	0. 071 4	14. 30	0. 316 3	0. 001 58	0. 072 98	0. 072 98	2. 22
3. 00	0. 046 3	15. 03	0. 340 8	0. 001 70	0. 048 00	0. 048 02	3. 71
3. 10	0. 017 8	16. 49	0. 259 0	0. 001 30	0. 019 10	0. 019 10	7. 28
3. 20	0. 007 1	18. 35	0. 150 4	0. 000 75	0. 007 85	0. 007 87	10. 85

表 20-9　波动率对认沽期权价值的影响

Put 执行价格/元	IV 变动前期权价格/元	上升 0. 5%后的新隐波/%	VEGA 的值	0. 5%隐波变动的价值	VEGA 估算期权价值	BS 模型期权价值	Put 价格变动/%
2. 90	0. 021 0	17. 04	0. 268 5	0. 001 34	0. 022 34	0. 022 34	6. 40
2. 95	0. 036 8	16. 97	0. 322 7	0. 001 61	0. 038 41	0. 038 42	4. 41
3. 00	0. 060 2	17. 14	0. 340 9	0. 001 70	0. 061 90	0. 061 90	2. 82
3. 10	0. 132 2	19. 48	0. 281 9	0. 001 41	0. 133 61	0. 133 62	1. 07
3. 20	0. 221 3	22. 97	0. 205 9	0. 001 03	0. 222 33	0. 222 34	0. 47

从前文的分析中，我们已经知道平值期权的 Vega 值是最大的，其价值对波动率变化最敏感。但从风险上看，深度虚值期权的 Vega 风险其实才是最大的。这是由于深度虚值期权价格相较于平值和实值低很多，尽管其 Vega 风险的数值小，但占其价格的比率却很大。上表中，波动率仅仅增加 0.5%，行权价格为 3.2 元的深度虚值认购期权，理论价值却增加了 10.85%，而行权价格为 2.9 元的深度实值认购期权，理论价值则只增加了 1.13%，前者是后者的 9.6 倍。

在具体交易中，期权多头的 Vega 是正数，期权空头的 Vega 是负数。如果投资者的头寸 Vega 值为正数，将会从价格波动率的上涨中获利，反之，则将受益于价格波动率的下降。对于 Delta 中性的组合，在对冲了标的价格的影响后，还可以从价格波动率的变化中寻找盈利机会。由于证券组合的 Vega 值只取决于期权的 Vega 值，因此可以通过持有某种期权的多头或空头来改变证券组合的 Vega 值。只要期权的头寸适量，新组合的 Vega 值就可以等于 0，此时证券组合处于 Vega 中性状态。当调整期权头寸使证券组合处于 Vega 中性状态时，新期权头寸会同时改变证券组合的 Gamma 值，因此，如果套期保值者要使证券组合同时达到 Vega 中性和 Gamma 中性，至少要使用同一标的资产的两种期权。

Rho

希腊值 Rho 用于衡量期权价格对利率变化的敏感度，表示无风险利率变动一个单位对期权价格的影响程度，也就是期权价格对无风险利率的敏感度。通常，无风险利率的变化较小，也不常变化，投资者一般很少关注 Rho。但随着市场对利率走势的关注程度日渐提高，若出现利率大幅上升的情况，则期权价值仍会受到利率变化的直接影响，特别是所在市场进入加息周期或降息周期后，利率对期权价格的影响是不可忽视的。

投资者在卖出认购期权时，不时需要买入相关资产做对冲，会涉及利息成本。因此，当利率上升时，投资者持有相关资产的利息成本增加，便会带动认购期权价值上升；同理，当投资者卖出认沽期权时，须沽空相关资产进行对冲，加息可令投资者收取的利息增加，从而使认沽期权的价值变得更加便宜。

根据 Rho 的定义，我们通过求解期权价格对利率的偏导数，可得到以下计算公式：

$$\text{Rho} = \frac{\partial f}{\partial r}$$

$$\text{Call: Rho} = K\tau e^{-r\tau}N(d_2)$$

$$\text{Put: Rho} = -K\tau e^{-r\tau}N(-d_2)$$

从 Rho 的计算公式可以知道，认购期权的 Rho 是正数，而认沽期权的 Rho 是负数。一般而言，深度实值的期权，由于需要更大的投资金额，对利率变化的敏感度亦更高，故这些期权的 Rho 值或其绝对值也就相对较大；同理，剩余到期时间愈长的期权，Rho 值或其绝对值亦会相对较高。

根据 Rho 的定义，我们可以通过 Rho 估算出利率变动对期权头寸价值的影响，如果利率变化 Δr，其他因素维持不变的条件下，期权价值的增量为：

$$\text{Rho 对期权价值的增量} = \text{Rho} \times \Delta r$$

图 20-26 和图 20-27 是执行价格为 3.0 元，剩余到期时间还有 30 天的 50ETF 认购期权和认沽期权的 Rho 曲面图，呈现了 Rho 随标的价格与波动率变化而动态变化的情况。

为方便进一步探讨 Rho 的属性，我们控制住其他因素，单独考察标的资产价格、波动率和剩余到期天数对 Rho 的影响。图 20-28 和图 20-29 分别是 Rho 随标的资产价格从低到高变动时，剩余期限为 30 天且行权价格分别为 2.9 元、3.0 元和 3.1 元的三个不同在值程度的 50ETF 认购期权和认沽期权的 Rho 变动曲线。

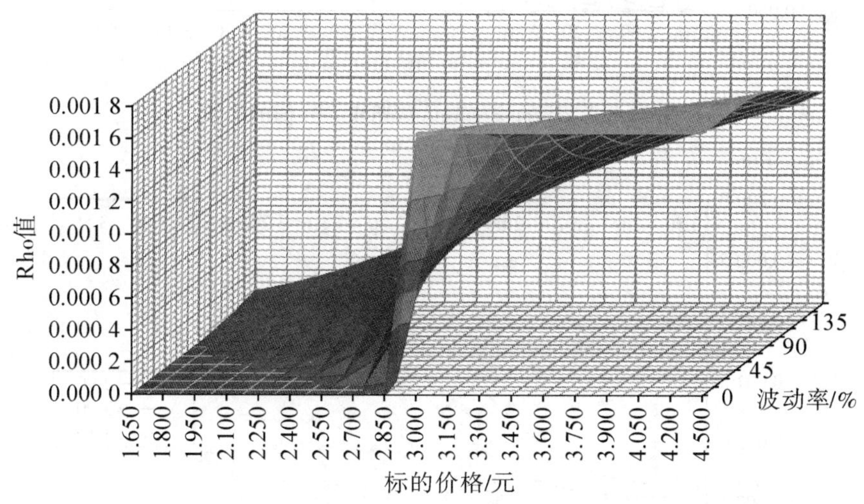

图 20-26　50ETF 认购期权的 Rho 曲面

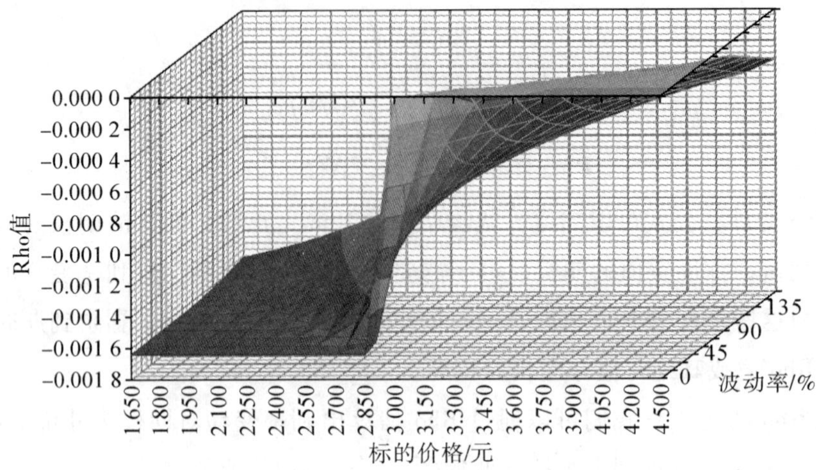

图 20-27　50ETF 认沽期权的 Rho 曲面

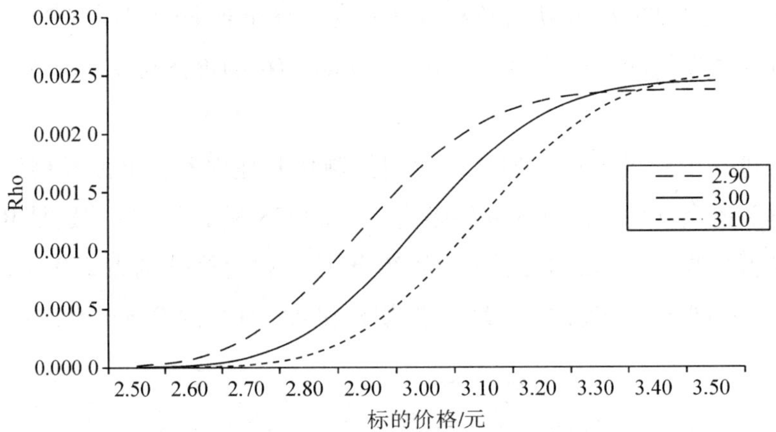

图 20-28　标的价格对认购期权 Rho 值的影响

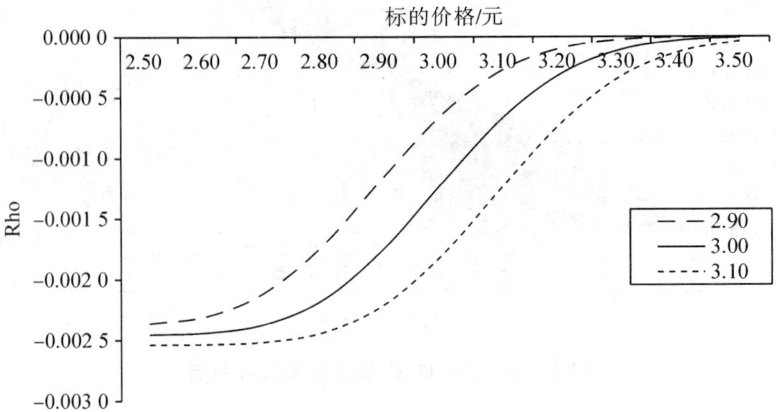

图 20-29　标的价格对认沽期权 Rho 值的影响

认购期权的 Rho 值随标的价格单调递增，利率变化对期权价值的影响随标的价格增大而增大。此外，越是实值的期权，利率变化对期权价值的影响越大；越是虚值的期权，利率变化对期权价值的影响越小。

认沽期权的 Rho 值也是标的价格的单调函数。由于认沽的 Rho 值为负数，随着标的价格增大，Rho 值递增，不过其绝对值却是变小的，因此，利率变化对期权价值的影响随标的价格增大而减小。越是实值的期权，Rho 的绝对值越大，利率变化对期权价值的影响越大；越是虚值的期权，Rho 的绝对值越小，利率变化对期权价值的影响越小。

图 20-30 和图 20-31 分别是波动率对不同行权价格的 50ETF 认购期权和认沽期权的 Rho 的影响情况。通常，在同一波动率水平，认购期权的 Rho 值，实值状态大于平值状态，平值状态又大于虚值状态。随着波动率的递增，实值和平值认购期权的 Rho 值递减，而虚值认购期权的 Rho 值则是递增的。波动率较小时，不同在值程度期权之间的 Rho 值差异较大，随着波动率的增大，它们之间的差异逐渐变小。认沽期权 Rho 值为负，其绝对值的变动与认购期权的 Rho 值变动一致。在同一波动率水平，实值状态的绝对值大于平值状态的绝对值，平值状态的绝对值又大于虚值状态的绝对值。不过，随着波动率的递增，虚值和平值认沽期权 Rho 值的绝对值递增，而虚值认沽期权 Rho 值的绝对值则是递减的。同样，随着波动率从小变大的过程，不同在值程度期权之间的 Rho 值差异会逐渐变小。

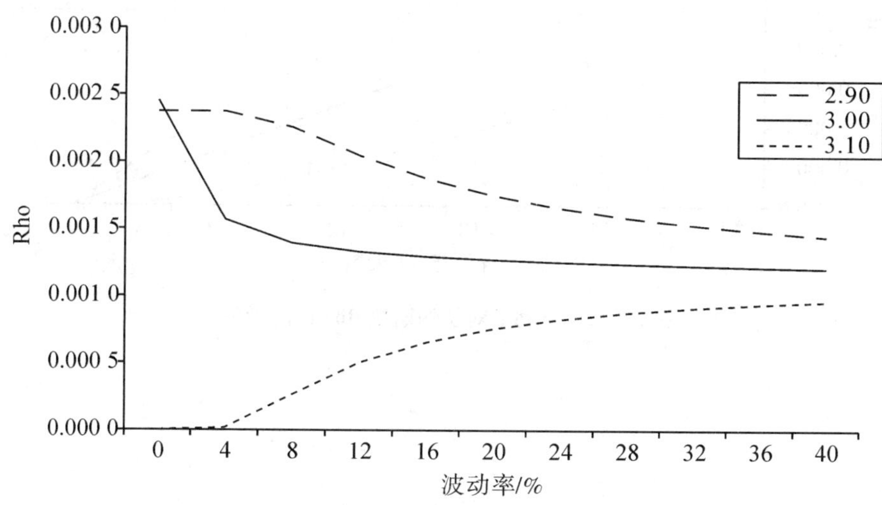

图 20-30　波动率对认购期权 Rho 值的影响

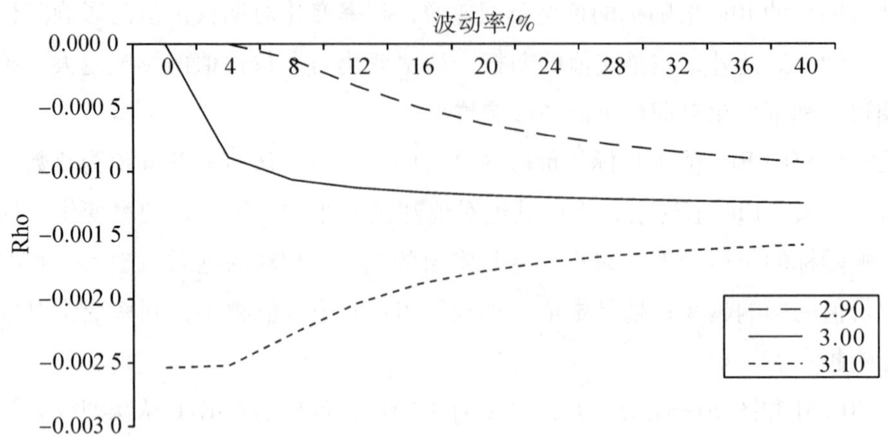

图 20-31　波动率对认沽期权 Rho 值的影响

此外，Rho 值也会随到期日临近发生动态改变。图 20-32 和图 20-33 是标的价格为 3 元，波动率为 20%，行权价格分别为 2.9 元、3.0 元和 3.1 元的三个不同在值程度的 50ETF 认购期权和认沽期权的 Rho 值随递减的剩余到期天数变动的曲线。

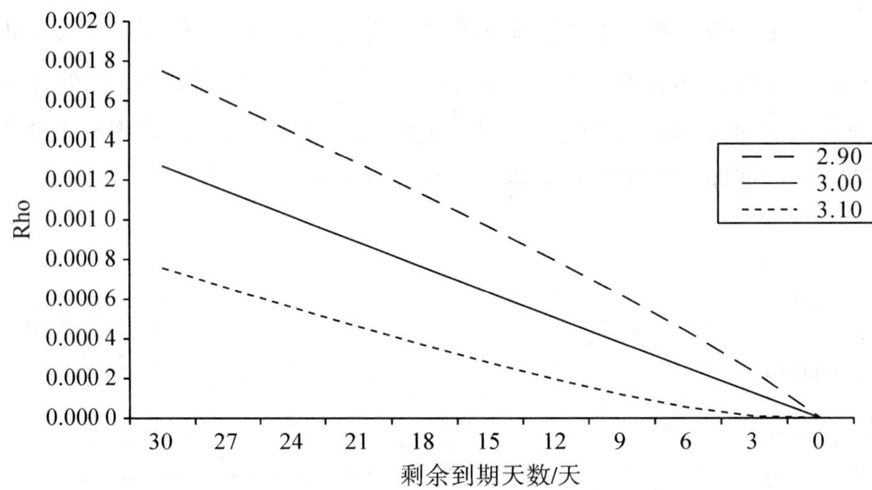

图 20-32　波动率对认购期权 Rho 值的影响

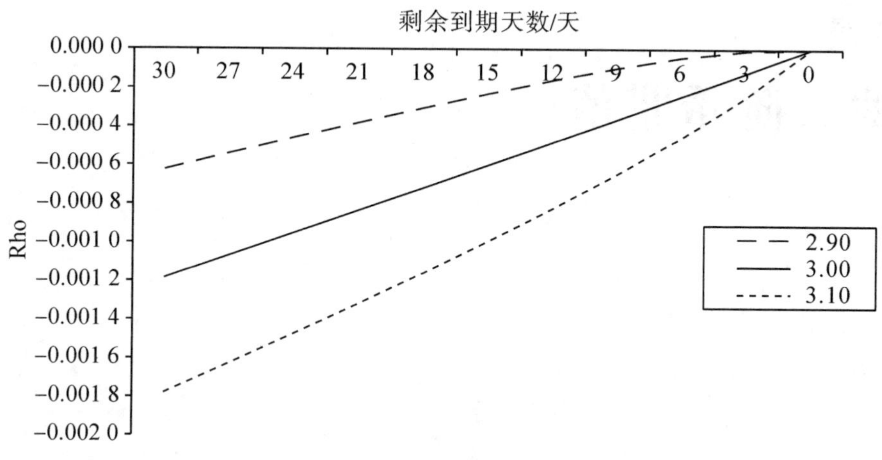

图 20-33　波动率对认沽期权 Rho 值的影响

从图 20-32 和图 20-33 可见，无论是实值、平值还是虚值状态，不同在值程度的认购期权的 Rho 值，随着期权剩余到期天数递减而单调收敛至 0。也就是说，期权越接近到期日，利率变化对期权价值的影响越小。在同一个时间点上，实值认购期权的 Rho 值大于平值认购期权的 Rho 值，平值认购期权的 Rho 值大于虚值认购期权的 Rho 值。而不同在值程度的认沽期权，Rho 值随剩余到期天数递减而单调递增，从负值收敛至 0，其实其绝对值是递减的。与认购期权一样，越接近到期日，利率变化对期权价值的影响越小。在同一个时间点上，实值认沽期权的 Rho 值绝对值大于平值认沽期权的 Rho 值绝对值，平值认沽期权的 Rho 值绝对值大于虚值认购期权的 Rho 值绝对值。

通过图形对比可以发现一个现象，认购期权的 Rho 和认购期权的 Delta，认沽期权的 Rho 和认沽期权的 Delta，有很多属性都大致相似，从曲面图形，到标的价格和波动率对 Rho 的影响曲线等，它们的形状也高度一致。其实可以从它们的计算公式上找到原因，认购期权的 Delta 主要取决于 $N(d_1)$，而认购期权的 Rho 则主要取决于 $N(d_2)$。认沽期权的 Delta 主要取决于 $N(-d_1)$，而认购期权的 Rho 则主要取决于 $N(-d_2)$。$N(d_1)$ 是期权到期实值的概率，而 $N(d_2)$ 是期权到期被执行的概率。可见，决定 Rho 和 Delta 的因素大致相似，这就导致它们的很多属性也大致相似。

第 21 章

其他二阶希腊值

基于希腊值的导数性质，可以推测其比较适用于在自变量微小变化的条件下，估算因变量发生变化的大小。如果自变量变动幅度较大，估算的精确程度就会受到影响。对期权交易中的希腊值进行跟踪监测，会发现它们是动态变化的。

在分析期权行情变化时，通常包括三个维度：第一个维度是标的价格变化，第二个维度是隐含波动率变化，第三个维度是时间变化。由于时间是逐渐流逝且可预见的，因此在交易当中对前面两种变化更为敏感。一阶希腊值 Delta、Vega，分别对应标的价格与隐含波动率变化对期权价格的影响。其实，行情实时变化，Delta 与 Vega 也在以不可忽略的幅度变化着，这个变化幅度就要通过对应的二阶希腊值来计算。

在初次接触希腊值时，我们将一阶希腊值理解为以标的价格、隐含波动率、距到期时间为自变量，以期权价格为因变量的多项式中各个自变量的系数。按照这个思路，自变量保持不变，将因变量换成各个一阶希腊值，这时的自变量系数就变为对应的二阶希腊值。

在传统希腊值中，我们已经讨论过的 Gamma，其实属于二阶希腊值。除 Gamma 外，比较重要的二阶希腊值还有 Charm、Vanna、Vomma 和 Veta 等。

Charm

考察一阶希腊值 Delta 和 Theta，会发现它们并不是静止不变的，它们也受到影响期权价格的相同因素的影响。其中，Delta 会随剩余到期时间的变化而变化，Theta 会随标的资产价格的变化而变化。对同一期权而言，Delta 和 Theta 的这种边际改变量是相等的，我们用 Charm 来衡量它们。

Charm 属于二阶希腊值，是随时间流逝，Delta 值对应的变化量，它等于期权 Delta 对时间的偏导数，或 Theta 对标的资产价格的偏导数。通过求偏导，我们可以得出欧式认购期权和认沽期权的 Charm。计算公式为：

$$\text{Charm} = -\frac{\partial \Delta}{\partial \tau} = \frac{\partial \theta}{\partial S} = \frac{\partial^2 f}{\partial \tau \partial S}$$

$$\text{Call：Charm} = qe^{-q\tau}N(d_1) - e^{-q\tau}N'(d_1)\frac{2(r-q)\tau - d_2\sigma\sqrt{\tau}}{2\tau\sigma\sqrt{\tau}}$$

$$\text{Put：Charm} = -qe^{-q\tau}N(-d_1) - e^{-q\tau}N'(d_1)\frac{2(r-q)\tau - d_2\sigma\sqrt{\tau}}{2\tau\sigma\sqrt{\tau}}$$

认购与认沽期权的 Charm 的计算公式虽然不同，但从公式可以推出，如果标的无红利支付，即 $q=0$ 时，两者应完全相同，只有在 $q\neq0$ 时，两者才不同。Charm 的符号可能是正，也可能是负。对于 Delta 而言，正值意味着随时间流逝 Delta 会增加，负号表示随时间流逝 Delta 降低。对于 Theta 而言，正值意味着随标的价格增加 Theta 增加，负号表示随标的价格增加 Theta 降低。认购或认沽，实值或虚值，不同在值程度，都可能会影响 Charm 的符号。

根据 Charm 的定义，我们可以估算出 Charm 对期权头寸价值的影响，如果标的价格变化 ΔS，时间变动 $\Delta\tau$，其他因素维持不变的条件下，期权价值的增量为：

$$\text{Charm 对期权价值的增量} = \text{Charm} \times \Delta S \times \Delta\tau$$

Charm 作为二阶希腊值，本身也是导数，因此它也会受到标的价格、波动率以及剩余到期时间等因素的影响而变动。我们假设 50ETF 当前价格为 3.0 元，波动率为 20%，无风险利率为 5%，到期前无红利支付，行权价格分别为 2.9 元、3.0 元和 3.1 元的三个不同在值程度的 50ETF 期权，剩余到期时间为 31 天，下面，我们分别考察标的价格、波动率以及剩余到期时间对 Charm 的影响，并以平值期权为例，观察其随标的价格、波动率或时间改变发生的动态变化，具体如图 21-1、图 21-2 和图 21-3 所示。

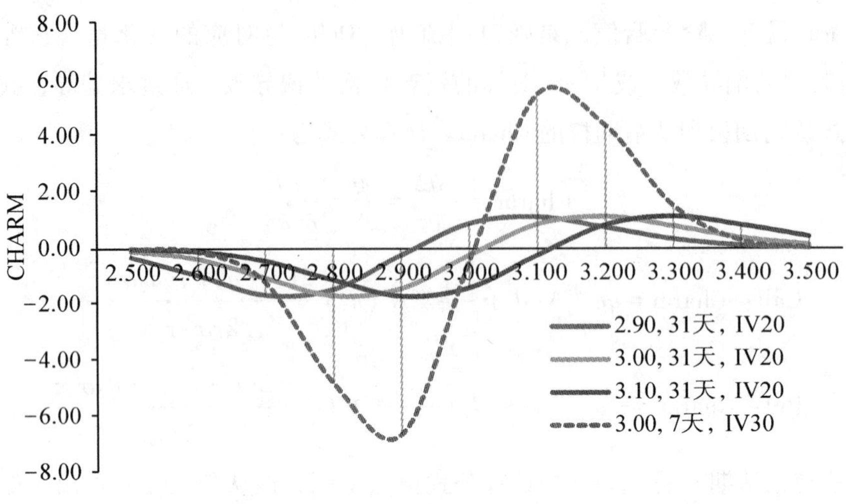

图 21-1 标的价格变动对 Charm 的影响

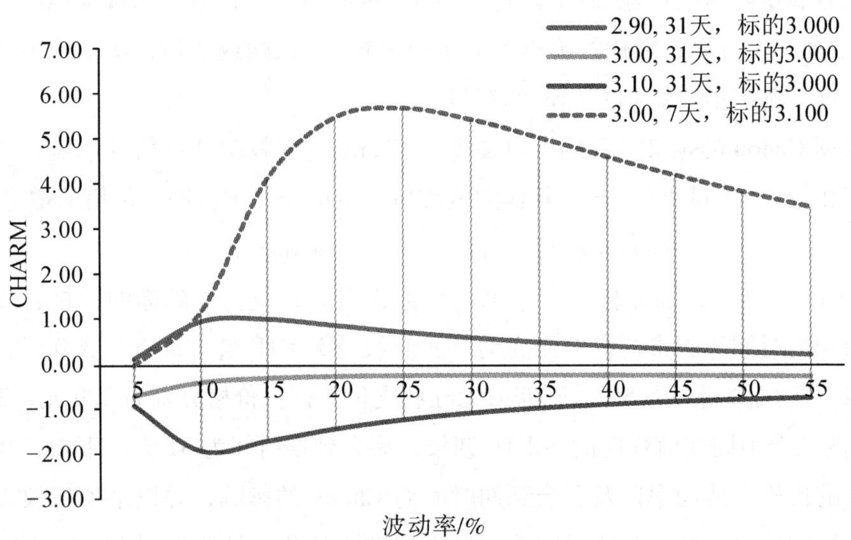

图 21-2 波动率变动对 Charm 的影响

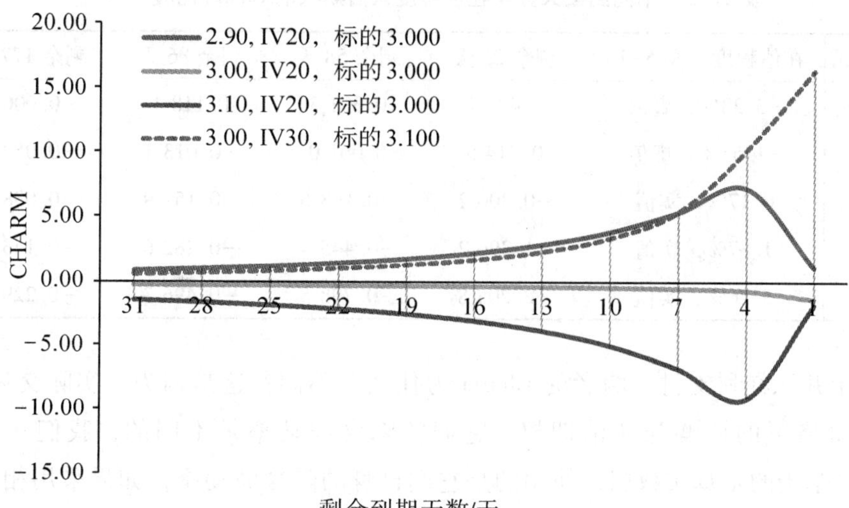

图 21-3　剩余到期天数变动对 Charm 的影响

综合来看，Charm 有以下动态属性：当波动率较低时，Charm 绝对值随波动率增大而递增，当波动率达到一定水平后，它则会随波动率增大而递减。当距到期日越远时，Charm 绝对值越小；剩余期限较长时，不同在值程度期权的 Charm 之间的差异相对较小；随着到期日临近，Charm 绝对值会逐渐增大。不过，临近到期时，实值或虚值合约的 Charm 绝对值会从峰值快速变小并趋向于 0，而平值附近合约的 Charm 绝对值会快速增大，如图 21-3 所示，当剩余期限只有 7 天时，平值 Charm 的波峰陡然成倍地变大，这时候，Delta 和 Theta 值受 Charm 的影响会较大，需要特别留意。

2019 年 9 月 30 日，标的 50ETF 收盘价格为 2.945 元，剩余到期时间分别为 23 天、58 天、86 天和 177 天的 4 个月份的无红利支付 50ETF 期权合约，5 档行权价格的认购和认沽期权的 Charm 值分别见表 21-1 和表 21-2。

表 21-1　不同到期天数与在值程度认购期权的 Charm 比较

行权价格/元	在值程度（$S/K-1$）	剩余 23 天	剩余 58 天	剩余 86 天	剩余 177 天
2.85	3.33%，实值	0.684 3	0.404 1	0.168 5	0.012 5
2.90	1.55%，实值	0.963 0	0.107 2	0.009 3	-0.051 3
2.95	-0.17%，虚值	-0.477 6	-0.228 5	-0.175 3	-0.117 5
3.00	-1.83%，虚值	-1.696 8	-0.543 1	-0.353 0	-0.180 0
3.10	-5.00%，虚值	-2.235 7	-0.955 7	-0.614 5	-0.286 5

表 21-2 不同到期天数与在值程度认沽期权的 Charm 比较

行权价格/元	在值程度（K/S-1）	剩余 23 天	剩余 58 天	剩余 86 天	剩余 177 天
2. 85	-3. 23%，虚值	1. 432 1	0. 301 3	0. 118 1	-0. 006 5
2. 90	-1. 53%，虚值	0. 714 5	0. 061 0	-0. 013 1	-0. 052 1
2. 95	0. 17%，实值	-0. 406 2	-0. 198 6	-0. 151 9	-0. 098 2
3. 00	1. 87%，实值	-1. 396 2	-0. 445 4	-0. 282 6	-0. 143 1
3. 10	5. 26%，实值	-2. 205 8	-0. 798 5	-0. 496 3	-0. 229 3

本例中并无红利支付，两者的 Charm 为什么会不同？这是因为，实际交易中，相同行权价格下的认购与认沽期权，它们的隐含波动率是不同的，我们在计算 Charm 时，基于的是真实数据，使用的是它们自身的隐含波动率，如果采用相同的波动率，两者一定是相同的。

Vanna

Delta 除了会随剩余到期时间的变化而变化之外，还会受到波动率的影响。同时，一阶希腊值中的 Vega 也不是静止不变的，标的资产价格的波动也会影响到 Vega 值。要了解 Delta 随波动率以及 Vega 随标的价格的动态变化，我们需要计算期权价格对相关变量的二阶希腊值。通过计算可以发现，对于同一期权而言，波动率变化导致 Delta 的边际改变量，以及标的价格变化导致的 Vega 的边际改变量，两者是相等的，这里我们用 Vanna 来描述它们。

因此二阶希腊值 Vanna，是随隐含波动率变化，Delta 值对应的变化量，它等于期权 Delta 对标的资产的价格波动率的偏导数，或 Vega 对标的资产价格的偏导数。通过求偏导，可得到以下的欧式认购期权和认沽期权的 Vanna 计算公式：

$$\text{Vanna} = \frac{\partial \Delta}{\partial \sigma} = \frac{\partial \Lambda}{\partial S} = \frac{\partial^2 f}{\partial S \partial \sigma}$$

$$\text{Vanna} = -\mathrm{e}^{-q\tau} N'(d_1)\frac{d_2}{\sigma} = \frac{\Lambda}{S}\left(1 - \frac{d_1}{\sigma\sqrt{\tau}}\right)$$

Vanna 的符号可能是正，也可能是负。对于 Delta 而言，正值意味着随波动率升高 Delta 增加，负号表示随波动率升高 Delta 降低。对于 Vega 而言，正值意味着随标的价格增加 Vega 增大，负号表示随标的价格增加 Vega 减小。实值或虚值，不同在值程度，都可能会影响 Vanna 的符号。此外，在计算参数都完全相同的情况下，认购期权和认沽期权的 Vanna 是完全相同的。

根据 Vanna 的定义，我们可以估算出 Vanna 对期权头寸价值的影响，如果标的价格变化 ΔS，波动率变动 $\Delta\sigma$，其他因素维持不变的条件下，期权价值的增量为：

$$\text{Vanna 对期权价值的增量} = \text{Vanna} \times \Delta S \times \Delta\sigma$$

同样的道理，Vanna 与 Charm 一样，也会受到标的价格、波动率以及剩余到期时间等因素的影响而变动。假设 50ETF 当前价格为 3.0 元，波动率为 20%，无风险利率为 5%，到期前无红利支付，行权价格分别为 2.9 元、3.0 元和 3.1 元的三个不同在值程度的 50ETF 期权，剩余到期时间为 31 天。下面，我们分别对标的价格、波动率以及剩余到期时间变动，导致 Vanna 动态变化的情况进行考察，并以平值期权为例，观察其随标的价格、波动率或时间改变所发生的变化，具体见图 21-4、图 21-5 和图 21-6。

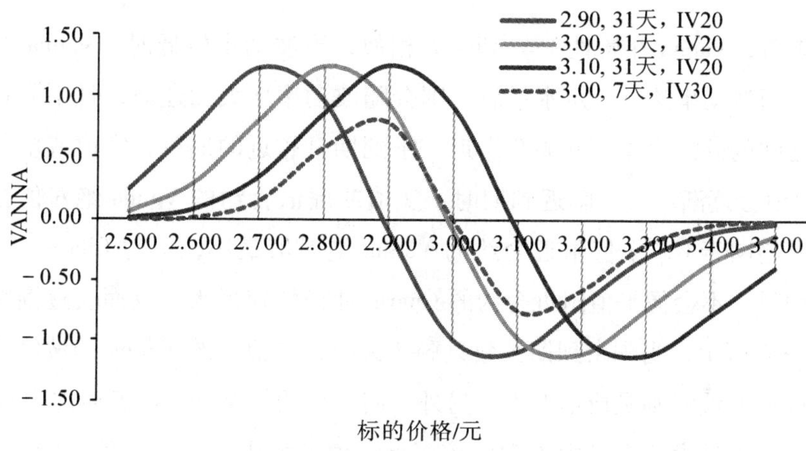

图 21-4　标的价格变动对 Vanna 的影响

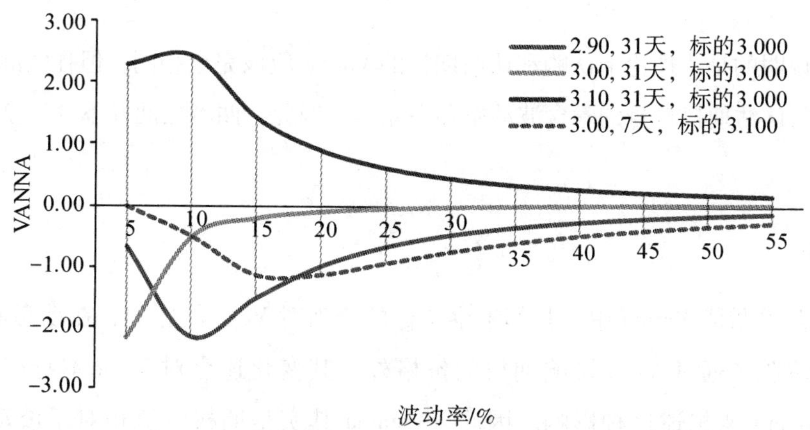

图 21-5　波动率变动对 Vanna 的影响

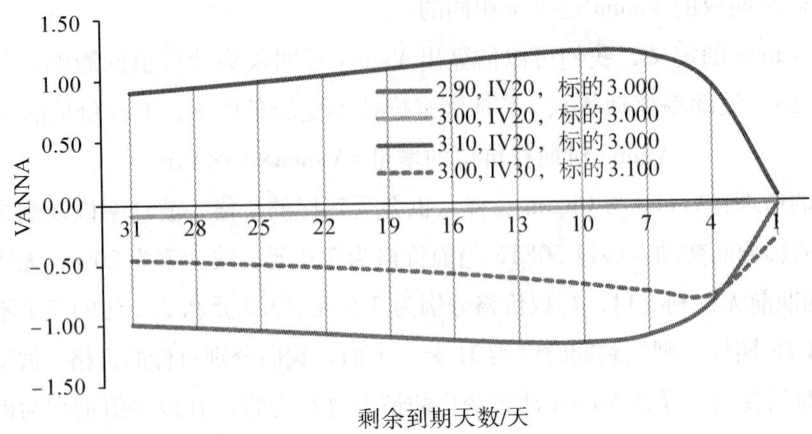

图 21-6 剩余到期天数变动对 Vanna 的影响

总体来看，Vanna 在属性上与 Charm 相似，当波动率较低时，Vanna 的绝对值波动较大，当波动率达到一定水平后，则会随波动率增大而递减，且不同在值程度的 Vanna 之间的差距变小，并向 0 靠近。距到期日越近的期权，实值或虚值合约的 Vanna 绝对值会逐渐增大，临近到期时，实值或虚值合约的 Vanna 绝对值会从峰值快速变小并趋向于 0，平值附近合约的 Vanna 绝对值最小，但与 Charm 不同的是，在临近到期时，不会像平值附近合约的 Charm 那样快速增大，反而会逐渐变小并归 0，如图 21-6 所示，当剩余到期天数只剩 7 天时，平值合约 Vanna 的波峰变小了很多，而 Charm 的波峰则是成倍变大。另外，同一合约的 Vanna 数值通常比 Gamma 数值小很多，这也是为什么盘中不常监控 Vanna 值的原因之一。另外，Vanna 值的符号受标的价格的影响，很难进行经验上的预判，因此，监控 Vanna 主要依赖专业工具。

需要说明的是，理论上认购和认沽期权的 Vanna 应该完全相同，但在实际交易中，认购期权与认沽期权自身的隐含波动率存在差异，因此，两者之间并不会完全相同。

Vomma

在二阶希腊值 Vanna 中，我们考察了标的价格对 Vega 的影响，在动态监测中发现，波动率除了通过 Vega 影响期权的价格外，其变化还会对 Vega 本身产生影响，我们用 Vomma 来描述这种影响。因此，Vomma 其实是期权价值相对于波动率的二阶导数，换句话说，Vomma 测量波动率变化时 Vega 的变化率。

当 Vomma 为正时，随着隐含波动率的增加，如果初始头寸 Vega 为 0，持仓将变为多 Vega，而随着隐含波动率的降低，初始 Vega 为 0 的头寸，持仓将变为空 Vega，这种方式类似于多 Gamma。

通过求 Vega 对标的资产价格波动率的一阶偏导，或求期权价格对波动率的二阶偏导，可得出如下的欧式认购期权和认沽期权的 Vomma 计算公式：

$$\text{Vomma} = \frac{\partial \Lambda}{\partial \sigma} = \frac{\partial^2 f}{\partial \sigma^2}$$

$$\text{Vomma} = Se^{-q\tau} N'(d_1)\sqrt{\tau}\,\frac{d_1 d_2}{\sigma} = \Lambda \frac{d_1 d_2}{\sigma}$$

从计算公式可知，Vomma 与 Vega 正相关，与波动率负相关。在计算参数都完全相同的情况下，欧式认购期权和认沽期权的 Vomma 是完全一样。Vega 和波动率都不为负，通常 d_1 和 d_2 项具有相同符号，因此 Vomma 在大多数时间都是正的。

根据 Vomma 的定义，我们很容易估算出 Vomma 对期权头寸价值的影响。如果波动率变动 $\Delta\sigma$，其他因素维持不变的条件下，期权价值的增量为：

$$\text{Vomma 对期权价值的增量} = 0.5 \times \text{Vomma} \times (\Delta S)^2$$

标的价格、波动率以及剩余到期时间等因素对 Vomma 有何影响？我们使用同样的数据，假设 50ETF 当前价格为 3.0 元，波动率为 20%，无风险利率为 5%，到期前无红利支付，剩余到期时间为 31 天，对行权价格分别为 2.9 元、3.0 元和 3.1 元的三个不同在值程度的 50ETF 期权的 Vomma 的变化情况进行考察，并以平值期权为例，观察其随标的价格、波动率或时间改变发生的动态变化，具体如图 21-7、图 21-8 和图 21-9 所示。

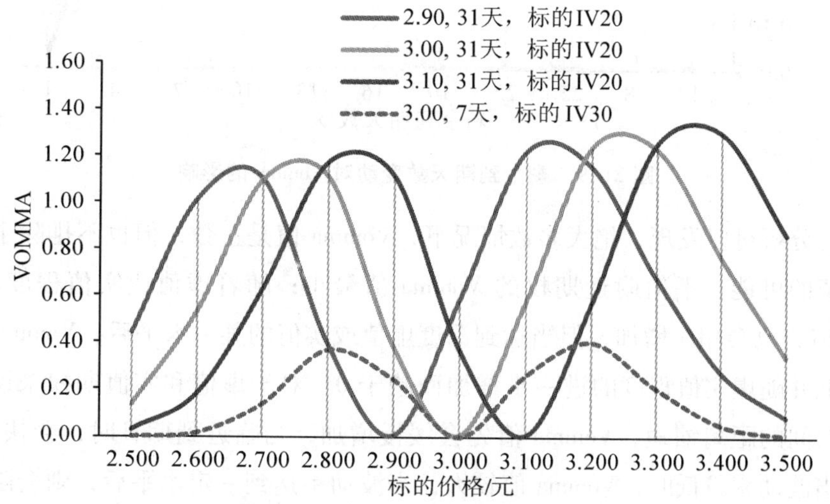

图 21-7　标的价格变动对 Vomma 的影响

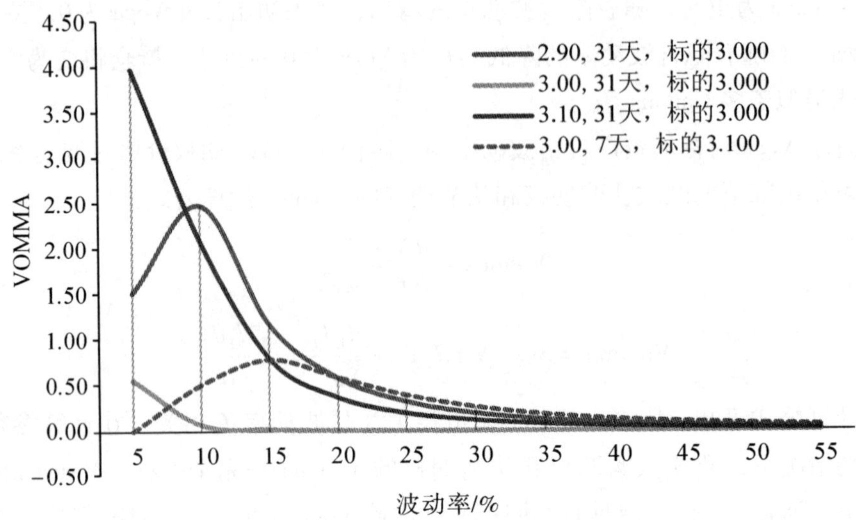

图 21-8 波动率变动对 Vomma 的影响

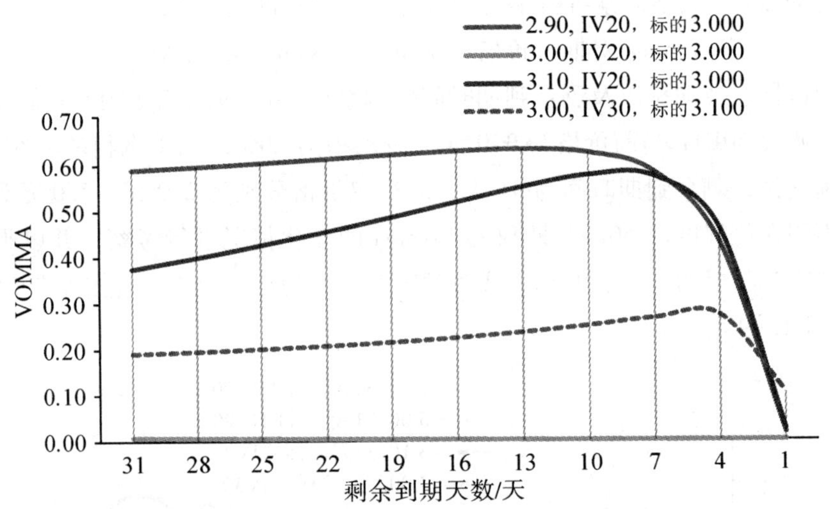

图 21-9 剩余到期天数变动对 Vomma 的影响

综合分析可以发现，绝大多数情况下，Vomma 值是正数，但也不排除个别情形下为负值的可能；平值附近期权的 Vomma 值最小；随着虚值或实值程度的增加，Vomma 值会也会相应增加，但当达到深度虚值或实值的某一水平后，Vomma 值又会逐渐降低并随虚实值程度的进一步增加而趋于 0。对于虚值和实值期权来说，随着与到期时间的距离缩短，Vomma 值先会缓慢增加，当临近到期日时，会快速下降。此外，当波动率较低时，Vomma 值较大，当波动率达到一定水平后，则会随波动率增大而递减，且不同在值程度的 Vomma 之间的差距变小，并收敛于 0。

Veta

标的价格和波动率对 Vega 的影响，我们已经在 Vanna 和 Vomma 中讨论过了。动态监测中发现，Vega 还随时间推移而发生变化。要更为精确地掌控 Vega 的变动轨迹，必须考虑到时间因素引起的变化，这里我们用 Veta 来描述这一变化。

可见，Veta 测量的是期权 Vega 随时间推移的变化率，是期权价格函数的二阶导数，分别是对波动率和对时间求导，因此，属于二阶希腊值。实践中，通常的做法是将 Veta 的计算结果除以每年天数的 100 倍，将其降低到测量 Vega 每天的百分比变化。

通过求导，可得到以下的欧式认购期权和认沽期权的 Veta 计算公式：

$$\text{Veta}=\frac{\partial \Lambda}{\partial \tau}=\frac{\partial^2 f}{\partial \sigma \partial \tau}$$

$$\text{Veta}=-Se^{-q\tau}N'(d_1)\sqrt{\tau}\left[q+\frac{(r-q)d_1}{\sigma\sqrt{\tau}}-\frac{1+d_1d_2}{2\tau}\right]$$

如果波动率变动 $\Delta\sigma$，时间变动 $\Delta\tau$，其他因素维持不变的条件下，Veta 导致期权的价值增量为：

$$\text{Veta 对期权价值的增量}=\text{Veta}\times\Delta\sigma\times\Delta\tau$$

我们使用相同的数据，即假设 50ETF 当前价格为 3.0 元，波动率为 20%，无风险利率为 5%，到期前无红利支付，剩余到期时间为 31 天，对行权价格分别为 2.9 元、3.0 元和 3.1 元的三个不同在值程度的 50ETF 期权的 Veta 进行分析，并以平值期权为例，观察其随标的价格、波动率或时间改变所发生的变化，如图 21-10、图 21-11 和图 21-12 所示。

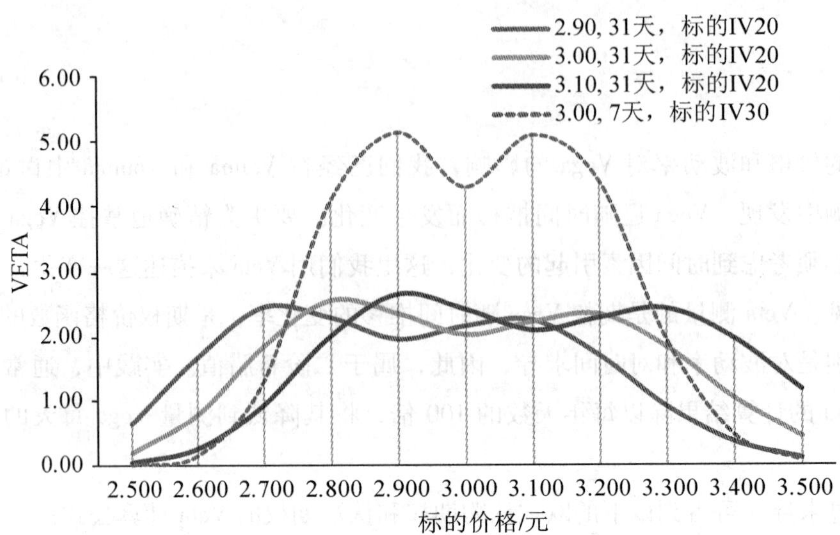

图 21-10　标的价格变动对 Veta 的影响

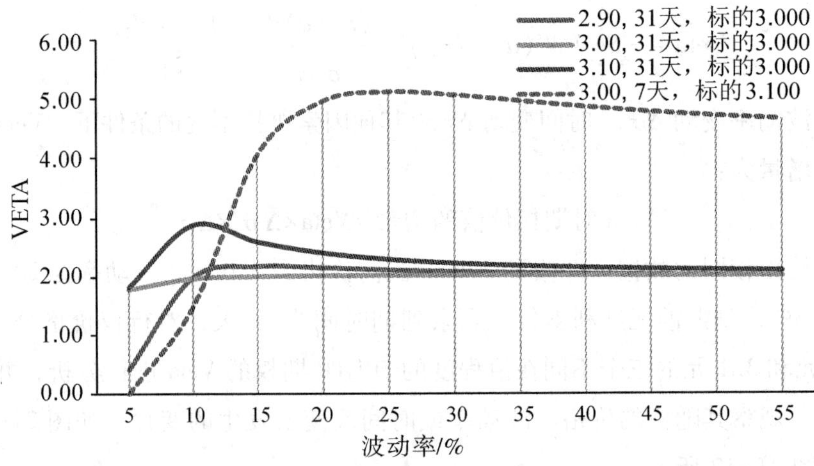

图 21-11　波动率变动对 Veta 的影响

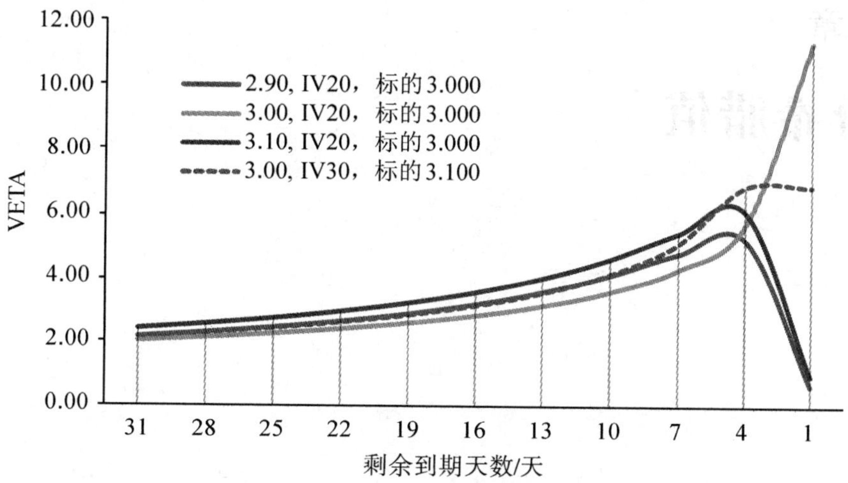

图 21-12　剩余到期天数变动对 Veta 的影响

总体来看，Veta 是正数，随到剩余到期时间的减少，不同在值程度期权的 Veta 值都会逐渐增大，在临近到期日的前几日，虚值和实值期权的 Veta 从峰值反转并快速回落，但平值期权的 Veta 却进一步快速增大，如图 21-12 所示，当剩余期限只有几天时，平值期权的 Veta 曲线尖峰更加陡峭，与虚值和实值期权的 Veta 曲线形成很大反差。因此，近月合约，特别是接近到期合约的 Veta 风险相对较大。此外，当波动率较低时，Veta 值也会随波动率增大而变大，但当波动率上升到一定水平后，则会随波动率增大而逐渐稳定到一个特定区间，且不同在值程度的 Veta 之间的差距会变得很小并趋同。

第 22 章

三阶希腊值

二阶希腊值是对一阶希腊值的改进，同样地，二阶希腊值也是动态变化的，也受到影响期权价格的因素的影响。要进一步精确地衡量期权价格的变动，我们还可以计算三阶希腊值。不过，对于一般期权投资者而言，一阶和二阶希腊值已经足够了，但对于期权交易机构或做市商来说，策略设计或期权报价考虑到三阶希腊值的影响，是专业水平和竞争能力的体现，因此，掌握三阶希腊值仍然是非常重要的。常用的三阶希腊值有 Speed、Zomma、Color 和 Ultima，下面我们逐一讨论。

Speed

希腊值 Gamma 是期权价格对标的资产价格的二阶偏导数，或期权 Delta 对标的资产价格的一阶偏导数，但 Gamma 本身其实也受标的资产价格的影响，我们用 Speed 来衡量这种影响。可见，Speed 就是 Gamma 相对于标的资产价格变化的变化率，或可称其为 Gamma 的 Gamma，它是期权价格相对于标的资产价格的三阶导数。在 Delta 对冲或 Gamma 对冲的投资组合中，Speed 是非常重要的监控指标。

通过求期权价格对标的资产价格的三阶导数，或 Delta 对标的资产价格的二阶导数，或 Gamma 对标的资产价格的一阶导数，都可得出欧式认购期权和认沽期权的 Speed 计算公式：

$$\text{Speed} = \frac{\partial \Gamma}{\partial S} = \frac{\partial^3 f}{\partial S^3}$$

$$\text{Speed} = -e^{-q\tau}\frac{N'(d_1)}{S^2\sigma\sqrt{\tau}}\left(\frac{d_1}{\sigma\sqrt{\tau}}+1\right) = -\frac{\Gamma}{S}\left(\frac{d_1}{\sigma\sqrt{\tau}}+1\right)$$

理论上，欧式认购期权和认沽期权的 Speed 是相等的。Speed 可能是正数，也可能是负数。如果标的资产价格变化 ΔS，其他因素维持不变的条件下，期权价值的增量为：

$$\text{Speed 对期权价值的增量} = 1/6 \times \text{Speed} \times (\Delta S)^3$$

为进一步考察标的价格、波动率和剩余到期天数对 Speed 的影响，我们使用相同的数据，即假设 50ETF 当前价格为 3.0 元，波动率为 20%，无风险利率为 5%，到期前无红利支付，剩余到期时间为 31 天，对行权价格分别为 2.9 元、3.0 元和 3.1 元的三个不同在值程度的 50ETF 期权的 Speed 进行分析，并以平值期权为例，考察其随标的价格、波动率或时间变化所发生的变化，如图 22-1、图 22-2 和图 22-3 所示。

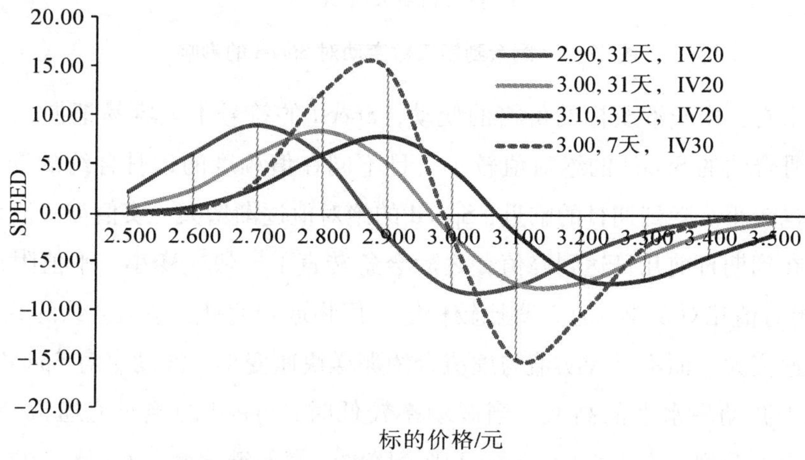

图 22-1　标的价格变动对 Speed 的影响

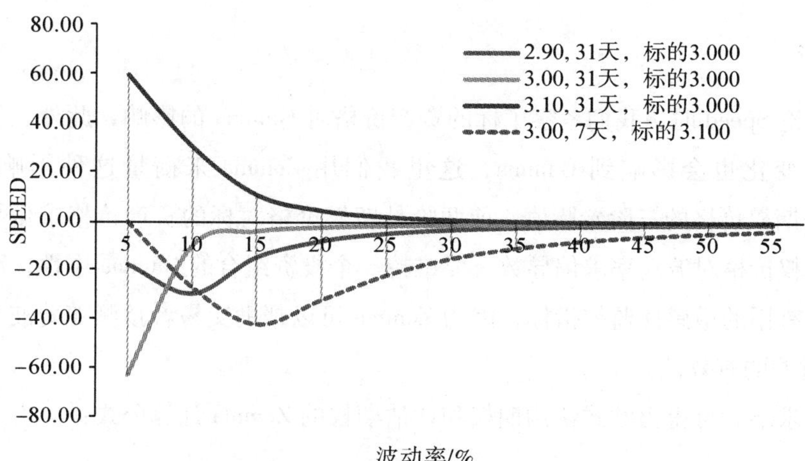

图 22-2　波动率变动对 Speed 的影响

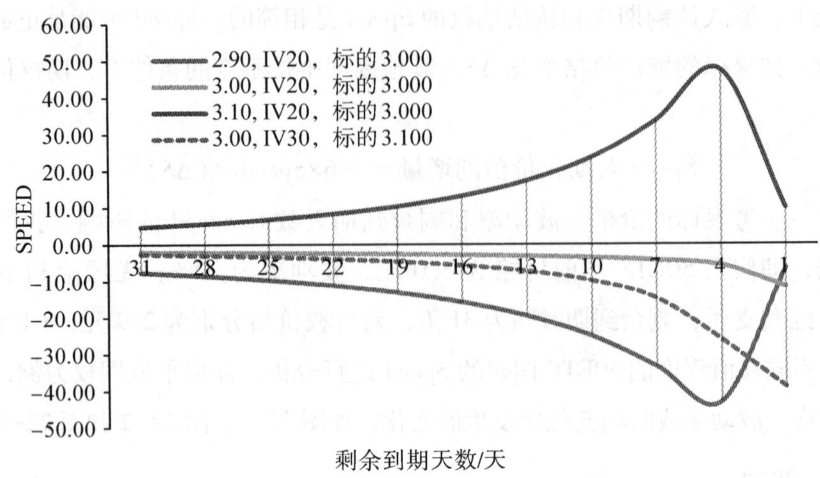

图 22-3　剩余到期天数变动对 Speed 的影响

综合来看，由于涉及标的价格的变动，Speed 的符号不太容易把握，正负皆有可能。远月合约的 Speed 的绝对值较小，且不同在值程度的远月合约的 Speed 值之间的差异也较小。随到期日的临近，Speed 的绝对值逐渐增大，实值与虚值合约尤其明显，并在到期日前几日达到峰值，之后会急转直下，快速变小。平值附近合约的 Speed 的绝对值相对要小，且一直比较稳定，但临近到期日，平值合约的 Speed 的绝对值会快速变大，而不是像实值与虚值合约那样快速变小。波动率对 Speed 的影响，主要取决于波动率水平的高低，当波动率较低时，Speed 的绝对值通常会比较大，但当波动率上升到一定水平后，Speed 则会随波动率的继续增大而逐渐趋向于 0。

Zomma

在讨论 Speed 时，我们考察了标的资产价格对 Gamma 的影响，此外，标的资产波动率的变化也会影响到 Gamma，这里我们用 Zomma 来衡量这种影响。因此，Zomma 是期权价格的三阶希腊值，前两阶是期权价格对标的资产价格求偏导数，第三阶是期权价格对波动率求偏导数。要维持一个投资组合的 Gamma 中性，Zomma 是一个非常有用的敏感性监控指标，因为 Zomma 可以帮助交易者预测随着波动率变化 Gamma 对冲的有效性。

通过求导，可得出欧式认购期权和认沽期权的 Zomma 计算公式：

$$\mathrm{Zomma}=\frac{\partial\Gamma}{\partial\sigma}=\frac{\partial \mathrm{Vanna}}{\partial S}=\frac{\partial^3 f}{\partial S^2\partial\sigma}$$

$$\mathrm{Zomma}=\mathrm{e}^{-q\tau}\frac{N'(d_1)(d_1d_2-1)}{S\sigma^2\sqrt{\tau}}=\Gamma(\frac{d_1d_2-1}{\sigma})$$

如果欧式认购期权和认沽期权的波动率相同，两者的 Zomma 是相等的。Zomma 可能取正值，也可能取负值。如果标的资产价格变化 ΔS，波动率变动 $\Delta\sigma$，其他因素维持不变的条件下，期权价值的增量为：

$$\text{Zomma 对期权价值的增量}=0.5\times \mathrm{Zomma}\times(\Delta S)^2\times\Delta\sigma$$

为进一步观察 Zomma 的属性，我们仍然假设 50ETF 当前价格为 3.0 元，波动率为 20%，无风险利率为 5%，到期前无红利支付，剩余到期时间为 31 天，对行权价格分别为 2.9 元、3.0 元和 3.1 元的三个不同在值程度的 50ETF 期权的 Zomma 进行分析，并以平值期权为例，考察其随标的价格、波动率以及时间变动所发生的变化，具体影响见图 22-4、图 22-5 和图 22-6。

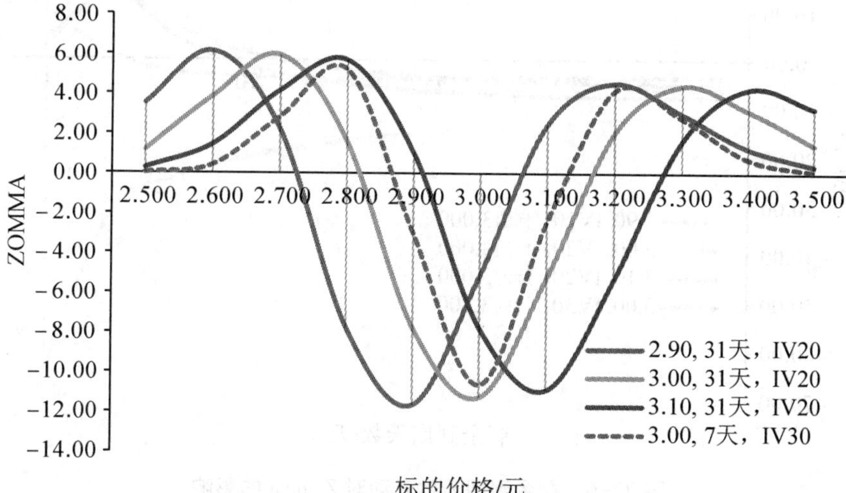

图 22-4　标的价格变动对 Zomma 的影响

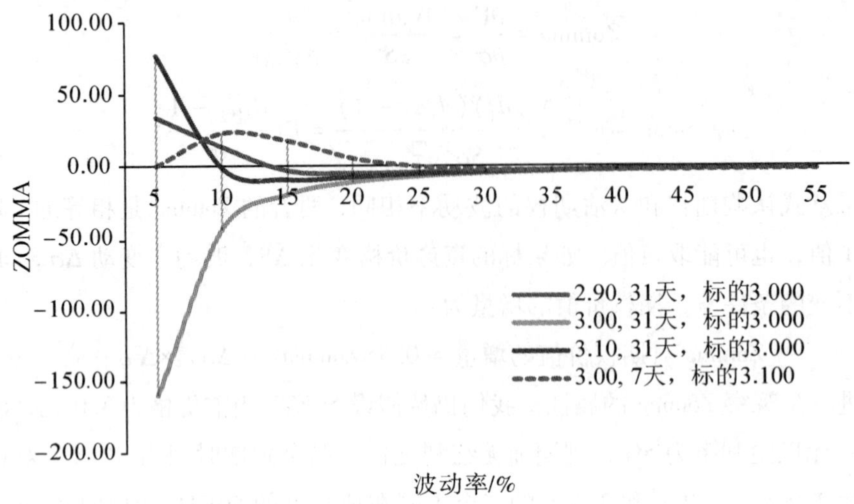

图 22-5　波动率变动对 Zomma 的影响

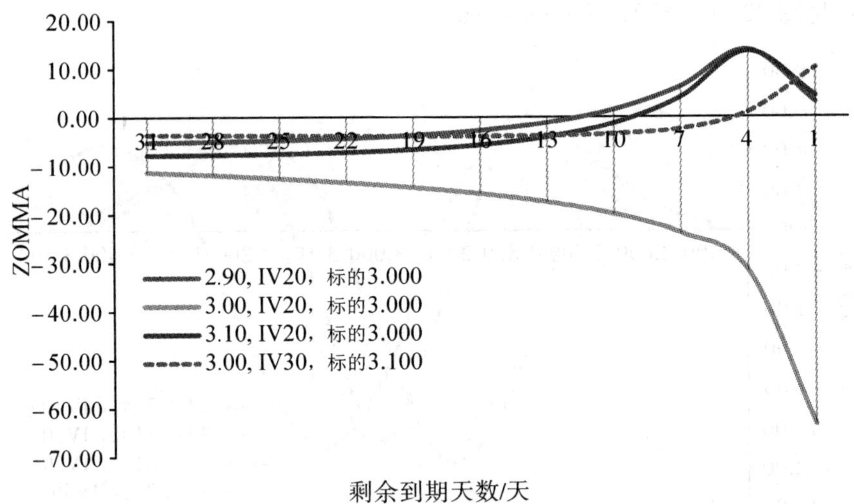

图 22-6　剩余到期天数变动对 Zomma 的影响

通过比较可以发现，Zomma 与 Speed 有很多属性比较相似。远月合约的 Zomma 的绝对值通常较小，且不同在值程度的远月合约的 Zomma 相差不大。Zomma 的绝对值也是随到期日的临近而增大，不过与 Speed 相反的是，平值附近合约的 Zomma 的绝对值是最大的，越临近到期日增大的速度越快，而虚值和实值合约的 Zomma 的绝对值则相对较小，其增长速度不及平值合约，且在到期的前几日也会发生反转，从峰值回落。波动率对 Zomma 的影响也类似 Speed，当波动率较低时，Zomma 的绝对值较大，但当波动率上升到一定水平后，Zomma 也会随波动率的继续增大而逐渐趋向于 0。

Color

二阶希腊值 Gamma 除了受到标的资产价格和波动率的影响外，它还会随到期时间的变化而变化，这里我们用 Color 来衡量到期时间的影响。因此，Color 用来测量 Gamma 随时间变化的速率，或者叫 Gamma 衰减率，是期权价格的三阶导数，前两阶是期权价格对标的资产价格的偏导数，第三阶是期权价格对时间的偏导数。要维持一个投资组合的 Gamma 中性，Color 是一个非常重要的敏感性监控指标，因为 Color 可以帮助交易者预测随着时间推移 Gamma 对冲的有效性。Color 的计算结果，表示的是每年的 Gamma 变化。实践中，通常将其除以每年的天数，得出每天的 Gamma 变化，当期权到期前的剩余天数很大时，这种方法相当准确。当期权接近到期时，Color 本身可能会快速变化，从而可能导致对 Gamma 变化的估计不准确。

通过求导，可得出欧式认购期权和认沽期权的 Color 计算公式：

$$\text{Color} = \frac{\partial \Gamma}{\partial \tau} = \frac{\partial^3 f}{\partial S^2 \partial \tau}$$

$$\text{Color} = -\,e^{-q\tau}\frac{N'(d_1)}{2S\tau\sigma\sqrt{\tau}}\left[2q\tau + 1 + \frac{2(r-q)\tau - d_2\sigma\sqrt{\tau}}{\sigma\sqrt{\tau}}d_1\right]$$

如果欧式认购期权和认沽期权的波动率相同，两者的 Color 是相等的。Color 取值可正可负。如果标的资产价格变化 ΔS，时间变动 $\Delta\tau$，其他因素维持不变的条件下，期权价值的增量为：

$$\text{Color 对期权价值的增量} = 0.5\times\text{Color}\times(\Delta S)^2\times\Delta\tau$$

我们仍然假设 50ETF 当前价格为 3.0 元，波动率为 20%，无风险利率为 5%，到期前无红利支付，剩余到期时间为 31 天，对行权价格分别为 2.9 元、3.0 元和 3.1 元的三个不同在值程度的 50ETF 期权的 Color 进行分析，并以平值期权为例，考察其随标的价格、波动率和时间变动所发生的变化，结果如图 22-7、图 22-8 和图 22-9 所示。

分析发现，远月合约的 Color 的绝对值较小，且不同在值程度的远月合约的 Color 值大致差不多，剩余到期时间越长，Color 的绝对值越小，Color 通常在 0 附近波动。随着到期日的临近，Color 的绝对值也会逐渐增大。此外，平值附近合约的 Color 的绝对值最大，且越临近到期日，平值合约的 Color 的绝对值增长得越快，如图 22-9 所示，只剩 7 天时的平值合约，其 Color 出现了爆炸式的增长。因此，临到期的平值合约，Color 风险最大。波动率对 Color 的影响，也取决于波动率的高低程度，当波动率较低时，对 Color 的影响较大，但当波动率上升到一定水平后，Color

的绝对值会随波动率的继续增大而逐渐收敛于 0 附近一个比较小的范围。

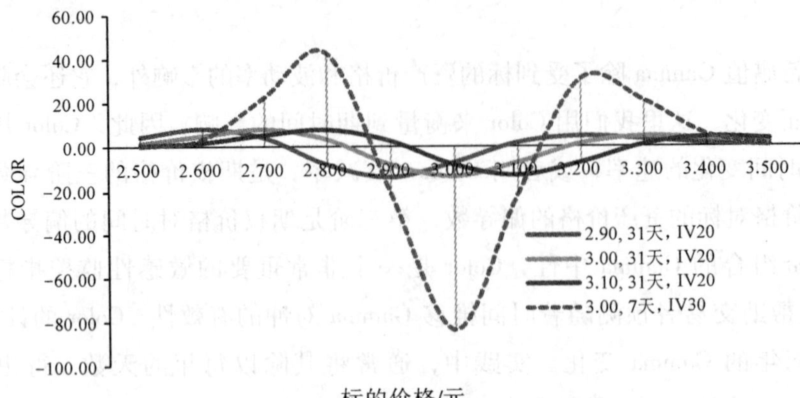

图 22-7 标的价格变动对 Color 的影响

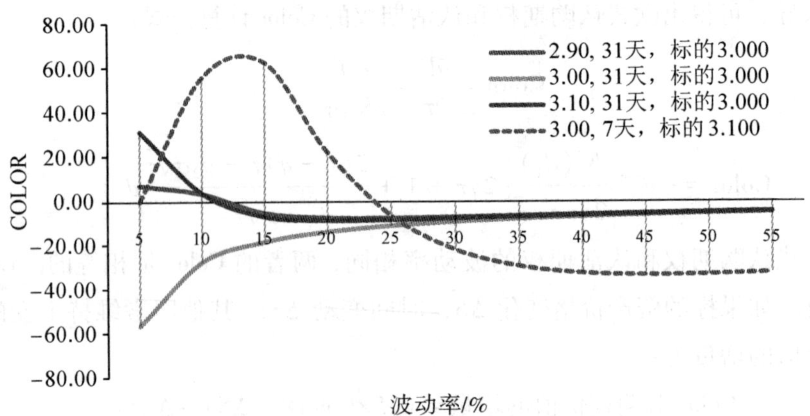

图 22-8 波动率变动对 Color 的影响

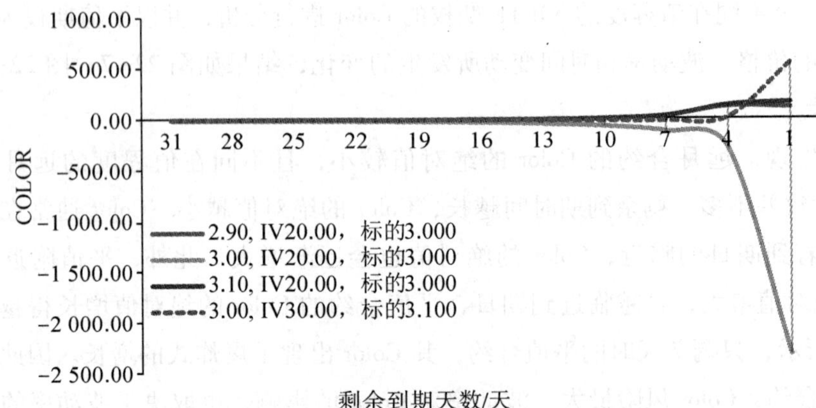

图 22-9 剩余到期天数变动对 Color 的影响

Ultima

波动率是决定期权价格的重要因素，一阶希腊值 Vega 测量波动率对期权价格的直接影响，二阶希腊值 Vomma 测量的是波动率变化导致 Vega 的相应变化，其实 Vomma 本身也是随波动率的变化而动态变化的，要更精确地衡量波动率对期权价格的影响，还有必要考虑到 Vomma 的这种变化，这里我们用 Ultima 来描述这种变化。

可见，Ultima 衡量了 Vomma 对波动率变化的敏感性，是期权价格对波动率的三阶导数。通过求期权价格对波动率的三阶导数，或 Vega 对波动率的二阶导数，或 Vomma 对波动率的一阶导数，都可得到欧式认购期权和认沽期权的 Ultima 计算公式：

$$\text{Ultima} = \frac{\partial \text{Vomma}}{\partial \sigma} = \frac{\partial^3 f}{\partial \sigma^3}$$

$$\text{Ultima} = -\frac{\Lambda}{\sigma^2}[d_1 d_2(1 - d_1 d_2) + d_1^{\ 2} + d_2^{\ 2}]$$

如果欧式认购期权和认沽期权的波动率相同，两者的 Ultima 是相等的。Ultima 取值可正可负。如果波动率变化 $\Delta\sigma$，其他因素维持不变的条件下，期权价值的增量为：

$$\text{Ultima 对期权价值的增量} = 1/6 \times \text{Ultima} \times (\Delta\sigma)^3$$

为进一步考察 Ultima 的属性，我们仍然假设 50ETF 当前价格为 3.0 元，波动率为 20%，无风险利率为 5%，到期前无红利支付，剩余到期时间为 31 天，对行权价格分别为 2.9 元、3.0 元和 3.1 元的三个不同在值程度的 50ETF 期权的 Ultima 进行分析，并以平值期权为例，考察其随时间缩短、波动率和标的价格变动所发生的变化，结果见图 22-10、图 22-11 和图 22-12。

通过分析我们发现，平值附近合约的 Ultima 的绝对值最小，敏感性最低，但 Ultima 对在值程度则比较敏感，实值或虚值程度越大，敏感性越高，Ultima 的绝对值越大。剩余到期时间越长，不同在值程度合约的 Ultima 值之间的差异越大，随着剩余到期时间的缩短，实值和虚值合约的 Ultima 的绝对值会逐渐变小，并最后收敛于 0 附近。值得说明的是，平值合约的 Ultima，一直都稳定在 0 附近，几乎不怎么变动。波动率对 Ultima 的影响，与波动率的高低程度关系很大，当波动率较低时，对 Ultima 的影响较大，但当波动率上升到一定水平后，Ultima 的绝对值会随波动率的继续增大而逐渐收敛于 0 附近。

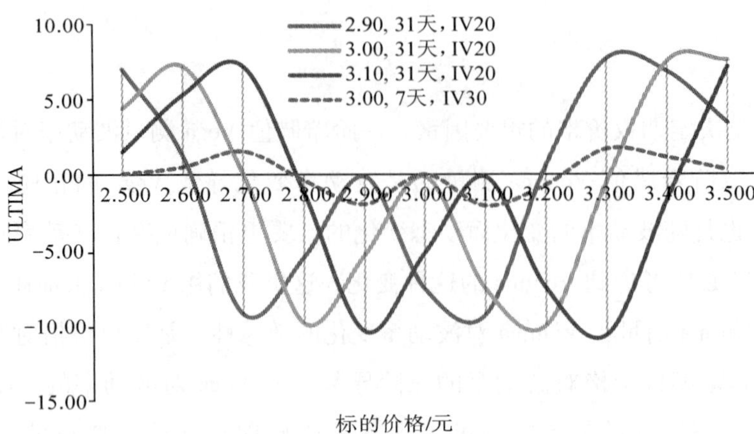

图 22-10　标的价格变动对 Ultima 的影响

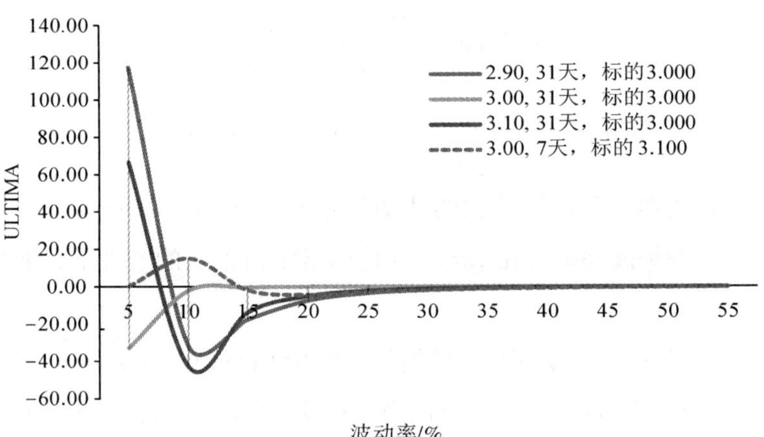

图 22-11　波动率变动对 Ultima 的影响

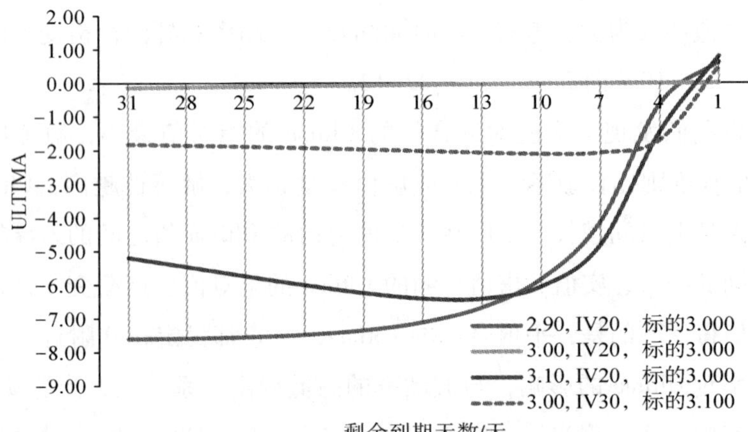

图 22-12　剩余到期天数变动对 Ultima 的影响

第 23 章

基于希腊值的价值归因与动态对冲

泰勒展开式与希腊值分解方程

无论一阶、二阶还是更高阶的希腊值，其作用都是用来理解布局复杂的期权持仓的风险收益结构。买入或卖出一张期权合约，当行情变动 ΔS，波动率变动 $\Delta\sigma$，时间过去 Δt 天，利率变动 Δr 时，可以通过希腊值来预估行情变化之后的期权持仓损益（P&L）。同时，通过希腊值分解，可以对期权损益进行业绩归因分析，搞清楚哪个因子在赚钱，贡献了多少，哪个在亏钱，亏了多少。在资金有限时，可以通过对比多个交易机会的收益率和损益比来择优建仓。关于希腊值的应用，首先应解决数学问题，然后在实践中只要把握好统一计量单位、保持标的物一致性、实时计算这几个要素即可。

利用希腊值来分解期权价格变动的主要数学工具是泰勒级数。泰勒级数是用高阶无穷小求一个更接近的近似值的一种近似方法。泰勒级数展开式如下：

$$f(x)=\frac{f(x_0)}{0!}+\frac{f'(x_0)}{1!}(x-x_0)+\frac{f''(x_0)}{2!}(x-x_0)^2+\cdots+\frac{f^{(n)}(x_0)}{n!}(x-x_0)^n+R_n(x)$$

运用泰勒展开式，可以对期权价值变动进行归因分析。我们取传统上对期权价格有重要影响的 5 个因子，可以得到如下的期权价格变动的希腊值分解方程：

$$\text{P\&L}=\text{Delta}\times\Delta S+\text{Vega}\times\Delta\sigma+\text{Theta}\times\Delta t+\text{Rho}\times\Delta r+1/2\times\text{Gamma}\times(\Delta S)^2$$

这一分解方程中，包含 4 个一阶希腊值和 1 个二阶希腊值。包括除 Gamma 外更多二阶希腊值的分解方程如下：

$$P\&L = Delta \times \Delta S + Vega \times \Delta\sigma + Theta \times \Delta t + Rho \times \Delta r + 1/2 \times Gamma \times (\Delta S)^2 + Charm \times \Delta S \times \Delta t + Vanna \times \Delta S \times \Delta\sigma + 1/2 \times Vomma \times (\Delta\sigma)^2 + Veta \times \Delta\sigma \times \Delta t$$

除一阶、二阶外，包括更高阶三阶希腊值的分解方程为：

$$P\&L = Delta \times \Delta S + Vega \times \Delta\sigma + Theta \times \Delta t + Rho \times \Delta r + 1/2 \times Gamma \times (\Delta S)^2 + Charm \times \Delta S \times \Delta t + Vanna \times \Delta S \times \Delta\sigma + 1/2 \times Vomma \times (\Delta\sigma)^2 + Veta \times \Delta\sigma \times \Delta t + 1/6 \times Speed \times (\Delta S)^3 + 1/2 \times Color \times (\Delta S)^2 \times \Delta t + 1/2 \times Zomma \times (\Delta S)^2 \times \Delta\sigma + 1/6 \times Ultima \times (\Delta\sigma)^3$$

在实际交易过程中，除了利用希腊值来监测期权资产或组合的风险外，更进一步，可通过希腊值辨识导致期权价格变动的主要因素并量化它们的具体影响，对每笔交易进行价动归因，搞清楚每天交易盈亏的源头，实现对交易进行灵活、有效的动态管理。

如表 22-1 和表 22-2 所示，我们以 50ETF 期权为例，假设利率不变，时间过去 1 天，50ETF 价格上涨 0.03 元，波动率增大 0.5%，来说明行权价格为 3.00 元的认购与认沽期权的希腊值价值归因分析。

表 22-1　50ETF 认购期权的希腊值价值归因分析

期权类型	Call	时间流逝	1 天	第 2 天期权价格变动
执行价格	3.00	预计标的价格变动	0.03	
隐含波幅/%	11.07	波动率变动/%	0.50	BS 模型预测
期权目前价格	0.039 7	BS 模型预测价格	0.058 096	0.018 396
希腊值阶数		希腊值	价值贡献	
一阶希腊值	Delta	0.527 130	0.015 814	
	Vega	0.003 358	0.001 679	
	Theta	-0.000 851	-0.000 851	传统 5 希腊值分解
	Rho	0.001 222	0.000 000	
二阶希腊值	Gamma	4.262 847	0.001 918	0.018 560
	Vanna	-0.132 568	-0.000 020	
	Charm	-0.545 603	-0.000 045	
	Vomma	0.007 612	0.000 000	一、二阶希腊值分解
	Veta	2.081 814	0.000 029	0.018 524
三阶希腊值	Speed	-4.531 515	-0.000 020	
	Zomma	-38.420 552	-0.000 086	
	Color	-27.224 234	-0.000 034	一、二、三阶希腊值分解
	Ultima	-0.232 833	0.000 000	0.018 383

表 22-2　50ETF 认沽期权的希腊值价值归因分析

期权类型	Put	时间流逝	1 天	第 2 天期权价格变动
执行价格	3.00	预计标的价格变动	0.03	
隐含波幅	14.75%	波动率变动	0.50%	BS 模型预测
期权目前价格	0.047 2	BS 模型预测价格	0.035 254	−0.011 946
希腊值阶数		希腊值	价值贡献	
一阶希腊值	Delta	−0.476 017	−0.014 281	
	Vega	0.003 360	0.001 680	
	Theta	−0.000 653	−0.000 653	传统 5 希腊值分解
	Rho	−0.001 169	0.000 000	
二阶希腊值	Gamma	3.200 480	0.001 440	−0.011 813
	Vanna	−0.050 168	−0.000 008	
	Charm	−0.432 389	−0.000 036	
	Vomma	0.002 546	0.000 000	一、二阶希腊值分解
	Veta	2.092 269	0.000 029	−0.011 828
三阶希腊值	Speed	−2.616 565	−0.000 012	
	Zomma	−21.676 013	−0.000 049	
	Color	−20.349 984	−0.000 025	一、二、三阶希腊值分解
	Ultima	−0.078 459	0.000 000	−0.011 913

从价值归因分析可见，传统 5 希腊值，即一阶希腊值加二阶 Gamma，这种分解最简单，但结果与 BS 模型计算得出的价格变动相差较大，随着加入全部二阶希腊值，精确程度得到提高，进一步加入三阶希腊值，其结果与 BS 模型非常接近。使用希腊值进行归因分析，不仅能测算出期权价格变动的总量，尤其重要的是，还可以量化不同因素的具体影响，从而方便投资者进行精细化的动态管理。

基于希腊值的动态对冲

如果期权交易的卖方出售了一张股票认购期权合约，买方就有权以行权价格买入标的股票。为了对冲期权空头的风险暴露，卖方可以采取如下操作：在股票价格刚刚高于行权价格时立即买入股票，而当股票价格刚刚低于行权价格时马上卖出股票。这种方法保证了期权处于实值时，卖方能持有股票；期权处于虚值状态，不持有股票。这种策略看似不错，但却不可行。因为，股价频繁在行权价格上下波动，会产生很高的交易费用，且无法保证在刚好超过或低于行权价格时执行交易。实际中，交易员一般使用动态对冲策略。

动态对冲是通过管理交易组合的希腊值，通过不断的再平衡使其保持在一个可以接受的范围之内。静态对冲在最初设定后无须再调整，而动态对冲则需要根据希腊值的变动情况适时进行调整。市场上运用最多的是 Delta 中性对冲。Delta 对冲是指投资者在持有期权头寸时，增加或减少标的资产的头寸，从而使整个组合的 Delta 值调整到 0 附近的交易方法。这种对冲操作的主要目的是规避方向性风险，也就是说避免标的资产价格波动对期权价值的影响。此外，Delta 对冲还可以在一定程度上赚取波动率价差上的利润，或期权定价错误的套利收益。

假设期权卖方出售了若干张股票认购期权，期权组合的 Delta 为 Δ_0，则需要买入 Δ_0 股的标的股票来对冲风险，使包括股票在内的整个组合的 Delta 值为 0。过了一段时间后，期权组合的 Delta 变为 Δ_1，如果 $\Delta_1>\Delta_0$，则需要进一步买入 $\Delta_1-\Delta_0$ 股的股票，如果 $\Delta_1<\Delta_0$，则需要卖出 $\Delta_0-\Delta_1$ 股的股票，使整个组合的 Delta 值维持动态中性。在到期前的所有时间内，都按照上述方法做对冲。如果到期时期权为实值，期权卖方就刚好拥有用于期权交割所需的标的股票；若到期时期权为虚值，期权卖方将不持有股票，期权买方也不会行权，从而规避了标的资产价格波动的风险。如果卖出的认购期权定价偏高，这一对冲过程最后还可实现套利收益。如果是买入认购期权，对冲的方法应该是卖出 Delta 份标的资产。对于认沽期权头寸的对冲方法，要么是双买，即买入认沽期权，对应买入 Delta 份标的资产；要么是双卖，即卖出认沽期权，对应卖出 Delta 份标的资产。

动态对冲时除了要考虑 Delta 之外，还要考虑 Gamma 和 Vega 的影响。因为标的资产只有 Delta，没有 Gamma 和 Vega，不能用于改变交易组合的 Gamma 和 Vega 值。在使 Delta 中性的同时，要实现 Gamma 和 Vega 的中性，就需要加入其他期权。在引入新期权使组合的 Gamma 和 Vega 达到中性后，这又很可能会改变交易组合的 Delta 值，使原本已实现中性的 Delta 再度不为 0，因此最后还要调整标的资产数量以保证新的交易组合维持 Delta 中性。Delta 中性可以保证交易组合价值不受标的价格微小变化的影响，Gamma 中性可以保证交易组合价值不受标的价格较大变动的影响，而 Vega 中性则可以保证交易组合价值不受标的波动率变化的影响。需要注意的是，Vega 中性和 Gamma 中性很难同时达到，除非至少引入与标的资产有关的两种不同期权才能达此目的。

在实际应用中，Delta—Gamma 中性对冲方法较为普遍。如果只通过 Delta 对冲，维持投资组合的 Delta 中性，随着标的价格变化量的增大，依据泰勒展开式，Gamma

仍然可能会导致投资组合的价值发生较大波动，为降低误差，我们还需要同时对冲掉 Gamma 的影响。

假设一个 Delta 中性的标的资产相关的投资组合 Gamma 值为 Γ_a，一个标的资产期权的 Gamma 值为 Γ_b，如果将 n 份期权加入到这个组合中，则组合的 Gamma 值变为 $\Gamma_a + n\Gamma_b$。所以，要想使该组合的 Gamma 值为零，$n = -\Gamma_a/\Gamma_b$。但是，投资组合 Gamma 为 0，Delta 又不为 0 了，因此还需要改变持有的标的资产的数量来平衡。

假设上述 Delta 中性的资产组合 Gamma 值为-4 000，该组合中标的资产的某个认购期权的 Delta 和 Gamma 分别为 0. 8 和 2。为保持 Gamma 中性，需要购入相应的认购期权，其对应的标的数量为 4 000/2，即 2 000 份，购入这些认购期权后，新组合的 Delta 值由 0 增加到 2 000×0. 8＝1 600。因此，同时应卖空 1 600 份标的资产。最后的结果是，同时实现了组合 Gamma 和 Delta 的中性。

更直接的方法是，通过求解一个二元一次方程组，来确定实现 Delta—Gamma 中性所需交易的标的资产和期权头寸。假设我们卖出开仓 10 张 50ETF 认购期权合约 A，此时，市场上有 50ETF 认沽期权合约 B 以及 50ETF 现货可供交易。认购期权的 Delta 和 Gamma 分别为 0. 8 和 2，认沽期权的 Delta 为-0. 4 和 4，50ETF 期权合约的单位是 10 000 份，假设交易认沽期权的数量为 x 张，交易 50ETF 现货的数量为 y 份。要实现 Delta—Gamma 中性对冲，即保持 Delta 值与 Gamma 值同时为 0。我们可以建立一个二元一次方程组：

$$\begin{cases} -10\times 10\,000\times 0.8 + x10\,000\times(-0.4) + y = 0 \\ -10\times 10\,000\times 2 + x10\,000\times 4 = 0 \end{cases}$$

解方程组得，$x=5$，$y=100\,000$。因此，我们在卖出开仓 10 张认购期权合约 A 的同时，还需要买入 5 张认沽期权合约 B 以及 100 000 份 50ETF 现货，才能构建这样一个 Delta—Gamma 中性组合。

在 Delta—Gamma 中性基础上，如果要同时实现 Vega 中性，即期权组合的 Delta—Gamma—Vega 中性，原理基本相同，但必须要将另一个期权加入到组合中，才可以取得这三个风险因子的同时中性。假设在 Delta—Gamma 中性的例子中，认购期权 A 的 Vega 为 0. 003 和认沽期权 B 的 Vega 为 0. 005，我们加入 z 张另外一个认购期权 C，其 Delta 为 0. 5，Gamma 为 6，Vega 为 0. 008。我们可以建立如下的三元一次方程组：

$$\begin{cases} -10\times 10\,000\times 0.8 + x10\,000\times(-0.4) + z10\,000\times 0.5 + y = 0 \\ -10\times 10\,000\times 2 + x10\,000\times 4 + z10\,000\times 6 = 0 \\ -10\times 10\,000\times 0.003 + x10\,000\times 0.005 + z10\,000\times 0.008 = 0 \end{cases}$$

解方程组得，$x=-10$，$z=10$，$y=-10\ 000$。因此，我们在卖出开仓 10 张认购期权合约 A 的同时，还需要卖出 10 张认沽期权合约 B、买入 10 张认购期权合约 C 以及卖空 10 000 份 50ETF 现货，这样就可以构建一个 Delta—Gamma—Vega 中性的组合。

第五部分　期权交易策略

第 24 章

基本策略

期权相比于股票和期货，是更为复杂也更为灵活的投资工具。投资股票或期货，只能通过市场的涨跌获得收益，而期权则可以在各种市场环境中，为投资者获取回报。如果说股票或期货主要是在方向上的投机性交易，那期权则更多的是多样化的策略性交易。无论是趋势市还是震荡市，也无论行情是剧烈波动还是静止不动，几乎在所有的市场预期下，投资者都可构造相应的期权策略来参与市场，实现预期投资目标。

期权策略种类繁多，基于性质和构造方法，可分为基本策略、收入策略、价差策略、比率策略、波动率策略与合成策略等。期权有四种基本头寸，即认购期权多头、认购期权空头、认沽期权多头和认沽期权空头，形成这四种基本头寸的交易策略，是构成其他任何复杂策略的基础。不管一个期权策略的结构有多复杂，其都是由这四种基础策略再加上标的资产的多头或空头构成的。因此，期权策略设计，就是通过对这六种基本头寸的组合，形成满足投资者需要的特定风险与收益结构。每种标的资产的期权包括不同行权价、不同到期日的数十个期权合约，巧妙地从中选取合适的合约，按照特定的组合方式，比如价差或比率方法、市场中性设计、多空波动率或合成标的资产等，几乎可以满足投资者的任何市场预期，从任意的市场走势中获取收益。

期权策略基于适用场景，又可分为牛市策略、熊市策略、区间策略、突破策略、对冲或市场中性策略、套利套保策略等。按照应用场景来划分不同的期权策略，更方便投资者的理解和运用。

认购期权多头策略

认购期权多头策略，即买入认购期权并持有，待标的资产价格上涨后获利，是四大基本期权策略之一，其特点是简洁明了。投资者通过支付期权费，获得在于己有利的市场环境下，行使按协议价格购买规定数量标的资产的权利，而无需承担强制性履约义务。因此，具有风险与收益不对称特征，其最大的损失是支付的期权费，而潜在的收益从理论上来说是无限的。相比于直接买入标的资产，只需投入少量的期权金，具有较大的杠杆效应。

认购期权多头策略是牛市策略，特别适合于看大涨的爆发性上涨行情，“看大涨，买认购”。在预期标的资产价格将快速上涨的牛市行情下，最好买入虚值认购期权，有利于发挥期权的高杠杆功能。如果近月虚值认购期权的价格低于标的资产价格的5%，杠杆率可达20倍以上，比融资买入的杠杆要高很多，并且不用承担融资的利息成本。

在到期日的选择上，可以尽量选择近月，近月合约的价格更低，杠杆率更高，在较为短期的行情中能获利更多。在行权价的选择上，需要结合对标的资产价格在存续期内能达到的最高价位加以判断，行权价越高，杠杆率越高，然而，价格涨幅达不到预期时损失全部期权金的概率也就越高。

认购期权多头的交易结构非常简单，是单腿策略。选取 *M* 月到期的行权价格为 *K* 的认购期权，权利金为 *C*。交易结构是：

买入 1 份 *M* 月 *K* 行权价格 Call@ *C*

=1 份 *M* 月 Call 多头

认购期权多头策略的风险收益特征：

最大收益：无限。因为理论上，标的价格上涨空间无限。

最大损失：权利金支出。

盈亏平衡点：行权价格+权利金支出。当标的资产价格大于盈亏平衡点时，策略盈利，否则就会亏损。

希腊值对该策略价值的影响如表 24-1 所示。标的价格上涨，Delta 发挥有利影响，标的价格下跌，则发挥不利影响；Gamma 是有利因素；Theta 是不利因素；波动率增大时，Vega 对策略发挥有利影响，波动率降低时则发挥不利影响。认购期权多头策略的动态希腊值曲线见图 24-1 至图 24-4。

表 24-1　希腊值对认购期权多头策略的影响

希腊值	符号	对策略的影响
Delta	正	标的价格上涨有利，下跌不利
Gamma	正	有利
Theta	负	不利
Vega	正	波动率上涨有利，下跌不利

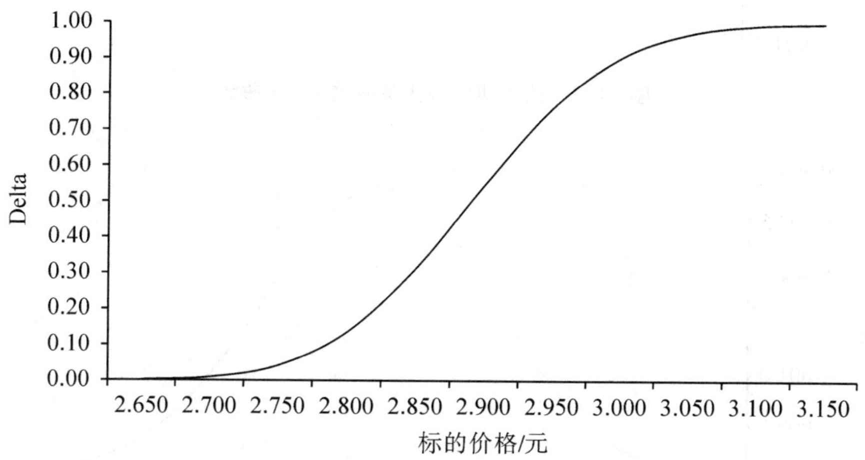

图 24-1　认购期权多头策略的 Delta 曲线

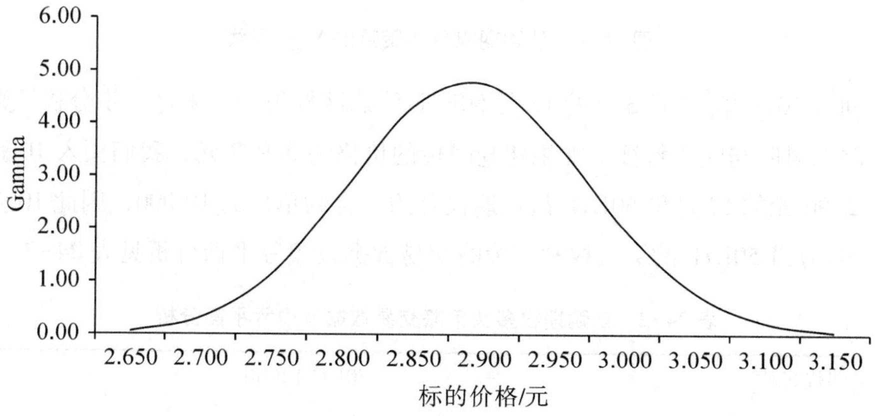

图 24-2　认购期权多头策略的 Gamma 曲线

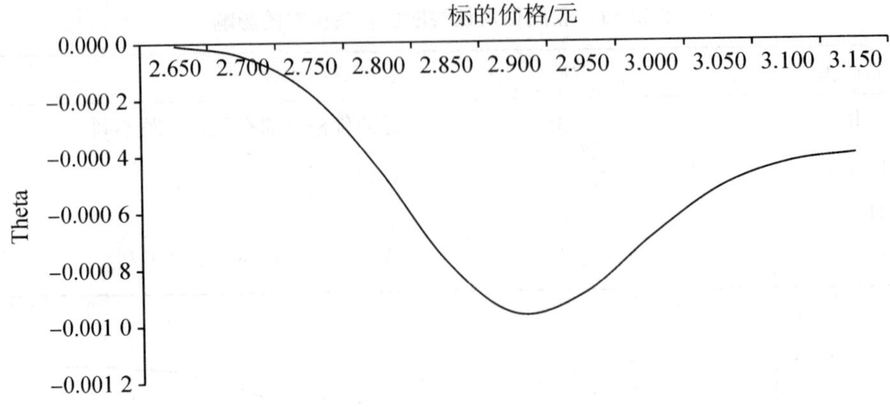

图 24-3 认购期权多头策略的 Theta 曲线

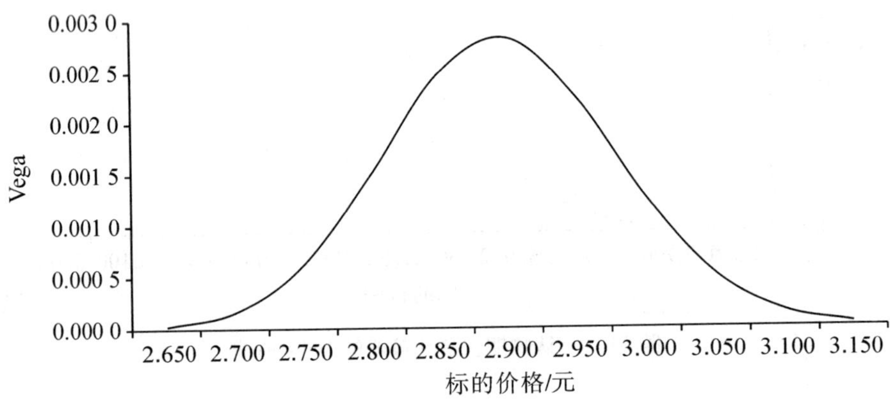

图 24-4 认购期权多头策略的 Vega 曲线

下面以 2019 年 12 月 3 日的 12 月 50ETF 认购期权为例，来进一步分析认购期权多头策略的风险与收益特征。如果建仓时标的价格为 2. 907 元，我们买入 10 张行权价格为 2. 90 元的 12 月份 50ETF 认购期权合约，合约单位为 10 000，因此 10 张合约意味着 10 万份 50ETF 的买入权利。策略交易数据及盈亏平衡分析见表 24-2。

表 24-2 认购期权多头策略交易数据及盈亏平衡分析

期权名称	50ETF12Call
数量与方向	100 000
执行价格	2. 9
建仓时标的价格	2. 907
建仓期权价格	0. 041 7
建仓隐含波动率	11. 71%

表24-2(续)

建仓时剩余天数	22
资金投入	4 170
盈亏平衡点	2. 941 7
距离盈亏平衡点	1. 19%
最大收益	无限
最大风险	4 170

图 24-5 是该策略到期时的盈亏情况。在不考虑交易成本的情况下，22 天到期时，标的价格要大于盈亏平衡点 2. 941 7 元才有正收益；小于 2. 90 元，该认购期权完全没有价值，将到期作废，最大损失就是全部期权金 4 170 元；大于 2. 90 元但小于 2. 941 7 元，期权价值不能覆盖期权金支出，策略仍然是亏损的。基于 13. 03%的历史波动率进行概率分析，发现期权到期时标的价格大于 2. 941 7 的概率只有 35. 53%，胜算并不太高。

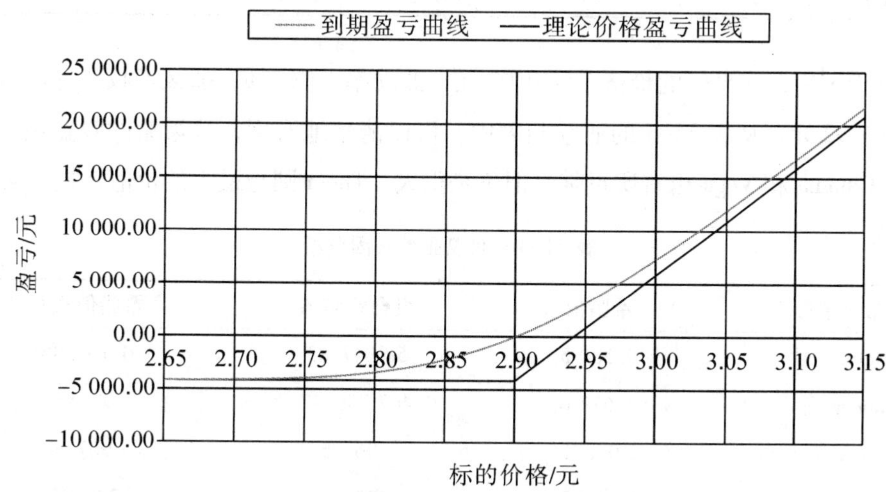

图 24-5　认购期权多头策略盈亏结构

进一步对该交易进行希腊值分析。假设利率维持不变，计划持仓 10 天，我们设定这 10 天内标的价格波动幅度在－0. 02 元到 0. 03 元之间，波动率波动幅度在－2. 00%到 2. 00%之间，表 24-3 是认购期权多头持仓头寸的价值情景分析。从表中数据可见，只有标的价格和波动率上涨幅度都较大时，该策略才可能实现较好的收益。如果标的价格和波动率维持不变，10 天过后，期权头寸的价值会降低 967. 50 元，占 4 170 元的总期权金支出的 23. 2%，可见，时间价值流逝是该策略最大的风险来源。如果标的价格维持不变，但波动率下降 2%，10 天过后，期权头寸的价值会减值 1 525. 31 元，扣除 967. 49 元的时间价值，波动率降低带来的损失为 557. 82 元，波动率下降也是该策略的潜在风险来源。

表 24-3　认购期权多头持仓头寸的价值情景分析

波动率	价格变动					
	-0. 020 0	-0. 010 0	0. 000 0	0. 010 0	0. 020 0	0. 030 0
-2. 00%	-2 592. 71	-2 082. 40	-1 525. 31	-921. 44	-270. 80	426. 62
-1. 50%	-2 453. 26	-1 942. 94	-1 385. 85	-781. 99	-131. 35	566. 07
-1. 00%	-2 313. 80	-1 803. 49	-1 246. 40	-642. 53	8. 11	705. 53
-0. 50%	-2 174. 35	-1 664. 04	-1 106. 95	-503. 08	147. 56	844. 98
0. 00%	-2 034. 90	-1 524. 58	-967. 50	-363. 63	287. 02	984. 43
0. 50%	-1 895. 44	-1 385. 13	-828. 04	-224. 17	426. 47	1 123. 89
1. 00%	-1 755. 99	-1 245. 67	-688. 58	-84. 72	565. 92	1 263. 34
1. 50%	-1 616. 53	-1 106. 22	-549. 13	54. 74	705. 38	1 402. 80
2. 00%	-1 477. 08	-966. 77	-409. 67	194. 19	844. 83	1 542. 25

10 天过后，如果标的价格上涨 0. 02 元，波动率上涨 1%，那么期权头寸的价值会增加 565. 92 元。从表 24-4 的业绩归因中，可以清楚地看到，该策略的收益主要来自 Delta，Gamma 和 Vega 也有所贡献，但不是很大，Theta 则是最大的价值耗损因素。

表 24-4　期权业绩归因分析

希腊字母	希腊值	组合希腊值	希腊值贡献
Delta 头寸	0. 580 5	58 047. 82	1 160. 96
Gamma 头寸	4. 677 6	467 756. 47	93. 55
Theta 头寸	-0. 001	-96. 75	-967. 50
Vega 头寸	0. 002 8	278. 91	278. 91
希腊值对组合价值的影响汇总			565. 92

一旦建立了认购期权多头头寸，后续应该怎样处理？通常有以下三种情况：其一是，如果标的价格在较短的时间内就达到预期的最高价位，可以就此提前平仓，获利了结，规避标的价格回调的风险；其二是，如果标的价格距离预期目标尚远，且对标的行情上涨方向的判断仍然不变，则可继续持有，直至到期；其三是，对标的行情的预期发生改变，则需要视情况处理。如果认为行情上涨力度减弱，上涨高

度不及原来预期，可以再卖出一个较高行权价格的认购期权，形成认购牛市价差策略；如果行情突然反转，预期由涨转跌，则可追加卖出一个较低行权价的认购期权，构造一个认购熊市价差策略。当然，如果发现市场已经不再是牛市环境，也可以简单地平仓退出，结束交易，避免风险。

认购期权空头策略

认购期权空头策略，即在不持有标的资产的情况下，裸卖出认购期权，待期权价格下降后赚取期权金收入的义务仓策略，也是四大基本期权策略之一。认购期权的卖方，收取了买方的期权金，就必须满足到期时标的价格涨过行权价格后买方的行权要求，即履行按协议价格卖出规定数量标的资产给买方的义务。该策略的风险与收益结构，刚好与认购期权多头相反，其最大收益是出售期权获得的期权金，而潜在的损失从理论上来说是无限的，因此风险较大。

认购期权空头策略是熊市策略，适合标的行情看淡的市况，特别是标的价格经过一段时间上涨后，面临前期高点或技术阻力位，预计后市将转空或者进入调整状态的场景，行内有所谓“看不涨，卖认购”的口诀。

在面临无限风险的情况下，卖出认购期权，卖出方要具备较强的风险承担能力，得当的风控措施。为提高交易胜算几率，在选择卖出合约方面，应尽量选择近月合约。近月合约的时间价值流逝更快，波动率相较于远月合约通常会高一些，这些都有利于空方。行权价的选择上，结合技术分析方法加以判断，设定在重要的阻力位之上较为安全。

认购期权空头也是单腿策略。选取 M 月到期的行权价格为 K 的认购期权，权利金为 C。交易结构是：

卖出 1 份 M 月 K 行权价格 Call@ C

=1 份 M 月 Call 空头

认购期权空头策略的风险收益特征：

最大收益：权利金收入。

最大损失：无限。标的价格涨得越多，亏损越大，理论上，标的价格的上涨空间是无限的。

盈亏平衡点：执行价格+权利金收入。当标的资产价格低于盈亏平衡点时，策略盈利，否则就会亏损。

表 24-5 是希腊值对认购期权空头策略价值的影响。Delta 在标的价格下跌时对策略有利，上涨时不利；Gamma 是不利因素；Theta 是有利因素；Vega 在波动率降低时对策略有利，上涨时不利。认购期权空头策略的动态希腊值曲线见图 24-6 至图 24-9。

表 24-5 希腊值对认购期权空头策略的影响

希腊值	符号	对策略的影响
Delta	负	标的价格下跌有利，上涨不利
Gamma	负	不利
Theta	正	有利
Vega	负	波动率下跌有利，上涨不利

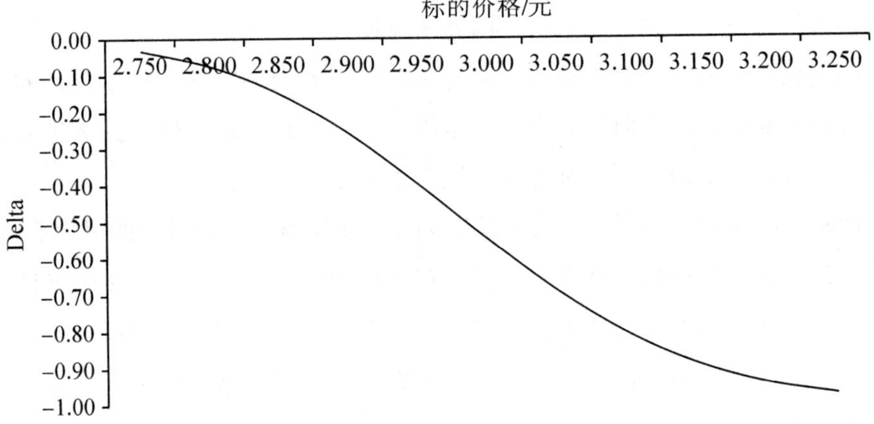

图 24-6 认购期权空头策略的 Delta 曲线

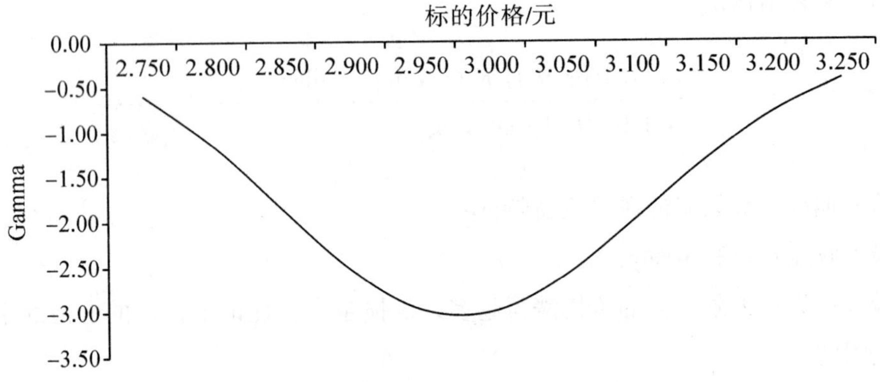

图 24-7 认购期权空头策略的 Gamma 曲线

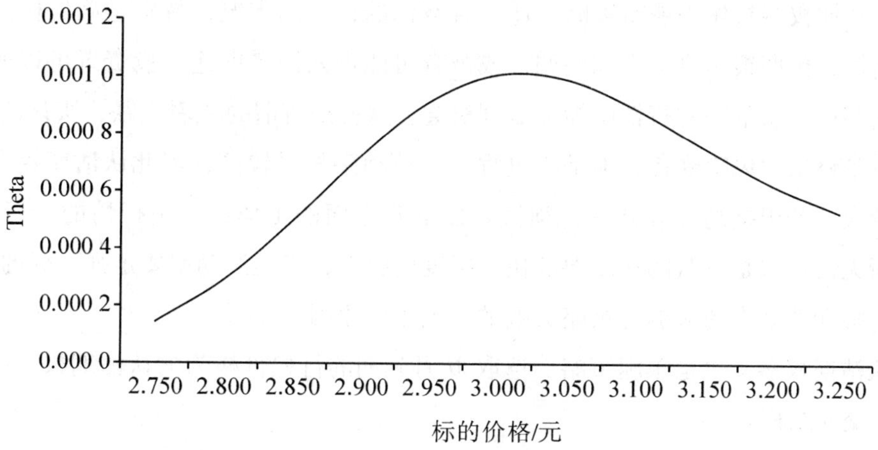

图 24-8　认购期权空头策略的 Theta 曲线

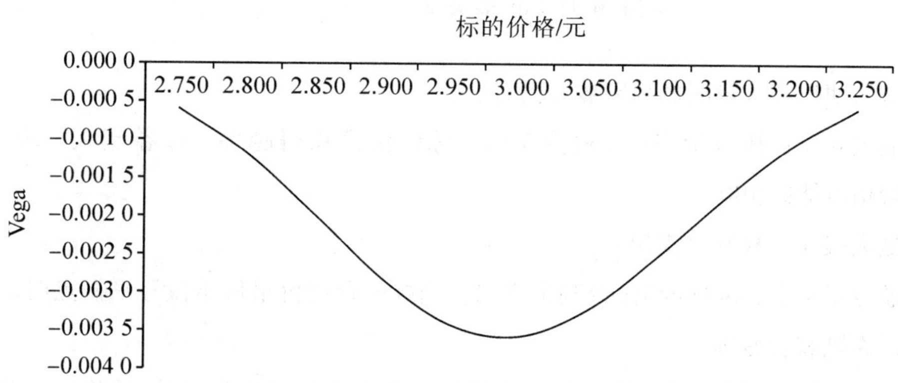

图 24-9　认购期权空头策略的 Vega 曲线

认沽期权多头策略

认沽期权多头策略，即买入认沽期权并持有，待标的价格下跌后，期权价格增值而获利，这也是四大基本期权策略之一。认沽期权多头是熊市策略，未来标的价格下跌，认沽期权的价值会增加；反之，未来标的价格上涨，认沽期权的价值则会降低。对于欧式认沽期权而言，到期时，如果标的市场价格小于执行价格，认沽期权买方可通过行权，将标的资产以高于市场价格的行权价格卖给义务方。如果到期时标的价格大于执行价格，认沽期权价值将归 0，买入的认沽期权就变得毫无价值。由于是权利方，认沽期权多头可以放弃权利，其最大损失有限，而潜在的收益从理论上来说可以很大。

认沽期权多头作为熊市策略，适合看空标的行情的市况，特别是确信标的行情已经转坏，预期很快将会大幅回调，或极有可能进入漫漫熊途，投资者可以通过做多认沽期权，从下跌的行情中抓住盈利机会，这就是所谓的“看大跌，买认沽”。

该策略虽然风险受控，但下跌过程中，波动率相对较高，因此认沽期权多头的成本较大。若想提高胜算几率，须做好以下几方面的工作：一是行情的下行方向，要判断无误；二是下跌的速度要够快，幅度要够大；三是波动率要走强。标的上涨、时间耗损和波动率的减弱是策略失败的三大主要原因。

认沽期权多头也是单腿策略。选取 M 月到期的行权价格为的认沽期权，权利金为 P。交易结构是：

买入 1 份 M 月 K 行权价格 Put@ P

=1 份 M 月 Put 多头

认沽期权多头策略的风险收益特征：

最大收益：执行价格-权利金支出。标的价格跌得越多，收益越大，理论上，标的价格可能跌至 0。

最大损失：权利金支出。

盈亏平衡点：执行价格-权利金支出。当标的资产价格低于盈亏平衡点时，策略盈利，否则就会亏损。

表 24-6 是希腊值对认沽期权多头策略价值的影响。Delta 在标的价格下跌时对策略有利，上涨时不利；Gamma 是有利因素；Theta 是不利因素；Vega 在波动率上涨时对策略有利，下跌时不利。认沽期权多头策略的动态希腊值曲线见图 24-10 至图 24-13。

表 24-6　希腊值对认沽期权多头策略的影响

希腊值	符号	对策略的影响
Delta	负	标的价格下跌有利，上涨不利
Gamma	正	有利
Theta	负	不利
Vega	正	波动率上涨有利，下跌不利

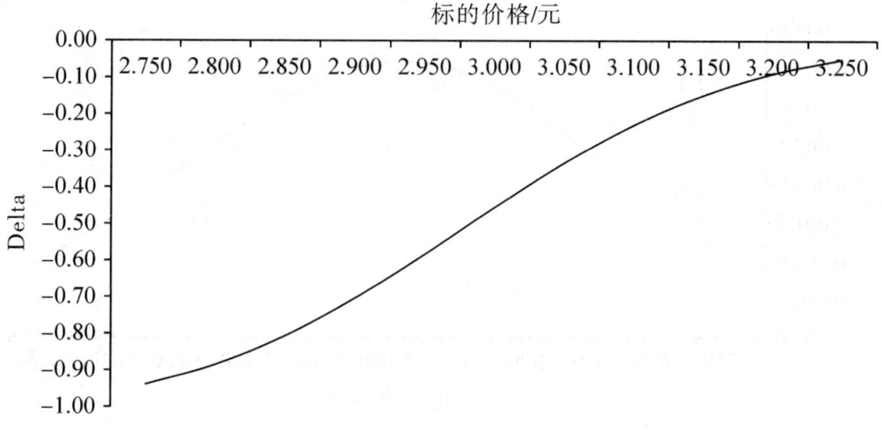

图 24-10　认沽期权多头策略的 Delta 曲线

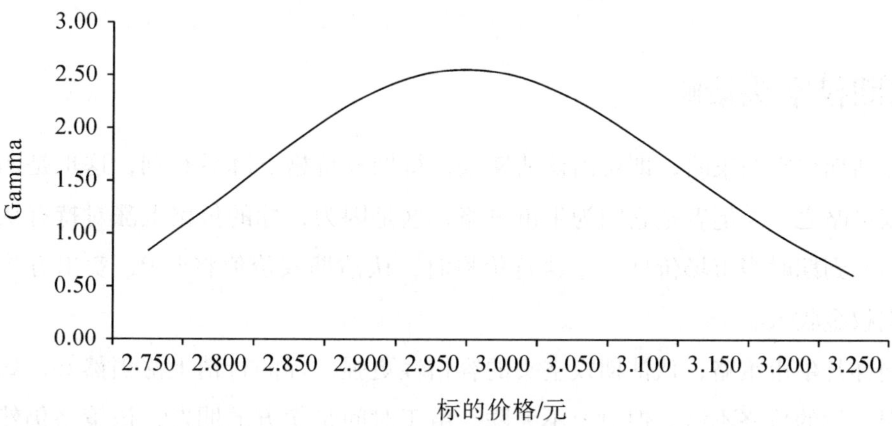

图 24-11　认沽期权多头策略的 Gamma 曲线

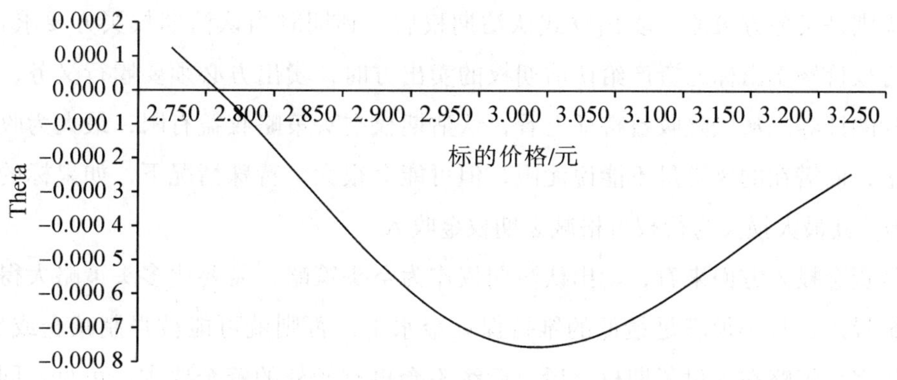

图 24-12　认沽期权多头策略的 Theta 曲线

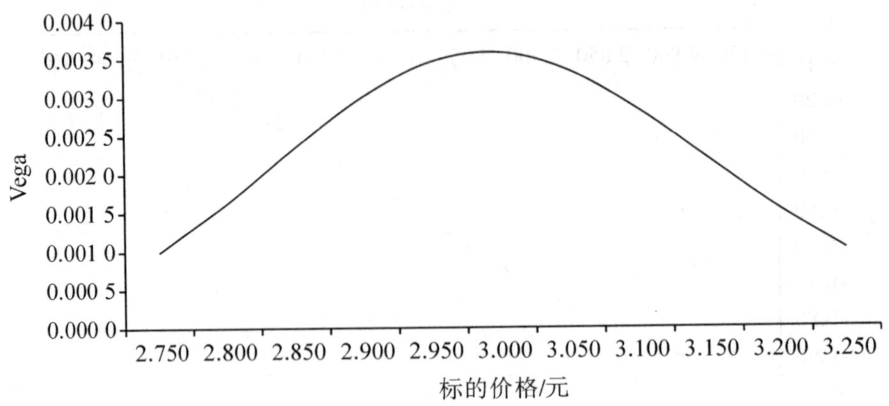

图 24-13 认沽期权多头策略的 Vega 曲线

认沽期权空头策略

认沽期权空头策略，即卖出认沽期权，待期权价格下降后获利，这也是四大基本期权策略之一。笔者把它归为牛市策略，这是因为，标的价格上涨对持有认沽期权不利，到期时当市场价格大于执行价格时，认沽期权价值将归 0，卖出方将得到全部期权金收入。

同样是牛市策略，认沽期权空头的容错性更强，标的行情上涨当然好，如果预期错误，标的价格不涨，但只要不大跌，由于时间是卖方的朋友，该策略仍然可能盈利，因此有“看不跌，卖认沽”。此外，认购期权多头是权利方策略，而认沽期权空头则是义务方策略。卖出欧式认沽期权后，到期时当认沽期权买方要求行权，即按行权价格卖出标的资产给认沽期权的卖出方时，卖出方必须要履行义务，买入相关标的证券。从风险收益特征上看，认沽期权空头策略收益有限，最大为收到的期权金，而潜在的风险虽不能说无限，但可能会很大。特殊情况下，如果标的价格跌到 0，其最大损失为行权价格减去期权金收入。

从资金投入方面来看，卖出认沽期权作为空头策略，需要比多头策略大得多的保证金投入，且必须满足最低的维持保证金水平，否则就可能被强制减仓或平仓。而期权多头策略在支付了期权金后，后续不会再有额外的资金要求。可见，同样适用于标的价格上涨预期的场景，认沽期权空头策略的风险要远远大于认购期权多头策略，裸卖认沽期权，需要更大的资金实力，具备更强的风险承受能力。

认沽期权空头也是单腿策略。选取 M 月到期的行权价格为 K 的认沽期权，权利

金为 P。交易结构是：

$$\frac{\text{卖出 1 份 } M \text{ 月 } K \text{ 行权价格 Put@} P}{= 1 \text{ 份 } M \text{ 月 Put 空头}}$$

认沽期权空头策略的风险收益特征：

最大收益：权利金收入。

最大损失：行权价格-权利金收入。因为理论上，标的价格可以跌为 0。

盈亏平衡点：行权价格-权利金收入。当标的资产价格大于盈亏平衡点时，策略盈利，否则就会亏损。

希腊值对该策略价值的影响如表 24-7 所示。标的价格上涨，Delta 发挥有利影响，标的价格下跌，则发挥不利影响；Gamma 是不利因素；Theta 是有利因素；波动率增大时，Vega 对策略发挥不利影响，波动率降低时则发挥有利影响。认沽期权空头策略的动态希腊值曲线见图 24-14 至图 24-17。

表 24-7　希腊值对认沽期权空头策略的影响

希腊值	符号	对策略的影响
Delta	正	标的价格上涨有利，下跌不利
Gamma	负	不利
Theta	正	有利
Vega	负	波动率上涨不利，下跌有利

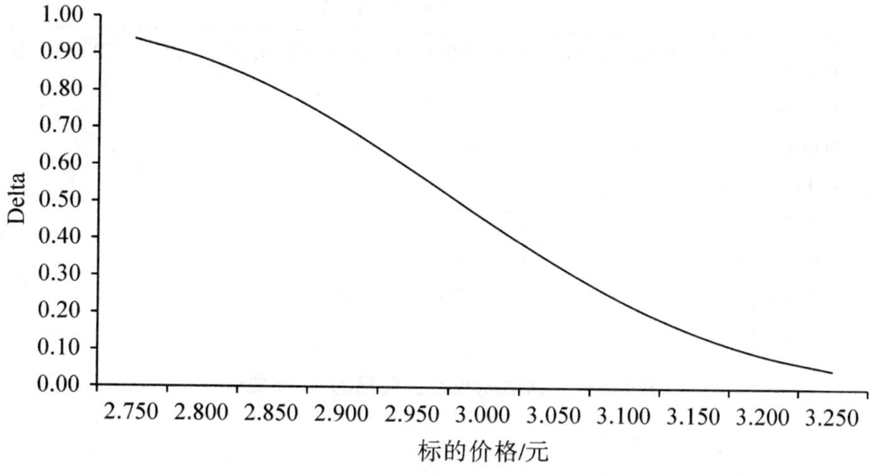

图 24-14　认沽期权空头策略的 Delta 曲线

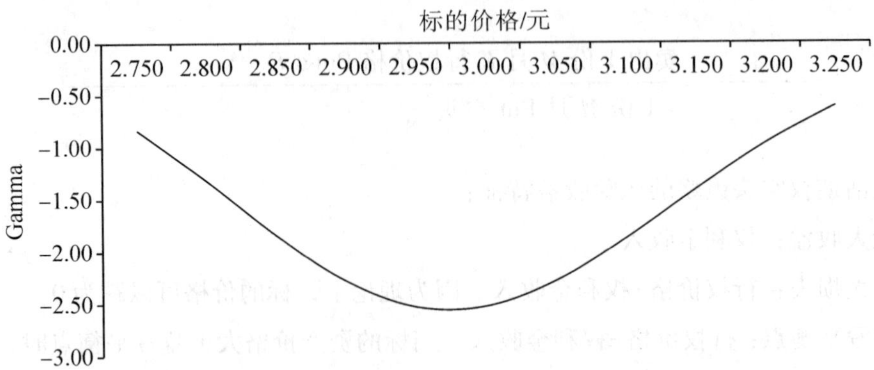

图 24-15　认沽期权空头策略的 Gamma 曲线

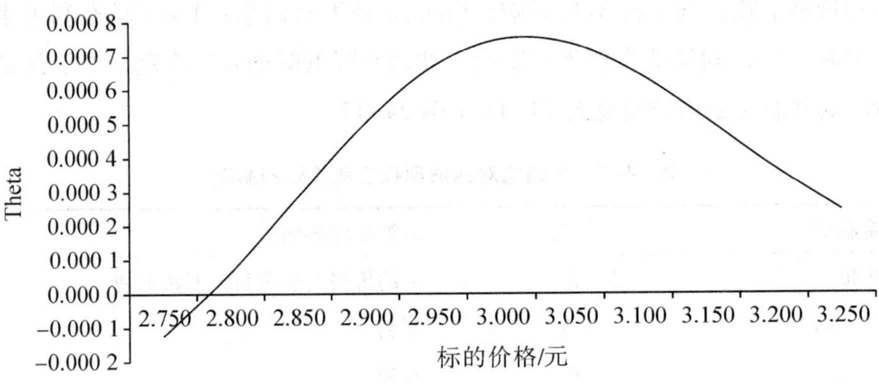

图 24-16　认沽期权空头策略的 Theta 曲线

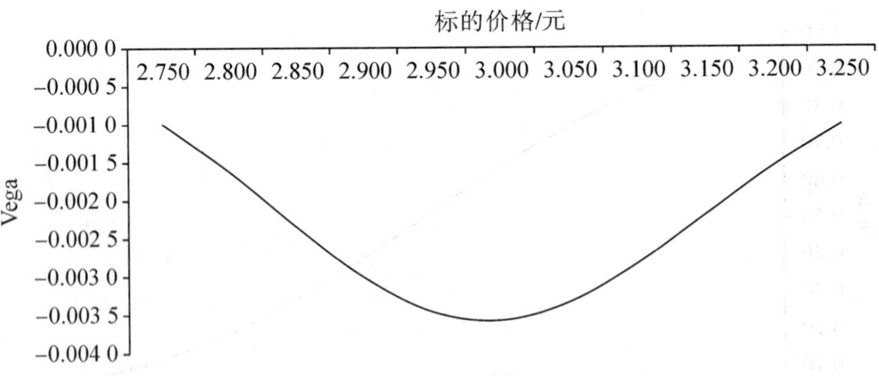

图 24-17　认沽期权空头策略的 Vega 曲线

我们以 2017 年 6 月 21 日至 23 日的实际交易为例，来进一步分析认沽期权空头策略的风险与收益特征。如表 24-8 所示，21 日建仓时标的价格为 2.492 元，我们卖出 2 张行权价格为 2.60 元的 12 月 50ETF 认沽期权合约，预判行情上涨趋势成立，随后两天，每天追加卖出 2 张相同的认沽期权合约，因此累计持仓 6 张行权价格为 2.60 元的 12 月 50ETF 认沽期权空头合约，意味着承担了到期时如果标的价格低于 2.60 元，必须按 2.60 元买入 6 万份 50ETF 的义务。策略交易数据及盈亏平衡分析见表 24-9。

表 24-8　认沽期权空头策略交易数据及盈亏平衡分析

交易号码	交易 1	交易 2	交易 3
建仓时间	2017 年 6 月 21 日	2017 年 6 月 22 日	2017 年 6 月 23 日
期权名称	50ETF7Put	50ETF7Put	50ETF7Put
数量与方向（“-”表示卖出）	-20 000	-20 000	-20 000
执行价格	2.60	2.60	2.60
建仓时标的价格	2.492	2.536	2.527
建仓期权价格	0.117 3	0.084 1	0.085 5
建仓隐含波动率	18.23%	16.71%	17.71%
建仓时剩余天数	35	34	33
盈亏平衡点	2.482 7	2.515 9	2.514 5
距离盈亏平衡点	-0.37%	-0.79%	-0.49%
最大收益	2 346.00	1 682.00	1 710.00
每份最大风险	2.483	2.516	2.515
初始保证金投入	10 105.44	9 671.04	9 335.04

对策略进行盈亏分析可以发现，3 笔卖出认沽期权的交易，最大收益合计为 5 738 元，为此投入的初始保证金合计为 29 111.52 元。本策略到期时的损益结构如图 24-18 所示。

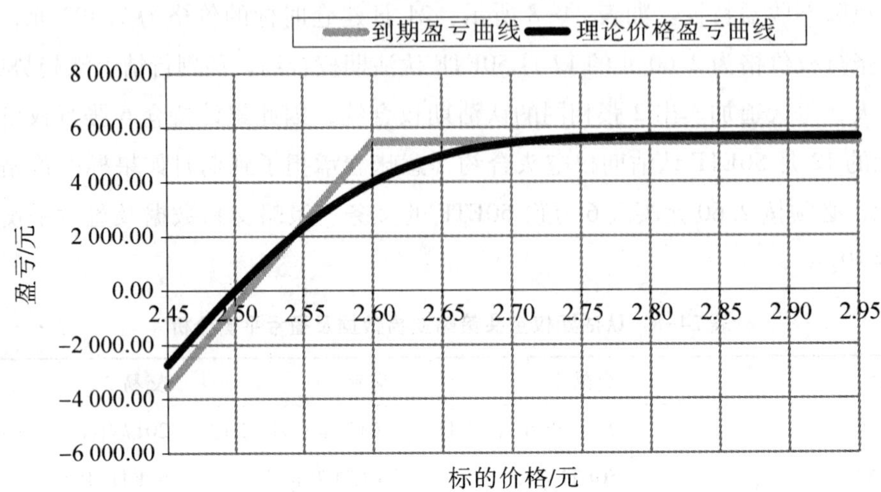

图 24-18　认沽期权空头策略盈亏结构

本策略在 2017 年 7 月 20 日平仓退仓，平仓时距离到期时间还剩 6 天，期权价值只余 0.001 8 元，此时期权已经处于深度虚值状态，我们完全可以持有到期，让其变成废纸，赚尽全部期权金。但这可能并不是最好的选择，因为要持有这些几乎没有多少剩余价值的合约，仍然需要继续占用我们的资金，其实非常不划算。为了提前释放保证金，用于下一笔交易，平仓退出才是最佳选择。

整个持仓期内，策略表现的运行动态见图 24-19。从图 24-19 中可见，截至策略退出时，标的价格大约上涨了 7%，策略近乎完美地实现了预期目标。策略运行初期，策略市场价值远远低于内在价值和理论价值，随着时间的推移，策略市场价值逐渐接近内在价值和理论价值，在平仓退出前一天，三者的运行曲线几乎粘合在一起。

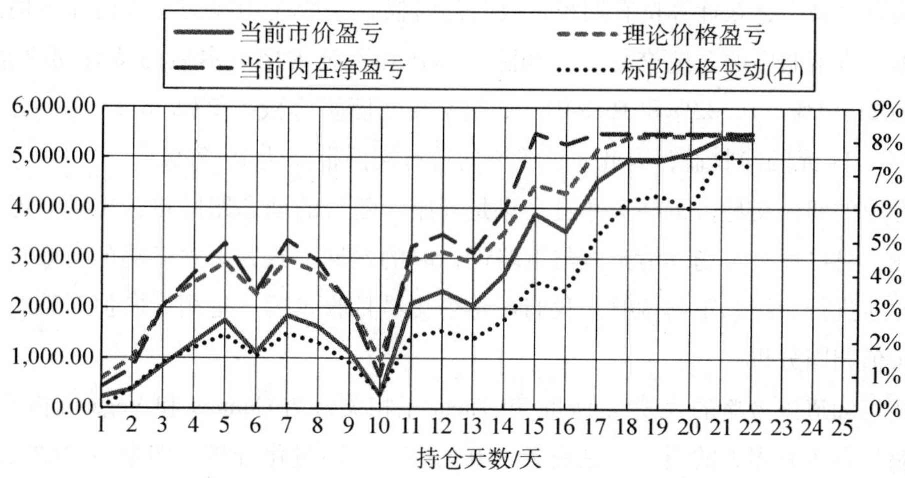

图 24-19　认沽期权空头策略运行动态

策略退出时，标的价格为 2.689 元，远远高于 2.60 元的行权价格，合约的市场价值已经非常接近其理论价值，理论价值也非常接近其内在价值。平仓时的内在净值、市价净值和理论净值，都已扣除了交易成本和保证金占用的资金成本。因此，按市场价格计算的平仓净值，加上扣除的交易手续费 75.6 元和按年利率 8.00%计算的资金占用成本 143.94 元，策略实现的总价值为 5 594.88 元，与 5 738 元的最大收益只相差 143.12 元。

表 24-9　认沽期权空头策略平仓数据分析

交易号码	交易 1	交易 2	交易 3
平仓时间	2017 年 7 月 20 日	2017 年 7 月 20 日	2017 年 7 月 20 日
持仓天数	29	28	27
平仓时剩余天数	6	6	6
期权平仓价格	0.001 8	0.001 8	0.001 8
平仓隐含波动率	17.97%	17.97%	17.97%
平仓时标的价格	2.689	2.689	2.689
平仓内在净值	2 255.78	1 597.24	1 629.79
平仓市价净值	2 220.49	1 561.37	1 593.48
平仓理论净值	2 255.07	1 595.96	1 628.07
实际资金投入	10 180.12	9 745.42	9 405.51
持有期投资收益率	21.81%	16.02%	16.94%

实际交易中，在计算持有期投资收益的时候，一般应扣除交易费用和占用的资金成本。本策略中的3笔交易，在扣除手续费和资金占用成本后的持有期收益率，分别为21.81%、16.02%和16.94%。3笔交易实际资金投入27 966.11元，合计取得5 375.34元的净收益，因此，该策略的持有期回报高达19.22%。

专业的期权交易，策略头寸建仓只是开始，随后的动态跟踪更为重要。通过动态监测，可以评估市场环境是否与策略设计时的预期一致，考察策略的有效性，并在必要时进行后续修正与调整。我们在每个交易日收盘后，运用希腊值对策略收益进行价值归因分析。

我们知道该策略的表现与Delta和Theta正相关，与Gamma和Vega负相关。每个希腊值具体有多大的贡献，见表24-10的业绩归因量化分析。四个主要的希腊值中，确定性的因素有两个，Theta和Gamma。作为期权卖方，我们知道大多数情况下，时间是我们的朋友，Gamma是我们的敌人。本例中，Theta为我们贡献了22.34%的价值，而我们则为空Gamma付出了18.36%的代价。空方要控制Gamma的不利影响，唯一的方法是持有虚值程度高的期权，平值期权代价最大。另外两个相对不太确定的因素，Delta和Vega，它们的影响具有相对性。Delta的影响取决于标的资产价格是涨还是跌，涨了就是正面的影响，跌了就是负面的影响。本例中，Delta是最大的价值贡献因素，策略实现的总价值的87.37%来源于Delta，这也证明了认沽期权空头是货真价实的牛市策略。Vega的影响则取决于波动率是涨还是跌，涨了就是不利影响，跌了就是有利影响。本例中，策略在Vega上有微弱的损失，说明策略期间波动率上涨了，但涨幅不大。我们回头看看波动率的数据，建仓时3笔期权交易的隐含波动率分别是18.23%、16.71%和17.71%，平均为17.55%，平仓时均为17.97%，可见平均上涨了0.42%。

表24-10　认沽期权空头策略的希腊值归因分析

希腊值的贡献	金额/元	占策略实现的总价值比率/%
Delta的价值贡献	4 888.07	87.37
Gamma的价值贡献	-1 027.03	-18.36
Theta的价值贡献	1 249.84	22.34
Vega的价值贡献	-123.57	-2.21
Greeks价值总和	5 226.46	93.42

第 25 章

牛市组合策略

牛市价差策略

顾名思义，牛市价差策略首先是一种牛市策略，适用于标的价格预期上涨的市场环境。不过，虽然投资者看多后市，但认为不会大幅上涨。

牛市价差策略的构造方法是，买入行权价格较低的期权，卖出行权价格较高的同种期权，可以简单地概括成“买低卖高”。买入与卖出的期权，可以是认购期权，也可以是认沽期权。如果都采用相同的行权价格结构，无论是使用认购期权还是认沽期权，到期日的损益曲线应该大致相同。不过，即便是采用相同行权价格结构的认购期权与认沽期权，其市场价格所隐含的波动率也可能存在差异，因此，实际期权交易价格并不一定完全等于理论价格，究竟使用认购期权还是认沽期权来构建价差组合，可以看哪个组合更合算。这既可以比较损益图的盈亏平衡点的位置，选择盈亏平衡点较低的组合，也可以根据隐含波动率的高低做判断。

牛市价差策略的特点在于期权金成本低，风险收益均有限，在实施组合保证金的市场，还可以最大限度地节省保证金，提高资金使用效率。构造价差组合包括一买一卖两笔交易，卖出的期权可以为买入的期权提供融资，从而降低了组合的净资金需求；价差组合一高一低两个行权价格，锁定了损益结构图上的上限和下限，因此风险收益都受到限制，解决了单一卖出期权风险不受控制的风险。如果所在市场实施组合保证金制度，也就是把某些期权组合视为一个整体，以一个组合的名义收取对应的保证金，由于价差策略既有权利仓也有义务仓，合约之间的风险在一定程度上可以相互抵消，这样一来，就可以降低保证金的要求，甚至不收取保证金，从而有效地减少账户内资金的占用，提高资金的使用效率。比如，牛市认购价差属于借方价差，它们的净权利金是支出，作为一个组合，它们相当于一种变相的期权买方，因此其保证金设计通常为不收取保证金。牛市认沽价差属于贷方价差，它们的净权利金是收入，作为一个组合，相当于一种变相的期权卖方，其保证金设计通常为仅收取组合的两个行权价差或最大损失。

牛市认购价差

牛市认购价差，就是使用同一标的资产的同月份一低一高两个不同行权价格的认购期权，来构造牛市价差组合。具体操作方法是，买入较低行权价格的认购期权，卖出等量的较高行权价格的认购期权。该策略适合预期标的价格将在短期内温和上涨且隐含波动率处于低位时。由于低行权价的认购期权价格高于高行权价的认购期权价格，因此策略期初会支出一笔净权利金。

牛市认购价差是双腿策略。选取 M 月到期的行权价格分别为 K_1 和 K_2 的认购期权，且 $K_1<K_2$，其权利金分别为 C_1 和 C_2。因此，有 $C_1 > C_2$。交易结构如下：

买入 1 份 M 月 K_1 行权价格 Call@ C_1

卖出 1 份 M 月 K_2 行权价格 Call@ C_2

=1 份 M 月牛市认购价差

牛市认购价差策略的风险收益特征：

最大收益：高行权价格-低行权价格-净权利金支出。

最大损失：净权利金支出。

盈亏平衡点：低行权价格+净权利金支出。当标的资产价格大于盈亏平衡点时，策略盈利，否则就会亏损。

图 25-1 是牛市认购价差策略的结构，虚线是使用单腿策略认购期权多头和空头的损益情况，实线是组合的损益结构。

希腊值对该策略价值的影响如表 25-1 所示。标的价格上涨，Delta 发挥有利影响，标的价格下跌，则发挥不利影响。Gamma 会随着标的价格的上涨，逐渐从有利影响变为不利影响。Theta 则刚好相反，会随着标的价格的上涨，逐渐从不利影响变为有利影响。Vega 的影响也是可变的，其符号会随着标的价格的上涨由正变负，当符号为正时，波动率增大就是有利影响，波动率降低就是不利影响；当符号为负时，波动率增大就是不利影响，波动率降低就是有利影响。牛市认购价差策略的动态希腊值曲线见图 25-2 至图 25-5。

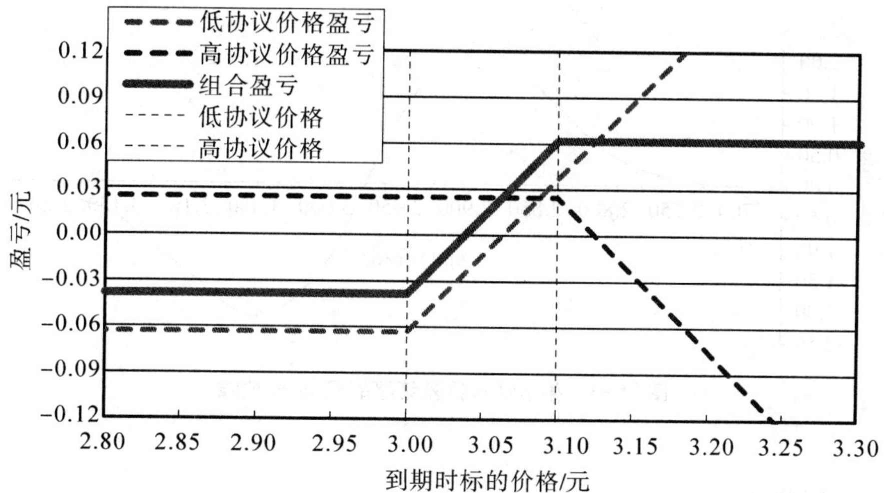

图 25-1　牛市认购价差策略结构

表 25-1　希腊值对牛市认购价差策略的影响

希腊值	符号	对策略的影响
Delta	正	标的价格上涨有利，下跌不利
Gamma	正或负	随标的价格上涨，从有利影响变为不利影响
Theta	正或负	随标的价格上涨，从不利影响变为有利影响
Vega	正或负	取决于 Vega 符号的正负与波动率是升还是降

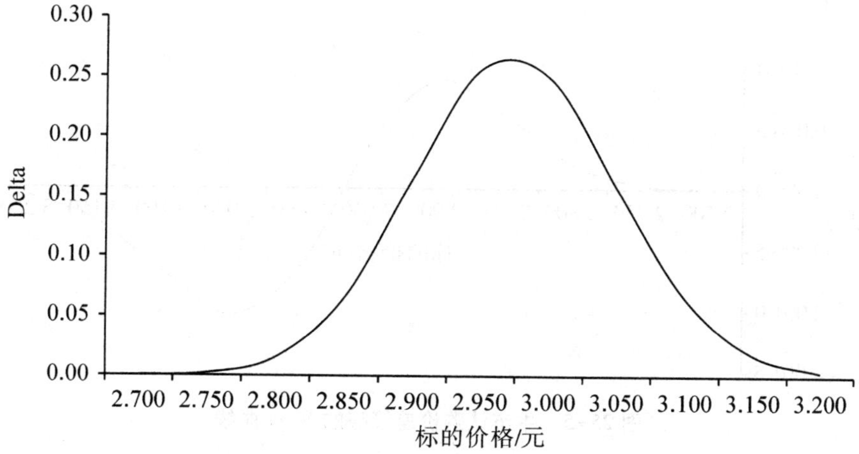

图 25-2　牛市认购价差策略的 Delta 曲线

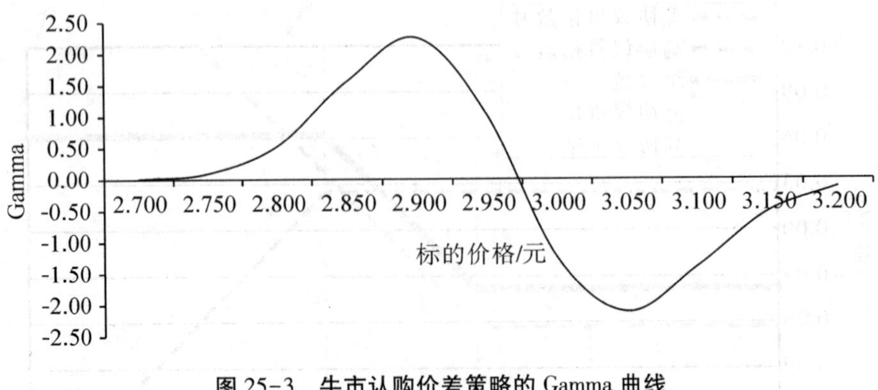

图 25-3 牛市认购价差策略的 Gamma 曲线

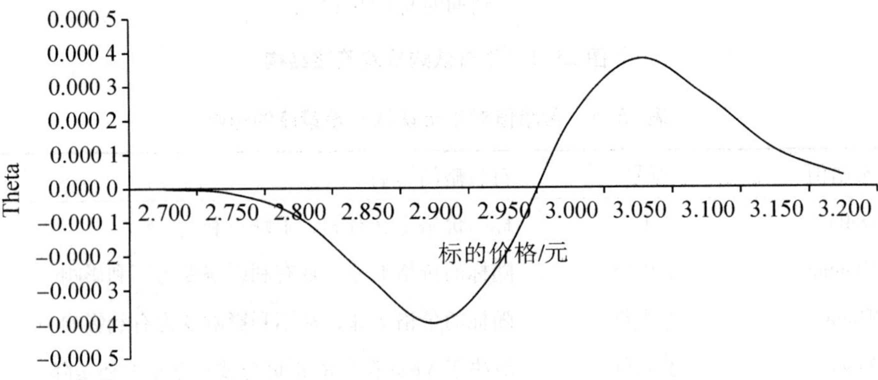

图 25-4 牛市认购价差策略的 Theta 曲线

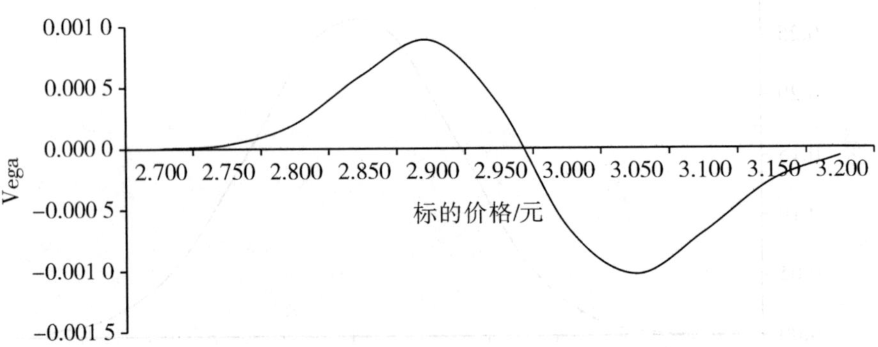

图 25-5 牛市认购价差策略的 Vega 曲线

构建一个理想的价差组合，要综合考虑下面几个要素：一是价差的宽度多大合适，二是行权价的高低哪个位置最好，三是风险收益比是否合理，四是到期胜率的高低。

价差太宽，两个期权之间的期权金差异太大，使用价差组合降低成本的效果就会大受影响，也说明投资者对未来标的行情的预期不是很有把握。在两个行权价位置的选择上，需要根据自身的风险收益偏好来确定。对于牛市认购价差策略，买入的期权行权价越低，获利概率越高，但成本相对越大；卖出的期权行权价越高，获利的概率越高，但获得的期权金收入也越小。基于波动率微笑曲线，我们知道平值期权价格中所隐含的波动率水平最低，平值期权的 Vega 也最大，因此，当认为隐含波动率太低，而每一种期权价格都被低估时，平值期权被低估的程度最大。同理，当认为隐含波动率过高，而每一种期权价格都被高估时，平值期权被高估的程度最高。

根据以上判断，我们可以得出一个简单的法则：如果隐含波动率太低，牛市认购价差策略应该买入平值或平值附近的认购期权，考虑到短期内标的涨幅有限，再卖出行权价格较高的虚值认购期权来降低建仓成本；如果隐含波动率太高，牛市认购价差策略应该买入行权价格较低的实值认购期权，考虑到短期内标的涨幅有限，再卖出行权价较高的平值或平值附近的认购期权来降低建仓成本。

不过，牛市价差交易中，不一定非得纳入平值期权，如果投资者对行情方向的判断非常明确，完全可以采用两个虚值很深或实值很深的期权来构建策略。结合到技术分析指标，一种可行的方法是较高的行权价选在阻力位上，较低的行权价选在支撑位上。

表 25-2 的案例中，建仓时标的价格为 2. 931 元，在这一价格水平没有平值期权，我们选择最接近的 2. 95 元的行权价格作为平值的替代，目前 12 月份的认购期权隐含波动率只有 11. 63%，还不及 50ETF 波动率锥 25%的位置，可见期权估值水平是偏低的。因此，我们买入 10 张 12 月份行权价格为 2. 95 的认购期权，这是最接近平值的合约，卖出 10 张 12 月份行权价格为 3. 00 元的认购期权合约，其虚值程度更大。如此，构建起一个牛市认购价差策略。

表 25-2　牛市认购价差策略单腿交易数据与盈亏分析

交易号码	交易 1	交易 2
建仓时间	2019 年 12 月 9 日	2019 年 12 月 9 日
期权名称	50ETF12Call	50ETF12Call
数量与方向（“-”表示卖出）	100 000	-100 000
执行价格	2. 95	3. 00
建仓时标的价格	2. 931	2. 931
期权建仓价格	0. 022 7	0. 008 5
建仓隐含波动率	11. 63%	12. 09%
建仓时剩余天数	16	16
交易现金流量	-2 270. 00	850. 00
盈亏平衡点	2. 972 7	3. 008 5
距离盈亏平衡点	1. 42%	2. 64%
最大收益	无限	850. 00
每份最大风险	0. 022 7	2. 991 5（理论上）
资金投入（非组合保证金）	2 270. 00	35 846. 40（保证金）

表 25-3 是基于价差组合作为一个整体对策略进行的盈亏分析。在非组合保证金制度下，资金投入包括卖出期权的保证金加净权利金支出，本例中为 37 266. 4 元，而在组合保证金制度下，仅需支付 1 420 元的净权利金即可，极大地减少了资金占用金额，体现出巨大的杠杆效应。

表 25-3　牛市认购价差策略组合的盈亏分析

非组合保证金制度下总投入	37 266. 4
组合保证金制度下总投入	1 420
盈亏平衡点（大于）	2. 964 2
距离盈亏平衡点	1. 13%
最大收益	3 580
最大损失	1 420
非组合保证金制度下最大收益率	9. 61%
非组合保证金制度下最大损失率	3. 81%
组合保证金制度下最大收益率	252. 11%
组合保证金制度下最大损失率	100. 00%

图 25-6 是本策略到期时的损益结构。从图中可见，策略到期时的盈亏都是有限的，当标的价格小于低行权价格 2.95 元时，策略将发生最大亏损；当标的价格大于高行权价格 3.00 元时，策略将获得最大收益。

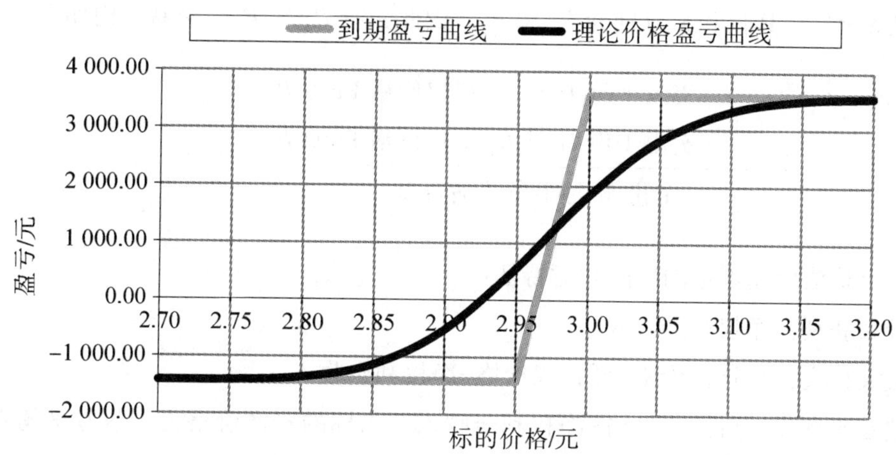

图 25-6　牛市认购价差策略盈亏

表 25-4 是策略的初始希腊值头寸以及在标的上涨 0.01 元、时间过去 1 天以及波动率增大 1%的情景下，价差组合的价值变动情况。但需要注意的是，随着标的价格的变化，除 Delta 外，其他几个希腊值的符号都会发生反向变化，希腊值汇总后的影响，要基于实际情景具体分析。

表 25-4　标的上涨 0.01 元、时间过去 1 天以及波动率增大 1%，组合价值变动

希腊值头寸	交易 1	交易 2	组合总头寸	组合价值变动
Delta 头寸	43 519.04	−20 606.46	22 912.58	229.13
Gamma 头寸	551 590.83	−384 209.96	167 380.87	8.37
Theta 头寸	−104.96	74.22	−30.74	−30.74
Vega 头寸	241.58	−174.89	66.68	66.68

牛市认沽价差

前面提到，牛市价差既可以用认购期权来构造，也可以用认沽期权来构造。牛市认沽价差就是使用同一标的资产的同月份一低一高两个不同行权价格的认沽期权，来构造牛市价差组合。具体操作方法是，买入较低行权价格的认沽期权，卖出等量的较高行权价格的认沽期权。该策略适合预期标的价格将在短期内温和上涨且隐含波动率处于低位时。由于低行权价的认沽期权价格低于高行权价的认沽期权价格，因此策略期初会收到一笔净权利金。

牛市认沽价差是双腿策略。选取 M 月到期的行权价格分别为 K_1 和 K_2 的认沽期权，且 $K_1<K_2$，其权利金分别为 P_1 和 P_2。因此，有 $P_1 < P_2$。交易结构如下：

买入 1 份 M 月 K_1 行权价格 Put@ P_1

卖出 1 份 M 月 K_2 行权价格 Put@ P_2

=1 份 M 月牛市认沽价差

牛市认沽价差策略的风险收益特征：

最大获利：净权利金收入。

最大损失：高行权价格-低行权价格-净权利金收入。

盈亏平衡点：高行权价格-净权利金收入。当标的资产价格大于盈亏平衡点时，策略盈利，否则就会亏损。

图 25-7 是牛市认沽价差策略的损益结构，虚线是单腿认沽期权多头和空头的损益情况，实线是组合的损益结构。

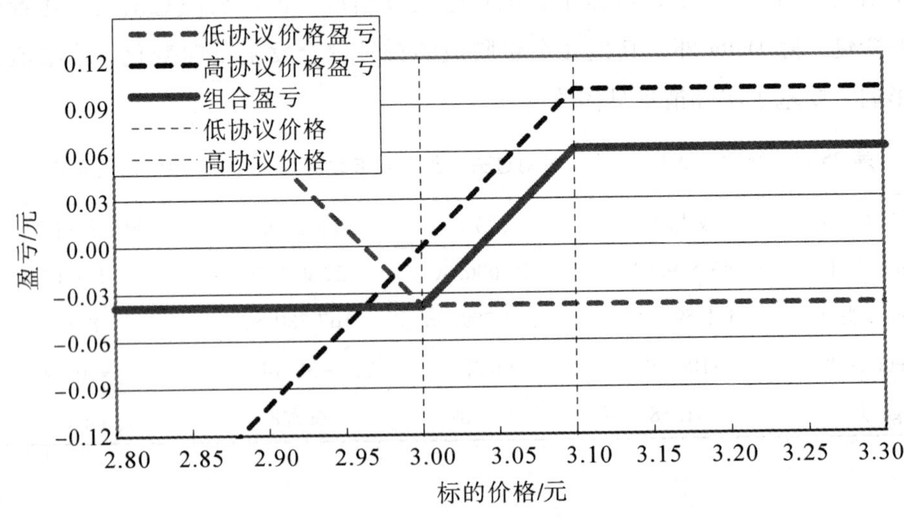

图 25-7　牛市认沽价差策略损益结构

牛市认沽价差策略中希腊值的影响，如表 25-5 所示，与牛市认购价差策略中希腊值的影响大致相似，所不同的仅仅是数量上的细小差别。标的价格上涨，Delta 发挥有利影响，标的价格下跌，则发挥不利影响。Gamma 的影响也会随着标的价格的上涨，逐渐从有利影响变为不利影响。Theta 则会随着标的价格的上涨，逐渐从不利影响变为有利影响。Vega 的符号也随着标的价格的上涨由正变负，当符号为正时，波动率上升就是有利影响，波动率下降就是不利影响；当符号为负时，波动率上升就是不利影响，波动率下降就是有利影响。牛市认沽价差策略的动态希腊值曲线见图 25-8 至图 25-11。

表 25-5　希腊值对牛市认沽价差策略的影响

希腊值	符号	对策略的影响
Delta	正	标的价格上涨利好，下跌利空
Gamma	正或负	随标的价格上涨，影响从利好变利空
Theta	正或负	随标的价格上涨，影响从利空变利好
Vega	正或负	取决于 Vega 符号的正负与波动率的升降方向

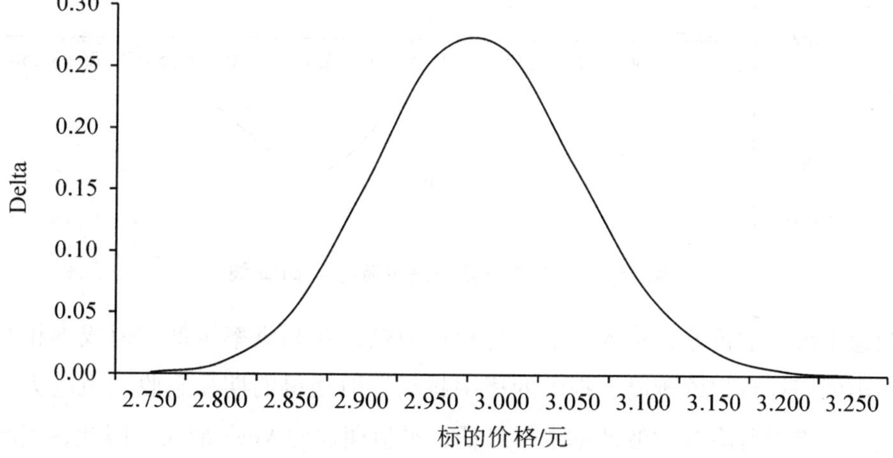

图 25-8　牛市认沽价差策略的 Delta 曲线

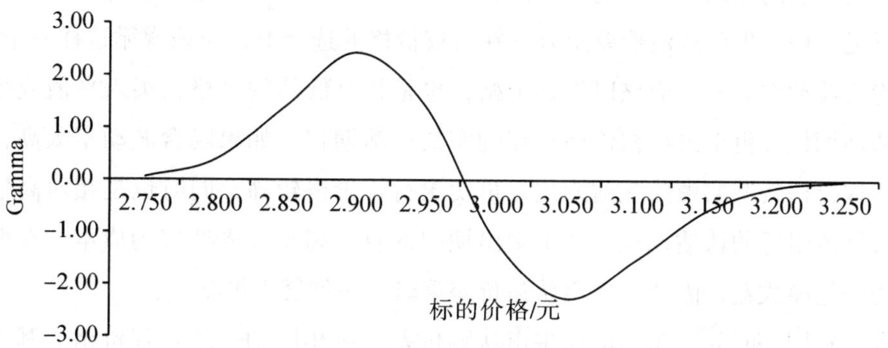

图 25-9　牛市认沽价差策略的 Gamma 曲线

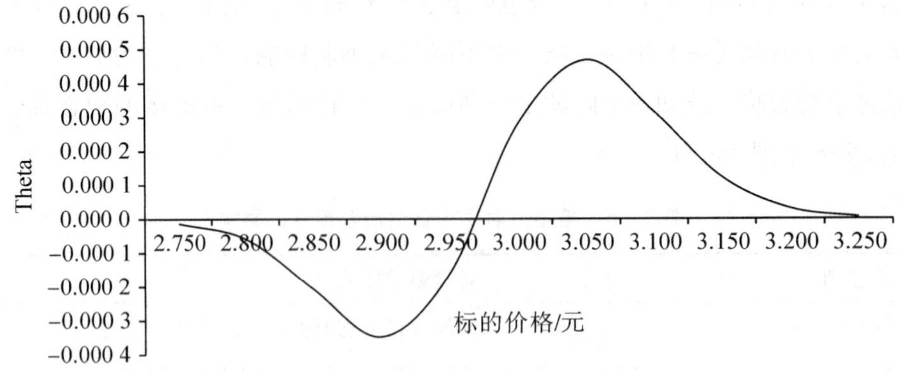

图 25-10 牛市认沽价差策略的 Theta 曲线

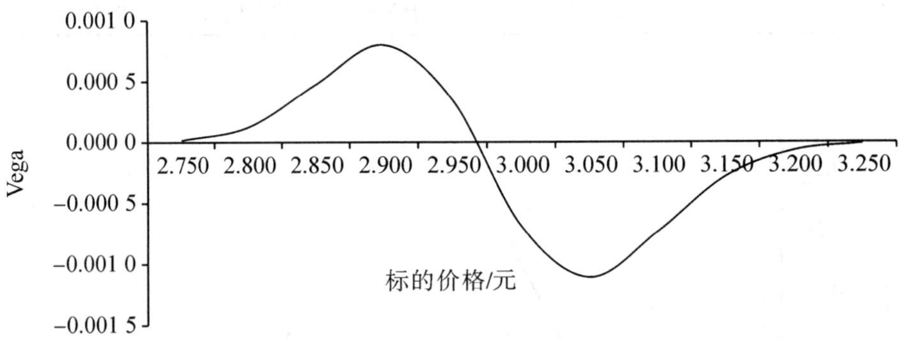

图 25-11 牛市认沽价差策略的 Vega 曲线

构建牛市认沽价差，买入的期权行权价越低，获利概率越低，但成本相对也越小；卖出的期权行权价越高，损失的概率越高，但获得的期权金收入也越大。由于平值期权价格中所隐含的波动率水平最低，平值期权的 Vega 最大，因此，当隐含波动率太低导致每一种期权价格都被低估时，平值期权被低估的程度最大。同理，当隐含波动率过高导致每一种期权价格都被高估时，平值期权被高估的程度最大。

可见，构造牛市认沽价差组合，在行权价格的选择上，应该遵循这样一个法则：如果隐含波动率太低，应该以较低价格，也是相对低估的价格，买入平值或平值附近的认沽期权，再卖出行权价格较高的实值认沽期权。如果隐含波动率太高，应该买入行权价格较低的虚值认沽期权，再卖出行权价格较高，同时也是相对高估了的平值或平值附近的认沽期权。由于卖出期权的收入高于买入期权的成本，在期初还能获得一笔净收益，因此，牛市认沽价差策略是一种贷方策略。

我们在同一时间，用与前面牛市认购价差案例相同的一组行权价格，基于相同标的同月份的认沽期权，构造一个牛市认沽价差组合，来考察两者之间是否具有大致相同的结果，详细的策略数据与盈亏分析见表 25-6。

表 25-6　牛市认沽价差策略单腿交易数据与盈亏分析

交易号码	交易 1	交易 2
建仓时间	2019 年 12 月 9 日	2019 年 12 月 9 日
期权名称	50ETF12Put	50ETF12Put
数量与方向（“-”表示卖出）	100 000	-100 000
执行价格	2.95	3.00
建仓时标的价格	2.931	2.931
期权建仓价格	0.035 6	0.073
建仓隐含波动率	11.78%	13.23%
建仓时剩余天数	16	16
交易现金流量	-3 560.00	7 300.00
盈亏平衡点	2.914 4	2.927 0
距离盈亏平衡点	-0.57%	-0.14%
最大收益	无限	7 300.00
每份最大风险	0.035 6	2.927 0（理论上）
资金投入（非组合保证金）	3 560.00	50 690.40（保证金）

表 25-7 是牛市认沽价差组合策略整体的盈亏分析。在非组合保证金制度下，资金投入为卖出期权的保证金减去净权利金收入，本例中为 46 950.4 元，而在组合保证金制度下，由于牛市认沽价差策略的风险，来自卖出行权价与买入行权价之间的差额，因此保证金计算通常只收取认沽期权义务仓行权价格与认沽期权权利仓行权价格之间的差额。本例中仅需支付 5 000 元，大大减少了资金占用金额。

表 25-7　牛市认沽价差策略组合的盈亏分析

非组合保证金制度下总投入	46 950.4
组合保证金制度下总投入	5 000
盈亏平衡点（大于）	2.962 6
距离盈亏平衡点	1.08%
最大收益	3 740
最大损失	1 260
非组合保证金制度下最大收益率	7.97%
非组合保证金制度下最大损失率	2.68%
组合保证金制度下最大收益率	74.80%
组合保证金制度下最大损失率	25.20%

图 25-12 是本策略到期时的损益结构。从图 25-12 中可知，策略到期时的盈亏都是有限的，当标的价格小于低行权价格 2.95 元时，策略将发生最大亏损；当标的价格大于高行权价格 3.00 元时，策略将获得最大收益。

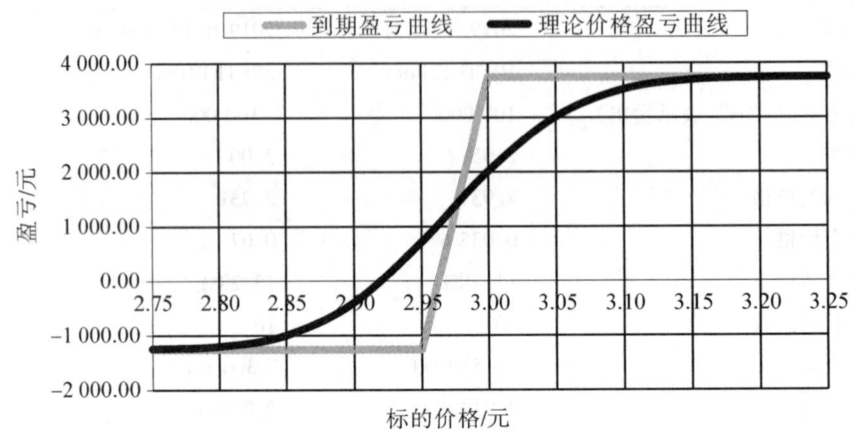

图 25-12　牛市认购价差策略盈亏

表 25-8 是策略的初始希腊值头寸，以及在标的上涨 0.01 元、时间过去 1 天以及波动率增大 1%的情景下，价差组合的价值变动情况。与牛市认购价差一样，随着标的价格的变化，除 Delta 外，其他几个希腊值的符号都会发生反向变化，希腊值的综合影响，要基于实际情景具体分析。

表 25-8　标的上涨 0.01 元、时间过去 1 天以及波动率增大 1%，组合价值变动

希腊值头寸	交易 1	交易 2	组合总头寸	组合价值变动
Delta 头寸	−56 385.25	77 244.65	20 859.39	208.59
Gamma 头寸	544 661.97	−371 707.18	172 954.79	8.65
Theta 头寸	−65.86	44.58	−21.28	−21.28
Vega 头寸	241.67	−185.22	56.45	56.45

对比牛市认购与认沽价差组合案例中的希腊值图，可以发现两者几乎完全一致，因此，如果两个行权价相同，无论是使用认购期权还是认沽期权，到期日的损益情况应该大致相同，实际情况也的确如此。

牛市价差策略建仓后，可以放心持有，不用过于担心风险的累积，因为策略本身自带止盈、止损功能。即便持有到期，策略的收益和风险都有限，不过实际交易中很少持有到期，通常会在到期前平仓了结。至于该如何决定策略的最佳退出时间和退出方式问题，我们建议参考两个原则：一是策略收益是否达到或接近最大收益。如果建仓后，标的按预期快速上涨，策略收益已经达到或接近最大收益，无论到期时间还剩多长，都应该及时平仓获利退出；二是标的行情反转，由看涨转为看跌，策略适用的场景发生变化，则应该尽早退出或对策略进行必要的调整。

牛市价差策略的后续调整，需要根据行情的演变灵活处理。如果认为行情即将进入快速上升阶段，牛市认购价差策略可以平掉卖出的认购头寸，保留认购多头头寸；牛市认沽价差策略则可平掉认沽期权的多头头寸，保留认沽期权的空头头寸。如果行情发生趋势性逆转，即上升阶段结束，后市趋跌，牛市认购价差策略可以平掉认购多头头寸，保留认购空头头寸；牛市认沽价差策略则可保留认沽多头头寸，平掉认沽空头头寸。结果是，策略由价差变成进攻型的单腿策略。还有一种场景是，行情缓慢上涨，策略已经实现收益，不过上涨空间要大于策略设计的上限，我们可以向上平移价差组合中的两个行权价格，使策略更好地适应市场变化。

合成牛市策略

牛市策略中，操作最简单的是直接买入标的资产、持有认购期权多头或卖出认沽期权。但问题是，如果全额买入标的资产，资金投入太大，没有杠杆效应，资金使用效率太低，不是最佳选择。持有认购期权多头或认沽期权空头，也要市场上刚好有合适的认购期权可以买入或相应的认沽期权可以卖出。期权是最灵活的投资工具，投资者遇到这些问题时，完全可以通过金融工程的方法，合成上述产品，并解决其中的问题。我们可以在某一行权价格持有标的资产的认购期权多头，同时在同一行权价格，建立同等数量的该标的资产的认沽期权空头，合成标的资产的多头。在买入标的资产的同时，建立该标的资产认沽期权的多头头寸，合成该标的资产认购期权的多头。在买入标的资产的同时，建立该标的资产认购期权的空头头寸，合成该标的资产认沽期权的空头。这三种组合的风险收益结构，完全对应前面提到的三种最基本的牛市策略，可以拓展可选资产和策略库，这也正是期权作为金融工程工具的魅力所在。

合成标的资产多头

当牛市来临时，如果因各种原因不能买入标的证券，或资金量有限，为避免错失难得的上涨机会，我们可以通过期权交易，合成标的资产的多头头寸，取得同样甚至更好的投资效果。

合成标的资产多头策略由同一标的资产的同月份两个相同行权价格的认购期权和认沽期权组合而成。具体构造方法是，买入认购期权，卖出等量的相同行权价格的认沽期权。为尽可能精确地复制与标的证券一致的风险收益结构，最好选择平值或平值附近的认购和认沽期权来合成。同时，如果认购期权的波动率相对低估，而认沽期权的波动率相对高估，这样合成的标的资产多头头寸就更为理想。

该策略中的两笔交易具有自融资功能，卖出认沽期权取得的收益，可以为买入认购期权提供融资。如果两者刚好相等，且不考虑卖出认沽期权的保证金的条件下，可构建一个零成本的组合，甚至还可能获得一笔净收入。

合成标的资产多头是双腿策略。选取 M 月到期的行权价格均为 K 的认购期权和认沽期权，其权利金分别为 C 和 P。交易结构如下：

买入 1 份 M 月 K 行权价格 Call@ C

卖出 1 份 M 月 K 行权价格 Put@ P

=1 份合成标的资产多头，其合成价格为 C+PV（K）−P

合成标的资产多头策略的风险收益特征：

最大收益：无限。收益特征与标的证券几乎完全相同。

最大损失：行权价格+净权利金。

盈亏平衡点：行权价格+净权利金。当标的资产价格大于盈亏平衡点时，策略盈利，否则就会亏损。

图 25-13 是合成标的资产多头策略的损益结构，虚线是认购期权多头和认沽期权空头的损益情况，实线是组合的损益结构，合成的是标的资产多头到期时的现金流结构。

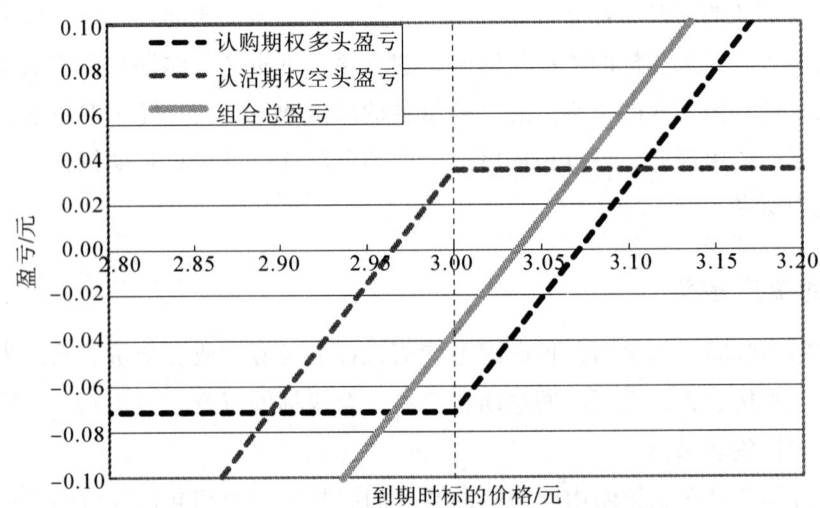

图 25-13　合成标的资产多头策略损益结构

表 25-9 是希腊值对合成标的资产多头策略的影响。标的资产多头的 Delta 恒等于 1，没有 Gamma、Vega 和 Theta 等其他希腊值属性。而合成标的资产多头的 Delta 理论上也应该为 1。标的价格的上涨或下跌，会导致合成标的资产多头价值发生等量的同向改变。不过，由于合成标的资产的认购和认沽期权，即使行权价格相同，其实际交易价格中隐含的波动率也不一定相同，因此计算出来的两个 Delta，相加后不一定精确地等于 1。同样的原因，理论上，合成标的资产的 Gamma 和 Vega 都应该为 0，但实际交易中，认购和认沽期权的 Gamma 和 Vega 并不完全相等，合成过程中两者并不能完全相互抵消，导致合成标的资产的 Gamma 和 Vega 不为 0，而是在 0 值附近波动，但这对合成头寸的价值影响不大。至于 Theta，平值或平值附近的合成通常为负值，对合成标的资产多头的价值产生不利影响。合成标的资产多头策略的的动态希腊值曲线见图 25-14 至图 25-17。

表 25-9　希腊值对合成标的资产多头策略的影响

希腊值	符号及取值	对策略的影响
Delta	1 附近	标的价格上涨有利，下跌不利
Gamma	0 附近	影响很小
Theta	负（平值及附近的合成）	不利影响
Vega	0 附近	影响很小

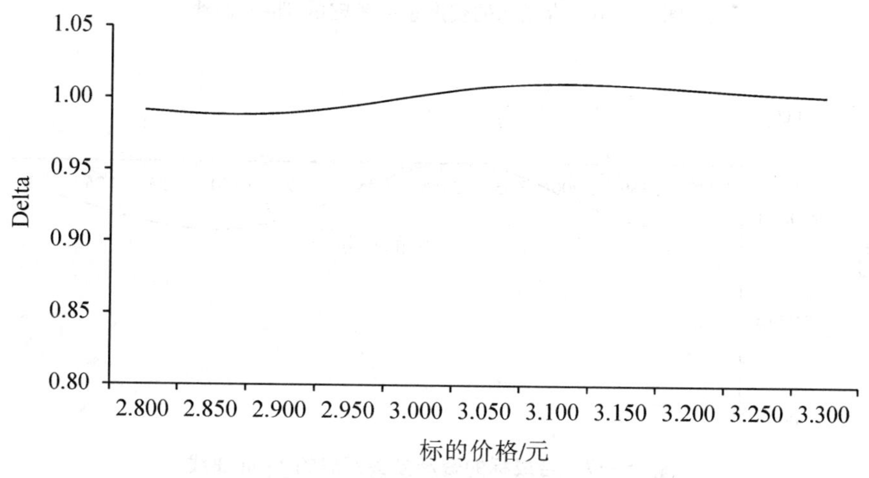

图 25-14　合成标的资产多头策略的 Delta 曲线

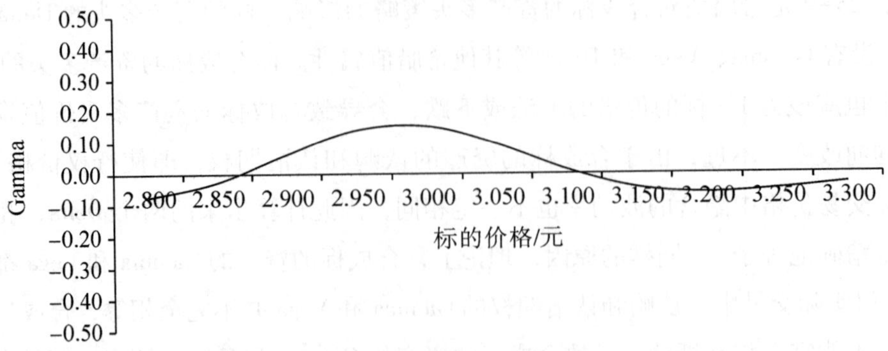

图 25-15 合成标的资产多头策略的 Gamma 曲线

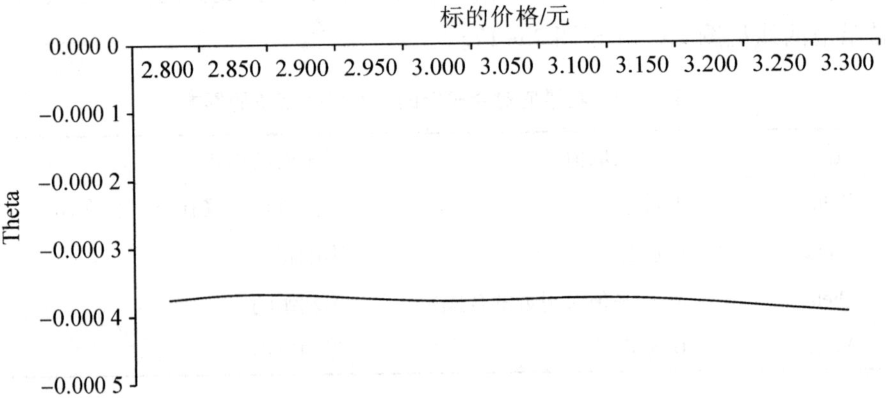

图 25-16 合成标的资产多头策略的 Theta 曲线

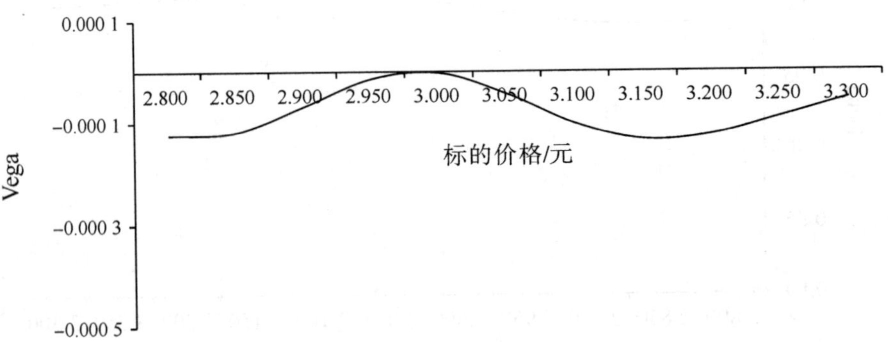

图 25-17 合成标的资产多头策略的 Vega 曲线

合成认购期权多头

当预期标的行情会大涨时，直接买认购期权是投入最少获利最大的策略。如果因各种原因，在市场上买不到合适的标的证券的认购期权，我们可以通过组合的方法，合成一个收益与风险结构和认购期权多头相同的头寸，从而达到同样的投资效果。

合成认购期权多头，需要同时在标的证券市场和期权市场操作。具体构造方法是，在买入标的证券的同时，买入等量的标的证券的认沽期权。复制平值认购期权，选择买入平值或平值附近认沽期权来合成；复制实值认购期权，选择买入虚值认沽期权来合成；复制虚值认购期权，选择买入实值认沽期权来合成。即：

平值认沽期权多头+标的资产多头=平值认购期权多头

虚值认沽期权多头+标的资产多头=实值认购期权多头

实值认沽期权多头+标的资产多头=虚值认购期权多头

可见，通过合成方法，我们能够实现虚值与实值期权之间、认沽与认购之间的等价转换。相比较而言，虚值期权除了权利金低外，其成交量要高于实值和平值期权，因此，这三种合成关系中，将虚值的认沽期权多头，转换成实值的认购期权多头，对投资者来说具有很大的吸引力。当然，如果从定价是否合理的角度来看，买入波动率低的虚值认沽期权来实现这一转换就更为理想。

合成认购期权多头是双腿策略。持有标的资产，买入成本为 S，选取 M 月到期的行权价格为 K 的认沽期权，其权利金为 P。交易结构如下：

买入 1 份 M 月 K 行权价格 Put@ P

买入与 1 份 Put 期权合约等量的标的资产@ S

=1 份合成认购期权多头，其价格为 $P+S-\text{PV}(K)$

合成认购期权多头策略，也称为保护性认沽期权策略，即投资者在持有现货的同时，买入相应数量的认沽期权以起到保护作用。它的特点是能锁定下行损失，并保留上行收益。适用于想投资某标的资产，又不愿承受超过一定水平的风险的投资者，因此又叫保险策略。认沽期权提供了针对标的价格下跌的保护，保护的成本是期权费。保护性认沽期权锁定了资产组合的最小价值，进可攻，退可守，可用于投机，更可以在风险管理中使用。策略中的两笔交易都是买入，即双买操作，初始现金流是净流出，因此是借方策略，与买入认购期权的现金流在方向上是一致的。当标的资产价格下跌时，投资者可以从认沽期权的多头获利，从而弥补一部分损失，相较于直接买入标的资产有效地防范了下跌的风险；当标的资产价格上涨时，投资组合的收益会随着标的资产的增长而增长。可见，合成认购期权策略在标的资产价格下降的时候，有效地避免了标的资产的部分损失。若投资者希望降低标的资产的风险，合成认购期权多头策略不失为一种可行的选择。

合成认购期权多头策略的风险收益特征：

最大收益：无限。理论上，标的价格的上涨空间是无限的。

最大损失：标的购买价格+认沽期权权利金支出-认沽期权行权价格。

盈亏平衡点：标的购买价格+认沽期权权利金支出。当标的资产价格大于盈亏平衡点时，策略盈利，否则就会亏损。

图 25-18 是合成认购期权多头策略的交易结构，图中虚线是标的资产和认沽期权的到期损益状况，实线是整个组合的到期损益结构。

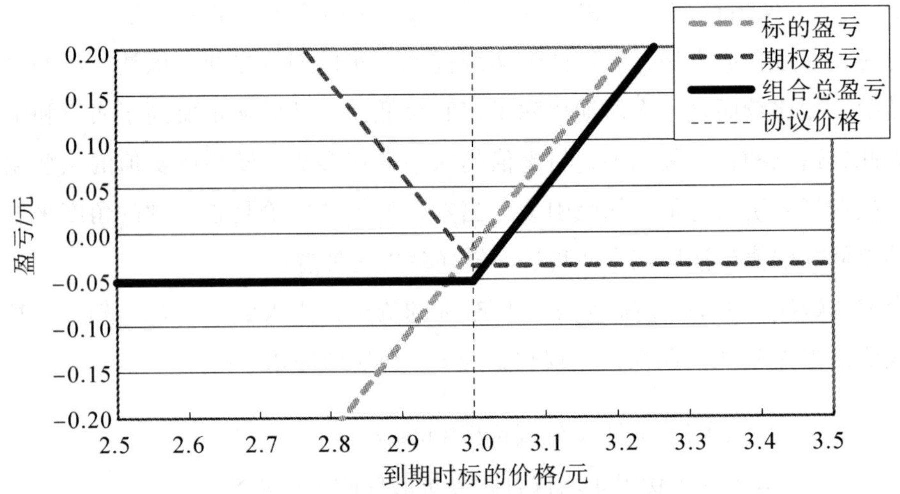

图 25-18　合成认购期权多头策略结构

从表 25-10 可知，合成认购期权多头策略中，希腊值的影响与非合成的认购期权多头策略完全相同。Delta 在标的价格上涨时有利，下跌时不利。Gamma 对于多头策略，不管标的涨跌方向都有利。Theta 在多头策略中通常是价值耗损因素，但也不排除在合成认购期权处于深度实值状态时为正的可能。Vega 在波动率上涨时是有利因素，下跌时是不利因素。合成认购期权多头策略的的动态希腊值曲线见图 25-19 至图 25-22。

表 25-10　希腊值对合成认购期权多头策略的影响

希腊值	符号	对策略的影响
Delta	正	标的价格上涨有利，下跌不利
Gamma	正	有利
Theta	负①	不利
Vega	正	波动率上涨有利，下跌不利

注：①合成认购期权处于深度实值状态，Theta 可能为正值。

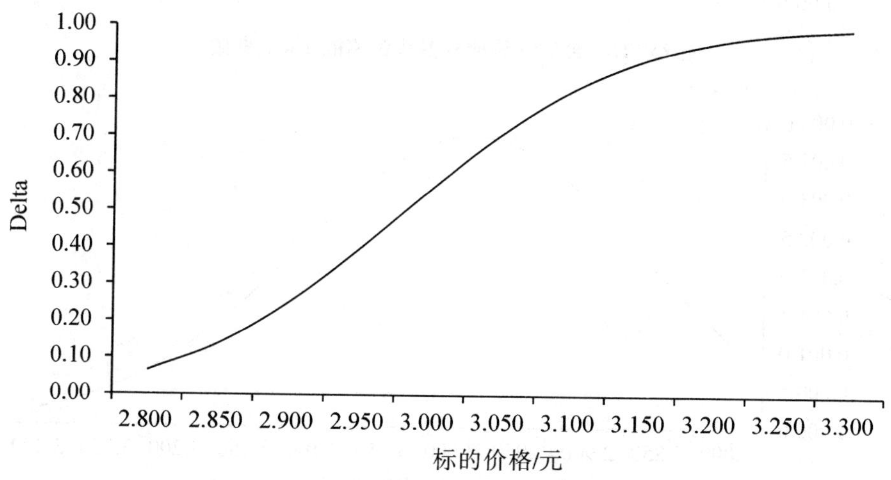

图 25-19　合成认购期权多头策略的 Delta 曲线

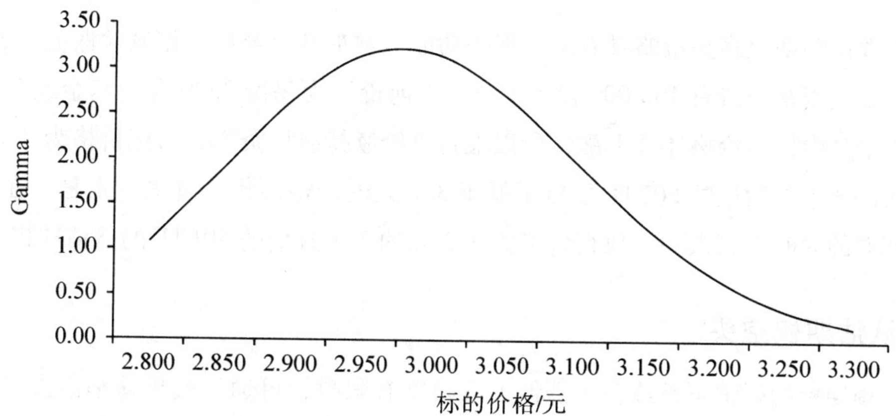

图 25-20　合成认购期权多头策略的 Gamma 曲线

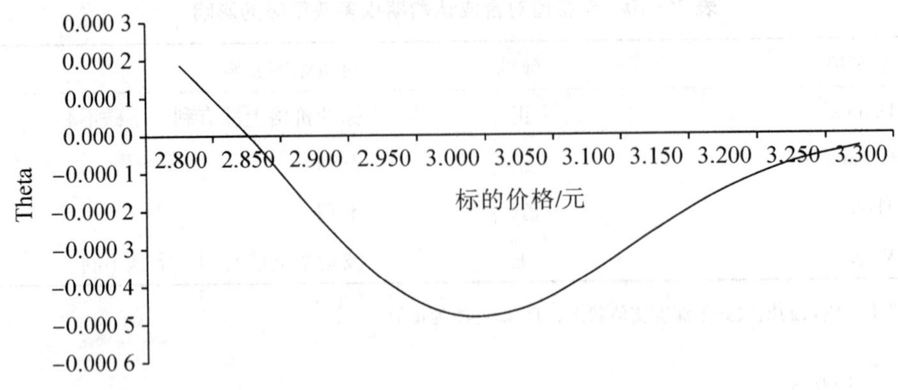

图 25-21 合成认购期权多头策略的 Theta 曲线

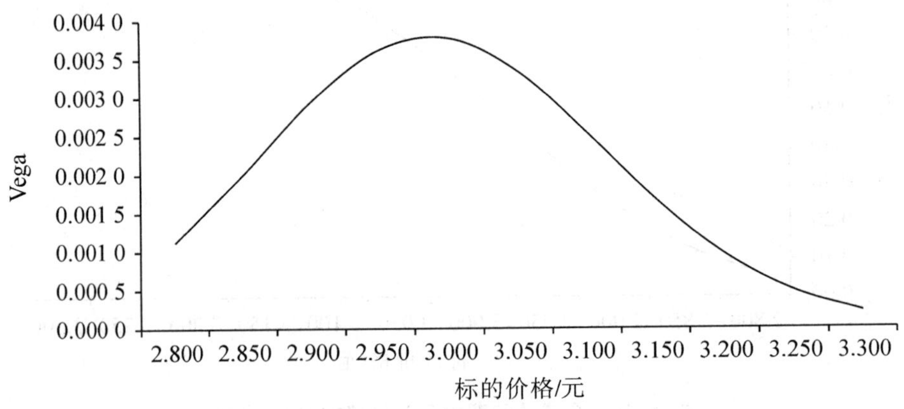

图 25-22 合成认购期权多头策略的 Vega 曲线

合成认购期权多头策略具有下行保护功能，常被基金经理当作避险保值的工具。例如，某投资基金持有 100 000 份 50ETF，当前价格为每份 3. 00 元，基金经理预测未来 3 个月内标的价格还会上涨，所以他打算继续持有该资产，目标价格为 3. 2 元。如何保证 3 个月后他的 50ETF 能以不低于 3. 2 元的价格出售？解决方案是，在持有标的证券的同时，买入一个执行价格为 3. 2 元的 3 个月期的 50ETF 的认沽期权。

合成认沽期权空头

当预期标的行情不跌或会上涨但上涨幅度有限时，可通过卖出认沽的方式把握这种中性偏多的市场机会。如果在市场上没有合适的认沽期权可以卖出，我们同样可以通过组合的方法，合成一个收益与风险结构和认沽期权空头相同的头寸，达到同样的投资效果。

合成认沽期权空头，也需要同时在标的证券市场和期权市场操作。具体构造方法是，在买入标的证券的同时，卖出等量的标的证券的认购期权。复制平值认沽期权，选择卖出平值或平值附近认购期权来合成；复制实值认沽期权，选择卖出虚值认购期权来合成；复制虚值认沽期权，选择卖出实值认购期权来合成。即：

标的资产多头+平值认购期权空头=平值认沽期权空头

标的资产多头+虚值认购期权空头=实值认沽期权空头

标的资发产多头+实值认购期权空头=虚值认沽期权空头

通过合成方法，实现了虚值与实值、认购与认沽期权之间的等价转换。相比较而言，这三种合成关系中，将虚值的认购期权空头，转换成实值的认沽期权空头，成本更低，更受投资者青睐。

合成认沽期权空头是双腿策略。持有标的资产，买入成本为 S，选取 M 月到期的行权价格为 K 的认购期权，其权利金为 C。交易结构如下：

卖出 1 份 M 月 K 行权价格 Call@ C

买入与 1 份 Call 期权合约等量的标的资产@ S

=1 份合成认沽期权空头，其价格为 $S-C-\text{PV}(K)$

作为合成认沽期权的空头，上述合成的价格应该为负号，代表交易方向为卖出。合成认沽期权空头策略，也被称为有担保的认购期权空头策略，这种头寸之所以被称为是“有担保的”，是因为投资者手中持有的标的资产刚好能用于卖出的认购期权的交割，或者说上涨时卖出认购期权的单向损失刚好可以被手中持有的标的资产覆盖。

在购买标的资产的同时卖出它的认购期权，是一种备兑开仓的交易操作。卖出认购期权放弃了资产价格超过行权价格部分的要求权，而获得了初始的权利金。如果计划在资产价格高于行权价格时，通过卖出的认购期权被行权，变相抛售标的资产的交易行为，可以看作是一种“卖出规则”，并广为大型基金经理采用。通过这一策略，在实施标的资产的卖出计划的同时，还可获得额外的期权费来增加收益。例如，当前 50ETF 价格为 3.00 元，某投资基金持有 100 000 份 50ETF，基金经理预测未来 1 个月内标的价格上涨超过目标价位 3.2 元的概率不大，那么他就可以卖出 10 张执行价格为 3.2 元的认购期权合约来赚取这笔额外的期权费。如果到期时 50ETF 价格高于 3.2 元，卖出的认购期权被行权，基金经理履约按 3.2 元卖出所持有的标的资产，这本身就是他的卖出计划。

合成认沽期权空头策略的风险收益特征：

最大收益：认购期权行权价格-标的购买价格+认购期权权利金收入。

最大损失：标的购买价格-认购期权权利金收入。理论上，可能损失购买标的资产的全部净投资。

盈亏平衡点：标的购买价格-认购期权权利金收入。当标的资产价格大于盈亏平衡点时，策略盈利，否则就会亏损。

图 25-23 是合成认沽期权空头策略的交易结构，图中虚线是标的资产和认购期权的到期损益状况，实线是整个组合的到期损益结构。

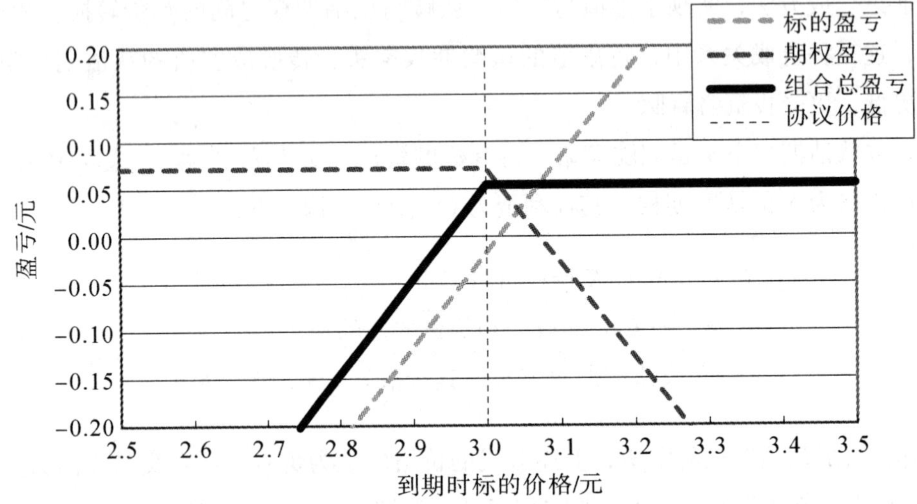

图 25-23 合成认沽期权空头策略结构

从表 25-11 可知，合成认沽期权空头策略中，希腊值的影响与非合成的认沽期权空头策略完全相同。Delta 在标的价格上涨时有利，下跌时不利。Gamma 对于空头策略，不管标的涨跌方向都不利。Theta 在空头策略中是价值增值因素。Vega 在波动率下跌时是有利因素，上涨时是不利因素。合成认沽期权空头策略的的动态希腊值曲线见图 25-24 至图 25-27。

表 25-11 希腊值对合成认沽期权空头策略的影响

希腊值	符号	对策略的影响
Delta	正	标的价格上涨有利，下跌不利
Gamma	负	不利
Theta	正	有利
Vega	负	波动率下跌有利，上涨不利

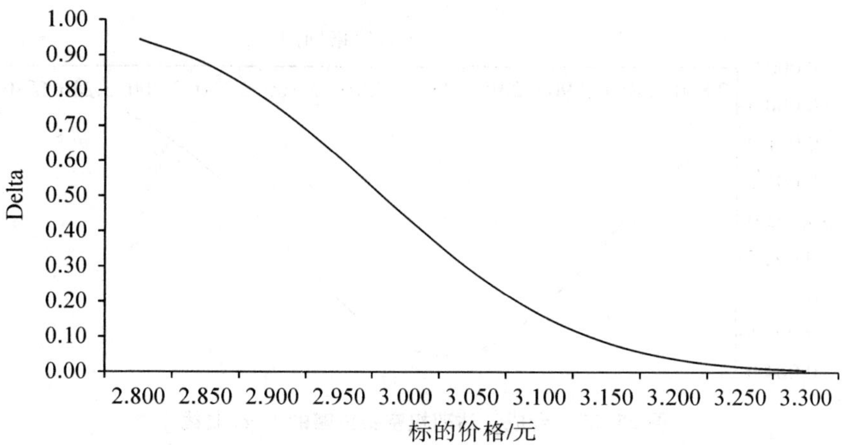

图 25-24　合成认沽期权空头策略的 Delta 曲线

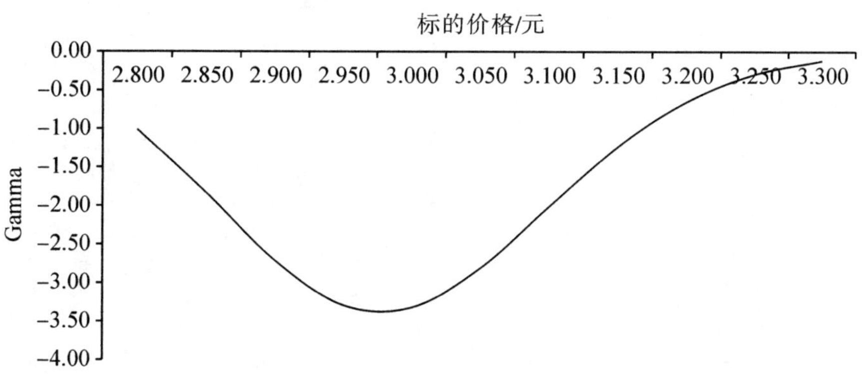

图 25-25　合成认沽期权空头策略的 Gamma 曲线

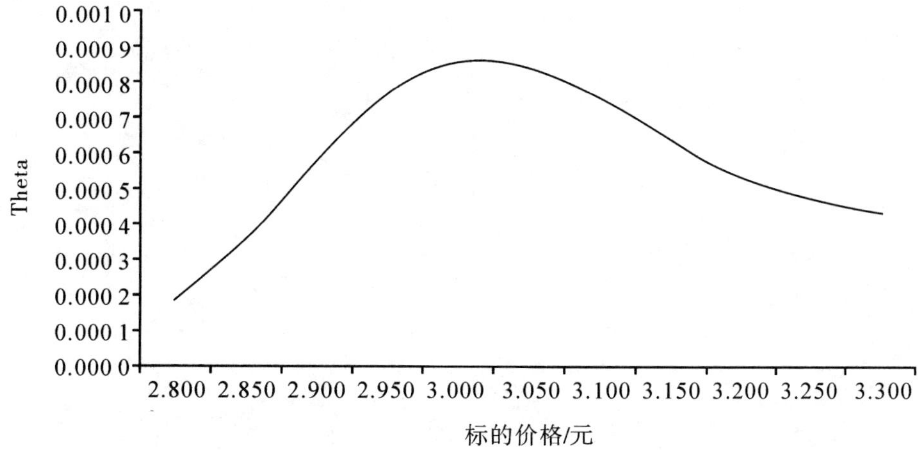

图 25-26　合成认沽期权空头策略的 Theta 曲线

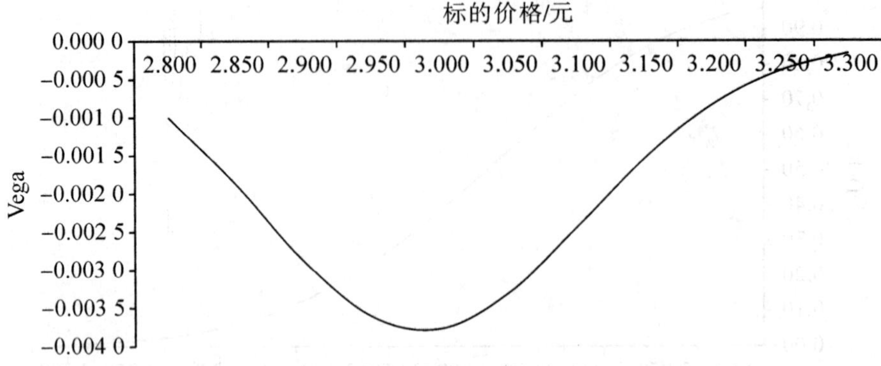

图 25-27　合成认沽期权空头策略的 Vega 曲线

第 26 章

熊市组合策略

熊市价差策略

熊市价差策略与牛市价差策略刚好相反，是一种熊市策略，适用于标的价格预期下跌的市场环境。投资者虽然看空后市，但认为跌幅不会太大，在这种预期下，就可使用熊市价差策略参与市场。

熊市价差策略的构造方法是，卖出行权价格较低的期权，买入行权价格较高的同种期权，我们可以简单地概括成“卖低买高”的口诀。卖出与买入的期权，可以是认购期权，也可以是认沽期权。如果使用相同的行权价格结构，无论是采用认购期权还是认沽期权，所构造的价差组合在到期日的损益曲线应该大致相同。由于实际期权交易中，不同期权其市场价格所隐含的波动率可能存在差异，因此，相同行权价格结构下的认购期权和认沽期权价差组合，可能还是存在差异。具体采用哪种类型的期权来构造价差组合，需要具体分析。对于熊市价差策略，结合所买卖期权的隐含波动率的高低，选择盈亏平衡点较高的组合最有利。

熊市价差策略也具有牛市价差策略相似的特点，即成本低，风险收益有限，在实施组合保证金的市场，可以减少保证金投入，提高资金使用效率。熊市认沽价差一买一卖两笔交易，买高卖低，属于借方价差，是净权利金支出，作为一个组合，相当于一种变相的期权买方，因此通常不再对卖出交易收取额外的保证金。熊市认购价差属于贷方价差，是净权利金收入，作为一个组合，相当于一种变相的期权卖方，通常会以组合的两个行权价差或最大损失作为保证金要求。

熊市认购价差

熊市认购价差策略，使用同一标的资产的同月份一低一高两个不同行权价格的认购期权来构造组合。具体方法是“卖低买高”，即卖出较低行权价格的认购期权，买入等量较高行权价格的的认购期权。该策略适合预期标的价格将在短期内下跌但下跌幅度有限的市况。由于高行权价的认购期权价格低于低行权价的认购期权价格，因此策略期初会产生一笔净权利金收入，是贷方策略。

这是双腿策略。选取 M 月到期的行权价格分别为 K_1 和 K_2 的认购期权，且 $K_1 < K_2$，其权利金分别为 C_1 和 C_2。因此，有 $C_1 > C_2$。交易结构如下：

卖出 1 份 M 月 K_1 行权价格 Call@ C_1

买入 1 份 M 月 K_2 行权价格 Call@ C_2

=1 份 M 月熊市认购价差

熊市认购价差策略的风险收益特征：

最大收益：净权利金收入。

最大损失：高行权价格-低行权价格-净权利金收入。

盈亏平衡点：低行权价格+净权利金收入。当标的资产价格小于盈亏平衡点时，策略盈利，否则就会亏损。

图 26-1 是熊市认购价差策略的交易结构，虚线是使用单腿策略认购期权多头和空头的损益情况，实线是组合的损益结构。

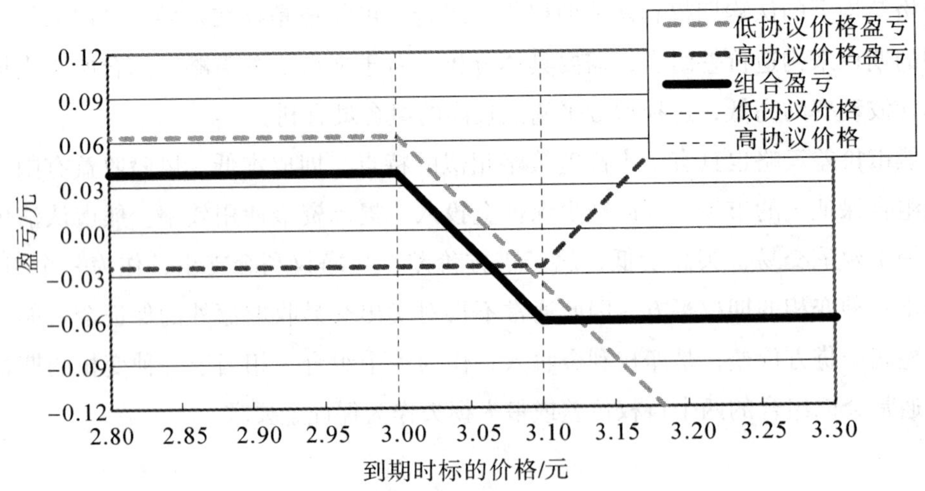

图 26-1 熊市认购价差策略交易结构

希腊值对该策略价值的影响见表 26-1 所示。标的价格下跌，Delta 增加组合价值，标的价格上涨，则降低组合价值。Gamma 在标的价格高时发挥有利影响，低时发挥不利影响。Theta 则相反，在标的价格高时不利于组合价值，低时有利于组合价值。Vega 在标的价格高时为正，波动率增大有利于组合，波动率降低不利于组合；在标的价格低时为负，波动率增大不利于组合，波动率降低有利于组合。熊市认购价差策略的动态希腊值曲线见图 26-2 至图 26-5。

表 26-1　希腊值对熊市认购价差策略的影响

希腊值	符号	对策略的影响
Delta	负	标的价格下跌有利，上涨不利
Gamma	正或负	随标的价格下跌，从有利影响变为不利影响
Theta	正或负	随标的价格下跌，从不利影响变为有利影响
Vega	正或负	取决于 Vega 符号的正负与波动率是升还是降

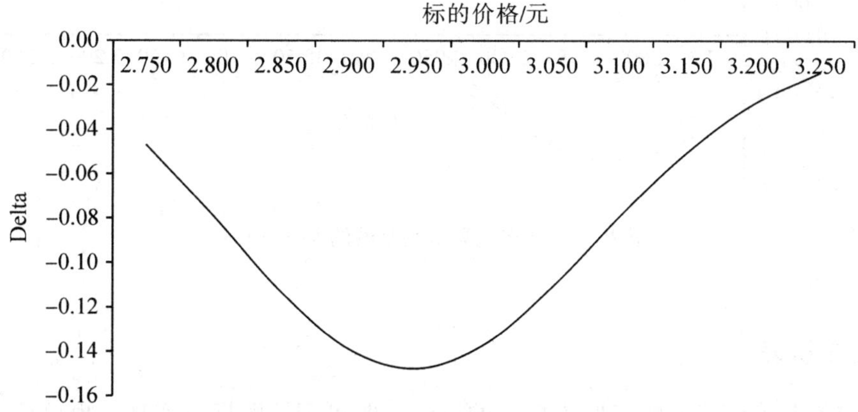

图 26-2　熊市认购价差策略的 Delta 曲线

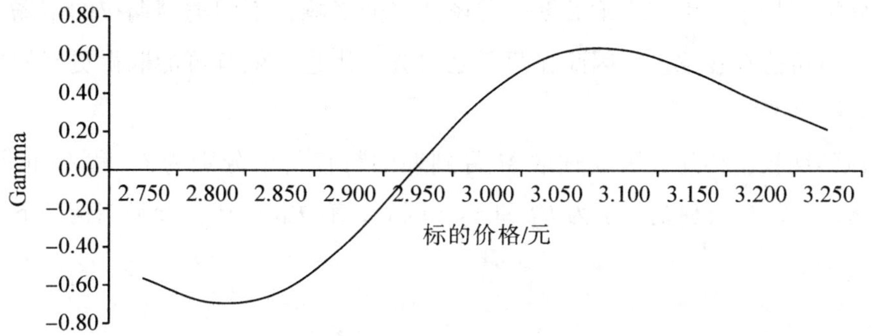

图 26-3　熊市认购价差策略的 Gamma 曲线

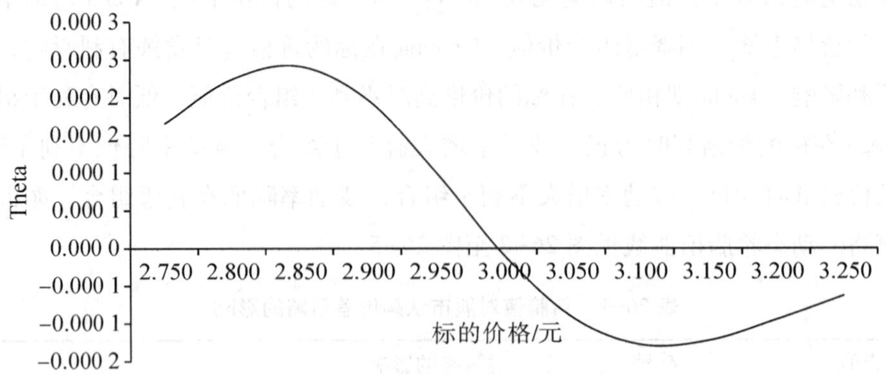

图 26-4 熊市认购价差策略的 Theta 曲线

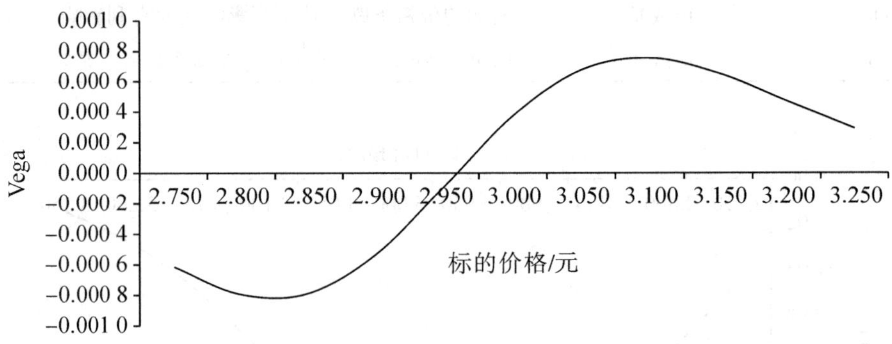

图 26-5 熊市认购价差策略的 Vega 曲线

熊市认沽价差

熊市价差策略基于“卖低买高”的方法，既可用认购期权实现，也可用认沽期权来构建。在定价均衡的市场，所取得的风险收益结构，两者没有太大的差异。不过，在实际市场中，由于供求关系或市场情绪的影响，不同类型期权的市场价格或波动率，有可能存在偏差，因此在两者之间进行优选，就有可能取得更好的风险收益权衡。

用认沽期权来构建，需要选取 M 月到期的行权价格分别为 K_1 和 K_2 的认沽期权，且 $K_1<K_2$，其权利金分别为 P_1 和 P_2。因此，有 $P_1 < P_2$。交易结构如下：

卖出 1 份 M 月 K_1 行权价格 Put@ P_1
买入 1 份 M 月 K_2 行权价格 Put@ P_2

=1 份 M 月熊市认沽价差

图 26-6 是熊市认沽价差策略的交易结构，虚线是单腿认沽期权多头和空头的损益情况，实线是组合的损益结构。

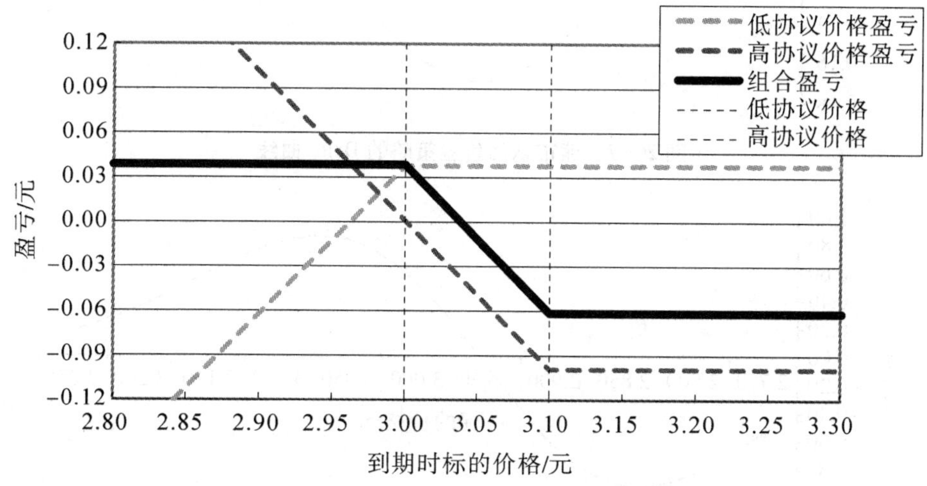

图 26-6　熊市认沽价差策略交易结构

希腊值对该策略价值的影响如表 26-2 所示，其影响与熊市认购价差策略几乎相同。标的价格下跌，Delta 增加组合价值，标的价格上涨，则降低组合价值。Gamma 在标的价格高时发挥有利影响，低时发挥不利影响。Theta 则相反，在标的价格高时不利于组合价值，低时有利于组合价值。Vega 在标的价格高时为正，波动率增大有利于组合，波动率降低不利于组合；在标的价格低时为负，波动率增大不利于组合，波动率降低有利于组合。熊市认沽价差策略的动态希腊值曲线见图 26-7 至图 26-10。

表 26-2　希腊值对熊市认沽价差策略的影响

希腊值	符号	对策略的影响
Delta	负	标的价格下跌有利，上涨不利
Gamma	正或负	随标的价格下跌，从有利影响变为不利影响
Theta	正或负	随标的价格下跌，从不利影响变为有利影响
Vega	正或负	取决于 Vega 符号的正负与波动率是升还是降

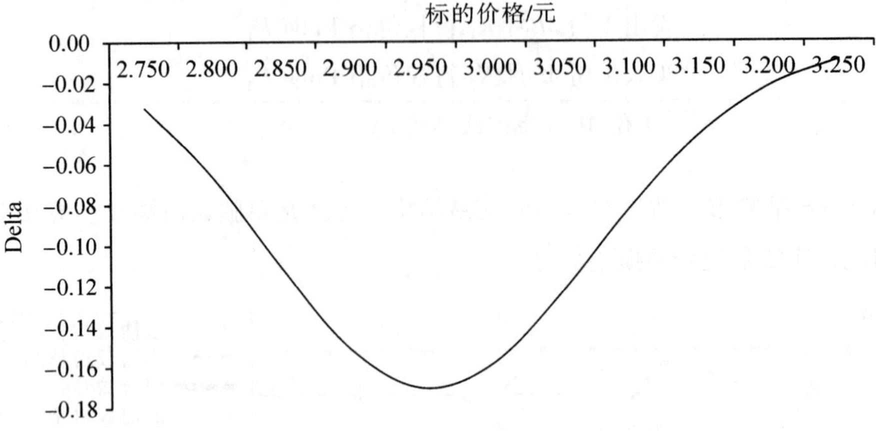

图 26-7 熊市认沽价差策略的 Delta 曲线

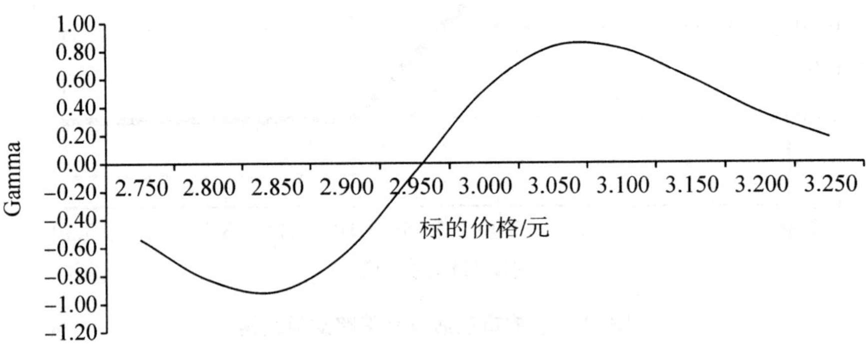

图 26-8 熊市认沽价差策略的 Gamma 曲线

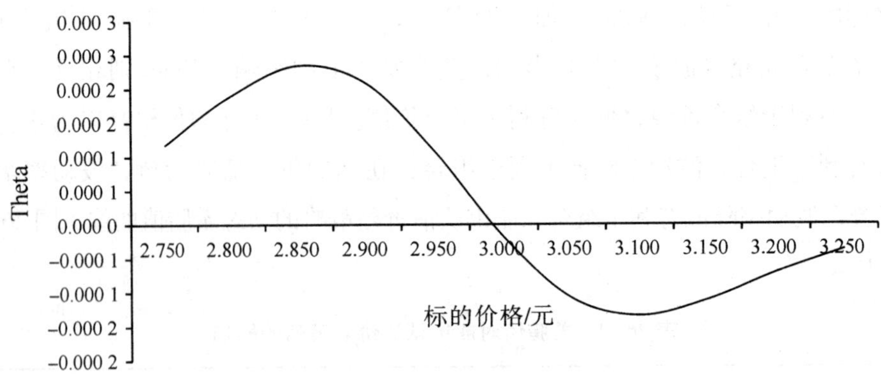

图 26-9 熊市认沽价差策略的 Theta 曲线

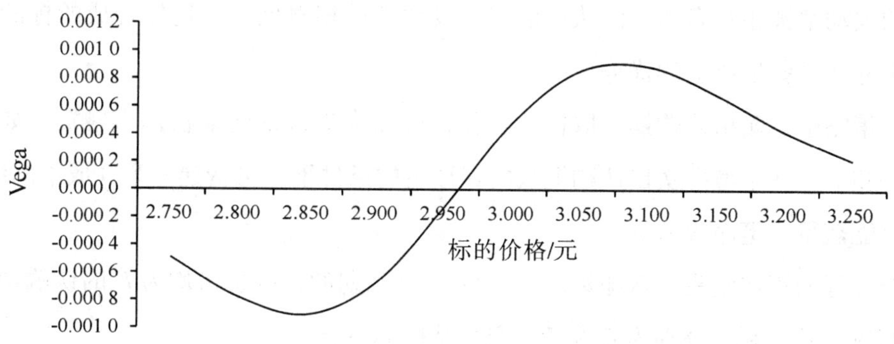

图 26-10　熊市认沽价差策略的 Vega 曲线

合成熊市策略

熊市策略中，操作最简单的方法与牛市策略正好相反，那就是直接卖出标的资产、持有认沽期权多头或卖出认购期权。就卖出标的资产而言，很多市场对卖空有严格的限制，特别是在市场大跌的时候。即便没有规则上的限制，也有可能券商库存的可供卖空的标的有限，使投资者融不到可卖空证券。持有认沽期权多头或认购期权空头，也需要市场上有合适的期权可以交易。投资者遇到这些问题时，通过金融工程的方法，完全可以合成上述产品，满足自己的需求。在某一行权价格持有标的资产的认购期权空头，同时在同一行权价格，建立同等数量的该标的资产的认沽期权多头，即可合成标的资产的空头。在卖空标的资产的同时，建立该标的资产认购期权的多头，即可合成该标的资产认沽期权的多头。在卖空标的资产的同时，建立该标的资产认沽期权的空头，就可以合成该标的资产认购期权的空头。这三种组合的风险收益结构，完全对应前面提到的三种最基本的熊市策略。

合成标的资产空头

在熊市来临的时候，如果因各种原因不能卖空标的证券，我们可以通过期权交易，合成标的资产的空头头寸，取得同样甚至更好的投资效果。

标的资产空头的合成方法是，由同一标的资产的同一月份两个相同行权价格的认购期权空头和认沽期权多头组合而成。要尽可能精确地复制与标的证券一致的风险收益结构，最好选择平值或平值附近的认购和认沽期权来合成。同时，如果认购期权的波动率被相对高估，而认沽期权的波动率被相对低估，这样合成的标的资产空头头寸还具备估值上的优势。

该策略中，卖出认购期权取得的收益，可以为买入认沽期权提供融资。如果两者刚好相等，在不考虑卖出认购期权的保证金的条件下，可构建一个 0 成本的组合，还有可能获得一笔净收入。

合成标的资产空头是双腿策略。选取 M 月到期的行权价格均为 K 的认购期权和认沽期权，其权利金分别为 C 和 P。交易结构如下：

卖出 1 份 M 月 K 行权价格 Call@ C

买入 1 份 M 月 K 行权价格 Put@ P

=1 份合成标的资产空头，其合成价格为 $P-C-\mathrm{PV}(K)$

合成价格为负号，代表交易方向为卖空。

合成标的资产空头策略的风险收益特征：

最大收益：有限，仅限于行权价格加上净权利金的总和。

最大损失：无限，因为标的证券的上涨空间理论上是无限的。

盈亏平衡点：行权价格+净权利金。当标的资产价格小于盈亏平衡点时，策略盈利，否则就会亏损。

2020 年 3 月 28 日，深圳证券交易所 300ETF 的收盘价格为 3. 986 元，要合成该标的证券的空头，可选取行权价格为 4. 00 元的 3 月认购期权和认沽期权合成标的证券的收益结构。图 26-11 是合成的标的资产空头策略的损益图，虚线是行权价格为 4. 00 元的 3 月认购期权空头和 3 月认沽期权多头的损益情况，实线是组合的损益结构，即合成的标的资产空头到期时的现金流结构。行权价格为 4. 00 元的 3 月认购期权空头开仓价格为 0. 100 3 元，认沽期权多头开仓价格为 0. 113 7 元，策略的盈亏平衡点为 4. 000+0. 100 3-0. 113 7=3. 986 6（元）。

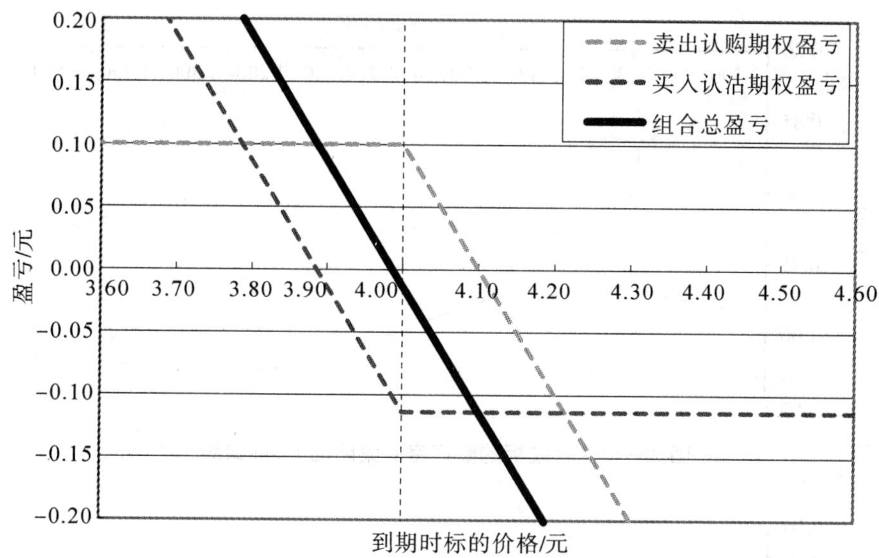

图 26-11　合成标的资产空头策略交易结构

表 26-3 是希腊值对合成标的资产空头策略的影响。标的资产空头的 Delta 应该恒等于-1，没有 Gamma、Vega 和 Theta 等其他希腊值属性。而合成标的资产空头的 Delta 理论上也应该为-1，不过，由于合成标的资产的认购和认沽期权，即使行权价格相同，但因为实际交易价格中隐含的波动率不同，导致计算出来的两个 Delta 值之和并不一定精确地等于-1，通常会在-1 附近波动。本例中，卖出认购的隐波是 23.61%，而买入认沽的隐波是 26.82%。同样的原因，理论上，合成标的资产的 Gamma 和 Vega 都应该为 0，但实际交易中，认购和认沽期权的 Gamma 和 Vega 并不完全相等，合成过程中两者并不能完全相互抵消，导致合成标的资产的 Gamma 和 Vega 不为 0，而是在 0 值附近波动，但这对合成头寸的价值影响不大。至于 Theta，平值或平值附近的合成通常为正，其他因素不变的情况下，时间的流逝有利于合成标的资产空头的价值增长。合成标的资产空头策略的动态希腊值曲线见图 26-12 至图 26-15。

表 26-3　希腊值对合成标的资产空头策略的影响

希腊值	符号及取值	对策略的影响
Delta	-1 附近	标的价格下跌有利，上涨不利
Gamma	0 附近	影响很小
Theta	正（平值及附近的合成）	有利影响
Vega	0 附近	影响较小

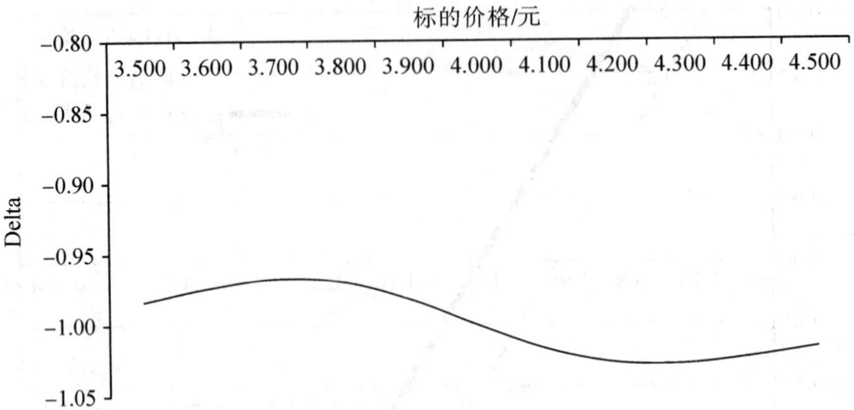

图 26-12　合成标的资产空头策略的 Delta 曲线

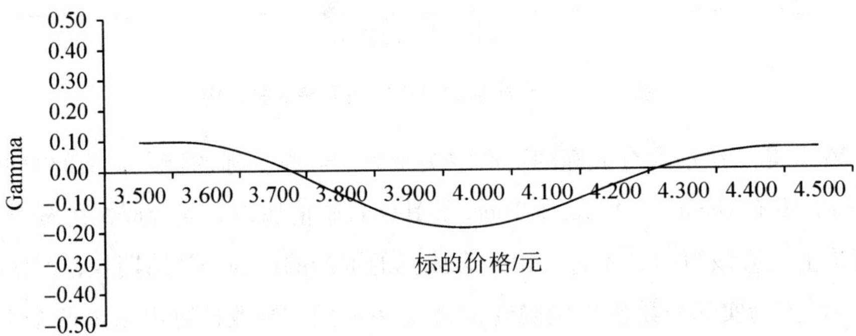

图 26-13　合成标的资产空头策略的 Gamma 曲线

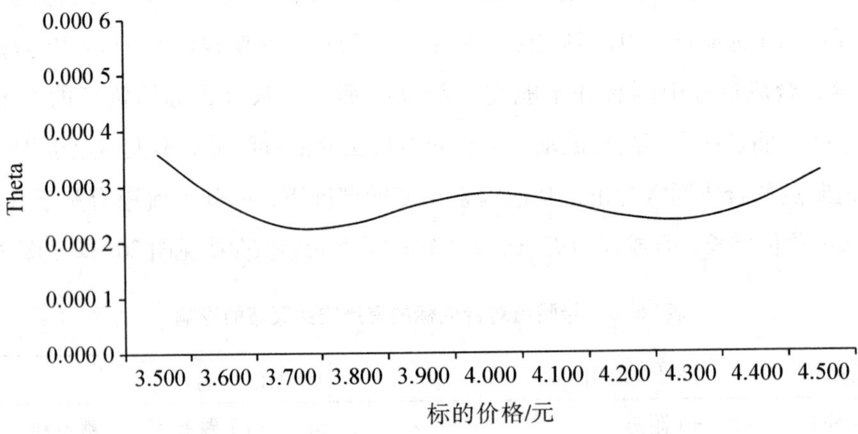

图 26-14　合成标的资产空头策略的 Theta 曲线

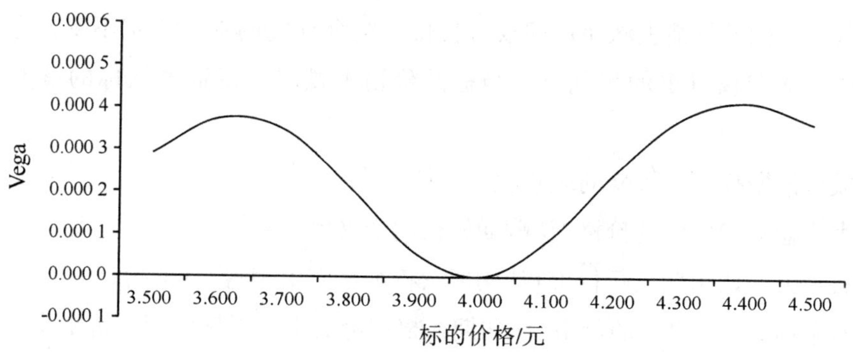

图 26-15　合成标的资产空头策略的 Vega 曲线

合成认沽期权多头

如果预期标的行情会下跌，除直接买入认沽期权外，还可以通过组合的方法，合成一个收益与风险结构与认沽期权多头相同的头寸，从而取得相似的投资效果。

合成认沽期权多头，具体构造方法是，在卖空标的证券的同时，买入等量的标的证券的认购期权。复制平值认沽期权，选择买入平值或平值附近认购期权来合成；复制实值认沽期权，选择买入虚值认购期权来合成；复制虚值认沽期权，选择买入实值认购期权来合成。即：

标的资产空头+平值认购期权多头=平值认沽期权多头

标的资产空头+虚值认购期权多头=实值认沽期权多头

标的资产空头+实值认购期权多头=虚值认沽期权多头

运用以上合成方法，可以把认购期权的多头转换成认沽期权的多头，为投资者提供了一个应对市场逆转的有效工具。其中，把价格较低的虚值认购期权转换成实值认沽期权多头，尤其具有吸引力。

合成认沽期权多头是双腿策略。以价格 S 卖空标的资产，选取 M 月到期的行权价格为 K 的认购期权，其权利金为 C。交易结构如下：

买入 1 份 M 月 K 行权价格 Call@ C

卖出与 1 份 Call 期权合约等量的标的资产@ S

=1 份合成认沽期权多头，其价格为 C+PV（K）$-S$

合成认沽期权多头策略，在卖空标的资产的同时，持有等量的认购期权多头头寸，对冲了卖空标的证券失败后的上行风险，在锁定上行损失的同时，保留了行情下行的收益。标的行情上涨超过期权行权价，组合锁定的损失固定不变，它等价于持有合成认沽期权付出的权利金。当标的价格下跌时，投资者从标的证券的空头获利。

合成认沽期权多头策略的风险收益特征：

最大收益：卖出标的价格-认购期权权利金支出。

最大损失：认购期权行权价+认购期权权利金支出-卖出标的价格。

盈亏平衡点：卖出标的价格-认购期权权利金支出。当标的资产价格小于盈亏平衡点时，策略盈利，否则就会亏损。

2020 年 3 月 28 日，上海证券交易所的 300ETF 的收盘价格为 3. 933 元，我们用该标的证券的空头和行权价格为 3. 90 元的 3 月认购期权多头，合成认沽期权多头，图 26-16 是其损益图，虚线是标的证券空头和 3 月认购期权多头的损益情况，实线是组合的损益结构，即合成的 3 月认沽期权多头到期时的现金流结构。认购期权多头开仓价格为 0. 112 9 元，策略的盈亏平衡点为 3. 933-0. 112 9=3. 820 1（元）。

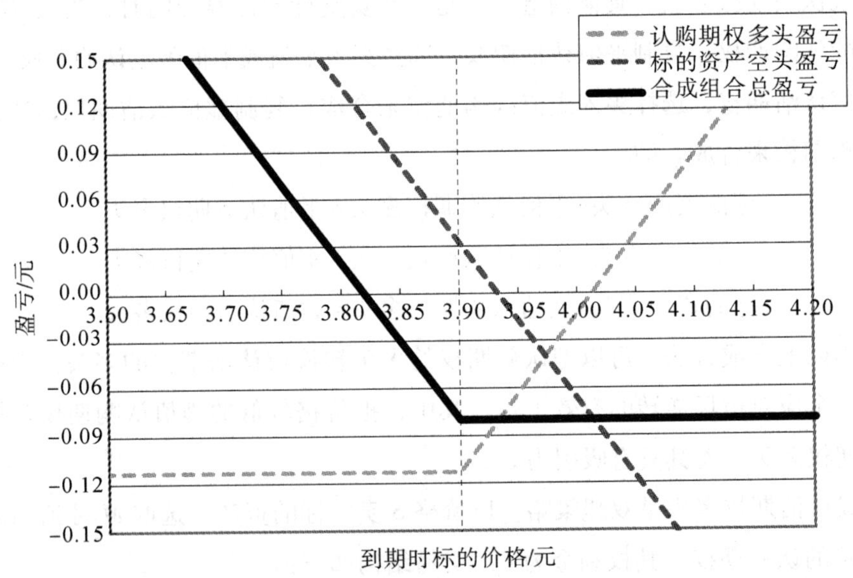

图 26-16 合成认沽期权多头策略交易结构

从表 26-4 可见，合成认沽期权多头策略中，希腊值的影响与非合成的认沽期权多头策略完全相同。Delta 在标的价格下跌时有利，上涨时不利。Gamma 为正，对策略有利。Theta 在多头策略中通常是价值耗损因素，于策略不利。Vega 在波动率上涨时有利，下跌时不利。合成认沽期权多头策略的动态希腊值曲线见图 26-17 至图 26-20。

表 26-4　希腊值对合成认沽期权多头策略的影响

希腊值	符号	对策略的影响
Delta	负	标的价格下跌有利，上涨不利
Gamma	正	有利
Theta	负	不利
Vega	正	波动率上涨有利，下跌不利

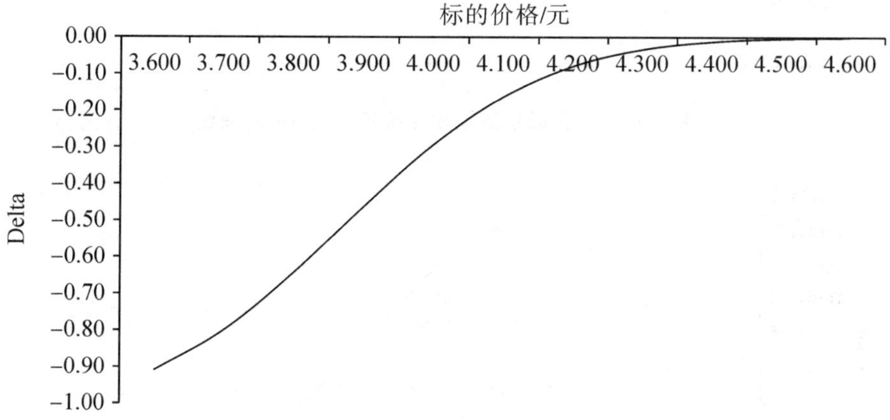

图 26-17　合成认沽期权多头策略的 Delta 曲线

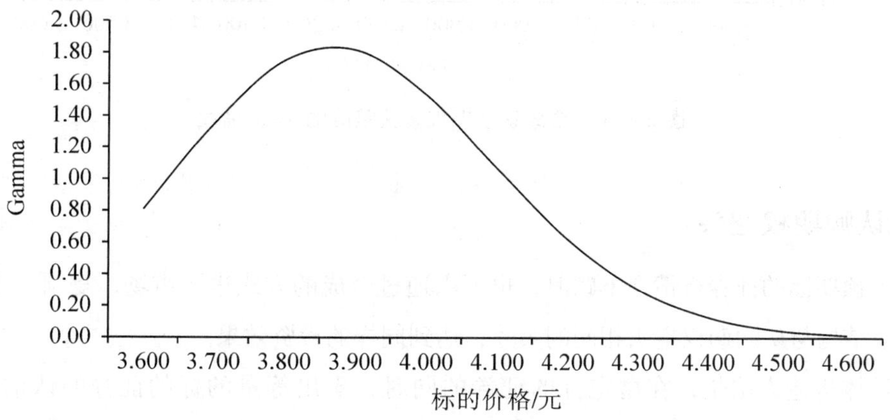

图 26-18　合成认沽期权多头策略的 Gamma 曲线

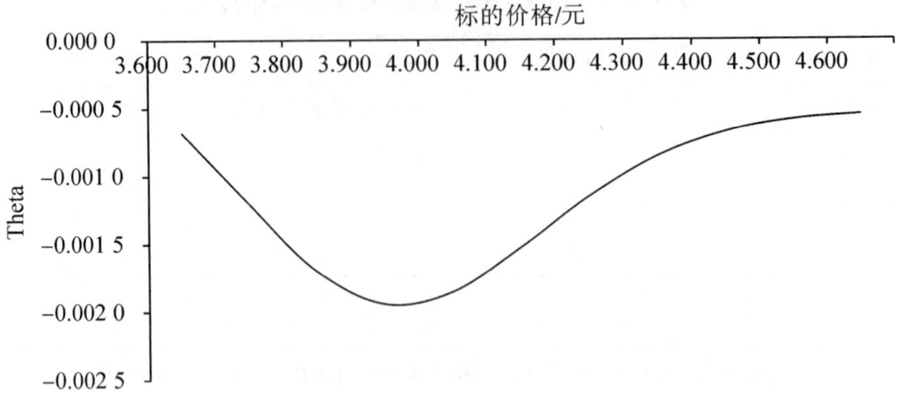

图 26-19 合成认沽期权多头策略的 Theta 曲线

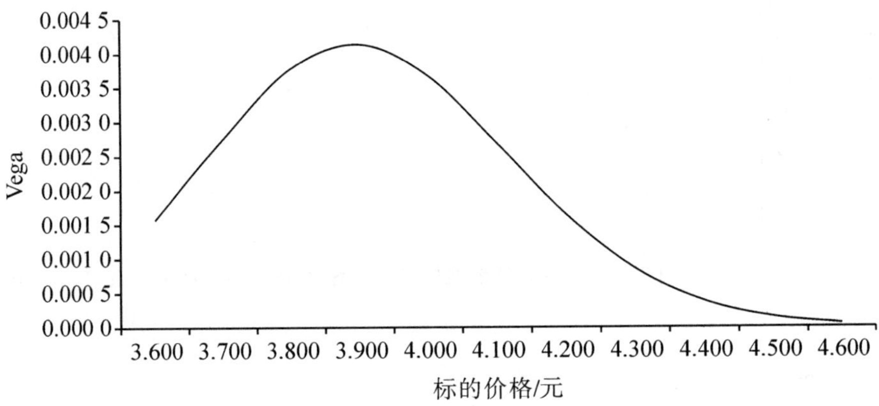

图 26-20 合成认沽期权多头策略的 Vega 曲线

合成认购期权空头

当预期标的证券行情会下跌时，也可以通过合成的方式进入市场，复制一个收益与风险结构与认购期权空头相同的头寸，达到同样的投资效果。

具体构造方法是，在抛空标的证券的同时，卖出等量的标的证券的认沽期权。复制平值认购期权，选择卖出平值或平值附近认沽期权来合成；复制实值认购期权，选择卖出虚值认沽期权来合成；复制虚值认购期权，选择卖出实值认沽期权来合成。即：

标的资产空头+平值认沽期权空头=平值认购期权空头

标的资产空头+虚值认沽期权空头=实值认购期权空头

标的资产空头+实值认沽期权空头=虚值认购期权空头

三种合成方式中，将虚值的认沽期权空头，转换成实值的认购期权空头，需要的保证金最少，具有成本优势。合成认购期权空头策略，同时卖空标的证券和等量的认沽期权，在标的价格下行时锁定一个收益，放弃继续下行的额外回报，从而弥补标的价格上涨时，裸卖空标的证券的部分损失。可见，合成认购期权空头策略虽是熊市策略，但比较适合小跌行情，大跌行情下，收益有限，不是最佳选择。

合成认购期权空头是双腿策略。以价格 S 卖空标的资产，选取 M 月到期的行权价格为 K 的认沽期权，其权利金为 P。交易结构如下：

卖出 1 份 M 月 K 行权价格 Put@ P

卖出与 1 份 Put 期权合约等量的标的资产@ S

=1 份合成认购期权空头，其价格为 PV（K）$-P-S$

合成价格为负号，代表的是交易方向为卖出。

合成认购期权空头策略的风险收益特征：

最大收益：卖出标的价格-认沽期权行权价格+认沽期权权利金收入。

最大损失：无限。理论上，标的价格上涨空间是不封顶的。

盈亏平衡点：卖出标的价格+认沽期权权利金收入。当标的资产价格小于盈亏平衡点时，策略盈利，否则就会亏损。

2020 年 3 月 28 日，上海证券交易所的 50ETF 的收盘价格为 2.814 元，我们用该标的证券的空头和行权价格为 2.80 元的 3 月认沽期权空头，合成认购期权空头，图 26-21 是其损益图，虚线是标的证券空头和 3 月认沽期权空头的损益情况，实线是组合的损益结构，即合成的 3 月认购期权空头到期时的现金流结构。认沽期权空头开仓价格为 0.061 8 元，策略的盈亏平衡点为 2.814+0.061 8=2.875 8（元）。

从表 26-5 可见，合成认购期权空头策略中，希腊值的影响与非合成的认购期权空头策略完全相同。Delta 在标的价格上涨时不利，下跌时有利。Gamma 对于空头策略是不利因素，特别在平值附近。Theta 通常是卖方的朋友，对于合成的认购空头也是如此，但不排除在合成认购期权处于深度实值状态时为负的可能。Vega 在波动率上涨时是不利因素，下跌时是有利因素。合成认购期权空头策略的动态希腊值曲线见图 26-22 至图 26-25。

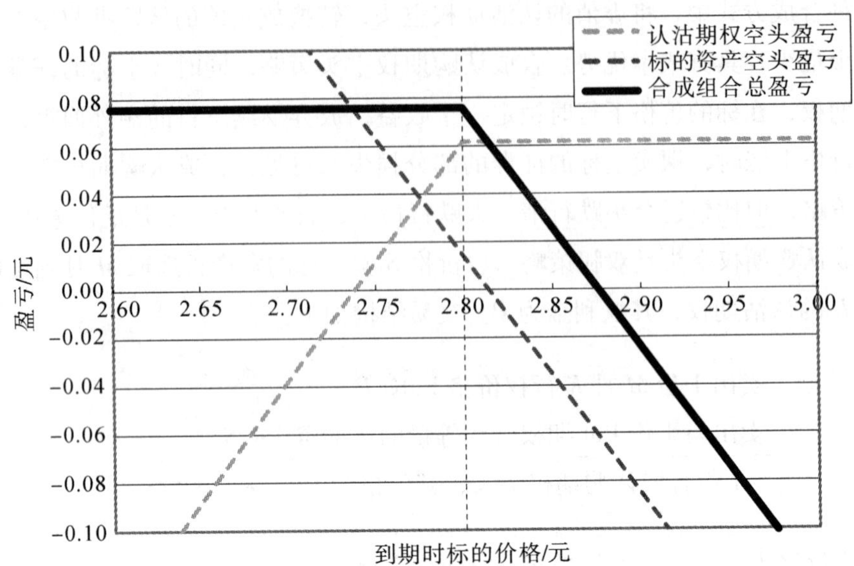

图 26-21 合成认购期权空头策略交易结构

表 26-5 希腊值对合成认购期权空头策略的影响

希腊值	符号	对策略的影响
Delta	负	标的价格上涨不利，下跌有利
Gamma	负	不利
Theta	正①	有利
Vega	负	波动率下跌有利，上涨不利

注：① 合成认购期权处于深度实值状态，Theta 可能为负值。

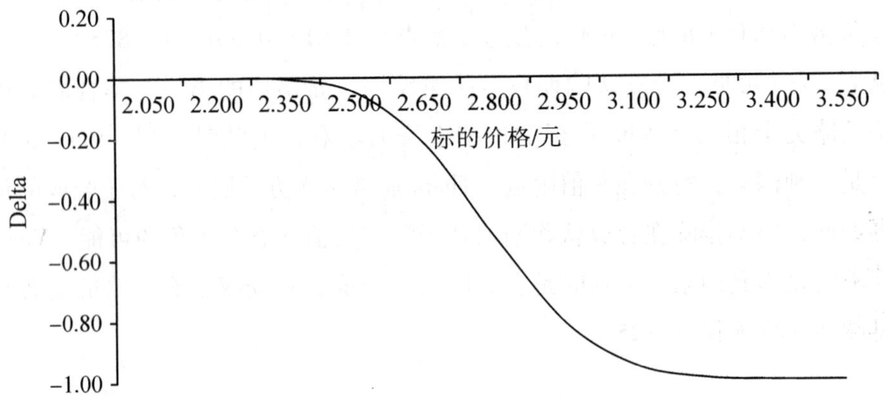

图 26-22 合成认购期权空头策略的 Delta 曲线

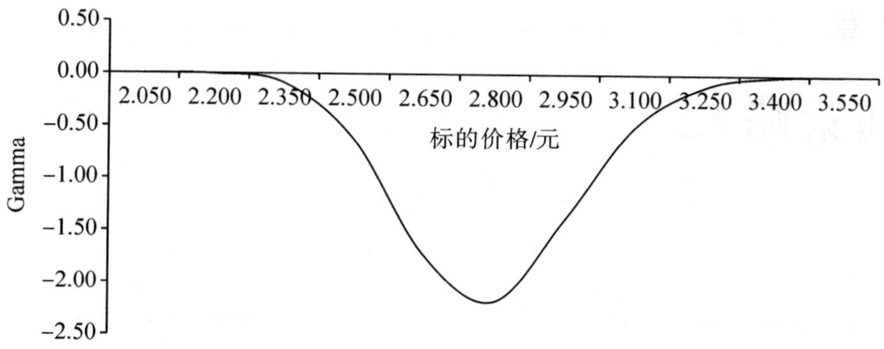

图 26-23　**合成认购期权空头策略的 Gamma 曲线**

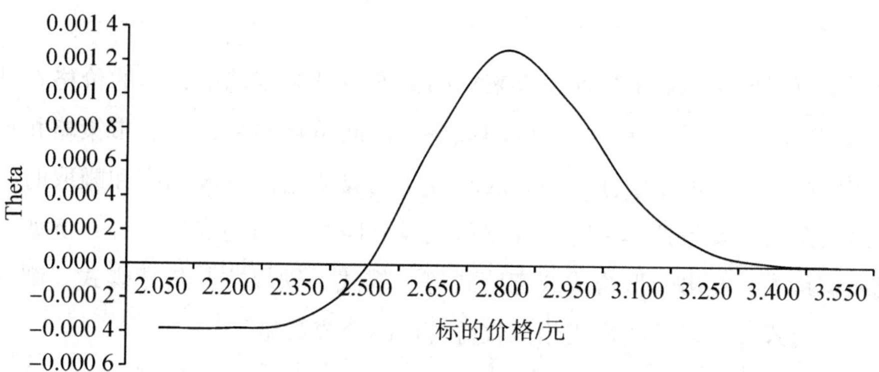

图 26-24　**合成认购期权空头策略的 Theta 曲线**

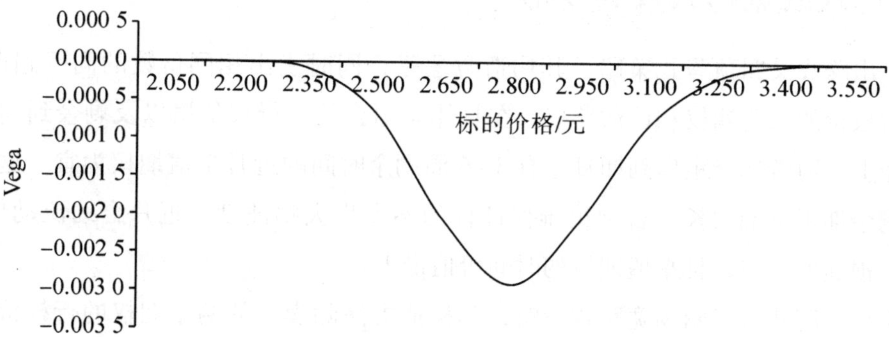

图 26-25　**合成认购期权空头策略的 Vega 曲线**

第 27 章

区间策略

当预期市场处于相对平静期，未来标的证券波动幅度趋降，标的价格在某一区间内小幅震荡的市况下，就可采用区间策略。区间策略与牛市或熊市策略相比，波动幅度比较小，属于市场中性策略。区间策略主要通过做空波动率和赚取时间价值获利。这类策略主要包括卖出跨式或宽跨式及其略带方向的变异组合，例如卖出条形跨式或宽跨式，卖出带形跨式或宽跨式等，蝶式、铁蝶式与折翅蝶式，鹰式、铁鹰式与折翅鹰式等，以及能形成相似收益特征的合成策略。

卖出跨式或宽跨式及其变形

卖出跨式又叫顶跨式策略，其构造方法是，同时卖出相同份数的同一到期日、同一行权价的认购期权和认沽期权。在具体卖出合约、行权价格以及剩余到期时间的选择上，通常选择距离到期日还有 3~6 周剩余时间的近月平值期权为宜。这是因为，剩余期限不能太长，否则很难保证标的不发生大幅波动，近月合约流动性强，时间耗损速度最快，且平值期权的时间价值最大。

卖出宽跨式，又叫顶宽跨式策略，其构造方法除卖出的两个期权的行权价格不同之外，其他与卖出跨式相同。卖出宽跨式的两个行权价格的选择，如果持完全市场中性的立场，都取虚值一档或二档的行权价格最佳。当然，也可基于未来市场的偏向，灵活决定。

卖出跨式或宽跨式是双腿策略。选取 M 月到期的行权价格分别为 K_1 和 K_2 的认沽期权与认购期权，认沽期权的权利金为 P_1 和 P_2，认购期权的权利金为 C_1 和 C_2。且 $K_1 \leqslant K_2$，因此 $P_1 < P_2$，$C_1 > C_2$。按照不同的组合，有两种交易结构。第一种交易结构，也是最常见的交易结构：

卖出 1 份 K_1 行权价格 Put@ P_1

卖出 1 份 K_2 行权价格 Call@ C_2

=1 份顶跨式（$K_1=K_2$）或顶宽跨式（$K_1<K_2$）

卖出跨式，通常会选择平值或平值附近认购与认沽期权；卖出宽跨式，一般会选择卖出虚值认购和虚值认沽期权，如此构建所需保证金最少。其实，投资者也可选择卖出两个实值或一实一虚的期权组合，即第二种交易结构：

卖出 1 份 K_1 行权价格 Call@ C_1

卖出 1 份 K_2 行权价格 Put@ P_2

=1 份顶跨式（$K_1=K_2$）或顶宽跨式（$K_1<K_2$）

这种交易结构中，卖出的可能包含实值期权，所需要的保证金比第一种交易结构大，但总体的损益应该差不多，因此，通常并不具有优势，但也不排除作为某些特殊情况下的替代方案。

卖出跨式或宽跨式策略的风险收益特征：

最大收益：在第一种交易结构下，最大收益=卖出认购期权的权利金收入+卖出认沽期权的权利金收入；在第二种交易结构下，最大收益=卖出认购期权的权利金收入+卖出认沽期权的权利金收入-两期权的行权价格差。

最大损失：无限。理论上，标的价格下可归 0，上不封顶。

卖出跨式的盈亏平衡点：

低盈亏平衡点：行权价格-最大收益。

高盈亏平衡点：行权价格+最大收益。

卖出宽跨式的盈亏平衡点：

低盈亏平衡点：低行权价格-最大收益。

高盈亏平衡点：高行权价格+最大收益。

当标的资产价格大于低盈亏平衡点且小于高盈亏平衡点时，策略盈利，否则就会亏损。

卖出跨式或宽跨式在损益结构上是两个大致相似的策略，如果策略收取的权利金总和，实值期权在扣除内在价值后，能够涵盖标的价格的波动，也就是标的价格上下波动不超出由低盈亏平衡点和高盈亏平衡点决定的区间，策略就是盈利的，否则就会亏损。两者所不同的是，宽跨式可容纳的标的价格波动范围比跨式更大一些，增强了双卖策略的安全性，代价是放弃了一部分权利金收入。

表 27-1 是希腊值对这类策略的影响。Delta 值以标的价格在两个行权价格的中间位置为界，正中为 0，两笔交易的 Delta 完全对冲。向上为负，标的价格上涨是负向影响，向下为正，标的价格下跌是负向影响。Gamma 对于卖出策略是不利因素，特别是双卖。Theta 为正，组合价值随着时间的流逝增加。Vega 为负，该策略是空波动率的，波动率下跌有利，上涨不利。卖出跨式或宽跨式策略的动态希腊值曲线见图 27-1 至图 27-4。

表 27-1 希腊值对卖出跨式或宽跨式策略的影响

希腊值	符号	对策略的影响
Delta	零位置向下为正，向上为负	取决于标的价格的位置和变动方向
Gamma	负	不利
Theta	正	有利
Vega	负	波动率下跌有利，上涨不利

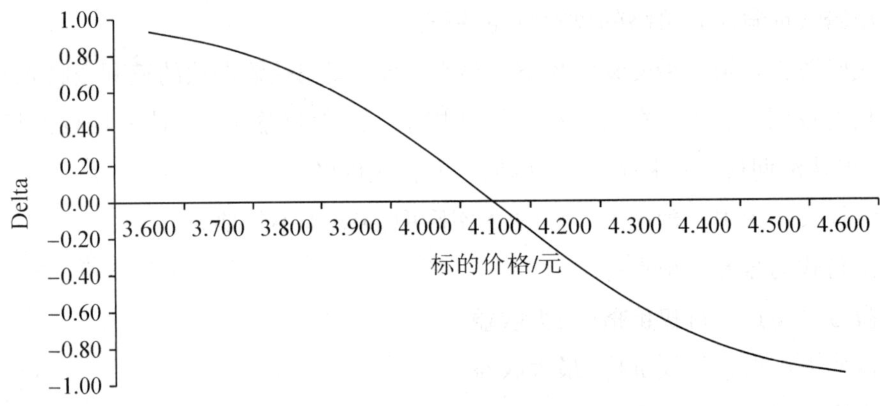

图 27-1 卖出跨式或宽跨式策略的 Delta 曲线

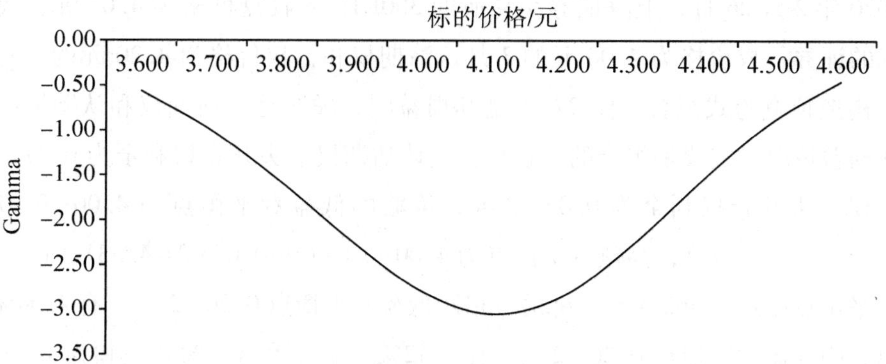

图 27-2　**卖出跨式或宽跨式策略的 Gamma 曲线**

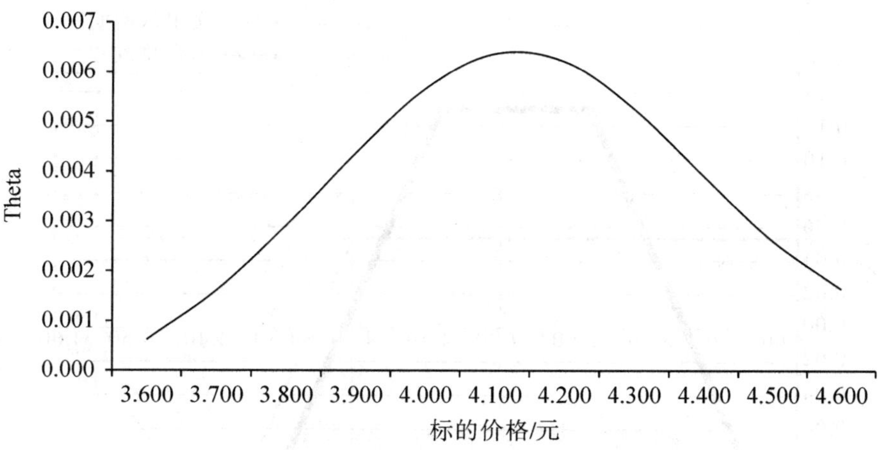

图 27-3　**卖出跨式或宽跨式策略的 Theta 曲线**

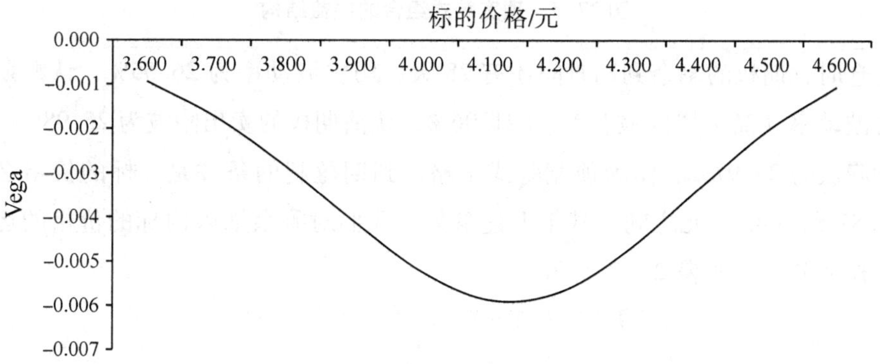

图 27-4　**卖出跨式或宽跨式策略的 Vega 曲线**

2020 年 2 月 26 日，上海证券交易所的 300ETF 的收盘价格为 4.07 元，我们双卖该标的证券行权价格为 4.00 元的 3 月认沽期权和行权价格为 4.20 元的 3 月认购期权，构造顶宽跨式组合，图 27-5 是其损益图，虚线是认沽期权和认购期权空头头寸的损益情况，实线是组合的损益结构。认沽期权空头开仓权利金为 0.077 9 元，认购期权空头开仓权利金为 0.053 3 元，策略的低盈亏平衡点为 4.00-0.077 9-0.053 3=3.868 8（元），高盈亏平衡点为 4.00+0.077 9+0.053 3=4.331 2（元）。高低盈亏平衡点相距 0.462 4 元，标的价格距低盈亏平衡点 0.201 2 元，有 4.94%的下行距离，距高盈亏平衡点 0.261 2 元，有 6.42%的上行距离，两者之和为 11.36%的宽度，可以容纳标的价格比较大的波动。

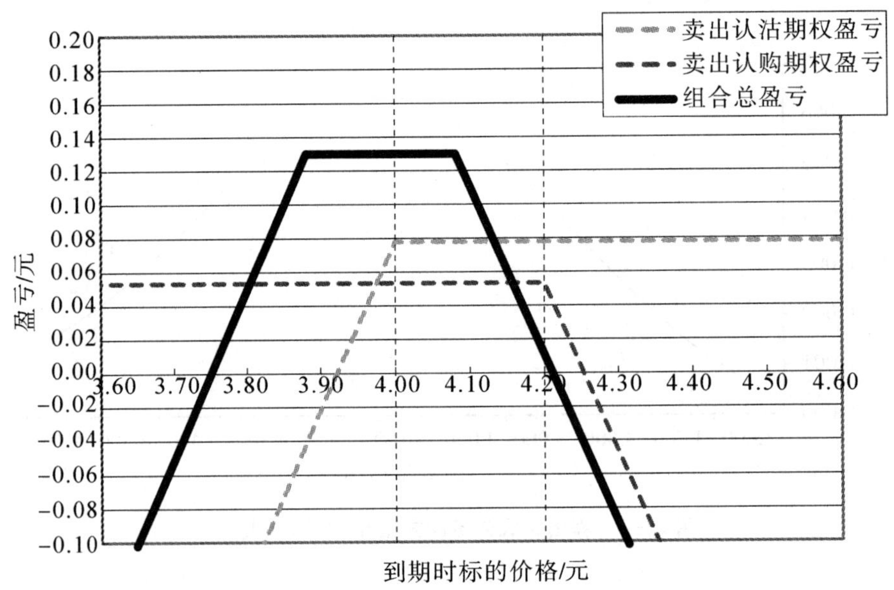

图 27-5　顶宽跨式组合的损益结构

建仓时，期权的剩余到期时间还有 28 天，历史波动率为 26.55%，认购期权卖出隐含波动率（简称“隐波”）为 21.96%，认沽期权的卖出隐波为 25.98%，双卖的平均隐波为 23.97%。作为顶宽跨式策略，到期盈利的条件是，标的价格必须维持在 3.87 元到 4.33 元之间。基于上述参数，我们对剩余期限内标的价格的运行情况做了概率分析，如表 27-2 所示。

表 27-2　标的价格运行概率分析

标的价格运行区间	基于历史波幅 26. 55%	基于认购隐波 21. 96%	基于认沽隐波 25. 98%	基于购沽平均隐波 23. 97%
<3. 87	27. 16%	22. 75%	19. 99%	24. 89%
≥3. 87	72. 84%	77. 25%	80. 01%	75. 11%
≤4. 33	77. 21%	82. 03%	84. 92%	79. 72%
>4. 33	22. 79%	17. 97%	15. 08%	20. 28%
3. 87~4. 33	50. 05%	59. 28%	64. 93%	54. 83%
在 3. 87~4. 33 之外	49. 95%	40. 72%	35. 07%	45. 17%

通过标的价格运行的概率分析可以发现，无论基于哪种波动率，期权到期时标的价格大于盈利区间下限 3. 87 元和小于盈利区间上限 4. 33 元的概率都在 70%以上，大于三分之二，落在 3. 87~4. 33 之间的概率也超过了 50%。因此，可以认为，该顶宽跨式策略到期盈利的可能性应该比较大。

如果投资者对标的行情的判断总体上是市场中性的，但认为小幅上行的可能性更大，这种情况下，可以对双卖策略做适当的调整，使其更好地匹配其对市场的看法。调整方法是，在卖出的跨式或宽跨式策略中，加卖一倍的认沽期权，形成卖出条形跨式或宽跨式策略。反之，如果投资者认为标的行情小幅下行的可能性更大，可以在卖出的跨式或宽跨式策略中，加卖一倍的认购期权，形成卖出带形跨式或宽跨式策略。卖出条形跨式与宽跨式以及卖出带形跨式与宽跨式策略，都是卖出跨式与宽跨式策略带方向看法的变异组合，其风险收益结构、最大收益和盈亏平衡点需要对应地进行调整。

如果市场波动性变大，但方向不明，为限制风险，后续调整时可以买入一个行权价更高的认购期权来规避上行风险，买入一个行权价更低的认沽期权来规避下行风险。同时买入这两个期权锁住两端风险时，顶跨式策略就演化为铁蝶式策略，顶宽跨式策略就变成了铁鹰策略。如果可以明确行情大概率向下突破，也可只进行单边调整，即只买入一个行权价更低的认沽期权锁定下行的最大风险；预期行情可能向上突破，也可只买入一个行权价更高的认购期权锁定上行的最大损失。

合成顶跨式或跨式空头

预计未来行情不会发生大幅波动，除可采用顶跨式或卖出跨式策略外，也可合成类似的策略，实现同样的目的。特别是在双卖过程中，发现没有合适的配对期权可以备选，或某一边的期权定价不合理，波动率太低，就可借助标的资产合成双卖策略。合成的方法有两种，一是在持有标的证券多头的同时，卖出两倍的认购期权头寸；另一种方法是，在卖空标的证券的同时，建立两倍认沽期权的空头头寸。在期权行权价格的选择上，建议采取近月平值期权，也可以根据对未来行情区间的判断，选择适当的虚值或实值期权。

第一种方法，买入相当于1份期权合约的标的证券，价格为 S，卖出2份该标的证券的行权价格为 K 的认购期权合约，期权价格是 C。因此，交易结构如下：

买入相当于1份期权合约的标的证券@ S

卖出2份 K 行权价格 Call@ C

=1份由认购期权合成的顶跨式或跨式空头

第二种方法，卖空相当于1份期权合约的标的证券，价格为 S，同时建立2份该标的证券的行权价格为 K 的认沽期权空头头寸，期权价格是 P。因此，交易结构如下：

卖空相当于1份期权合约的标的证券@ S

卖出2份 K 行权价格 Put@ P

=1份由认沽期权合成的顶跨式或跨式空头

两种合成方法，具体选择上应比较损益结构以及可盈利区间的宽度，并考虑资金投入的大小以及期权的定价水平，综合考虑。

合成顶跨市或跨式空头策略的风险收益特征：

最大收益：有限。认购期权合成顶跨式策略的最大收益=卖出期权的权利金收入+行权价格-标的买入价格；认沽期权合成顶跨式策略的最大收益=卖出期权的权利金收入+标的卖空价格-行权价格。

最大损失：理论上，标的价格上不封顶，因此，对于合成顶跨式策略，最大损失随标的价格上行是无限的。但标的价格下行只可归0，故下行最大损失等于行权价格减去合成策略的最大收益。

合成顶跨式的盈亏平衡点：

低盈亏平衡点：行权价格-最大收益。

高盈亏平衡点：行权价格+最大收益。

当标的资产价格在低盈亏平衡点和高盈亏平衡点之间时，策略盈利，否则就会亏损。

表 27-3 是希腊值对合成顶跨式策略的影响。无论是用认购期权还是用认沽期权来合成顶跨式策略，希腊值的影响大致相同。组合的 Delta 值在行权价格附近为零，当标的价格低于这个位置时，Delta 为正，偏离越大，Delta 值越大，标的价格下跌是负向影响；当高于这个位置时，Delta 值为负，偏离越大，Delta 的绝对值越大，标的价格上涨是负向影响。组合的 Gamma 为负，其值越大对策略越不利。Theta 为正，组合价值随着时间的流逝而增加。Vega 值为负，波动率增大对策略不利，降低则有利。合成顶跨式策略的动态希腊值曲线见图 27-6 至图 27-9。

表 27-3　希腊值对合成顶跨式策略的影响

希腊值	符号	对策略的影响
Delta	零位置向下为正，向上为负	取决于标的价格的位置和变动方向
Gamma	为负	不利影响，且影响大
Theta	为正	有利影响
Vega	为负	波动率增大不利，下降有利

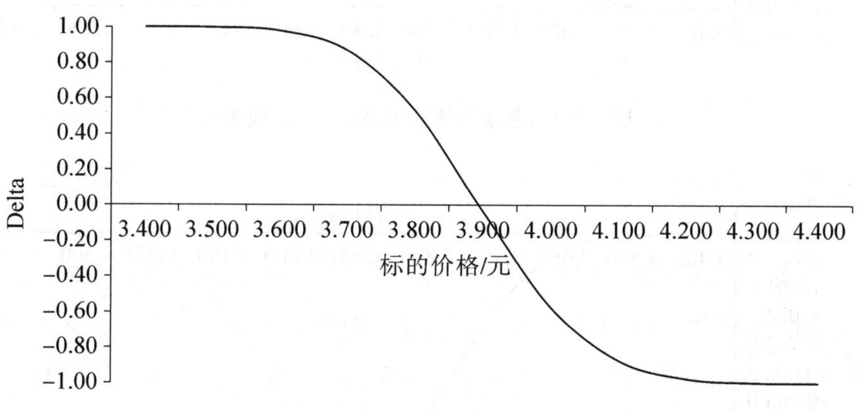

图 27-6　合成顶跨式策略的 Delta 曲线

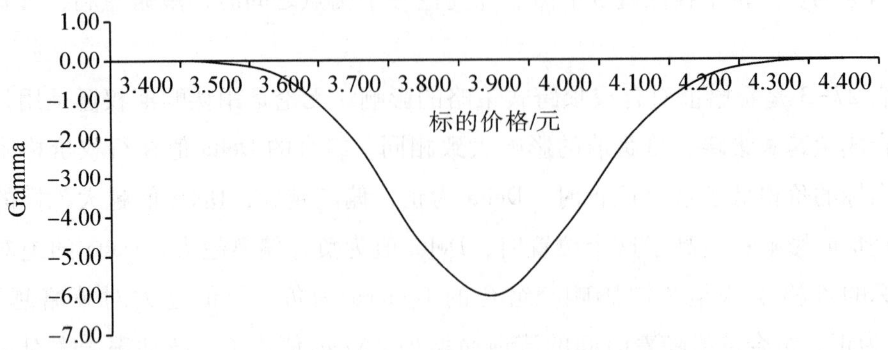

图 27-7 合成顶跨式策略的 Gamma 曲线

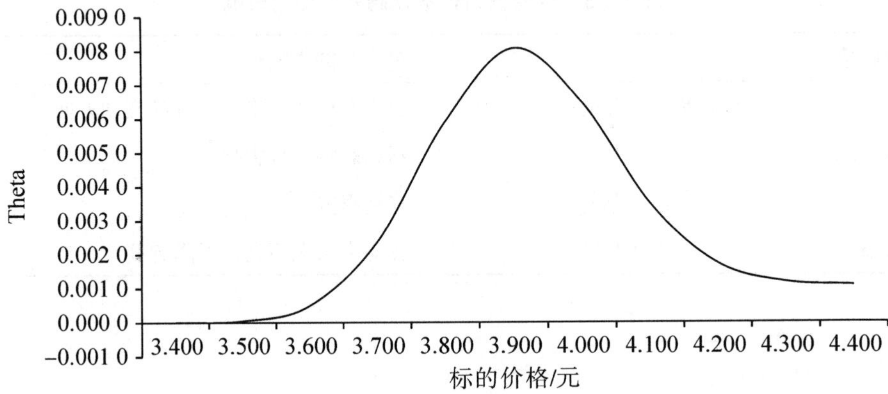

图 27-8 合成顶跨式策略的 Theta 曲线

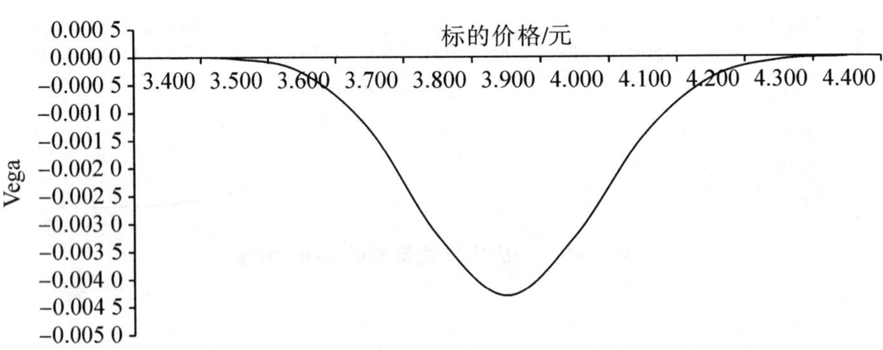

图 27-9 合成顶跨式策略的 Vega 曲线

2020 年 5 月 7 日，上海证券交易所的华泰 300ETF 的收盘价格为 3.911 元，该标的证券行权价格为 3.90 元的 5 月认购期权和认沽期权价格分别为 0.060 5 元与 0.067 2 元。我们用 5 月认购期权与标的证券合成顶跨式组合：

买入 100 000 份标的证券@ 3. 911，支出 391 100 元。

卖出 20 份 5 月 3. 90Call@ 0. 0605，收入 12 100 元。

到期时标的价格落在 3. 90 元时，策略最大收益 = 12 100 +（3. 90 − 3. 911）× 10 000 × 10 = 11 000（元）。图 27−10 是其损益结构图，虚线是两笔交易各自的损益情况，实线是组合的损益结构。策略最大损失上行无限，下行为（3. 90 − 0. 11）× 10 000 × 10 = 379 000（元）。策略的低盈亏平衡点为 3. 90 − 0. 11 = 3. 79（元），高盈亏平衡点为 3. 90 + 0. 11 = 4. 01（元），高低盈亏平衡点之间距离 0. 22 元。

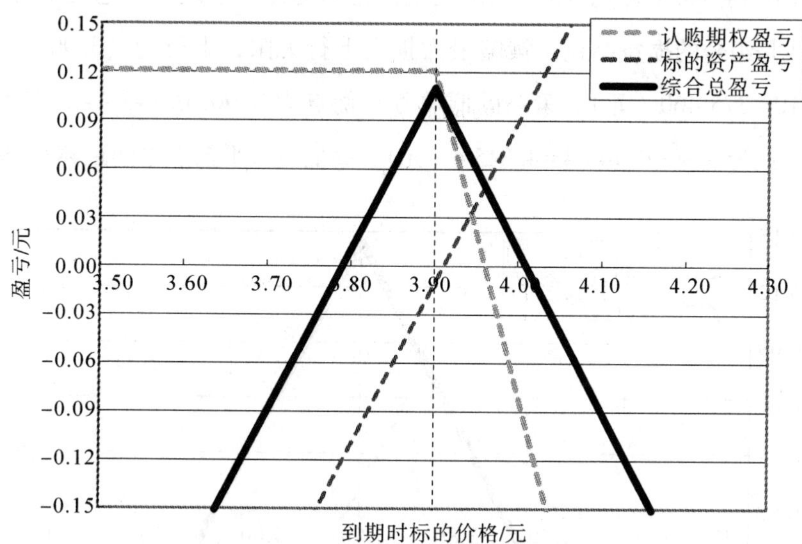

图 27−10　认购期权合成顶跨式组合损益结构

基于 17. 31%的历史波动率和 20 天的剩余到期时间，我们对标的价格的运行区间进行概率估算，结果见表 27−4。

表 27−4　标的价格运行区间的概率估算

概率分析	基于 HV 17. 31%
<3. 790 的概率	21. 90%
≥3. 790 的概率	78. 10%
≤4. 010 的概率	73. 14%
>4. 010 的概率	26. 86%
3. 790 ~ 4. 010 的概率	51. 24%
在 3. 790 ~ 4. 010 之外的概率	48. 76%

概率估算结果显示，到期时标的价格落在高低两个盈亏平衡点之内的概率为51.24%，超过一半。

如果用5月认沽期权与标的证券合成顶跨式组合：

卖出100 000份标的证券@3.911，收入391 100元。

卖出20份5月3.90Put@0.067 2，收入13 440元。

到期时标的价格落在3.90元时，策略最大收益=13 440+（3.911−3.90）×10 000×10=14 540（元）。图27-11是其损益结构图，虚线是两笔交易各自的损益情况，实线是组合的损益结构。策略最大损失上行无限，下行为（3.90−0.145 4）×10 000×10=375 460（元）。策略的低盈亏平衡点为3.90−0.145 4=3.754 6（元），高盈亏平衡点为3.90+0.145 4=4.045 4（元），高低盈亏平衡点之间距离0.290 8元。

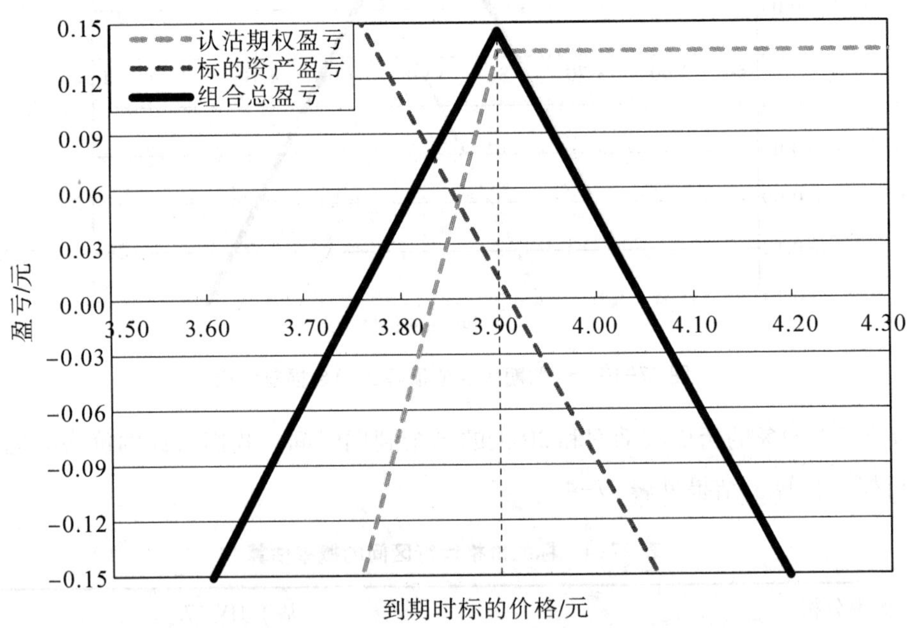

图27-11　认沽期权合成顶跨式组合损益结构

基于17.31%的历史波动率和20天的剩余到期时间，我们对标的价格的运行区间进行概率估算，结果见表27-5。

表 27-5　标的价格运行区间的概率估算

概率分析	基于 HV 17.31%
<3.755 的概率	15.69%
≥3.755 的概率	84.31%
≤4.045 的概率	79.78%
>4.045 的概率	20.22%
3.755~4.045 的概率	64.09%
在 3.755~4.045 之外的概率	35.91%

以上分析可见，用认沽期权构建的合成顶跨式组合，虽然总体上相差不大，但最大收益更大，可盈利区间更宽，胜率更高，因此是更好的选择。

蝶式、铁蝶式与折翅蝶式或铁蝶式策略

在区间策略中，卖出跨式或宽跨式等类似策略，适用于确定性很高的市场中性环境，也就是标的价格在策略运行期间维持横向震荡，不会发生方向性突破。因此，策略在设计时，把标的价格的下行或上行可能当成小概率事件，不进行风险处置。可见，这一所谓的市场中性策略并不是风险中性的，也并非无风险套利，这其实是冒着一定风险的，由到期损益图可以看出，策略的上行和下行风险都是无限的，如果市场偏离预期大幅上升或下跌时，投资者可能遭受巨大损失。

如何规避这种方向性风险？就要求我们在策略设计时，既要基于区间运行这一大概率事件来设计收益结构，又要防范方向性突变的小概率事件，做好风险控制。具体来说，可通过构造蝶式、铁蝶式或折翅蝶式或铁蝶式策略，兼顾收益与风险的平衡，从而避免单边行情下的巨大风险。

蝶式策略

蝶式策略是一种垂直价差组合，其损益结构图很像一只蝴蝶，故得此名。该策略既可用认购期权实现，也可由认沽期权实现。具体做法是，买入 1 份行权价较低和 1 份行权价较高的认购期权或认沽期权，同时卖出 2 份行权价居中，数值上等于前两份期权行权价的平均值的同性质期权，卖出的期权一般选择平值期权，此时的组合即为蝶式价差组合。该策略包含 4 份期权，如果重新组合可以发现，它其实是

由同性质期权的一个牛市价差策略与一个熊市价差策略组合形成。

用认购期权构建蝶式策略，选取同月到期的 3 个不同行权价格的合约，行权价格由低到高依次排列，有 $K_1<K_2<K_3$，权利金 $C_1 > C_2 > C_3$。交易结构是：

买入 1 份 K_1 行权价格 Call@ C_1

卖出 2 份 K_2 行权价格 Call@ C_2

买入 1 份 K_3 行权价格 Call@ C_3

=1 份 Call 牛市价差+1 份 Call 熊市价差=1 份 Call 蝶式价差

用认沽期权构建蝶式策略，选取同月到期的 3 个不同行权价格的合约，行权价格由低到高依次排列，有 $K_1<K_2<K_3$，权利金 $P_1 < P_2 < P_3$。交易结构是：

买入 1 份 K_1 行权价格 Put@ P_1

卖出 2 份 K_2 行权价格 Put@ P_2

买入 1 份 K_3 行权价格 Put@ P_3

=1 份 Put 牛市价差+1 份 Put 熊市价差=1 份 Put 蝶式价差

蝶式策略的风险收益特征：

最大收益：有上限，等于中间行权价格-较低行权价格-净权利金支出。

最大损失：有限，等于所付出的净权利金支出。

蝶式策略的盈亏平衡点：

低盈亏平衡点：低行权价格 + 净权利金支出，或中间行权价格 - 最大收益。

高盈亏平衡点：高行权价格 - 净权利金支出，或中间行权价格 + 最大收益。

蝶式策略的两个盈亏平衡价格之间的区间，就是策略的盈利区间。当标的价格大于低盈亏平衡点且小于高盈亏平衡点时，策略盈利，否则就会亏损。

蝶式价差组合既可以用认购期权构造，也可以用认沽期权构造，具体选择认购期权还是认沽期权，投资者可以根据策略的损益曲线，收益风险的比较以及波动率水平的高低，做出选择。

表 27-6 是希腊值对蝶式价差策略的影响。首先，组合的 Delta 值很小，Delta 值以标的价格在中间行权价格附近的某个位置为 0，当标的价格低于这个分界点，Delta 为正，标的价格下跌是负向影响，高于这个分界点，Delta 值为负，标的价格上涨是负向影响。Gamma 基本为负，为不利因素，这主要是因为中间行权价格的 2 倍卖出头寸，它们的 Gamma 值是最大的，处于低和高行权价位置的 2 个买入头寸，

它们的 Gamma 值很小。Theta 基本为正，原因也是因为中间行权价格的 2 倍卖出头寸，它们的 Theta 值是正的且最大，处于低和高行权价位置的 2 个买入头寸，尽管它们的 Theta 为负，但值很小，因此总体来看，组合的价值随着时间的流逝而增加，除非价格脱离中间区域位于两极。Vega 与 Theta 刚好相反，其值基本为负，波动率下跌对策略有利，上涨不利，除非价格脱离中间区域位于两极。蝶式价差策略的动态希腊值曲线见图 27-12 至图 27-15。

表 27-6 希腊值对蝶式价差策略的影响

希腊值	符号	对策略的影响
Delta	零位置向下为正，向上为负	取决于标的价格的位置和变动方向
Gamma	中间区域为负	主要为不利影响
Theta	中间区域为正	主要为有利影响
Vega	中间区域为负	中间区域波动率下跌有利，上涨不利

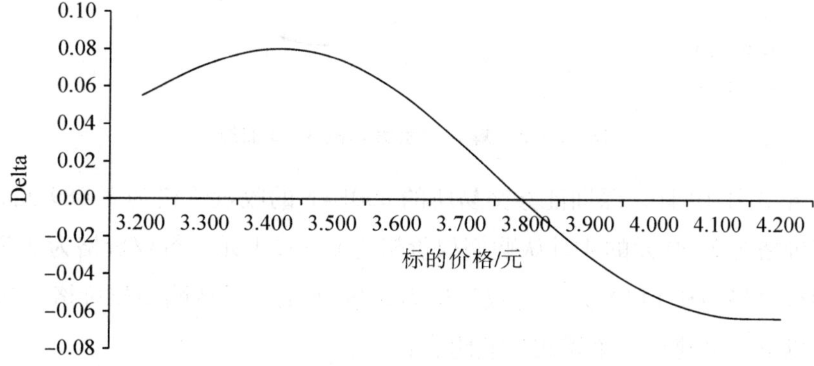

图 27-12 蝶式价差策略的 Delta 曲线

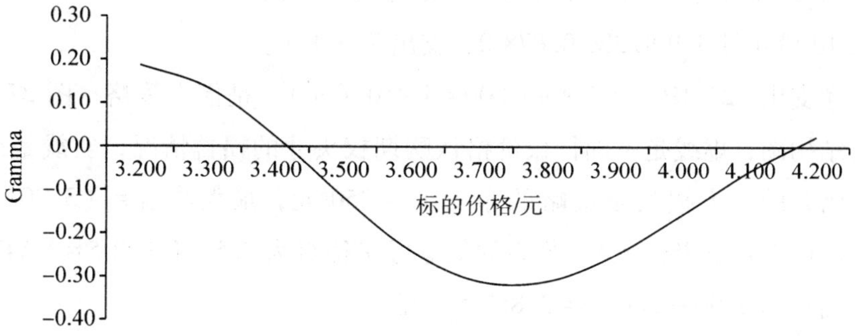

图 27-13 蝶式价差策略的 Gamma 曲线

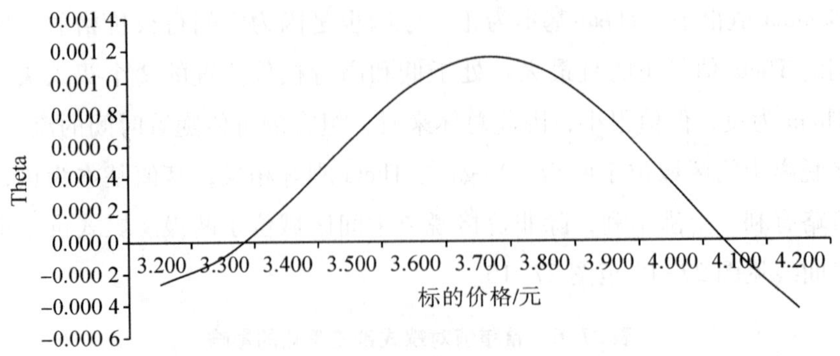

图 27-14　蝶式价差策略的 Theta 曲线

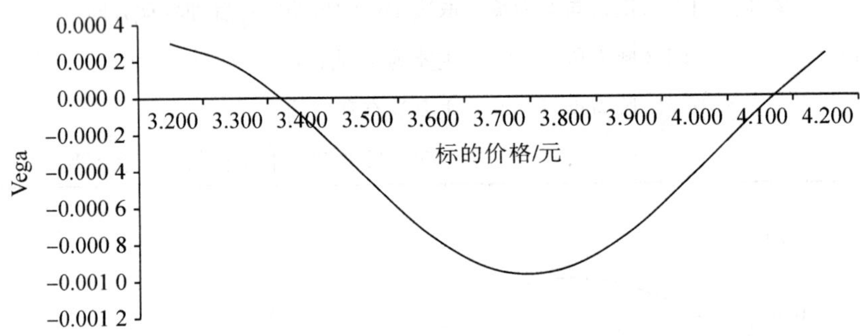

图 27-15　蝶式价差策略的 Vega 曲线

2020 年 3 月 19 日，深圳证券交易所的 300ETF 的收盘价格为 3. 689 元，该标的证券行权价格为 3. 50 元的 4 月认购期权价格为 0. 252 1 元，行权价格为 3. 70 元的 4 月认购期权价格为 0. 143 8 元，行权价格为 3. 90 元的 4 月认购期权价格为 0. 078 元。我们通过以下交易建立一个蝶式价差组合：

买入 10 份 4 月 3. 50Call@ 0. 251 0，支出 25 210 元。

卖出 20 份 4 月 3. 70Call@ 0. 143 8，收入 28 760 元。

买入 10 份 4 月 3. 90Call@ 0. 078 0，支出 7 800 元。

策略净支出 = 25 210−28 760+7 800 = 4 250（元），是借方策略。图 27-16 是组合的损益结构图，虚线是不同行权价格认购期权头寸的损益情况，实线是组合的损益结构。组合的最大损失是策略的净支出 4 250 元，最大收益 =（3. 70−3. 50）× 10 000×10−4 250 = 15 750(元)。策略的低盈亏平衡点为 3. 50+0. 042 5 = 3. 542 5(元)，高盈亏平衡点为 3. 90−0. 042 5 = 3. 857 5（元）。

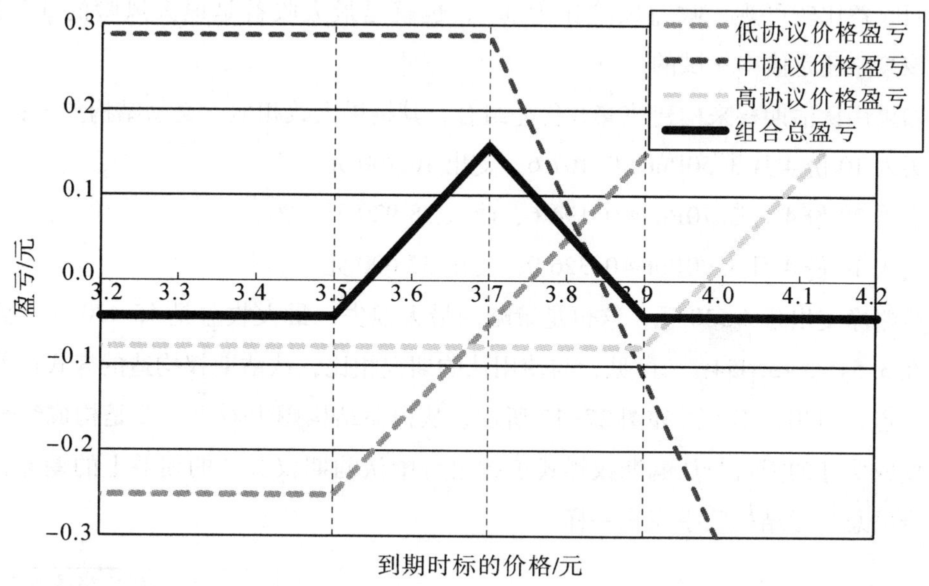

图 27-16　认购期权蝶式价差组合的损益结构

高低盈亏平衡点相距 0.315 元，标的价格距低盈亏平衡点 0.146 5 元，有 3.97%的下行距离，距高盈亏平衡点 0.168 5 元，有 4.57%的上行距离，两者之和为 8.54%的宽度。基于 27.43%的历史波动率和 35 天的剩余到期时间，我们对标的价格的运行区间进行概率估算，结果见表 27-7。

表 27-7　标的价格的运行区间的概率估算

概率分析	基于 HV 27.43%
<3.543 的概率	31.67%
≥3.543 的概率	68.33%
≤3.858 的概率	70.05%
>3.858 的概率	29.95%
3.543～3.858 的概率	38.38%
在 3.543～3.858 之外的概率	61.62%

概率估算结果显示，到期时标的价格刚好落在高低两个盈亏平衡点之间的概率不是很高，不过，基于对未来波动率的走势进行分析，我们认为目前的波动率水平处于高位，不可持续，在到期之前将会逐渐回归到 20%左右的正常水平，相应地到期时标的价格落在 3.543～3.858 的概率将会超过 50%。由于该策略的风险非常有

限，而收益比较可观，收益风险比为 3.7，也就是最大收益是最大风险的 3.7 倍，因此该策略还是值得一试的。

如果用认沽期权来构建该蝶式价差组合，其结果大致相似。交易结构如下：

买入 10 份 4 月 3.50Put@ 0.107 6，支出 10 760 元。

卖出 20 份 4 月 3.70Put@ 0.194 6，收入 38 920 元。

买入 10 份 4 月 3.90Put@ 0.326 9，支出 32 690 元。

策略净支出是 4 530 元，这也是策略的最大损失，最大收益是 15 470 元，盈利区间在 3.545 3~3.854 7。可见，与使用认购期权相比，认沽期权构造的蝶式价差略微差一点，但相差不大。如图 27-17 所示，从损益结构图上看，主要是构成组合的认沽期权头寸的损益与认购期权蝶式价差组合中认购期权头寸的损益上的差异，两个组合的总盈亏结构几乎完全一样。

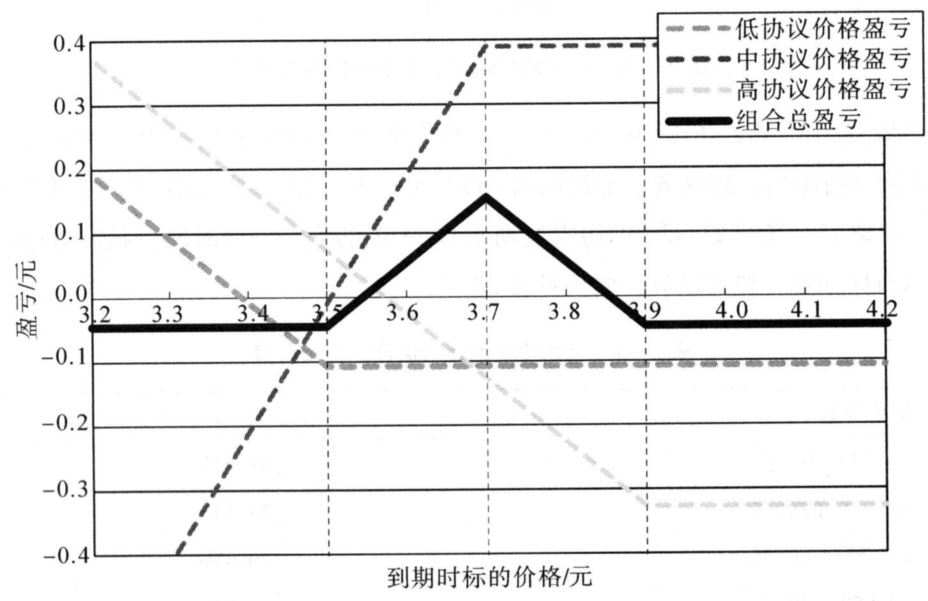

图 27-17 认沽期权蝶式价差组合的损益结构

不管是基于认购期权还是认沽期权构造的蝶式价差组合，它们的最大收益都发生在到期时标的价格正好等于中间行权价格的时候。它们的希腊值对组合价值的影响也基本相同。

铁蝶式策略

要获得与蝶式价差策略相似的损益结构，除了仅用认购期权或仅用认沽期权来构建之外，还可以同时使用认购期权和认沽期权来实现。通常的做法是，买入 1 份行权价较低的认沽期权，各卖出 1 份中间行权价的认沽期权和认购期权，再买入 1 份较高行权价的认购期权。中间行权价格距离较低和较高行权价格在数值上相等，卖出的期权一般选择平值期权，此时的组合即为铁蝶式价差组合。该策略也包含 4 份期权，如果重新组合可以发现，它其实是由不同性质期权的一个牛市价差策略与一个熊市价差策略组合形成。一般由认沽期权的牛市价差和认购期权的熊市价差来构成。因此，铁蝶式策略属于价差策略。与蝶式价差策略不同的是，铁蝶式价差组合通常是贷方策略，也就是建仓初期有净收入流入而非净支出。不过，需要说明的是，铁蝶式组合也完全可以由认购期权的牛市价差和认沽期权的熊市价差来构建，这种情况下，单从净权利金上看，因为两端买入的是实值期权，隐含着比较大的内在价值，需要支付更高的权利金，因此也可能是借方策略。

用认沽期权的牛市价差和认购期权的熊市价差构建铁蝶式策略，选取同月到期的 4 份不同行权价格的合约，行权价格由低到高依次排列，有 $K_1<K_2<K_3$，权利金 $P_1 < P_2$，$C_1 > C_2$。交易结构是：

买入 1 份 K_1 行权价格 Put@ P_1

卖出 1 份 K_2 行权价格 Put@ P_2

卖出 1 份 K_2 行权价格 Call@ C_1

买入 1 份 K_3 行权价格 Call@ C_2

=1 份 Put 牛市价差+1 份 Call 熊市价差=1 份铁蝶式价差

用认购期权的牛市价差和认沽期权的熊市价差构建铁蝶式策略，选取同月到期的 4 份不同行权价格的合约，行权价格由低到高依次排列，有 $K_1<K_2<K_3$，权利金 $C_1 > C_2$，$P_1 < P_2$。交易结构是：

买入 1 份 K_1 行权价格 Call@ C_1

卖出 1 份 K_2 行权价格 Call@ C_2

卖出 1 份 K_2 行权价格 Put@ P_1

买入 1 份 K_3 行权价格 Put@ P_2

=1 份 Call 牛市价差+1 份 Put 熊市价差=1 份铁蝶式价差

铁蝶式策略的风险收益特征：

最大收益：有上限。两端买入虚值期权的铁蝶组合的最大收益=所获得的净权利金收入。两端买入实值期权的铁蝶组合的最大收益=高行权价-低行权价-净权利金支出。

最大损失：有限，等于中间行权价格-较低行权价格-最大收益。

铁蝶式策略的盈亏平衡点：

低盈亏平衡点：低行权价格 + 最大损失，或中间行权价格 - 最大收益。

高盈亏平衡点：高行权价格 - 最大损失，或中间行权价格 + 最大收益。

铁蝶式策略的两个盈亏平衡价格之间的区间，就是盈利区间。当标的价格大于低盈亏平衡点且小于高盈亏平衡点时，策略盈利，否则就会亏损。

表 27-8 是希腊值对铁蝶式价差策略的影响。希腊值在铁蝶组合中，其影响与在蝶式组合中的影响大致差不多。首先，组合的 Delta 值也很小，对于认沽牛市价差加认购熊市价差组合，Delta 值在行权价格区间的中间区域某个位置为 0，当标的价格低于这个分界点，Delta 为正，标的价格下跌是负向影响，高于这个分界点，Delta 值为负，标的价格上涨是负向影响。对于认购牛市价差加认沽熊市价差组合，这个临界位置要上移大致高行权价减去低行权价之间的距离，因此看起来，在大部分区域 Delta 几乎都是正。Gamma 基本为负，为不利因素，认购牛市价差加认沽熊市价差组合的 Gamma 负值区间也有相应的上移。Theta 基本为正，组合的价值随着时间的流逝而增加。不过，认购牛市价差加认沽熊市价差组合的 Theta 正值区间更宽更大，可见如果从收集时间价值这个角度来看，认购牛市价差加认沽熊市价差构建的铁蝶策略更具优势。Vega 值基本为负，认购牛市价差加认沽熊市价差组合的 Vega 负值区间也有相应的上移。在负值区间，波动率下跌对策略有利，上涨不利。各种铁蝶式价差策略组合的动态希腊值曲线见图 27-18 至图 27-25。

表 27-8　希腊值对铁蝶式价差策略的影响①

希腊值	符号	对策略的影响
Delta	零位置向下为正，向上为负	取决于标的价格的位置和变动方向
Gamma	中间区域为负	主要为不利影响
Theta	中间区域为正	主要为有利影响
Vega	中间区域为负	波动率下跌有利，上涨不利

注：①主要考察标的价格落在中间区域，即最小与最大行权价格区间之内的影响情况。

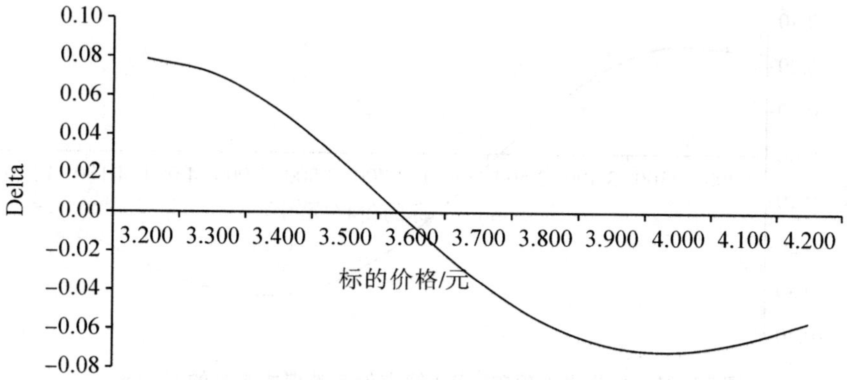

图 27-18　Put 牛市价差+ Call 熊市价差铁蝶式组合的 Delta

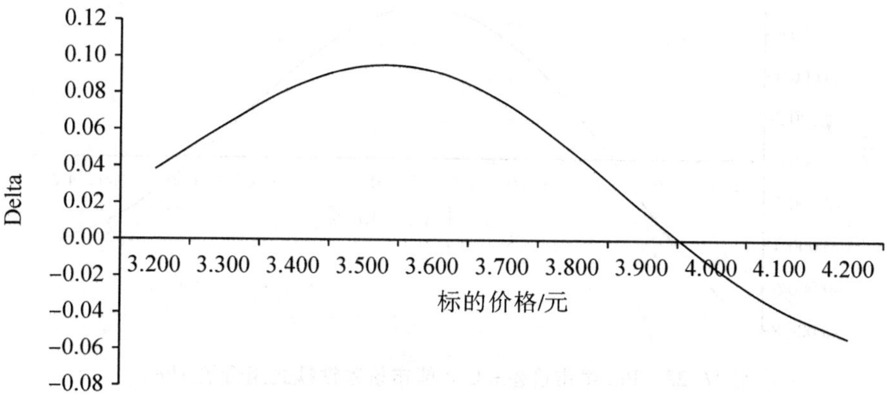

图 27-19　Call 牛市价差+ Put 熊市价差铁蝶式组合的 Delta

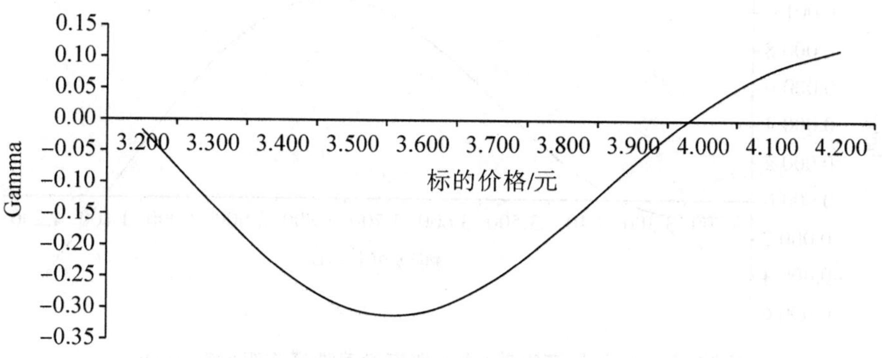

图 27-20　Put 牛市价差+ Call 熊市价差铁蝶式组合的 Gamma

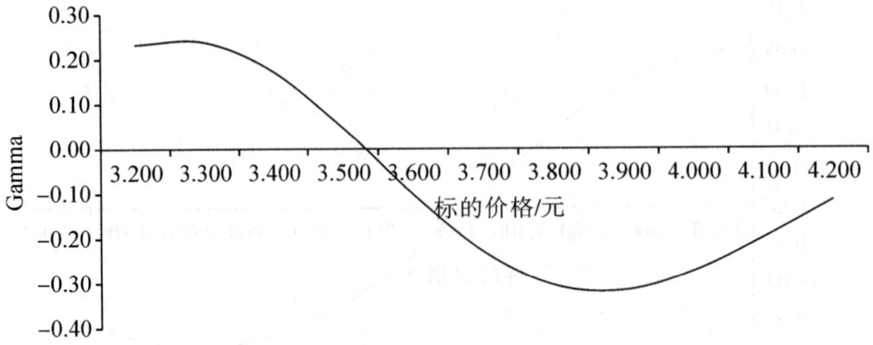

图 27-21　Call 牛市价差+ Put 熊市价差铁蝶式组合的 Gamma

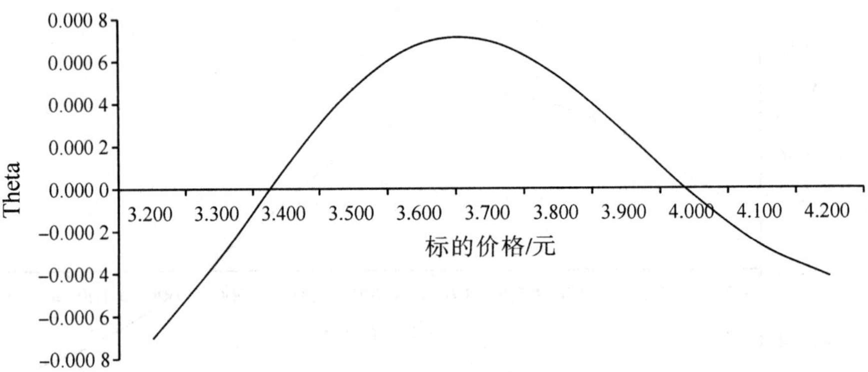

图 27-22　Put 牛市价差+ Call 熊市价差铁蝶式组合的 Theta

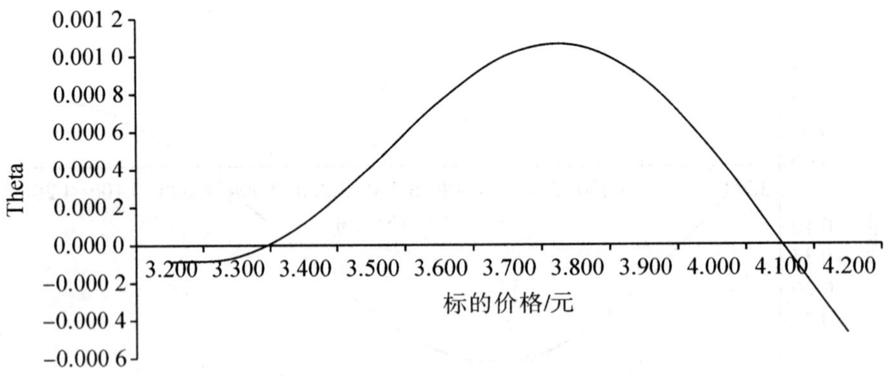

图 27-23　Call 牛市价差+ Put 熊市价差铁蝶式组合的 Theta

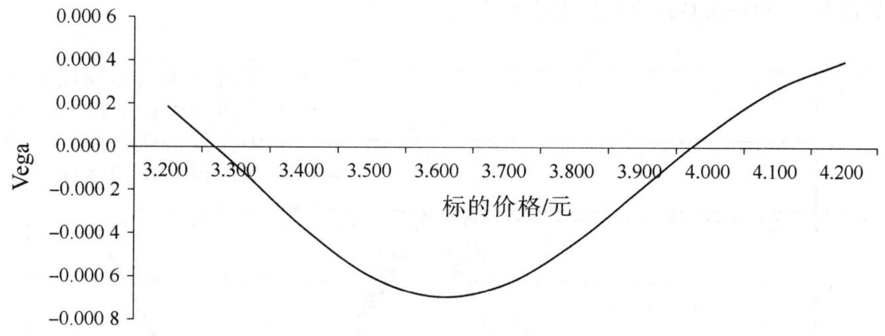

图 27-24　Put 牛市价差+ Call 熊市价差铁蝶式组合的 Vega

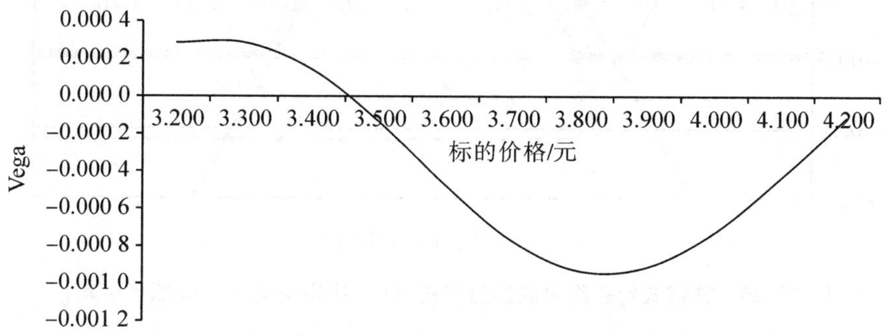

图 27-25　Call 牛市价差+ Put 熊市价差铁蝶式组合的 Vega

2020 年 3 月 19 日，深圳证券交易所的 300ETF 的收盘价格为 3. 689 元，该标的证券行权价格为 3. 50 元的 4 月认购和认沽期权价格分别为 0. 252 1 元与 0. 107 6 元，行权价格为 3. 70 元的 4 月认购和认沽期权价格分别为 0. 143 8 元与 0. 194 6 元，行权价格为 3. 90 元的 4 月认购和认沽期权价格分别为 0. 078 元和 0. 326 9 元。我们通过以下交易建立一个铁蝶式价差组合：

买入 10 份 4 月 3. 50Put@ 0. 107 6，支出 10 760 元。

卖出 10 份 4 月 3. 70Put@ 0. 194 6，收入 19 460 元。

卖出 10 份 4 月 3. 70Call@ 0. 143 8，收入 14 380 元。

买入 10 份 4 月 3. 90Call@ 0. 078 0，支出 7 800 元。

策略建仓净权利金收入 = 19 460+14 380−10 760−7 800 = 15 280（元），是贷方策略。图 27-26 是由认沽期权牛市价差和认购期权熊市价差组合的铁蝶式策略损益结构图，虚线是不同行权价格期权头寸的损益情况，实线是组合的损益结构。组合的最大收益是策略的净权利金流入 15 280 元，最大损失 = （3. 70−3. 50）× 10 000 × 10−15 280 = 4 720（元）。策略的低盈亏平衡点为 3. 50+0. 047 2 = 3. 547 2（元），高盈亏平衡点为 3. 90−0. 047 2＝3. 852 8（元）。

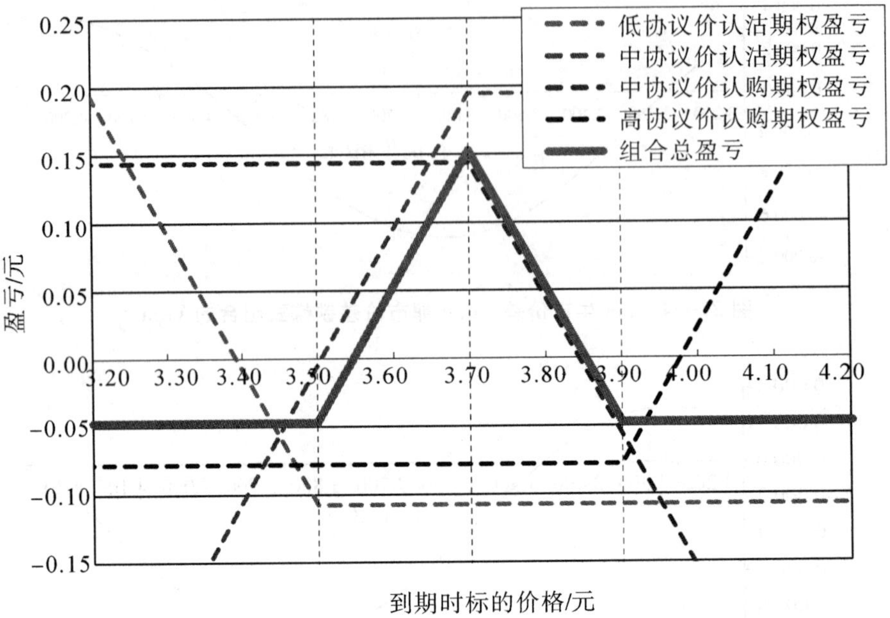

图 27-26 铁蝶式价差组合的损益结构（Put 牛市价差 + Call 熊市价差）

如果采用认购期权的牛市价差和认沽期权的熊市价差来构建铁蝶式组合，可以得到相似的风险收益结构。只不过，这种构建方法，买入的认购期权和认沽期权，通常都是实值期权，一般情况下，投资者更愿意买入虚值期权。从风险收益结构和可盈利区间上来看，这种方法构建的铁蝶式策略，不见得差于通常的认沽期权牛市价差加上认购期权熊市价差形成的组合。为证明这个结论，我们用前面的真实数据，来构造这样一个组合：

买入 10 份 4 月 3. 50Call@ 0. 251 0，支出 25 210 元。

卖出 10 份 4 月 3. 70Call@ 0. 143 8，收入 14 380 元。

卖出 10 份 4 月 3. 70Put@ 0. 194 6，收入 19 460 元。

买入 10 份 4 月 3. 90Put@ 0. 326 9，支出 32 690 元。

策略建仓净权利金收入＝19 460+14 380−25 210−32 690＝−24 060（元），是借方策略。图 27-27 是由认购期权牛市价差和认沽期权熊市价差组合的铁蝶式策略损益结构图，虚线是不同行权价格期权头寸的损益情况，实线是组合的损益结构。组合的最大收益＝（3. 90−3. 50）× 10 000 × 10−24 060＝15 940（元），最大损失＝（3. 70−3. 50）× 10 000 × 10−15 940＝4 060（元）。策略的低盈亏平衡点为 3. 50+0. 040 6＝3. 540 6（元），高盈亏平衡点为 3. 90−0. 040 6＝3. 859 4（元）。

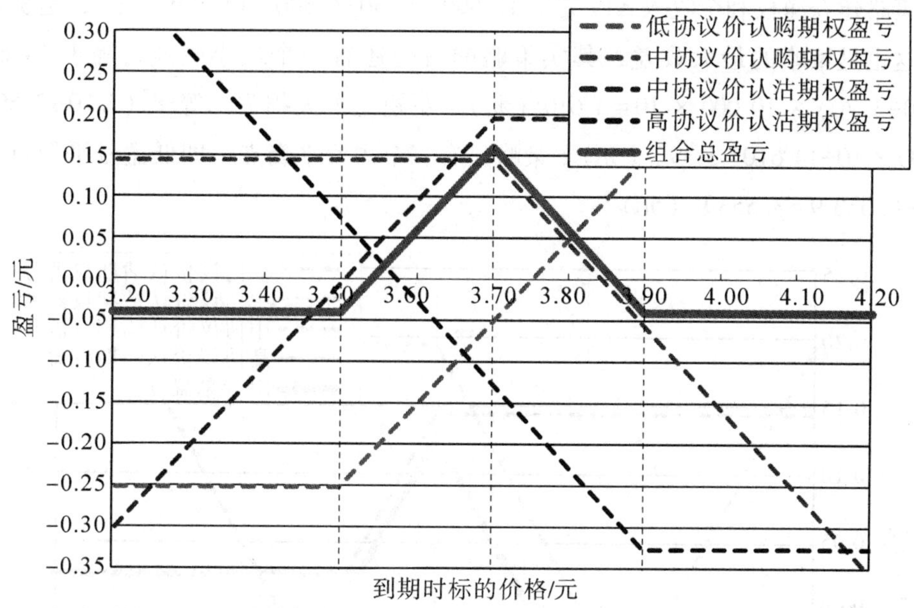

图 27-27　铁蝶式策略损益结构（Call 牛市价差 + Put 熊市价差）

可见认购牛市价差+认沽熊市价差构建的铁蝶式策略，最大收益更大，最大损失更小，可盈利区间更宽一些，其弊端是建仓时是借方策略，投入的权利金支出比较大。

折翅蝶式或铁蝶式策略

在构造标准的蝶式或铁蝶式策略时，要求中间行权价格与较低行权价格之间的距离等于中间行权价格与较高行权价格之间的距离，交易结构保持对称。实际交易中，投资者基于对行情或波动率的判断，或自身对损失的容忍度的考虑，可能会选择不对称的交易结构，从而导致蝴蝶形态的损益结构被破坏，成为折翅蝶式或铁蝶式组合。如图 27-28 就是一个折翅铁蝶组合。构造方法是，用行权价差为 0. 20 元的 1 份认沽牛市价差+1 份行权价差为 0. 10 元的认购熊市价差，两个价差组合之间 0 间隔，这样就形成了一个折翅铁蝶组合。策略设计时打破了铁蝴蝶的对称形态，结果是，策略不仅锁定了下行风险，在向上突破时还可以确保一个正收益。

买入 10 份 4 月 3. 50Put@ 0. 093 5，支出 9 350 元。

卖出 10 份 4 月 3. 70Put@ 0. 197 7，收入 19 770 元。

卖出 10 份 4 月 3. 70Call@ 0. 106 9，收入 10 690 元。

买入 10 份 4 月 3. 80Call@ 0. 065 0，支出 6 500 元。

策略建仓净权利金收入 = 19 770+10 690−9 350−6 500 = 14 610（元），是贷方策略，这也是策略的最大收益，其实策略的右翅还有一个最小收益，等于 14 610−(3.80−3.70) × 10 000 × 10 = 4 610（元）。左翅是最大损失，等于（3.70−3.50）× 10 000 × 10−14 610 = 5 390（元）。策略只有一个盈亏平衡点，即低盈亏平衡点，为 3.50+0.053 9 = 3.553 9（元）。

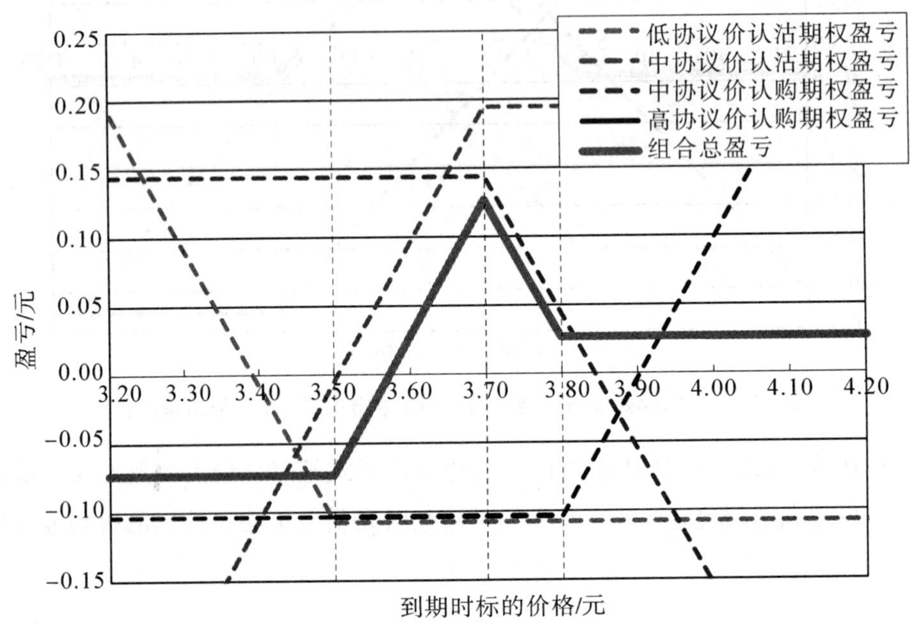

图 27-28 锁定下行最大风险保留上行最小收益的折翅铁蝶式策略

鹰式、铁鹰式与折翅鹰式或铁鹰式策略

在蝶式或铁蝶式策略中，买入行权价格一低一高的 2 份期权，同时卖出 2 份中间行权价格的期权，其损益结构图就像一只蝴蝶。如果卖出的是两份行权价格不同的期权，且 4 份期权的行权价格 K 由低到高依次排列，有 $K_1 < K_2 < K_3 < K_4$，如此构建的垂直价差组合，其损益结构图就像一只飞鹰，我们把这种策略叫做鹰式策略，也可称为飞鹰或秃鹰策略。该策略既可用认购期权实现，也可用认沽期权实现。如果组合是用 2 份认购期权和 2 份认沽期权混合构造而成，这就是铁鹰策略。把 4 笔交易重新组合可以发现，它们也是由一个牛市价差策略与一个熊市价差策略组合而成。

鹰式策略

鹰式价差组合与蝶式价差组合相比，蝶式有 3 个行权价格，鹰式有 4 个行权价格。这体现在鹰式策略的损益结构上，可以得到一个比蝶式策略更宽的可盈利价格区间，获利概率会更高，但可以获得的最大收益也会相应降低。鹰式策略建仓时的权利金是净支出，因此类别上归为借方策略。鹰式价差组合既可以用认购期权构造，也可以用认沽期权构造，具体选择认购期权还是认沽期权，投资者可以根据策略的损益曲线，收益风险的比较以及波动率水平的高低，做出选择。

用认购期权构建鹰式策略，选取同月到期的 4 个不同行权价格的合约，行权价格由低到中低到中高再到高依次排列，有 $K_1<K_2<K_3<K_4$，权利金 $C_1 > C_2 > C_3 > C_4$。交易结构是：

买入 1 份 K_1 行权价格 Call@ C_1
卖出 1 份 K_2 行权价格 Call@ C_2
卖出 1 份 K_3 行权价格 Call@ C_3
买入 1 份 K_4 行权价格 Call@ C_4

=1 份 Call 牛市价差+1 份 Call 熊市价差=1 份 Call 鹰式价差

用认沽期权构建鹰式策略，选取同月到期的 4 个不同行权价格的合约，行权价格由低到中低到中高再到高依次排列，有 $K_1<K_2<K_3<K_4$，权利金 $P_1 < P_2 < P_3 < P_4$。交易结构是：

买入 1 份 K_1 行权价格 Put@ P_1
卖出 1 份 K_2 行权价格 Put@ P_2
卖出 1 份 K_3 行权价格 Put@ P_3
买入 1 份 K_4 行权价格 Put@ P_4

=1 份 Put 牛市价差+1 份 Put 熊市价差=1 份 Put 鹰式价差

鹰式策略的风险收益特征：

最大收益：有上限，等于中低行权价格-较低行权价格-净权利金支出。

最大损失：有限，等于净权利金支出。

鹰式策略的盈亏平衡点：

低盈亏平衡点：低行权价格 + 净权利金支出，或中低行权价格 − 最大收益。

高盈亏平衡点：高行权价格 - 净权利金支出，或中高行权价格 + 最大收益。

鹰式策略的两个盈亏平衡价格之间的区间，就是策略的盈利区间。当标的价格大于低盈亏平衡点且小于高盈亏平衡点时，策略盈利，否则就会亏损。

2020 年 3 月 20 日，上海证券交易所的华泰 300ETF 的收盘价格为 3. 644 元，该标的证券行权价格为 3. 60 元的 4 月认购和认沽期权价格分别为 0. 153 3 元与 0. 143 1 元，行权价格为 3. 80 元的 4 月认购和认沽期权价格分别为 0. 065 0 元与 0. 263 4 元，行权价格为 4. 00 元的 4 月认购和认沽期权价格分别为 0. 036 3 元和 0. 423 8 元，行权价格为 4. 20 元的 4 月认购和认沽期权价格分别为 0. 019 2 元和 0. 605 3 元。我们用认购期权建立如下的鹰式价差组合：

买入 10 份 4 月 3. 60Call@ 0. 153 3，支出 15 330 元。

卖出 10 份 4 月 3. 80Call@ 0. 065 0，收入 6 500 元。

卖出 10 份 4 月 4. 00Call@ 0. 036 3，收入 3 630 元。

买入 10 份 4 月 4. 20Call@ 0. 019 2，支出 1 920 元。

策略建仓净权利金支出 = 15 330+1 920−6 500−3 630 = 7 120（元），是借方策略。图 27−29 是其损益结构图，虚线是不同行权价格期权头寸的损益情况，实线是组合的损益结构。策略的最大损失是净权利金支出 7 120 元，最大收益 =（3. 80−3. 60）× 10 000 × 10−7 120 = 12 880（元）。策略的低盈亏平衡点为 3. 60+0. 071 2 = 3. 671 2（元），高盈亏平衡点为 4. 20−0. 071 2 = 4. 128 8（元）。

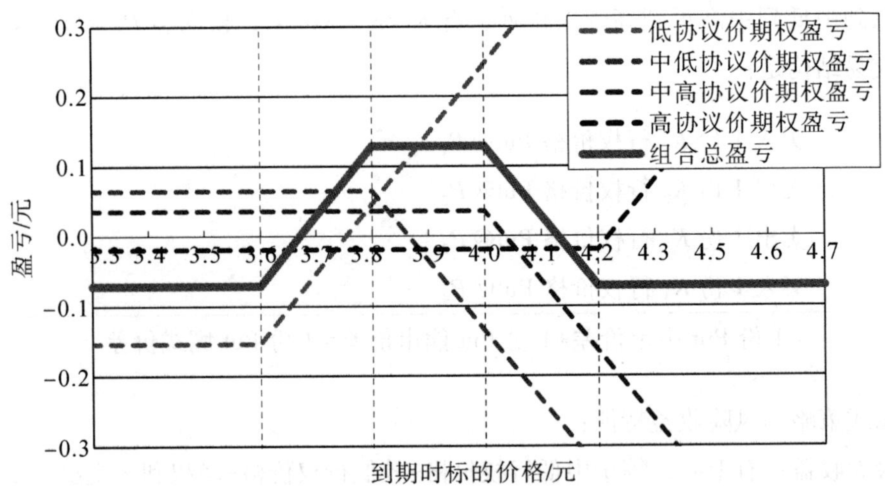

图 27−29　认购期权鹰式价差组合损益结构

用认沽期权建立鹰式价差组合：

买入 10 份 4 月 3. 60Put@ 0. 143 1，支出 14 310 元。

卖出 10 份 4 月 3. 80Put@ 0. 263 4，收入 26 340 元。

卖出 10 份 4 月 4. 00Put@ 0. 423 8，收入 42 380 元。

买入 10 份 4 月 4. 20Put@ 0. 605 3，支出 60 530 元。

策略建仓净权利金支出 = 60 530+14 310−26 340−42 380 = 6 120（元），是借方策略。图 27−30 是其损益结构图，虚线是不同行权价格期权头寸的损益情况，实线是组合的损益结构。策略的最大损失是净权利金支出 7 120 元，最大收益 =（3. 80−3. 60）× 10 000 × 10−6 120 = 13 880（元）。策略的低盈亏平衡点为 3. 60+0. 061 2 = 3. 661 2（元），高盈亏平衡点为 4. 20−0. 061 2 = 4. 138 8（元）。

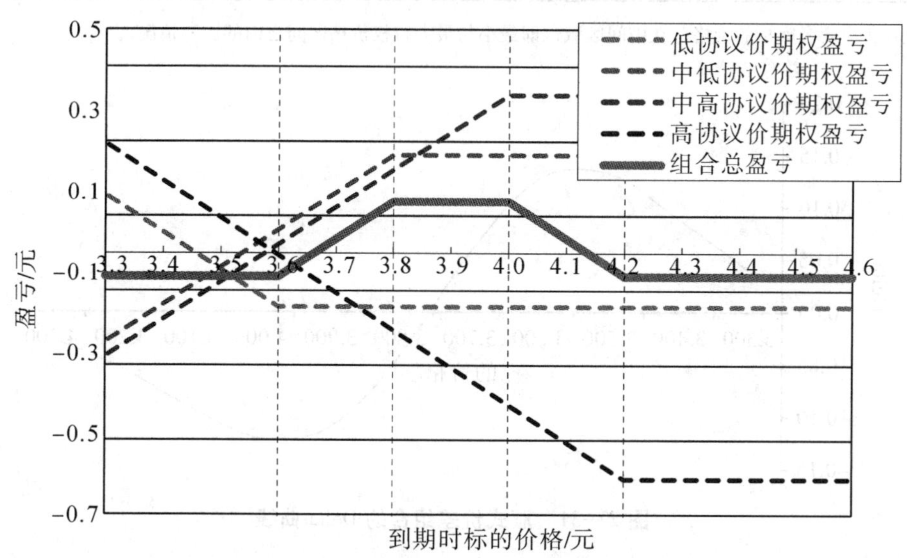

图 27−30　认沽期权鹰式价差组合损益结构

相比较而言，使用认购期权或认沽期权，建立的鹰式策略在总体损益结构上大致差不多。认购期权建仓，虽然权利金现金流相对较小，但净支出其实更大一些，最大收益金额也要小一点，可获利区间也相对窄一些。可见，认沽期权似乎更胜一筹。

表 27−9 是希腊值对鹰式价差策略的影响。希腊值的影响与在蝶式组合中的影响大致相似。首先，组合的 Delta 值也很小，Delta 值在行权价格区间的中间区域某个位置为 0，当标的价格低于这个分界点，Delta 为正，标的价格下跌是负向影响，高于这个分界点，Delta 值为负，标的价格上涨是负向影响。在行权价格区间以内，Gamma 基本为负，为不利因素，区间以外可能为正，为有利影响。在行权价格区间

以内，Theta 为正，组合的价值随着时间的流逝而增加，区间以外可能为负，组合的价值随着时间的流逝而降低。在行权价格区间以内，Vega 值为负，波动率下跌对策略有利，区间以外可能为正，波动率上涨对策略有利。鹰式价差策略的动态希腊值曲线见图 27-31 至图 27-34。

表 27-9 希腊值对鹰式价差策略的影响[①]

希腊值	符号	对策略的影响
Delta	零位置向下为正，向上为负	取决于标的价格的位置和变动方向
Gamma	中间区域为负	主要为不利影响
Theta	中间区域为正	主要为有利影响
Vega	中间区域为负	波动率下跌有利，上涨不利

注：①主要考察标的价格落在中间区域，即最小与最大行权价格区间之内的影响情况。

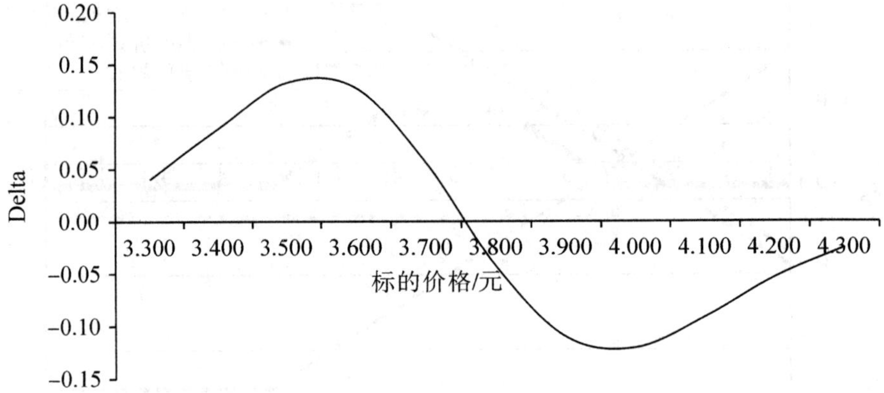

图 27-31 鹰式价差组合的 Delta 曲线

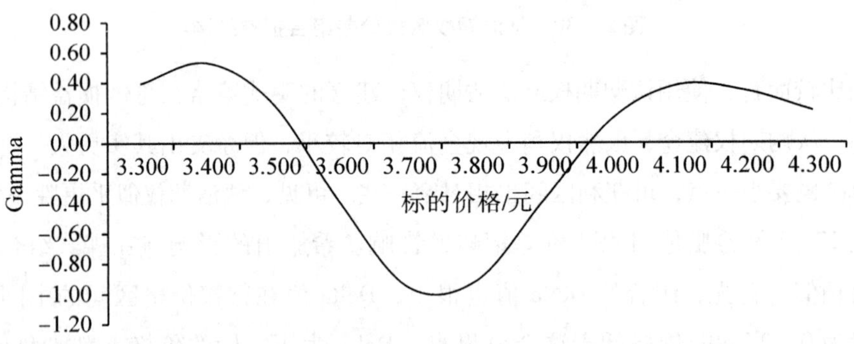

图 27-32 鹰式价差组合的 Gamma 曲线

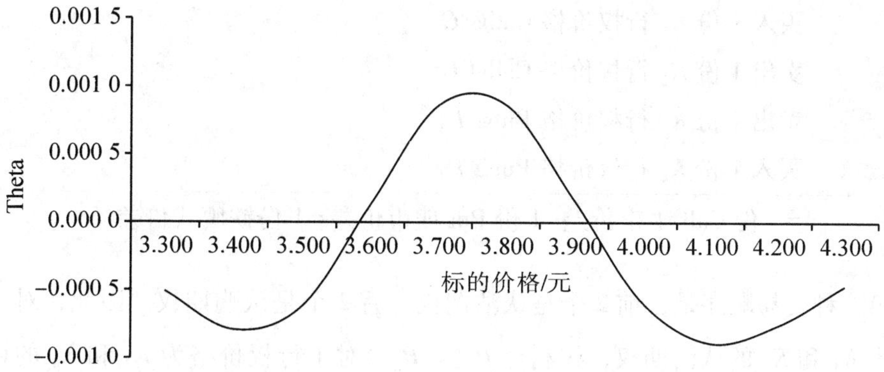

图 27-33　鹰式价差组合的 Theta 曲线

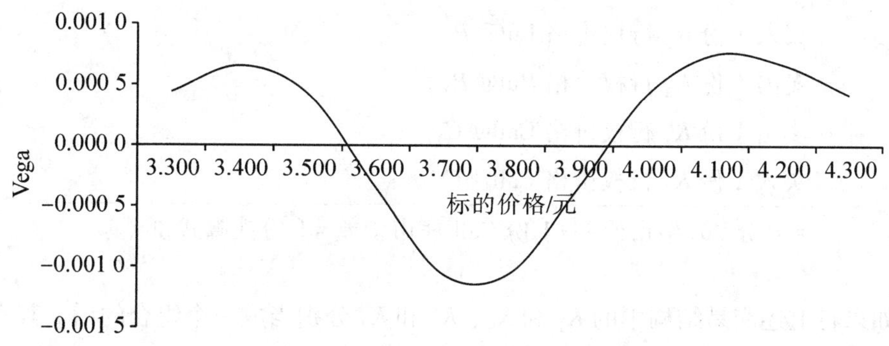

图 27-34　鹰式价差组合的 Vega 曲线

铁鹰式策略

单独使用认购期权或认沽期权，买入行权价最低的和最高的，同时卖出中间两个相邻行权价格的同性质期权，可以得到鹰式价差组合。相同的损益曲线，也可以由认购期权和认沽期权混合构建而成，此时需要 2 个相邻行权价格的认购期权，以及另外 2 个相邻行权价格的认沽期权，这样构建的价差组合，其损益曲线与鹰式策略相同，为方便区分，称其为铁鹰式策略。

具体而言，构建铁鹰式策略，有两种顺序。选取同月到期的 4 个相邻行权价格的期权合约，行权价格由低到中低到中高再到高依次排列，有 $K_1<K_2<K_3<K_4$。第一种交易顺序是，前 2 个是认购期权，后 2 个是认沽期权。因此，对于行权价格为 K_1 和 K_2 的认购期权，权利金 $C_1 > C_2$，对于行权价格为 K_3 和 K_4 的认沽期权，权利金 $P_3 < P_4$。交易结构如下：

买入 1 份 K_1 行权价格 Call@ C_1

卖出 1 份 K_2 行权价格 Call@ C_2

卖出 1 份 K_3 行权价格 Put@ P_3

买入 1 份 K_4 行权价格 Put@ P_4

=1 份 Call 牛市价差+1 份 Put 熊市价差=1 份铁鹰式价差

第二种交易顺序是，前 2 个是认沽期权，后 2 个是认购期权。因此，对于行权价格为 K_1 和 K_2 的认沽期权，权利金 $P_1 < P_2$，对于行权价格为 K_3 和 K_4 的认购期权，权利金 $C_3 > C_4$。交易结构如下：

买入 1 份 K_1 行权价格 Put@ P_1

卖出 1 份 K_2 行权价格 Put@ P_2

卖出 1 份 K_3 行权价格 Call@ C_3

买入 1 份 K_4 行权价格 Call@ C_4

=1 份 Put 牛市价差+1 份 Call 熊市价差=1 份铁鹰式价差

如果将上述交易结构中的 K_1 和 K_4、K_2 和 K_3 分别当成一个组合的话，其实也可以认为，铁鹰式策略是由一个买入宽跨式加上一个卖出宽跨式构成，其中买入的宽跨式，两个行权价格之间的间距更宽，而卖出的宽跨式，两个行权价格之间的间距要窄一些。

铁鹰式策略的风险收益特征：

最大收益：有上限。两端买入的是虚值期权的铁鹰组合，最大收益等于所获得的净权利金收入。两端买入的是实值期权的铁鹰组合，最大收益等于（高行权价-较高行权价）+（较低行权价-低行权价）- 净权利金支出。

最大损失：有限，等于中低行权价格-低行权价格-最大收益。

铁鹰式策略的盈亏平衡点：

低盈亏平衡点：低行权价格 + 最大损失，或中低行权价格 - 最大收益。

高盈亏平衡点：高行权价格 - 最大损失，或中高行权价格 + 最大收益。

铁鹰式策略的两个盈亏平衡价格之间的区间，就是盈利区间。当标的价格大于低盈亏平衡点且小于高盈亏平衡点时，策略盈利，否则就会亏损。

2020 年 4 月 10 日，上海证券交易所的华泰 300ETF 的收盘价格为 3.776 元，该标的证券行权价格为 3.60 元的 4 月认购和认沽期权价格分别为 0.186 0 元与 0.018 6 元，行权价格为 3.70 元的 4 月认购和认沽期权价格分别为 0.111 2 元与 0.042 5 元，行权价格为 3.80 元的 4 月认购和认沽期权价格分别为 0.055 0 元和 0.086 0 元，行权价格为 3.90 元的 4 月认购和认沽期权价格分别为 0.021 9 元和 0.155 2 元。我们用 Put 牛市价差+Call 熊市价差建立如下的铁鹰式价差组合：

买入 10 份 4 月 3.60Put@0.018 6，支出 1 860 元。

卖出 10 份 4 月 3.70Put@0.042 5，收入 4 250 元。

卖出 10 份 4 月 3.80Call@0.055 0，收入 5 500 元。

买入 10 份 4 月 3.90Call@0.021 9，支出 2 190 元。

策略建仓净权利金收入=4 250+5 500−1 860−2 190=5 700（元），是贷方策略。图 27−35 是其损益结构图，虚线是不同行权价格期权头寸的损益情况，实线是组合的损益结构。策略的最大收益是净权利金收入 5 700 元，最大损失=（3.70−3.60）×10 000×10−5 700=4 300（元）。策略的低盈亏平衡点为 3.60+0.043=3.643（元），高盈亏平衡点为 3.90−0.043=3.857（元）。

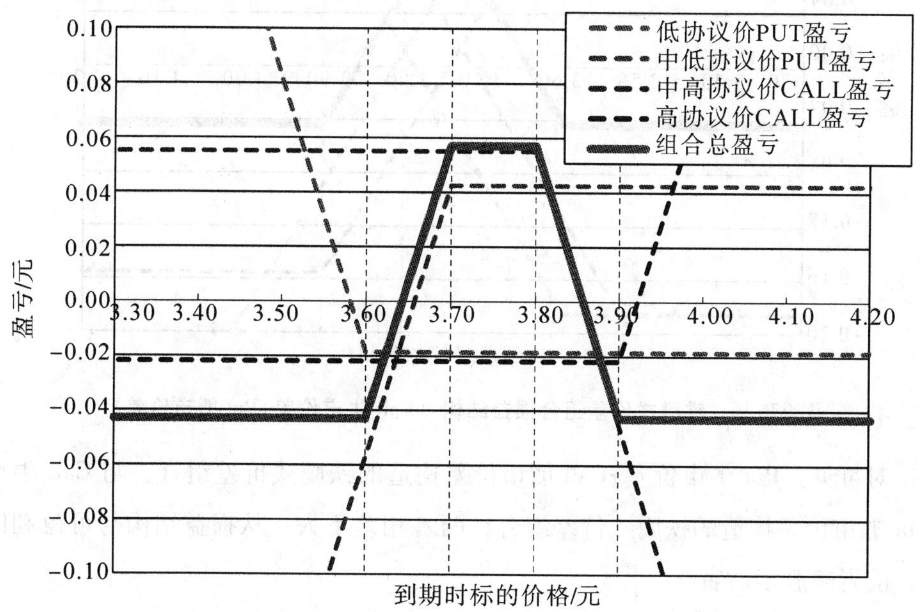

图 27−35　铁鹰式价差组合损益结构（Put 牛市价差+Call 熊市价差）

用 Call 牛市价差+Put 熊市价差，建立如下的铁鹰式价差组合：

买入 10 份 4 月 3.60Call@0.186 0，支出 18 600 元。

卖出 10 份 4 月 3.70Call@0.111 2，收入 11 120 元。

卖出 10 份 4 月 3.80Put@0.086 0，收入 8 600 元。

买入 10 份 4 月 3.90Put@0.155 2，支出 15 520 元。

策略建仓净权利金支出=18 600+15 520−11 120−8 600=14 400（元），是借方策略。图 27-36 是其损益结构图，虚线是不同行权价格期权头寸的损益情况，实线是组合的损益结构。策略的最大收益=（3.90−3.80+3.70−3.60）× 10 000 × 10−14 400=5 600（元），最大损失=（3.70−3.60）× 10 000 × 10−5 600=4 400（元）。策略的低盈亏平衡点为 3.60+0.044=3.644（元），高盈亏平衡点为 3.90−0.044=3.856（元）。

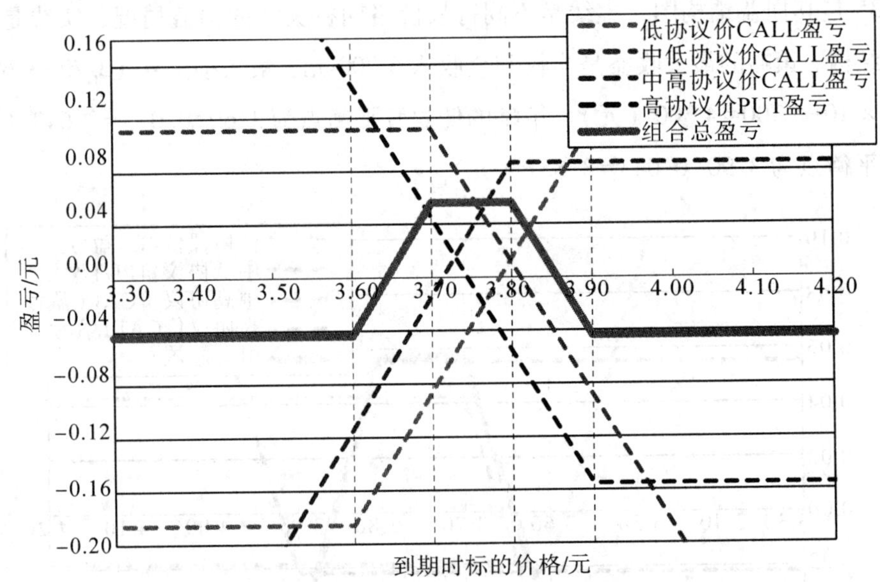

图 27-36 铁鹰式价差组合损益结构（Call 牛市价差+Put 熊市价差）

比对可见，Put 牛市价差+Call 熊市价差构造的铁鹰式价差组合，与 Call 牛市价差+Put 熊市价差构造的铁鹰式价差组合，两者相差不大，从损益结构与可盈利区间来看，前者略胜于后者。

表 27-10 是希腊值对铁鹰式价差策略的影响。在铁鹰策略中，希腊值的影响与在鹰式组合中的影响很相似。其特征是，组合的 Delta 值也很小，Delta 值在行权价格区间的中间区域某个位置为 0，当标的价格低于这个分界点，Delta 为正，标的价格下跌是负向影响，高于这个分界点，Delta 值为负，标的价格上涨是负向影响。在

行权价格区间以内，Gamma 基本为负，为不利影响，区间以外可能为正，为有利影响。在行权价格区间以内，Theta 为正，组合的价值随着时间的流逝而增加，区间以外可能为负，组合的价值随着时间的流逝而降低。在行权价格区间以内，Vega 值为负，波动率下跌对策略有利，区间以外可能为正，波动率上涨对策略有利。铁鹰式价差策略的动态希腊值曲线见图 27-37 至图 27-40。

表 27-10　希腊值对铁鹰式价差策略的影响①

希腊值	符号	对策略的影响
Delta	零位置向下为正，向上为负	取决于标的价格的位置和变动方向
Gamma	中间区域为负	不利影响
Theta	中间区域为正	有利影响
Vega	中间区域为负	波动率下跌有利，上涨不利

注：①主要考察标的价格落在中间区域，即最小与最大行权价格区间之内的影响情况。

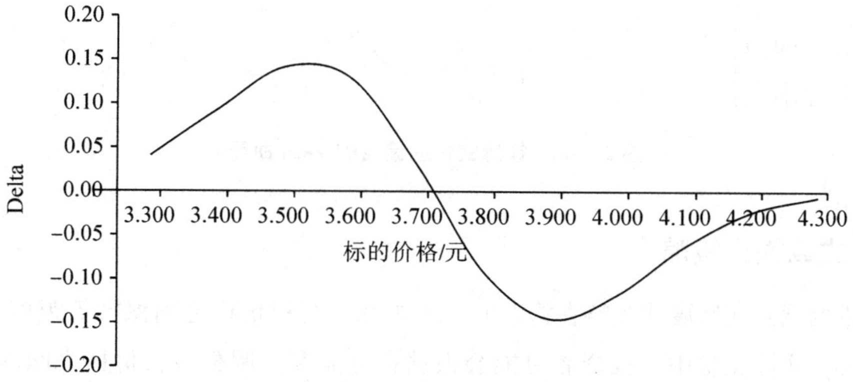

图 27-37　铁鹰式价差策略的 Delta 曲线

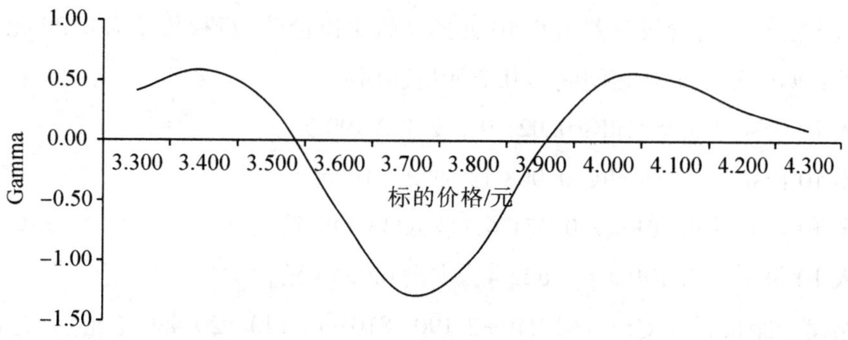

图 27-38　铁鹰式价差策略的 Gamma 曲线

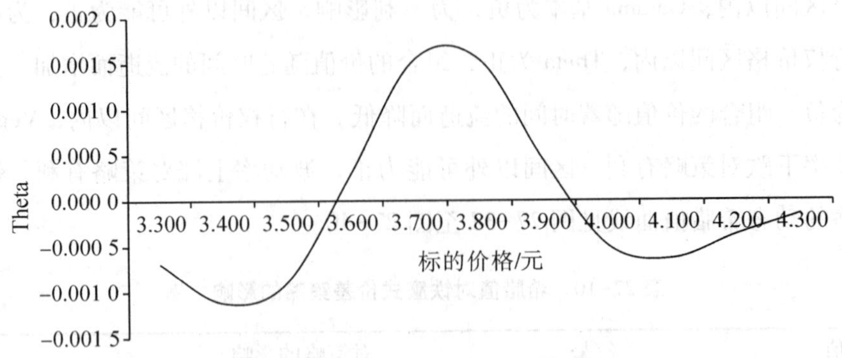

图 27-39 铁鹰式价差策略的 Theta 曲线

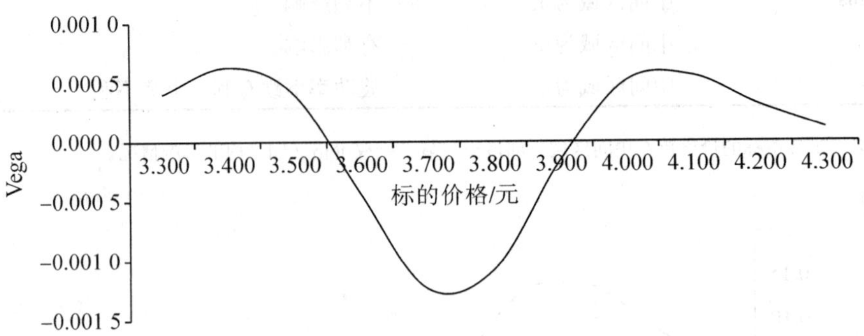

图 27-40 铁鹰式价差策略的 Vega 曲线

折翅鹰式或铁鹰策略

标准的鹰式或铁鹰式策略在构造时，要求几个行权价格之间保持等距离，交易结构对称。实际交易中，投资者可能会根据自身需要，调整行权价格之间的间距，最后形成不对称的交易结构，从而导致鹰式或铁鹰式两翅的其中之一变短，看起来像折断了一样，故被称之为折翅鹰式或铁鹰策略。如图 27-41 就是一个折翅铁鹰组合。构造方法是，用行权价差为 0. 10 元的认购牛市价差+行权价差为 0. 20 元的认沽熊市价差，两个价差组合之间间隔 0. 2 元搭建而成：

买入 10 份 4 月 3. 90Call@ 0. 021 9，支出 2 190 元。

卖出 10 份 4 月 4. 00Call@ 0. 008 1，收入 810 元。

卖出 10 份 4 月 4. 20Put@ 0. 431 4，收入 43 140 元。

买入 10 份 4 月 4. 40Put@ 0. 622 4，支出 62 240 元。

策略建仓净权利金支出 = 62 240+2 190-810-43 140 = 20 480（元），是借方策略。策略的最大收益 =（4. 40-4. 20+4. 00-3. 90）× 10 000 × 10-20 480 = 9 520

（元），左翅最大损失=（4.00−3.90）×10 000×10−9 520=480（元），右翅最大损失=（4.40−4.20）×10 000×10−9 520=10 480（元）。低盈亏平衡点为 3.90+0.004 8=3.904 8（元），高盈亏平衡点为 4.40−0.104 8=4.295 2（元）。这样构建的结果，使策略不仅锁定了上行的最大风险，更重要的是可以确保下行无忧，不管将来标的价格下跌多少，策略最多亏损 480 元。

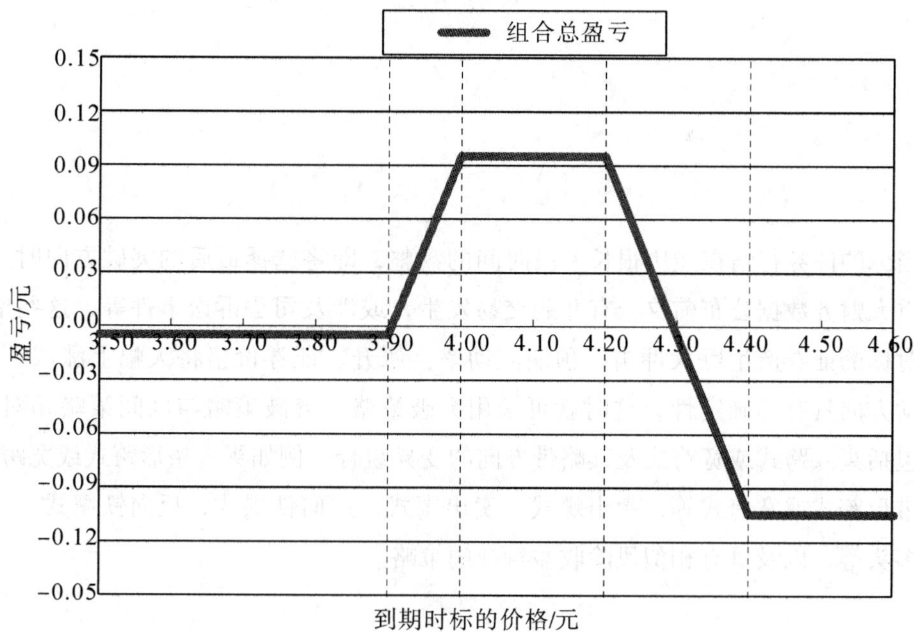

图 27−41　折翅铁鹰式策略损益结构

第 28 章

突破策略

当标的证券行情在经历很长一段时间的盘整，即将选择最后的突破方向时，或者在重大财务数据公布前夕，有并购交易发生，或涉及司法诉讼事件等，这些情形都会对标的证券产生巨大冲击，预期波动率会飙升，证券价格将大幅上涨或下跌，但变动方向具有不确定性，这时就可采用突破策略。突破策略与区间策略相对应，主要包括买入跨式或宽跨式及其略带方向的变异组合，例如买入条形跨式或宽跨式，买入带形跨式或宽跨式等，卖出蝶式，卖出鹰式，反向铁蝶式，反向铁鹰式，合成跨式多头等，以及具有相似风险收益特征的策略。

买入跨式或宽跨式及其变形

买入跨式又叫底跨式策略，是一种双买策略，其构造方法刚好与顶跨式相反，即同时买入相同份数的同一到期日、同一行权价的认购期权和认沽期权。通常选择近月平值期权为宜。

买入宽跨式，又叫底宽跨式策略，其构造方法，除买入的两个期权的行权价格不同之外，其他与买入跨式相同。买入宽跨式的两个行权价格的选择，如果对未来行情突破方向没有倾向，都取虚值一档或二档的行权价格最佳。当然，也可基于对未来市场的预判，适当左偏或右偏。

具体而言，选取同月到期的认购和认沽期权各 1 份，买入跨式要求行权价格相同，买入宽跨式行权价格应不同。因此，有 $K_1 \leqslant K_2$。第一种交易顺序是，K_1 是认沽期权，K_2 是认购期权。因此，权利金分别为 P_1 和 C_2。交易结构如下：

买入 1 份 K_1 行权价格 Put@ P_1

买入 1 份 K_2 行权价格 Call@ C_2

=1 份底跨式（$K_1=K_2$）或底宽跨式（$K_1<K_2$）

买入跨式，通常会选择平值或平值附近认购与认沽期权；买入宽跨式，一般会选择买入虚值认购和虚值认沽期权，如此构建总权利金支出最小。这正是第一种交易顺序下的交易结构。其实，投资者也可以选择另外的交易结构，即第二种交易顺序，也就是同时买入实值的认购与认沽期权。这时，K_1 是认购期权，K_2 是认沽期权，权利金分别为 C_1 和 P_2。交易结构为：

买入 1 份 K_1 行权价格 Call@ C_1

买入 1 份 K_2 行权价格 Put@ P_2

=1 份底跨式（$K_1=K_2$）或底宽跨式（$K_1<K_2$）

在第二种交易结构中，买入的可能是实值期权，最大特点是权利金支出要比第一种交易结构大，但总体的损益结构，最大收益和损失应该相差不大。实际交易中，出于某种原因，比如市场供求关系，对波动率或定价水平等因素的考量，第二种交易结构可能更具吸引力。

买入跨式或宽跨式策略的风险收益特征：

最大收益：理论上，标的价格上不封顶，因此对于买入跨式或宽跨式策略，最大收益上行都是无限的。但标的价格下行只可归 0，故对于买入跨式，下行最大收益=行权价格-总权利金支出；对于买入宽跨式，下行最大收益=低行权价格-总权利金支出。

最大损失：总权利金支出，等于买入认购期权的权利金支出+买入认沽期权的权利金支出。

买入跨式的盈亏平衡点：

低盈亏平衡点：行权价格-认购期权权利金-认沽期权权利金。

高盈亏平衡点：行权价格+认购期权权利金+认沽期权权利金。

买入宽跨式的盈亏平衡点：

低盈亏平衡点：低行权价格-认购期权权利金-认沽期权权利金。

高盈亏平衡点：高行权价格+认购期权权利金+认沽期权权利金。

当标的资产价格小于低盈亏平衡点或大于高盈亏平衡点时，策略盈利，否则就会亏损。

买入跨式或宽跨式策略在损益结构上大致相似，所不同的是，买入跨式的高低两个盈亏平衡点之间的跨度要小于买入宽跨式。因此，买入跨式可以更早地脱离非盈利区间，即高低两个盈亏平衡价格之间的区域，但代价是权利金成本要大于买入宽跨式。虽然买入宽跨式能降低成本，但获利概率要低于买入跨式。投资者可根据自身的风险承受能力和回报预期，做出适当的选择。

表 28-1 是希腊值对买入跨式或宽跨式策略的影响。在买入跨式与买入宽跨式策略中，希腊值的影响相似。其特征是，组合的 Delta 在标的价格靠近行权价格或两个行权价格的中间位置时最小，其最小值为 0。当标的价格偏离这个 0 Delta 位置后，Delta 的绝对值变大，对组合价值的影响也就越大。低于这个分界点，Delta 为负，标的价格下跌是正向影响，高于这个分界点，Delta 值为正，标的价格上涨是正向影响。买入跨式或买入宽跨式，Gamma 都为正，且值比较大，为有利影响。Theta 为负，时间是买入跨式或宽跨式策略最大的敌人，组合价值随着时间的流逝而降低。Vega 值为正，波动率增大对策略有利，减小则不利。买入跨式或宽跨式策略的动态希腊值曲线见图 28-1 至图 28-4。

表 28-1　希腊值对买入跨式或宽跨式策略的影响

希腊值	符号	对策略的影响
Delta	零位置向下为负，向上为正	取决于标的价格的位置和变动方向
Gamma	为正	有利影响，且影响大
Theta	为负	不利影响
Vega	为正	波动率增大有利，下降不利

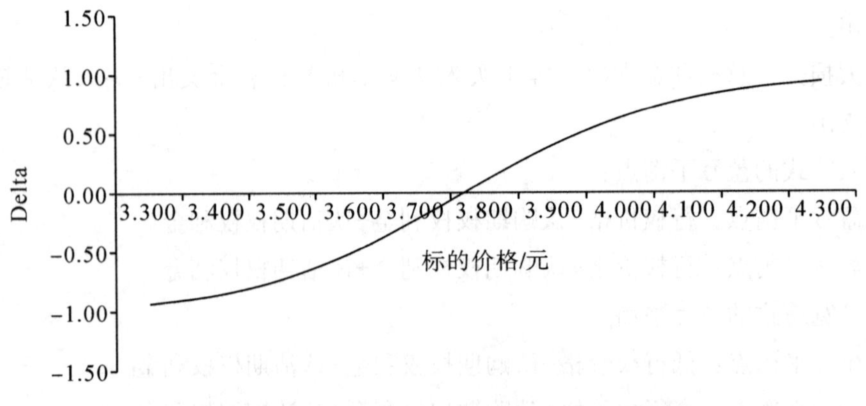

图 28-1　买入跨式或宽跨式策略的 Delta 曲线

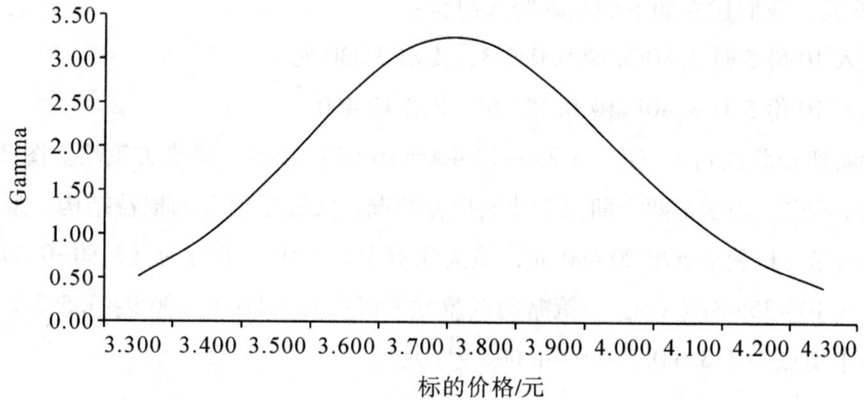

图 28-2　买入跨式或宽跨式策略的 Gamma 曲线

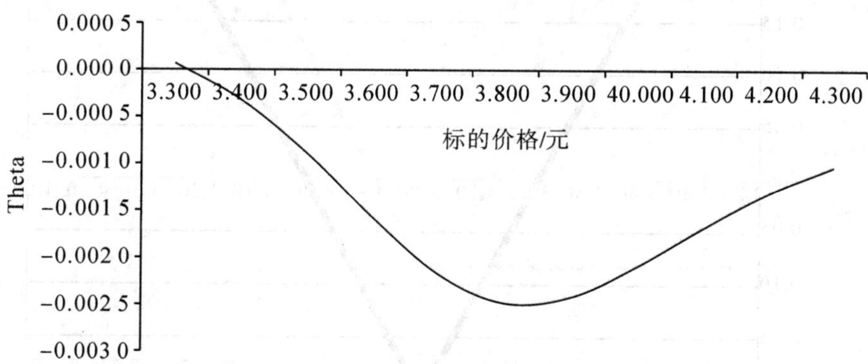

图 28-3　买入跨式或宽跨式策略的 Theta 曲线

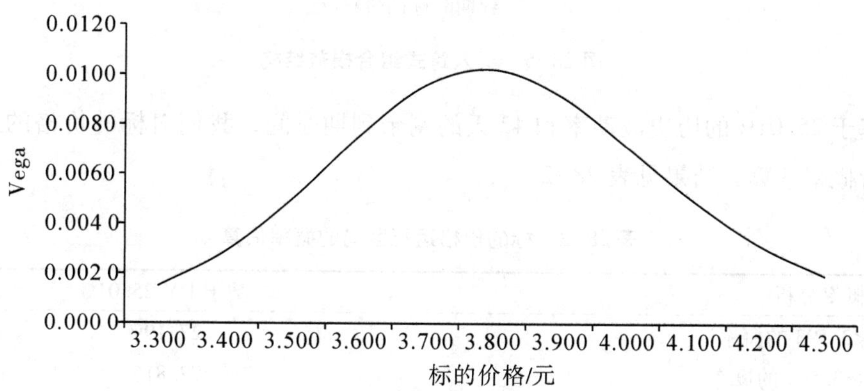

图 28-4　买入跨式或宽跨式策略的 Vega 曲线

2020 年 4 月 15 日，上海证券交易所的华泰 300ETF 的收盘价格为 3.783 元，该标的证券行权价格为 3.80 元的 5 月认购期权和认沽期权价格分别为 0.082 3 元与

0.124 6 元。我们建立如下的买入跨式组合：

买入 10 份 5 月 3.80Call@0.082 3，支出 8 230 元。

买入 10 份 5 月 3.80Put@0.124 6，支出 12 460 元。

策略建仓总权利金支出=8 230+12 460=20 690（元），是借方策略。图 28-5 是其损益结构图，虚线是两个期权头寸的损益情况，实线是组合的损益结构。策略的最大损失就是总权利金支出 20 690 元，最大收益上行无限，下行为（3.80-0.206 9）×10 000 × 10=359 310（元）。策略的低盈亏平衡点为 3.80-0.206 9=3.593 1（元），高盈亏平衡点为 3.80+0.206 9=4.006 9（元）。

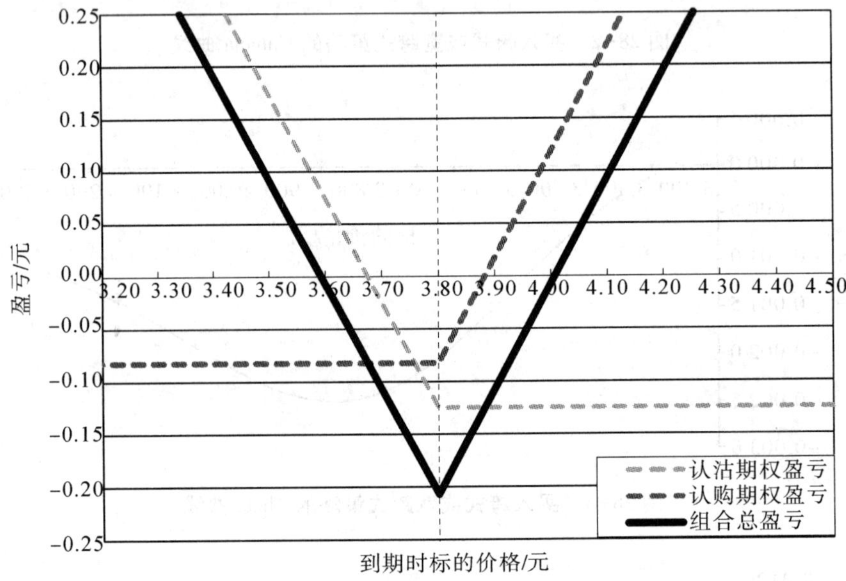

图 28-5 买入跨式组合损益结构

基于 25.01%的历史波动率和 42 天的剩余到期时间，我们对标的价格的运行区间进行概率估算，结果见表 28-2。

表 28-2 标的价格运行区间的概率估算

概率分析	基于 HV 25.01%
<3.593 的概率	27.19%
≥3.593 的概率	72.81%
≤4.007 的概率	75.10%
>4.007 的概率	24.90%
3.593~4.007 的概率	47.91%
在 3.593~4.007 之外的概率	52.09%

概率估算结果显示，总体上看，到期时标的价格落在高低两个盈亏平衡点之外的概率到达了 52.09%，似乎不低，但需要注意，这是小于 3.593 的概率 27.19%，加上大于 4.007 的概率 24.90%之和。到期时策略要盈利，只有一种可能，标的价格要么小于 3.593，要么大于 4.007，单看这两种情况的概率都是比较低的，相反，落在两者之间的胜算要大得多。因此，概率分析认为，除非在期权到期前，标的价格波动率大幅飙升，或资产价格单方向大幅上涨或下跌，上涨超过 5.02%，或下跌超过 5.92%，否则，该策略盈利的可能性很小。可见，运用双买策略要特别谨慎。

如果投资者认为标的行情将发生大幅波动，但不好把握方向，最适合的策略就是买入平值附近的跨式或宽跨式组合。如果投资者对未来行情的发展方向有倾向，就可以对策略做适当的调整。具体方法是，在预期行情大幅上涨的可能性更大时，在买入跨式或宽跨式策略中，加买一倍的认购期权，形成买入带形跨式或宽跨式策略。反之，如果投资者认为标的行情大幅度下跌的可能性更大，则可以在买入的跨式或宽跨式策略中，加买一倍的认沽期权，形成买入条形跨式或宽跨式策略。买入带形或条形跨式与宽跨式策略，都是买入跨式与宽跨式策略带方向看法的变异组合，其风险收益结构、最大收益和盈亏平衡点，需要对应地进行调整。

这类策略在执行过程中，通常需要做后期的跟踪调整。当策略运行一段时间后，策略的突破方向已经明确，这时可以保留与行情发展方向一致的头寸，卖出相反方向的头寸，降低成本，增大收益。例如，可以在确认上涨后，卖出所持有的认沽期权的部分或全部头寸；在确认下跌后，卖出所持有的认购期权的部分或全部头寸。不过，如此调整后，策略的损益结构就发生了改变，策略就不再是初始的建仓策略了，需要辨识新的风险与收益特征。

卖出蝶式

卖出蝶式也是一种垂直价差组合，是区间策略中蝶式价差策略的反向策略，因此，适用于波动率比较大，预期标的价格会剧烈变动但方向不明的场景。构造方法是，分别卖出 1 份行权价较低和 1 份行权价较高的认购期权或认沽期权，同时买入 2 份行权价居中，数值上等于前两份期权行权价的平均值的同性质期权，该组合即为卖出蝶式价差组合。把策略中包含的 4 份期权重新组合，可以形成由同性质期权构成的一个熊市价差与一个牛市价差组合。卖出蝶式策略既可用认购期权实现，也可由认沽期权实现。

用认购期权构建卖出蝶式组合，选取同月到期的 3 个不同行权价格的合约，行权价格由低到高依次排列，有 $K_1<K_2<K_3$，权利金 $C_1 > C_2 > C_3$。交易结构是：

卖出 1 份 K_1 行权价格 Call@ C_1
买入 2 份 K_2 行权价格 Call@ C_2
卖出 1 份 K_3 行权价格 Call@ C_3

=1 份 Call 熊市价差+1 份 Call 牛市价差=1 份 Call 卖出蝶式价差

用认沽期权构建卖出蝶式组合，选取同月到期的 3 个不同行权价格的合约，行权价格由低到高依次排列，有 $K_1<K_2<K_3$，权利金 $P_1 < P_2 < P_3$。交易结构是：

卖出 1 份 K_1 行权价格 Put@ P_1
买入 2 份 K_2 行权价格 Put@ P_2
卖出 1 份 K_3 行权价格 Put@ P_3

=1 份 Put 熊市价差+1 份 Put 牛市价差=1 份 Put 卖出蝶式价差

卖出蝶式策略的风险收益特征：

最大收益：有限，等于净权利金收入。

最大损失：有限，等于中间行权价格-较低行权价格-净权利金收入。

卖出蝶式策略的盈亏平衡点：

低盈亏平衡点：低行权价格 + 净权利金收入，或中间行权价格 - 最大损失。

高盈亏平衡点：高行权价格 - 净权利金收入，或中间行权价格 + 最大损失。

卖出蝶式策略的两个盈亏平衡价格之外的区域，就是策略的盈利范围。当标的价格小于低盈亏平衡点或大于高盈亏平衡点时，策略盈利，否则就会亏损。

表 28-3 是希腊值对卖出蝶式价差策略的影响。首先，Delta 值很小，且在中间行权价格附近的某个位置为 0，当标的价格低于这个分界点，Delta 为负，标的价格下跌是正向影响，高于这个分界点，Delta 值为正，标的价格上涨是正向影响。Gamma 在高低行权价格之间为正，是有利因素。Theta 在高低行权价格之间基本为负，组合的价值随着时间的流逝而降低，而当位于高低行权价格之外时，Theta 值变为正数，组合的价值随着时间的流逝而增加。Vega 与 Gamma 的情形相似，在高低行权价格之间为正，波动率上涨对策略有利，下跌不利。卖出蝶式价差策略的动态希腊值曲线见图 28-6 至图 28-9。

表 28-3　希腊值对卖出蝶式价差策略的影响

希腊值	符号	对策略的影响
Delta	零位置向下为负，向上为正	取决于标的价格的位置和变动方向
Gamma	高低行权价之间为正	为有利影响
Theta	高低行权价之间为负	为不利影响
Vega	高低行权价之间为正	波动率上涨有利，下跌不利

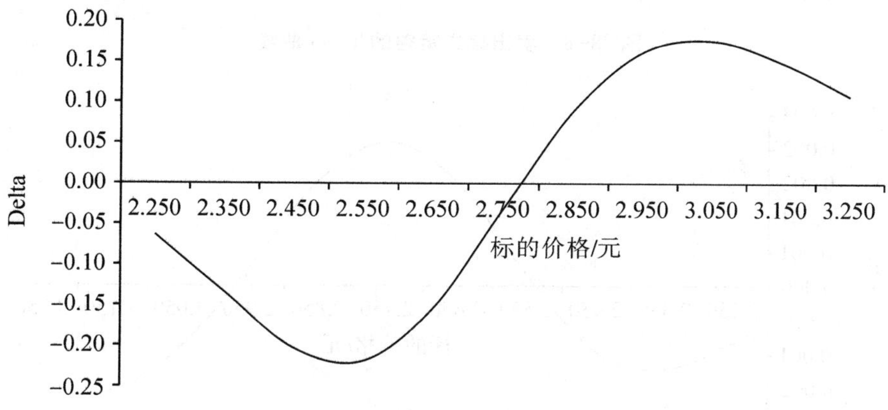

图 28-6　卖出蝶式策略的 Delta 曲线

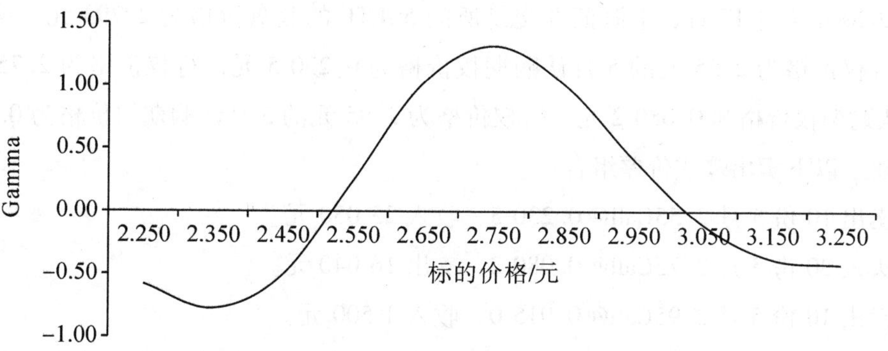

图 28-7　卖出蝶式策略的 Gamma 曲线

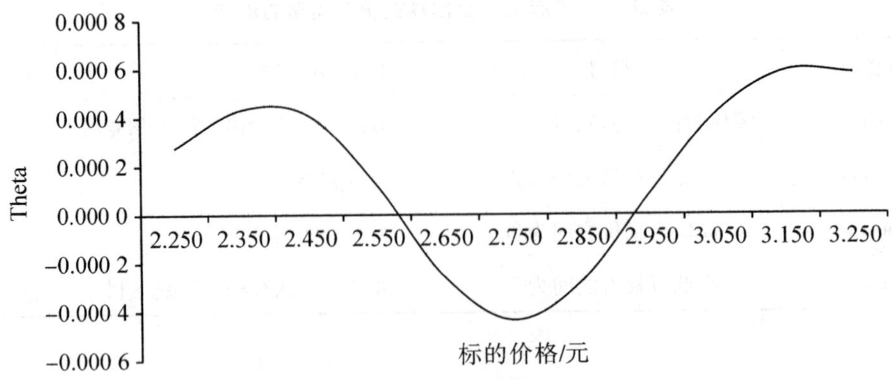

图 28-8　卖出蝶式策略的 Theta 曲线

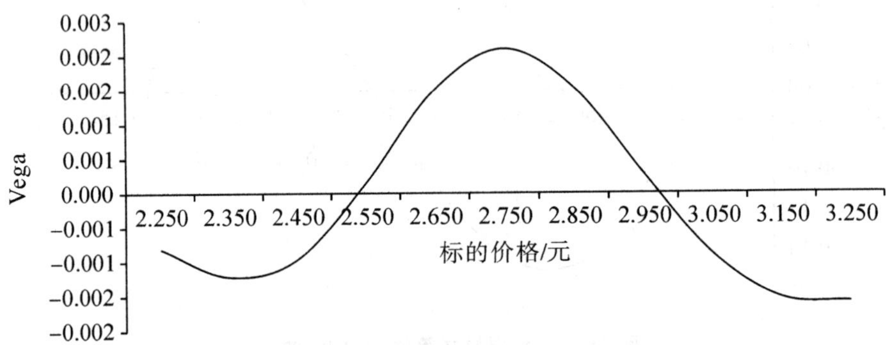

图 28-9　卖出蝶式策略的 Vega 曲线

2020 年 4 月 17 日，上海证券交易所的 50ETF 的收盘价格为 2. 793 元，该标的证券行权价格为 2. 55 元的 5 月认购期权价格为 0. 230 5 元，行权价格为 2. 75 元的 5 月认购期权价格为 0. 080 2 元，行权价格为 2. 95 元的 5 月认购期权价格为 0. 015 0 元。建立以下卖出蝶式价差组合：

卖出 10 份 5 月 2. 55Call@ 0. 230 5，收入 23 050 元。

买入 20 份 5 月 2. 75Call@ 0. 080 2，支出 16 040 元。

卖出 10 份 5 月 2. 95Call@ 0. 015 0，收入 1 500 元。

策略净收入=23 050−16 040+1 500=8 510（元），是贷方策略，这也是最大收益。图 28−10 是组合的损益结构图，虚线是不同行权价格认购期权头寸的损益情况，实线是组合的损益结构。组合的最大损失=（2. 75−2. 55）× 10 000 × 10−8 510=11 490（元）。策略的低盈亏平衡点为 2. 55+0. 085 1=2. 635 1（元），高盈亏平衡点为 2. 95−0. 085 1=2. 864 9（元）。

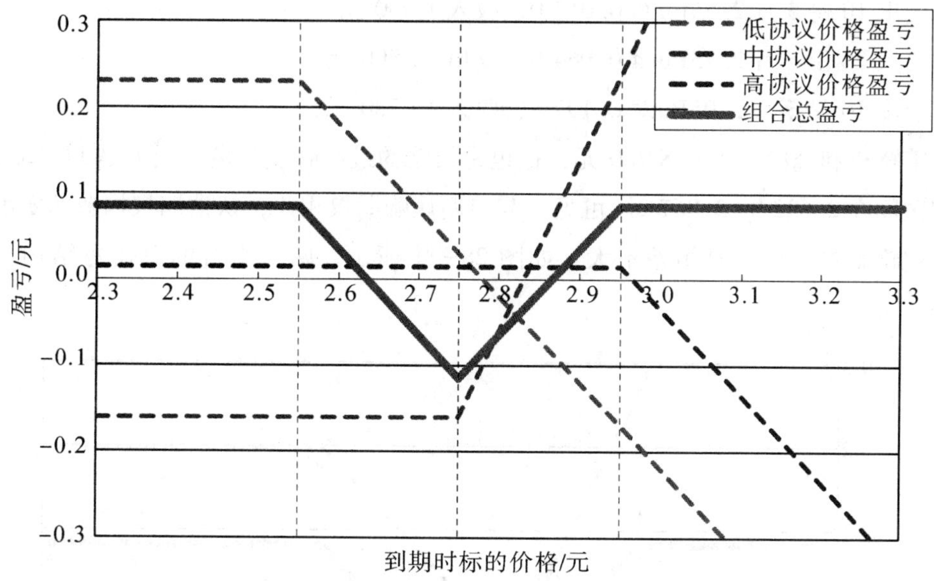

图 28-10　认购期权卖出蝶式价差组合的损益结构

高低盈亏平衡点相距 0. 23 元，标的价格距低盈亏平衡点 0. 158 元，有 5. 65%的下行距离，距高盈亏平衡点 0. 072 元，有 2. 57%的上行距离，两者之和为 8. 22%的宽度。基于 23. 84%的历史波动率和 40 天的剩余到期时间，我们对标的价格的运行区间进行概率估算，结果见表 28-4。

表 28-4　标的价格的运行区间的概率估算

概率分析	基于 HV 23. 84%
<2. 635 的概率	23. 04%
≥2. 635 的概率	76. 96%
≤2. 865 的概率	62. 63%
>2. 865 的概率	37. 37%
2. 635~2. 865 的概率	39. 59%
在 2. 635~2. 865 之外的概率	60. 41%

概率估算结果显示，到期时标的价格落在高低两个盈亏平衡点之外的概率之和达到 60. 41%，如果波动率飙升，到期胜率还是不错的。策略的风险和收益都比较有限，不过，最大损失通常会大于最大收益，因此，策略构建时要仔细测算，否则可能会得不偿失。

用认沽期权来构建该卖出蝶式价差组合，其结果大致相似。交易结构如下：

卖出 10 份 5 月 2. 55Put@ 0. 013 0，收入 1 300 元

买入 20 份 5 月 2. 75Put@ 0. 064 0，支出 12 800 元

卖出 10 份 5 月 2. 95Put@ 0. 197 8，收入 19 780 元

策略权利金净收入是 8 280 元，这也是策略的最大收益，最大损失是 11 720 元，盈利区间在 2. 632 8～2. 867 2。可见，与使用认购期权相比，认沽期权构造的卖出蝶式价差略微差一点，但相差不大。如图 28－11 所示，两个组合的总盈亏结构几乎相同。

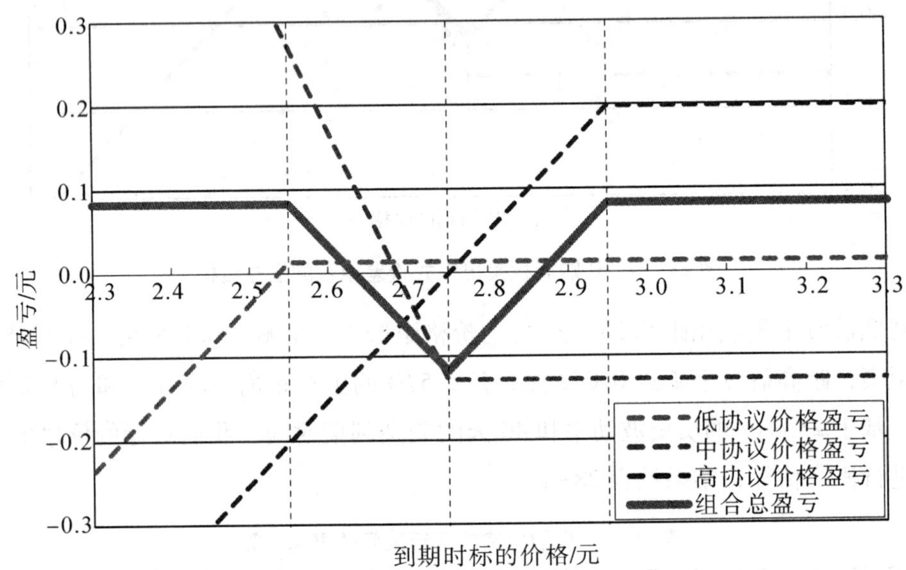

图 28－11　认沽期权卖出蝶式价差组合的损益结构

不管是基于认购期权还是认沽期权构造的卖出蝶式价差组合，它们的最大损失都发生在到期时标的价格正好等于中间行权价格的时候。它们的希腊值对组合价值的影响也基本相同。

卖出鹰式

卖出鹰式与卖出蝶式在交易和损益结构上相似，主要区别是，卖出鹰式中间买入的是行权价格相邻的 2 个不同的期权，而非同一期权买 2 份。这样，使得高低行权价格之间的距离变得更大，低盈亏平衡点的位置会变得更低，高盈亏平衡点的位置会变得更高。因此，需要更大的波动才能获利。构造方法是：只用同种期权构建，既可选择认购期权，也可选择认沽期权。如果用认购期权构建，选取同月到期的

4 个不同行权价格的合约，行权价格由低到中低到中高再到高依次排列，有 $K_1<K_2<K_3<K_4$，权利金 $C_1 > C_2 > C_3 > C_4$。交易结构是：

卖出 1 份 K_1 行权价格 Call@ C_1
买入 1 份 K_2 行权价格 Call@ C_2
买入 1 份 K_3 行权价格 Call@ C_3
卖出 1 份 K_4 行权价格 Call@ C_4

=1 份 Call 熊市价差+1 份 Call 牛市价差=1 份 Call 卖出鹰式价差

如果用认沽期权构建，选取同月到期的 4 个不同行权价格的合约，行权价格由低到中低到中高再到高依次排列，有 $K_1<K_2<K_3<K_4$，权利金 $P_1 < P_2 < P_3 < P_4$。交易结构是：

卖出 1 份 K_1 行权价格 Put@ P_1
买入 1 份 K_2 行权价格 Put@ P_2
买入 1 份 K_3 行权价格 Put@ P_3
卖出 1 份 K_4 行权价格 Put@ P_4

=1 份 Put 熊市价差+1 份 Put 牛市价差=1 份 Put 卖出鹰式价差

卖出鹰式策略的风险收益特征：

最大收益：有限，等于净权利金收入。

最大损失：有限，等于中低行权价格-低行权价格-净权利金收入。

卖出鹰式策略的盈亏平衡点：

低盈亏平衡点：低行权价格 + 净权利金收入，或中低行权价格 - 最大损失。

高盈亏平衡点：高行权价格 - 净权利金收入，或中高行权价格 + 最大损失。

卖出鹰式策略的两个盈亏平衡价格之外的区域，就是策略的盈利区域。当标的价格小于低盈亏平衡点或大于高盈亏平衡点时，策略盈利，否则就会亏损。

希腊值的影响在卖出鹰式价差策略中与在卖出蝶式价差策略中相似，见表 28-5。首先，Delta 值很小，且在中间两个行权价格之间的某个位置为 0，当标的价格低于这个分界点，Delta 为负，标的价格下跌是正向影响，高于这个分界点，Delta 值为正，标的价格上涨是正向影响。Gamma 为正，是有利因素。Theta 在高低行权价格之间为负，组合的价值随着时间的流逝而降低，而当位于高低行权价格之外时，

Theta 值变为正数，组合的价值随着时间的流逝而增加。Vega 为正，波动率上涨对策略有利，下跌不利。卖出鹰式价差策略的动态希腊值曲线见图 28-12 至图 28-15。

表 28-5　希腊值对卖出鹰式价差策略的影响

希腊值	符号	对策略的影响
Delta	零位置向下为负，向上为正	取决于标的价格的位置和变动方向
Gamma	正	有利影响
Theta	高低行权价之间为负	不利影响
Vega	正	波动率上涨有利，下跌不利

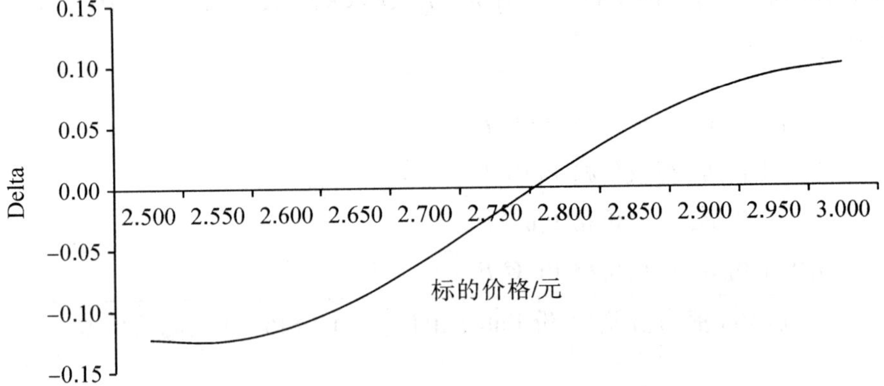

图 28-12　卖出鹰式策略的 Delta 曲线

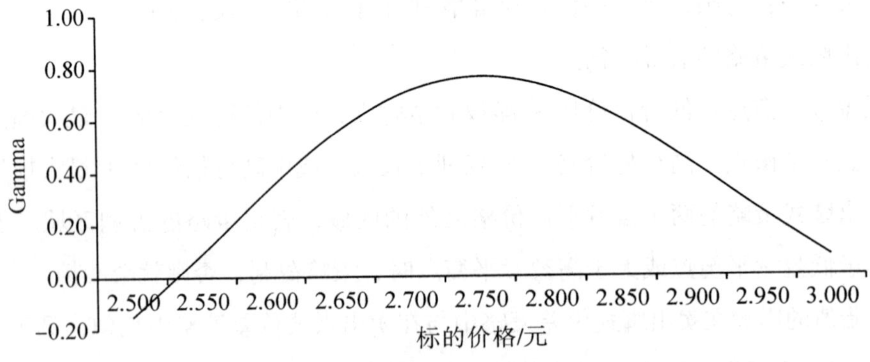

图 28-13　卖出鹰式策略的 Gamma 曲线

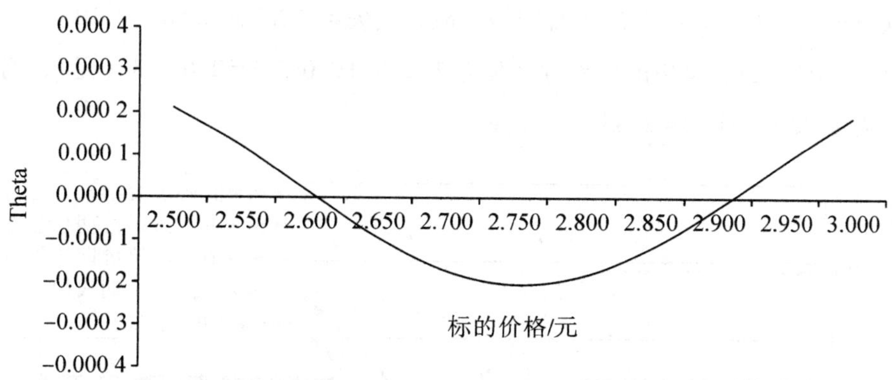

图 28-14　卖出鹰式策略的 Theta 曲线

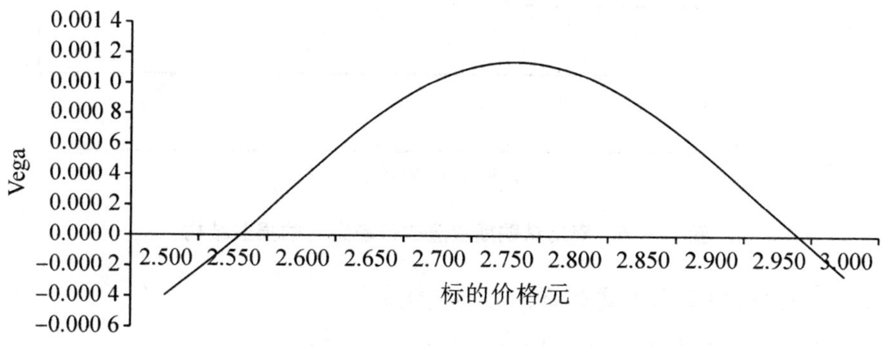

图 28-15　卖出鹰式策略的 Vega 曲线

2020 年 4 月 17 日，上海证券交易所的 50ETF 的收盘价格为 2. 793 元，该标的证券行权价格 2. 60 元的 5 月认购和认沽期权，价格分别为 0. 188 0 元和 0. 019 7 元；行权价格 2. 70 元的 5 月认购和认沽期权，价格分别为 0. 110 9 元和 0. 043 4 元；行权价格 2. 80 元的 5 月认购和认沽期权，价格分别为 0. 056 1 元和 0. 088 3 元；行权价格 2. 90 元的 5 月认购和认沽期权，价格分别为 0. 024 3 元和 0. 157 7 元。用认购期权建立卖出鹰式价差组合：

卖出 10 份 5 月 2. 60Call@ 0. 188 0，收入 18 800 元。

买入 10 份 5 月 2. 70Call@ 0. 110 9，支出 11 090 元。

买入 10 份 5 月 2. 80Call@ 0. 056 1，支出 5 610 元。

卖出 10 份 5 月 2. 90Call@ 0. 024 3，收入 2 430 元。

策略权利金净收入 = 18 800+2 430−11 090−5 610 = 4 530（元），是贷方策略，这也是最大收益。图 28-16 是组合的损益结构图，虚线是不同行权价格认购期权头寸的损益情况，实线是组合的损益结构。最大损失＝（2.70－2.60）×10 000×10－4 530＝5 470（元）。策略的低盈亏平衡点为 2.60+0.045 3＝2.645 3（元），高盈亏平衡点为 2.90－0.045 3＝2.854 7（元）。

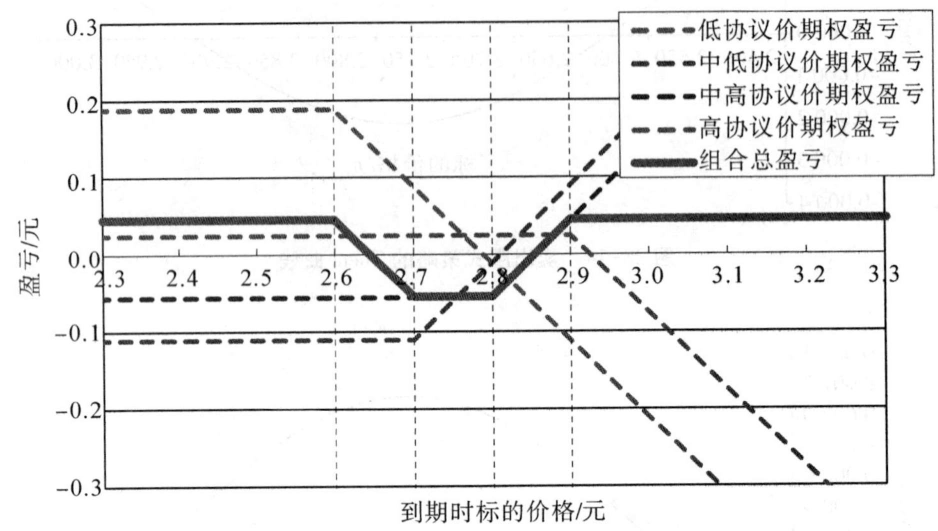

图 28-16 卖出认购期权鹰式价差组合的损益结构

用认沽期权构建卖出鹰式策略，交易结构如下：

卖出 10 份 5 月 2.60Put@0.019 7，收入 1 970 元。

买入 10 份 5 月 2.70Put @0.043 4，支出 4 340 元。

买入 10 份 5 月 2.80Put @0.088 3，支出 8 830 元。

卖出 10 份 5 月 2.90Put @0.157 7，收入 15 770 元。

策略最大收益是权利金净收入 4 570 元，最大损失是 5 430 元，低盈亏平衡点为 2.60+0.045 7＝2.645 7（元），高盈亏平衡点为 2.90－0.045 7＝2.854 3（元）。认沽期权构造的卖出鹰式价差组合的损益结构见图 28-17，其结果与使用认购期权所构造的几乎完全相同。

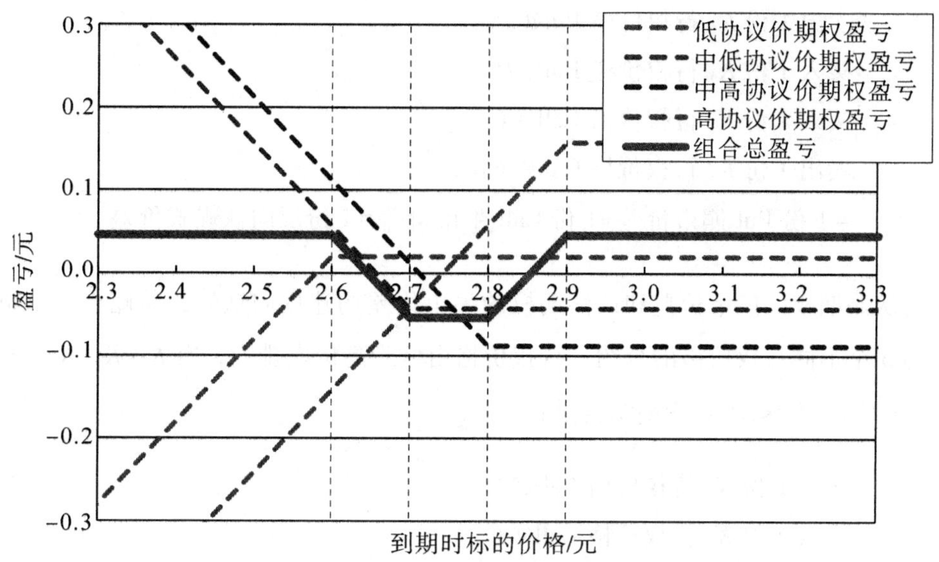

图 28-17　卖出认沽期权鹰式价差组合的损益结构

反向铁蝶式

反向铁蝶式也可以叫作卖出铁蝶式。从结构上看，是铁蝶式策略的反向交易，损益曲线与卖出蝶式相似，所不同的是，卖出蝶式只包含一种期权，而反向铁蝶式由认购和认沽两种期权组合而成。常见的做法是，卖出 1 份行权价较低的认沽期权，各买入 1 份中间行权价的认沽期权和认购期权，再卖出 1 份较高行权价的认购期权。中间行权价格距离较低和较高行权价格在数值上相等，买入的期权一般选择平值期权，此时的组合即为反向铁蝶式价差组合。策略包含 4 份期权，可分解成不同性质期权的一个牛市价差策略与一个熊市价差策略。一般由认沽期权的熊市价差和认购期权的牛市价差来构成，两端卖出虚值期权，是借方策略。不过，也完全可以由认购期权的熊市价差和认沽期权的牛市价差来构建，这种情况下，两端卖出的是实值期权，可收取更高的权利金，因此也可以是贷方策略。

用认沽期权的熊市价差和认购期权的牛市价差构建反向铁蝶式策略，选取同月到期的 3 个不同行权价格的合约，行权价格由低到高依次排列，有 $K_1<K_2<K_3$，权利金 $P_1 < P_2$，$C_1 > C_2$。交易结构是：

卖出 1 份 K_1 行权价格 Put@ P_1
买入 1 份 K_2 行权价格 Put@ P_2
买入 1 份 K_2 行权价格 Call@ C_1
卖出 1 份 K_3 行权价格 Call@ C_2

=1 份 Put 熊市价差+1 份 Call 牛市价差=1 份反向铁蝶式价差

用认购期权的熊市价差和认沽期权的牛市价差构建反向铁蝶式策略，选取同月到期的 3 个不同行权价格的合约，行权价格由低到高依次排列，有 $K_1<K_2<K_3$，权利金 $C_1 > C_2$，$P_1 < P_2$。交易结构是：

卖出 1 份 K_1 行权价格 Call@ C_1
买入 1 份 K_2 行权价格 Call@ C_2
买入 1 份 K_2 行权价格 Put@ P_1
卖出 1 份 K_3 行权价格 Put@ P_2

=1 份 Call 熊市价差+1 份 Put 牛市价差=1 份反向铁蝶式价差

反向铁蝶式策略的风险收益特征：

最大收益：有限，等于中间行权价格-较低行权价格-最大损失。

最大损失：有限。两端卖出的是虚值期权的反向铁蝶组合，等于所付出的净权利金支出。两端卖出的是实值期权的反向铁蝶组合，等于高行权价-低行权价-净权利金收入。

反向铁蝶式策略的盈亏平衡点：

低盈亏平衡点：低行权价格 + 最大收益，或中间行权价格 - 最大损失。

高盈亏平衡点：高行权价格 - 最大收益，或中间行权价格 + 最大损失。

反向铁蝶式策略的两个盈亏平衡价格之外的区域，就是盈利范围。当标的价格小于低盈亏平衡点或大于高盈亏平衡点时，策略盈利，否则就会亏损。

表 28-6 是希腊值对反向铁蝶式价差策略的影响。希腊值在反向铁蝶组合中，其影响与在卖出蝶式组合中的影响相似。组合的 Delta 值也很小，且在行权价格区间的中间区域某个位置为 0，当标的价格低于这个分界点，Delta 为负，标的价格下跌是正向影响，高于这个分界点，Delta 值为正，标的价格上涨是正向影响。Gamma 为正，为有利因素。Theta 基本为负，组合的价值随着时间的流逝而降低。Vega 值

为正，波动率上涨对策略有利，下跌不利。反向铁蝶式价差策略的动态希腊值曲线见图 28-18 至图 28-21。

表 28-6　希腊值对反向铁蝶式价差策略的影响

希腊值	符号	对策略的影响
Delta	零位置向下为负，向上为正	取决于标的价格的位置和变动方向
Gamma	为正	有利影响
Theta	为负	不利影响
Vega	为正	波动率上涨有利，下跌不利

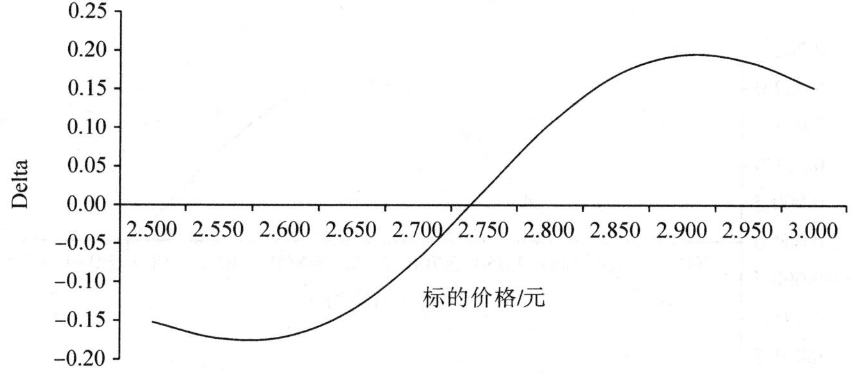

图 28-18　反向铁蝶式价差策略的 Delta 曲线

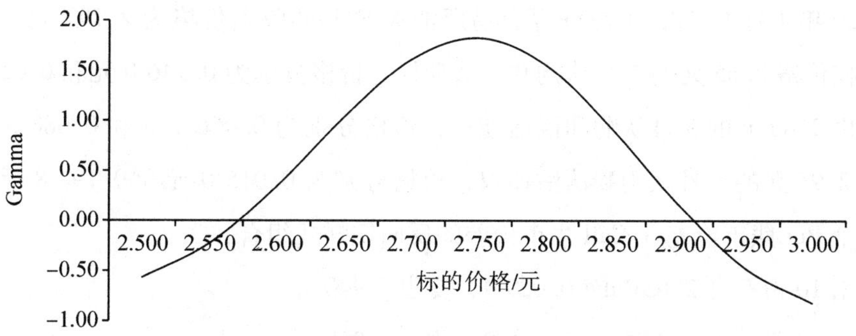

图 28-19　反向铁蝶式价差策略的 Gamma 曲线

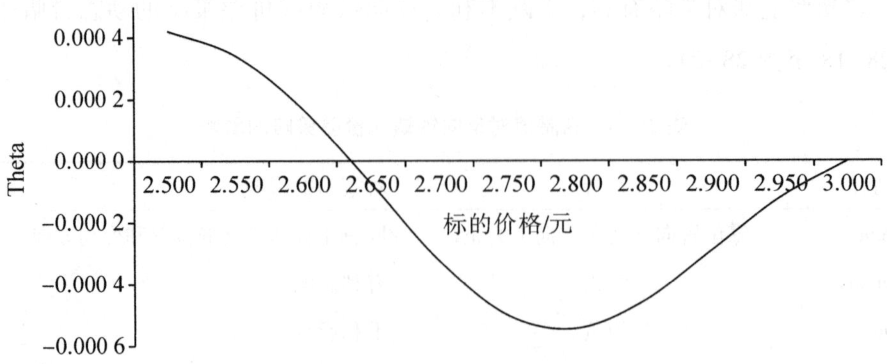

图 28-20 反向铁蝶式价差策略的 Theta 曲线

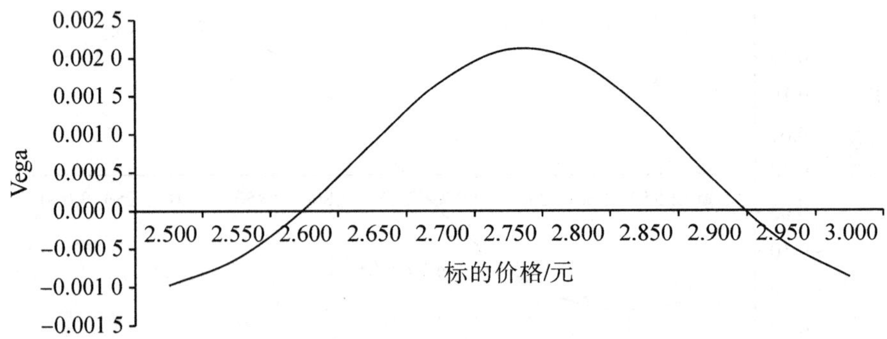

图 28-21 反向铁蝶式价差策略的 Vega 曲线

2020 年 4 月 17 日，上海证券交易所的 50ETF 的收盘价格为 2. 793 元，该标的证券行权价格 2. 65 元的 5 月认购和认沽期权，价格分别为 0. 146 0 元和 0. 029 4 元；行权价格 2. 80 元的 5 月认购和认沽期权，价格分别为 0. 056 1 元和 0. 088 3 元；行权价格 2. 95 元的 5 月认购和认沽期权，价格分别为 0. 015 0 元和 0. 197 8 元。我们建立一个 Put 熊市价差 + Call 牛市价差的反向铁蝶式组合：

卖出 10 份 5 月 2. 65Put@ 0. 029 4，支出 2 940 元。

买入 10 份 5 月 2. 80Put@ 0. 088 3，收入 8 830 元。

买入 10 份 5 月 2. 80Call@ 0. 056 1，收入 5 610 元。

卖出 10 份 5 月 2. 95Call@ 0. 015 0，支出 1 500 元。

策略建仓净权利金支出 = 8 830+5 610-2 940-1 500 = 10 000（元），是借方策略。损益结构见图 28-22，虚线是不同行权价格期权头寸的损益情况，实线是组合的损益结构。组合的最大损失是策略的净权利金支出 10 000 元，最大收益 =（2. 80-

2.65）× 10 000 × 10－10 000＝5 000（元）。策略的低盈亏平衡点为 2.65＋0.05＝2.70（元），高盈亏平衡点为 2.95－0.05＝2.90（元）。

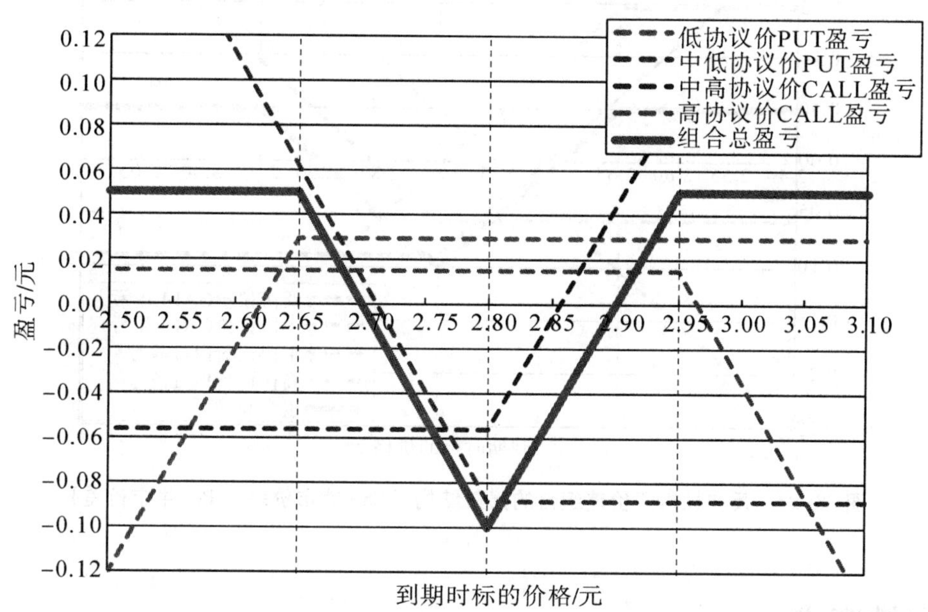

图 28-22　**反向铁蝶式价差组合的损益结构**（Put **熊市价差** + Call **牛市价差**）

如果采用认购期权的熊市价差和认沽期权的牛市价差来构建反向铁蝶式组合，可以得到相似的风险收益结构。这种构建方法，卖出的是实值认购和认沽期权，买入的是平值期权。下面，我们构造这样一个组合：

卖出 10 份 5 月 2.65Call@0.146 0，收入 14 600 元。

买入 10 份 5 月 2.80Call@0.056 1，支出 5 610 元。

买入 10 份 5 月 2.80Put@0.088 3，支出 8 830 元。

卖出 10 份 5 月 2.95Put@0.019 78，支出 19 780 元。

策略建仓净权利金收入＝14 600+19 780−5 610−8 830＝19 940（元），是贷方策略。图 28-23 是该策略的损益结构，虚线是不同行权价格期权头寸的损益情况，实线是组合的损益结构，最大损失＝（2.95−2.65）× 10 000 × 10−19 940＝10 060（元），最大收益＝（2.80−2.65）× 10 000 × 10−10 060＝4 940（元）。策略的低盈亏平衡点为 2.65+0.049 4＝2.699 4（元），高盈亏平衡点为 2.95−0.049 4＝2.900 6（元）。可见，采用认购期权的熊市价差和认沽期权的牛市价差来构建策略，结果相差不大，但由于卖出的是实值期权，保证金支出会比较大。

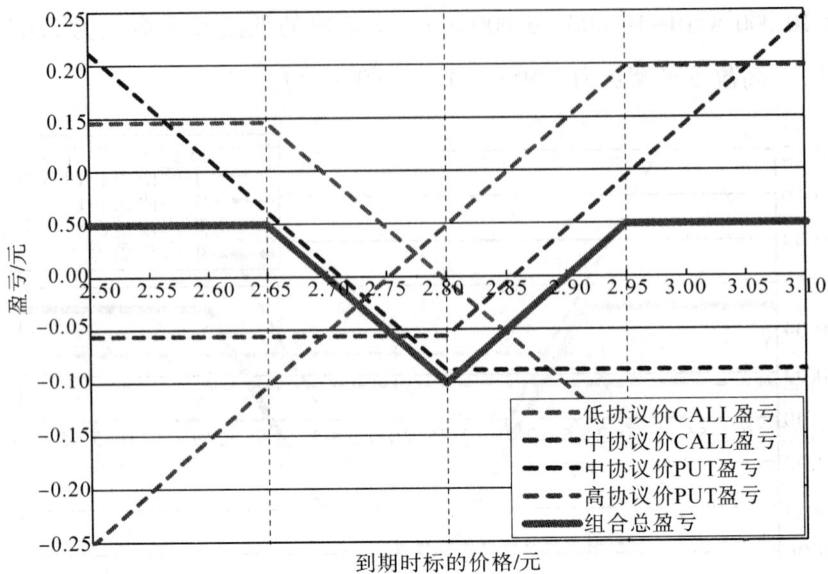

图 28-23 反向铁蝶式价差组合的损益结构（Call 熊市价差 + Put 牛市价差）

反向铁鹰式

反向铁鹰式策略是铁鹰式策略的反向交易组合，由两组不同性质的 4 个期权构成，其中，包括 2 个行权价格相邻的认购期权和 2 个行权价格相邻的认沽期权。构造方法是，卖出行权价一低一高的一组不同性质期权，同时买入另外一组中间 2 个相邻行权价格的不同性质期权，组合的损益曲线与卖出鹰式策略相同，为方便区分，我们称其为反向铁鹰式策略。

具体而言，构建反向铁鹰式策略，有两种顺序。选取同月到期的 4 个相邻行权价格的期权合约，行权价格由低到中低到中高再到高依次排列，有 $K_1<K_2<K_3<K_4$。第一种交易顺序是，前 2 个是认沽期权，后 2 个是认购期权。因此，对于行权价格为 K_1 和 K_2 的认沽期权，权利金 $P_1 < P_2$，对于行权价格为 K_3 和 K_4 的认购期权，权利金 $C_3 > C_4$。交易结构如下：

卖出 1 份 K_1 行权价格 Put@ P_1

买入 1 份 K_2 行权价格 Put@ P_2

买入 1 份 K_3 行权价格 Call@ C_3

卖出 1 份 K_4 行权价格 Call@ C_4

=1 份 Put 熊市价差+1 份 Call 牛市价差=1 份反向铁鹰式价差

第二种交易顺序是，前 2 个是认购期权，后 2 个是认沽期权。因此，对于行权价格为 K_1 和 K_2 的认购期权，权利金 $C_1 > C_2$，对于行权价格为 K_3 和 K_4 的认沽期权，权利金 $P_3 < P_4$。交易结构如下：

卖出 1 份 K_1 行权价格 Call@ C_1

买入 1 份 K_2 行权价格 Call@ C_2

买入 1 份 K_3 行权价格 Put@ P_3

卖出 1 份 K_4 行权价格 Put@ P_4

=1 份 Call 熊市价差+1 份 Put 牛市价差=1 份反向铁鹰式价差

如果将上述交易结构中的 K_1 和 K_4、K_2 和 K_3 分别当成一个组合的话，其实也可以认为，反向铁鹰式策略是由一个卖出宽跨式加上一个买入宽跨式构成，其中卖出的宽跨式，两个行权价格之间的间距更宽，而买入的宽跨式，两个行权价格之间的间距要窄一些。

反向铁鹰式策略的风险收益特征：

最大收益：有限，等于相邻两个行权价格之差-最大损失。

最大损失：有限。两端卖出的是虚值期权的反向铁鹰组合，等于所付出的净权利金支出。两端卖出的是实值期权的反向铁鹰组合，等于（高行权价-中高行权价）+（中低行权价-低行权价）- 净权利金收入。

反向铁鹰式策略的盈亏平衡点：

低盈亏平衡点：低行权价格 + 最大收益，或中低行权价格 - 最大损失。

高盈亏平衡点：高行权价格 - 最大收益，或中高行权价格 + 最大损失。

反向铁鹰式策略的两个盈亏平衡价格之外的区域，就是盈利范围。当标的价格小于低盈亏平衡点或大于高盈亏平衡点时，策略盈利，否则就会亏损。

表 28-7 是希腊值对反向铁鹰式价差策略的影响。在反向铁鹰策略中，希腊值的影响与在卖出鹰式或卖出蝶式中的相似。其特征是 Delta 值很小，且在行权价格区间的中间区域某个位置为 0，当标的价格低于这个分界点，Delta 为负，标的价格下跌是正向影响，高于这个分界点，Delta 值为正，标的价格上涨是正向影响。Gamma 基本为正且值较大，为有利影响。在行权价格区间以内，Theta 为负，组合的价值随着时间的流逝而降低，区间以外可能为正，组合的价值随着时间的流逝而增加。在行权价格区间以内，Vega 值为正，波动率增大对策略有利，降低对策略不利。反向铁鹰式价差策略的动态希腊值曲线见图 28-24 至图 28-27。

表 28-7 希腊值对反向铁鹰式价差策略的影响[①]

希腊值	符号	对策略的影响
Delta	零位置向下为负，向上为正	取决于标的价格的位置和变动方向
Gamma	中间区域为正	有利影响
Theta	中间区域为负	不利影响
Vega	中间区域为正	波动率增大有利，降低不利

注：①主要考察标的价格落在中间区域，即最小与最大行权价格区间之内的影响情况。

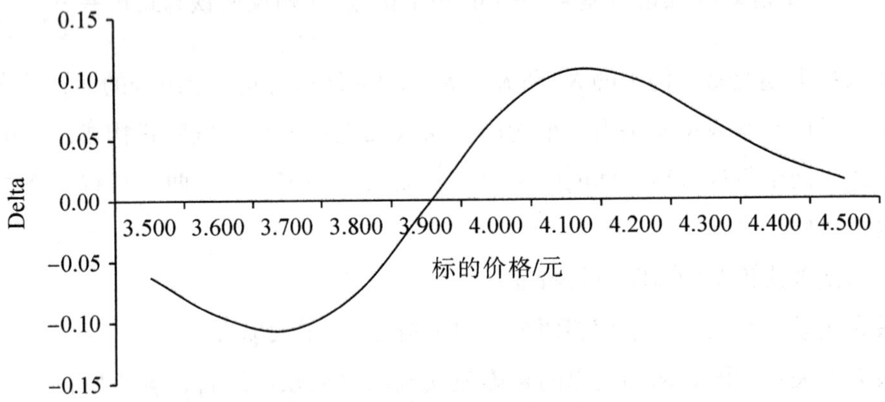

图 28-24 反向铁鹰式价差策略的 Delta 曲线

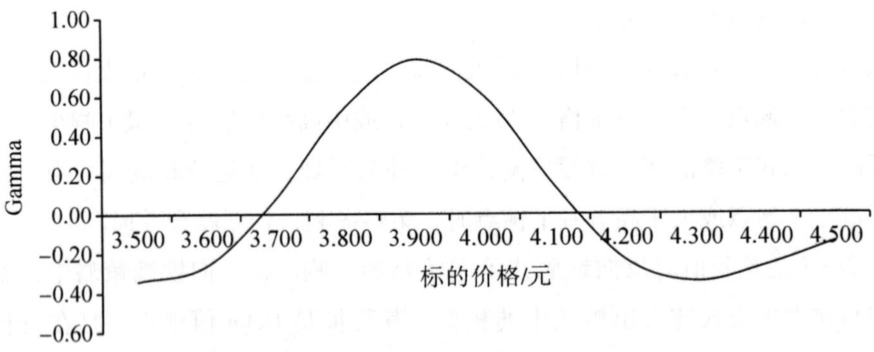

图 28-25 反向铁鹰式价差策略的 Gamma 曲线

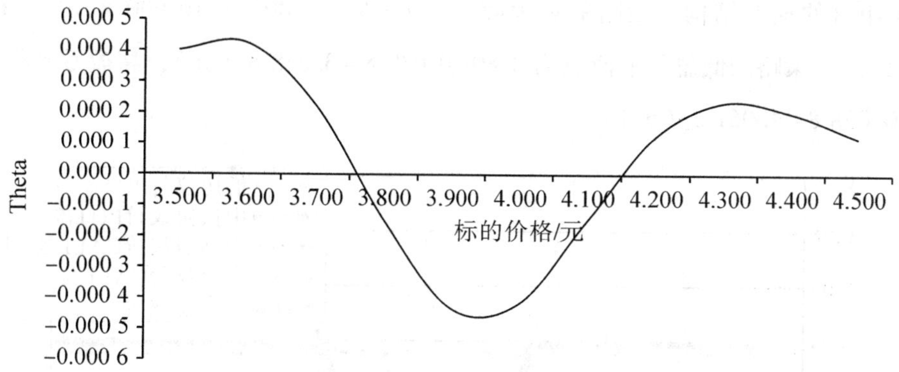

图 28-26　反向铁鹰式价差策略的 Theta 曲线

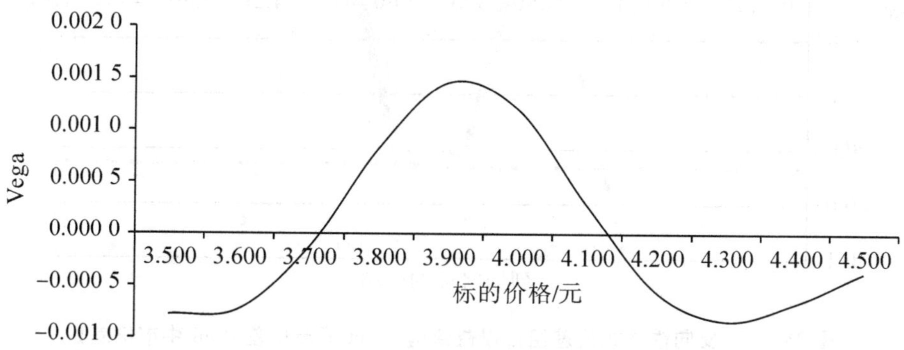

图 28-27　反向铁鹰式价差策略的 Vega 曲线

2020 年 4 月 30 日，深圳证券交易所的嘉实 300ETF 的收盘价格为 3. 967 元，该标的证券行权价格为 3. 80 元的 5 月认购和认沽期权价格分别为 0. 187 5 元与 0. 035 0 元，行权价格为 3. 90 元的 5 月认购和认沽期权价格分别为 0. 118 4 元与 0. 065 3 元，行权价格为 4. 00 元的 5 月认购和认沽期权价格分别为 0. 066 7 元和 0. 113 3 元，行权价格为 4. 10 元的 5 月认购和认沽期权价格分别为 0. 035 8 元和 0. 182 2 元。我们用 Put 牛市价差+Call 熊市价差建立如下的铁鹰式价差组合：

卖出 10 份 5 月 3. 80Put@ 0. 035 0，收入 3 500 元。

买入 10 份 5 月 3. 90Put@ 0. 065 3，支出 6 530 元。

买入 10 份 5 月 4. 00Call@ 0. 066 7，支出 6 670 元。

卖出 10 份 5 月 4. 10Call@ 0. 035 8，收入 3 580 元。

策略是借方策略，建仓净权利金支出，即最大损失 = 6 530+6 670−3 500−3 580 = 6 120（元）。图 28-28 是其损益结构图，虚线是不同行权价格期权头寸的损益情况，实线是组合的损益结构。策略的最大收益 = （3.90−3.80）× 10 000 × 10−6 120 = 3 880（元）。策略的低盈亏平衡点为 3.80+0.038 8 = 3.838 8（元），高盈亏平衡点为 4.10−0.038 8 = 4.061 2（元）。

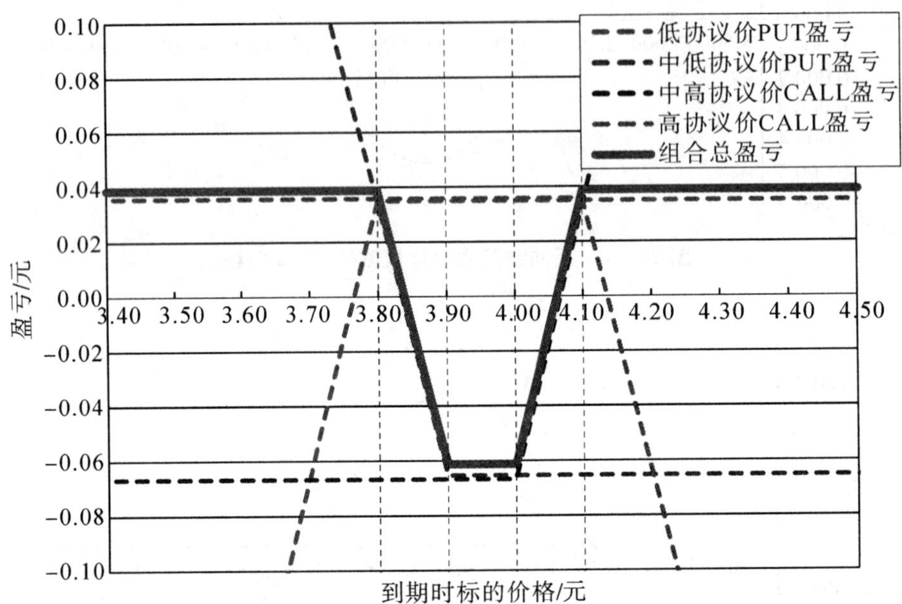

图 28-28　反向铁鹰式价差组合损益结构（Put 熊市价差+Call 牛市价差）

用 Call 熊市价差+Put 牛市价差，建立反向铁鹰式价差组合如下：

卖出 10 份 5 月 3.80Call@0.187 5，收入 18 750 元。

买入 10 份 5 月 3.90Call@0.118 4，支出 11 840 元。

买入 10 份 5 月 4.00Put@0.113 3，支出 11 330 元。

卖出 10 份 5 月 4.10Put@0.182 2，收入 18 220 元。

策略建仓净权利金收入 = 18 750+18 220−11 840−11 330 = 13 800（元），是贷方策略。图 28-29 是其损益结构图，虚线是不同行权价格期权头寸的损益情况，实线是组合的损益结构。策略的最大损失 = （4.10−4.00+3.90−3.80）× 10 000 × 10−13 800 = 6 200（元），最大收益 = （3.90−3.80）× 10 000 × 10−6 200 = 3 800（元）。策略的低盈亏平衡点为 3.80+0.038 = 3.838（元），高盈亏平衡点为 4.10−0.038 = 4.062（元）。

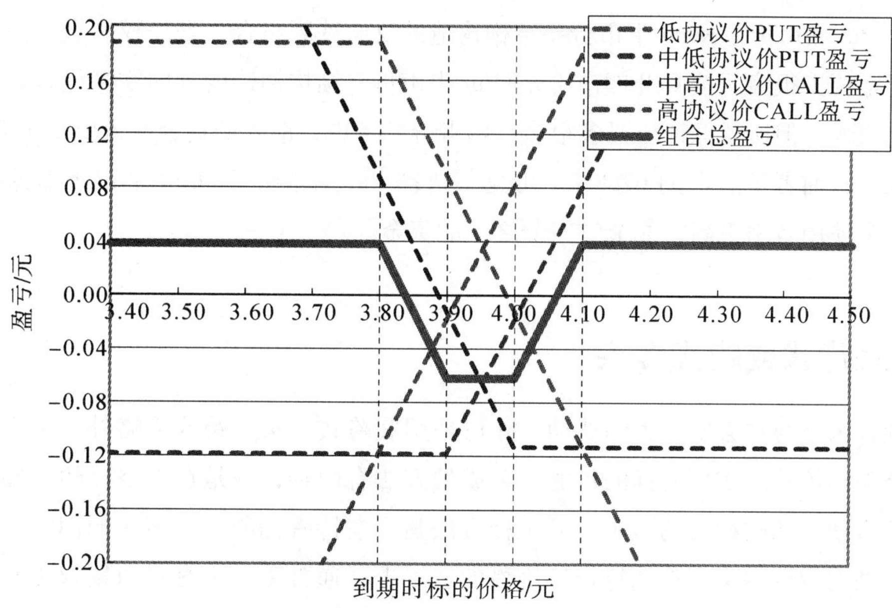

图 28-29　反向铁鹰式价差组合损益结构（Call 熊市价差+Put 牛市价差）

比对可见，两种反向铁鹰式价差组合，最终的损益结构和盈亏范围相差都不大，不过，Put 熊市价差+Call 牛市价差构建的反向铁鹰式组合，资金占用相对要少很多，虽然 Call 熊市价差+Put 牛市价差构建的反向铁鹰式组合资金占用多，但建仓完成后，会产生一个比较大的净权利金流入。通常，证券经纪商收取卖出期权的保证金会大于交易所规定的标准，如果按 1.2 倍计算，表 28-8 和表 28-9 是两种反向铁鹰式价差组合的权利金现金流和保证金需求情况的比较。

表 28-8　权利金现金流和保证金需求：10 份 Put 熊市价差+10 份 Call 牛市价差

交易	卖 3.80Put	买 3.90Put	买 4.00Call	卖 4.10Call	总和
权利金现金流	3 500.00	-6 530.00	-6 670.00	3 580.00	-6 120.00
保证金需求	54 914.40	0.00	0.00	34 064.40	88 978.80
资金投入	51 414.40	6 530.00	6 670.00	30 484.40	95 098.80

表 28-9　权利金现金流和保证金需求：10 份 Call 熊市价差+10 份 Put 牛市价差

交易	卖 3.80Call	买 3.90Call	买 4.00Put	卖 4.10Put	总和
权利金现金流	18 750.00	-11 840.00	-11 330.00	18 220.00	13 800.00
保证金需求	71 450.40	0.00	0.00	82 670.40	154 120.80
资金投入	52 700.40	11 840.00	11 330.00	64 450.40	140 320.80

按 Put 熊市价差+Call 牛市价差结构构造的反向铁鹰组合，是净权利金支出，所需保证金要少很多。按 Call 熊市价差+Put 牛市价差结构构造的反向铁鹰组合，是净权利金收入，但所需保证金要多很多。两者合并考虑，前者的资金投入要小于后者，在本例中，前者是后者的 67.8%。可见，选择 Put 熊市价差+Call 牛市价差这种结构，资金使用效率更高，能节省三分之一的资金。

合成底跨式或跨式多头

预计未来行情会发生大幅波动，除可采用底跨式或买入跨式策略外，其实也可合成类似的策略，实现同样的目的。合成的方法有两种，一是在卖空标的证券的同时，持有两倍认购期权的多头；另一种方法是，在持有标的证券多头的同时，建立两倍认沽期权的多头。在期权行权价格的选择上，通常采取近月平值期权为宜，当然，也可以根据对未来行情区间的判断，选择虚值或实值的期权。

第一种方法，卖空相当于 1 份期权合约的标的证券，价格为 S，买入 2 份该标的证券的行权价格为 K 的认购期权合约，期权价格是 C。因此，交易结构如下：

卖空相当于 1 份期权合约的标的证券@ S

买入 2 份 K 行权价格 Call@ C

=1 份由认购期权合成的底跨式或跨式多头

第二种方法，买入相当于 1 份期权合约的标的证券，价格为 S，买入 2 份该标的证券的行权价格为 K 的认沽期权合约，期权价格是 P。因此，交易结构如下：

买入相当于 1 份期权合约的标的证券@ S

买入 2 份 K 行权价格 Put@ P

=1 份由认沽期权合成的底跨式或跨式多头

具体选择哪种方法，应比较损益结构以及高低两个盈亏平衡点区间的宽度，再考虑资金投入的大小以及期权的隐含波动率的高低，择优构建。

合成底跨式或跨式多头策略的风险收益特征：

最大收益：理论上，标的价格上不封顶，因此，对于合成底跨式策略，最大收益上行是无限的。但标的价格下行只可归 0，故下行最大收益等于行权价格减去合成策略的最大损失。

最大损失：认购期权合成底跨式策略，等于买入期权的权利金支出+行权价格-标的价格；认沽期权合成底跨式策略，等于买入期权的权利金支出+标的价格-行权价格。

合成底跨式策略的盈亏平衡点：

低盈亏平衡点：行权价格-最大损失。

高盈亏平衡点：行权价格+最大损失。

当标的资产价格小于低盈亏平衡点或大于高盈亏平衡点时，策略盈利，否则就会亏损。

表 28-10 是希腊值对合成底跨式策略的影响。无论是用认购期权还是用认沽期权来合成底跨式策略，希腊值的影响大致相同。组合的 Delta 值在行权价格附近为 0，当标的价格低于这个位置时，Delta 为负，偏离越大，Delta 的绝对值越大，标的价格下跌是正向影响；当高于这个位置时，Delta 值为正，偏离越大，Delta 值越大，标的价格上涨是正向影响。组合的 Gamma 为正，其值越大对策略越有利。Theta 为负，组合价值随着时间的流逝而降低。Vega 值为正，波动率增大对策略有利，降低则不利。合成底跨式策略的动态希腊值曲线见图 28-30 至图 28-33。

表 28-10　希腊值对合成底跨式策略的影响

希腊值	符号	对策略的影响
Delta	零位置向下为负，向上为正	取决于标的价格的位置和变动方向
Gamma	为正	有利影响，且影响大
Theta	为负	不利影响
Vega	为正	波动率增大有利，下降不利

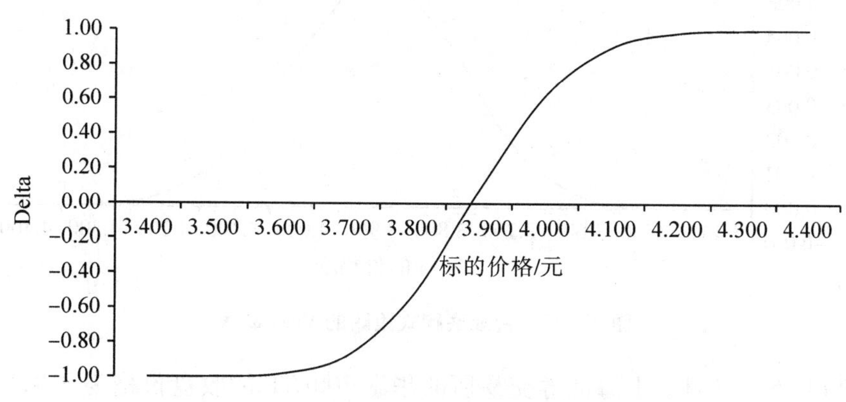

图 28-30　合成底跨式策略的 Delta 曲线

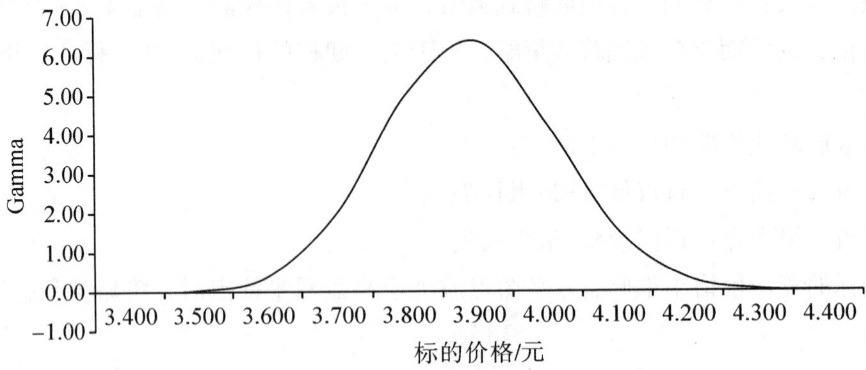

图 28-31 合成底跨式策略的 Gamma 曲线

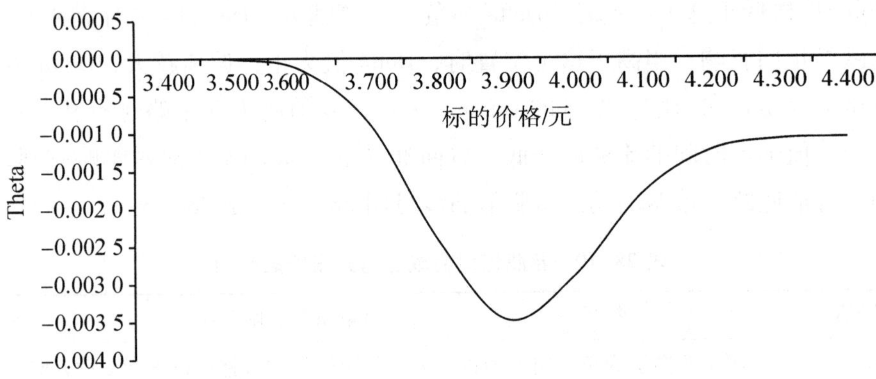

图 28-32 合成底跨式策略的 Theta 曲线

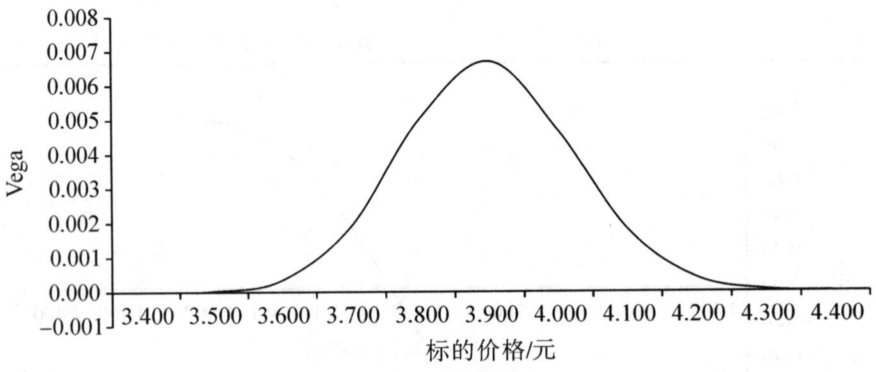

图 28-33 合成底跨式策略的 Vega 曲线

2020 年 5 月 7 日，上海证券交易所的华泰 300ETF 的收盘价格为 3.911 元，该标的证券行权价格为 3.90 元的 5 月认购期权和认沽期权价格分别为 0.060 5 元与 0.067 2 元。我们用 5 月认购期权与标的证券合成底跨式组合：

卖出 100 000 份标的证券@ 3. 911，收入 391 100 元。

买入 20 份 5 月 3. 90Call@ 0. 0605，支出 12 100 元。

到期时标的价格落在 3. 90 元时，策略最大亏损 = 12 100+（3. 90-3. 911）× 10 000 × 10=11 000（元）。图 28-34 是其损益结构图，虚线是两笔交易各自的损益情况，实线是组合的损益结构。策略最大收益上行无限，下行为（3. 90-0. 11）× 10 000 × 10=379 000（元）。策略的低盈亏平衡点为 3. 90-0. 11=3. 79（元），高盈亏平衡点为 3. 90+0. 11=4. 01（元），高低盈亏平衡点之间距离 0. 22 元。

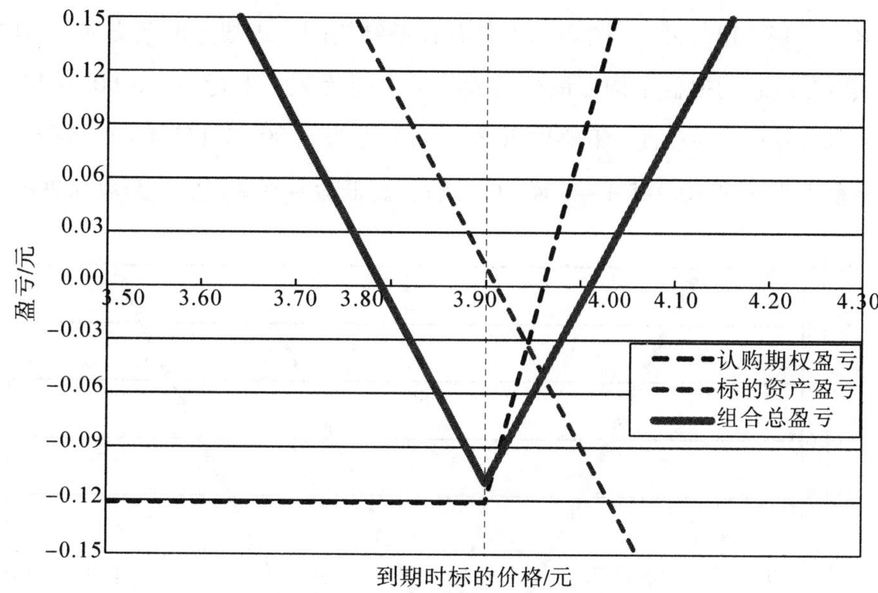

图 28-34　认购期权合成底跨式组合损益结构

基于 17. 31%的历史波动率和 20 天的剩余到期时间，我们对标的价格的运行区间进行概率估算，结果见表 28-11。

表 28-11　标的价格运行区间的概率估算

概率分析	基于 HV 17. 31%
<3. 790 的概率	21. 90%
≥3. 790 的概率	78. 10%
≤4. 010 的概率	73. 14%
>4. 010 的概率	26. 86%
3. 790~4. 010 的概率	51. 24%
在 3. 790~4. 010 之外的概率	48. 76%

概率估算结果显示，到期时标的价格落在高低两个盈亏平衡点之外的概率，两边加到一起才只有 48.76%，还不到一半。可见，从概率分析看，做合成空头胜率更高。

如果用 5 月认沽期权与标的证券合成底跨式组合：

买入 100 000 份标的证券@ 3.911，支出 391 100 元。

买入 20 份 5 月 3.90Put@ 0.0672，支出 13 440 元。

到期时标的价格落在 3.90 元时，策略最大亏损 = 13 440 +（3.911 − 3.90）× 10 000 × 10 = 14 540（元）。图 28-35 是其损益结构图，虚线是两笔交易各自的损益情况，实线是组合的损益结构。策略最大收益上行无限，下行为（3.90 − 0.145 4）× 10 000 × 10 = 375 460（元）。策略的低盈亏平衡点为 3.90 − 0.145 4 = 3.754 6（元），高盈亏平衡点为 3.90+0.145 4 = 4.045 4（元），高低盈亏平衡点之间距离 0.290 8 元。

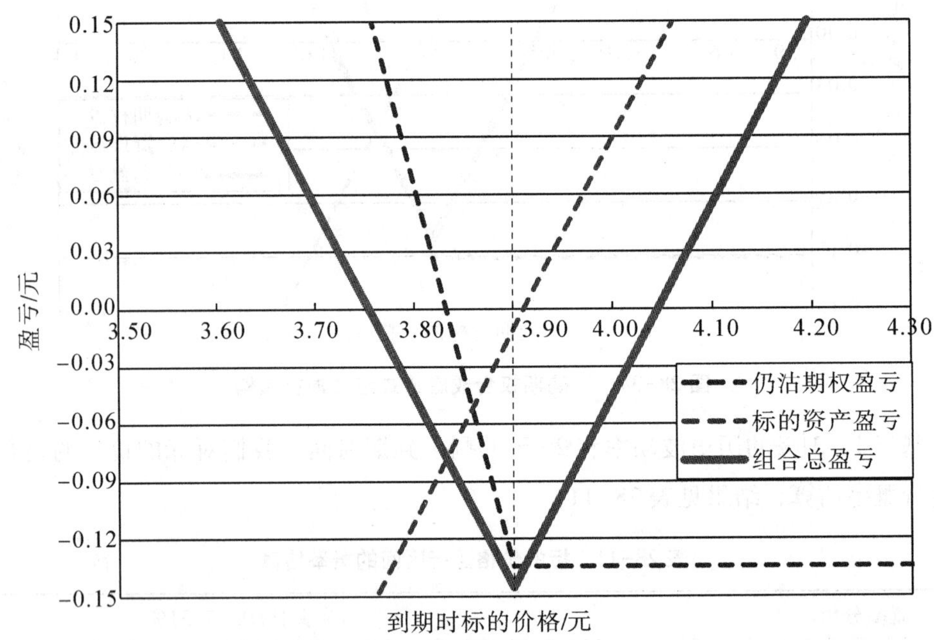

图 28-35 认沽期权合成底跨式组合损益结构

基于 17.31%的历史波动率和 20 天的剩余到期时间，我们对标的价格的运行区间进行概率估算，结果见表 28-12。

表 28-12　标的价格运行区间的概率估算

概率分析	基于 HV 17.31%
<3.755 的概率	15.69%
≥3.755 的概率	84.31%
≤4.045 的概率	79.78%
>4.045 的概率	20.22%
3.755~4.045 的概率	64.09%
在 3.755~4.045 之外的概率	35.91%

以上分析可见，用认沽期权构建的合成底跨式组合，虽然总体上相差不大，但最大损失更大，高低盈亏平衡点之间的距离更宽，胜率更低。

第 29 章

时间或日历策略

近月合约到期时间短，价格低于远月合约，且流动性高，交投活跃，因此，大部分期权策略都是选取具有相同到期时间的近月合约构造的。通常，这些策略在设计时，考虑的主要是方向与波动率维度的因素，以及是否存在定价错误等，策略在执行过程中，不会出现时间或期限上的敞口。如果策略设计时主要考虑的是，如何利用不同期限期权合约在时间耗损速度上的差异，以收集时间价值为主要交易目的，或者说进行时间套利，我们称其为时间策略。这类策略包括水平策略和对角策略，它们都属于价差策略。

水平策略

水平策略，又被称为日历价差策略，是一种跨期价差组合。其原理是，利用近期到期的期权和远期到期的期权，两者在时间耗损的速度上的差异来获利。具体可分为多头水平价差策略和空头水平价差策略。多头水平价差策略又叫买入水平价差策略，具体构建方法是，在买入远期期权合约的同时，卖出相同行权价格的近期期权合约。空头水平价差策略又叫卖出水平价差策略，其构建方法刚好相反，是在买入近期期权合约的同时，卖出相同行权价格的远期期权合约。

买入水平价差策略，适合于预期标的横盘，或波动幅度不大的市场环境。投资者能从该策略盈利的主要原因有两个：一是近期合约更接近到期，因此对时间更为敏感，时间耗损要快于远期合约；二是行情相对平稳，波动率会降低，近期期权的价值下降要相对快于远期期权。因此，在买入远期期权的同时，卖出相同行权价格的近期期权应该是有利可图的。

卖出水平价差策略，适合于预期标的将大幅波动的市场环境。标的波动率增大，近期合约更为敏感，其价值增幅要大于远期合约。因此，在买入近期期权的同时，卖出相同行权价格的远期期权就有获利的可能。

水平价差既可用认购期权，也可用认沽期权构造。设有近期到期和远期到期的 2 个同类期权，认购期权或认沽期权，M_1 是行权价格为 K 的近期月份合约，权利金为 C_1 或 P_1；M_2 是行权价格也为 K 的远期月份合约，权利金为 C_2 或 P_2；两者行权价格相等，但 $M_1<M_2$，因此，C_1 通常小于 C_2，P_1 也会小于 P_2。

水平策略之一：认购期权多头水平价差策略，初始交易结构如下：

卖出 1 份 M_1 月 K 行权价格 Call@ C_1
买入 1 份 M_2 月 K 行权价格 Call@ C_2

=多头或买入 1 份认购期权水平价差组合

水平策略之二：认沽期权多头水平价差策略，初始交易结构如下：

卖出 1 份 M_1 月 K 行权价格 Put@ P_1
买入 1 份 M_2 月 K 行权价格 Put@ P_2

=多头或买入 1 份认沽期权水平价差组合

水平策略之三：认购期权空头水平价差策略，初始交易结构如下：

买入 1 份 M_1 月 K 行权价格 Call@ C_1
卖出 1 份 M_2 月 K 行权价格 Call@ C_2

=空头或卖出 1 份认购期权水平价差组合

水平策略之四：认沽期权空头水平价差策略，初始交易结构如下：

买入 1 份 M_1 月 K 行权价格 Put@ P_1
卖出 1 份 M_2 月 K 行权价格 Put@ P_2

=空头或卖出 1 份认沽期权水平价差组合

水平策略的风险收益特征：

以上 4 个水平策略中，买入或多头策略是借方策略，需支付初始净权利金，卖出或空头策略是贷方策略，则会收到初始净权利金。水平策略的风险收益特征不同于其他策略，由于近期头寸到期时远期头寸尚未到期，无法精确地得出其价值，只能通过期权定价模型计算其理论价值，因此具有一定的不确定性。

对于买入或多头水平策略，收益与损失都是有限的。当短期期权到期时，标的价格正好等于行权价格，策略会产生最大收益。不过，这个最大收益是不能提前预知其精确值的。最大收益=卖出短期期权的权利金收入+（短期期权到期时的长期期权的价值-购买长期期权的权利金支出）。

确定最大损失较为复杂。当标的价格大幅波动，超过上下两个盈亏平衡点时，策略会发生损失，最大损失为到期时标的价格落在两端时两个损失中的最大者。用认购期权构造的多头水平价差策略，标的价格下跌时，左侧最大损失等于卖出短期期权的权利金收入扣除购买长期期权的权利金支出后的净权利金支出；标的价格上涨时，右侧最大损失等于长期期权的盈利抵扣短期期权的亏损后的缺口，其中，长期期权的盈利=短期期权到期时长期期权的价值-买入长期期权的权利金支出，短期期权的亏损=标的价格-行权价格-卖出短期期权的权利金收入。

对于用认沽期权构造的多头水平价差策略，标的价格上涨时，右侧最大损失等于卖出短期期权的权利金收入抵扣购买长期期权的权利金支出后的净权利金缺口；标的价格下跌时，左侧最大损失等于长期期权的盈利抵扣短期期权的亏损后的缺口，其中长期期权的盈利=短期期权到期时长期期权的价值-购买长期期权的权利金支出，短期期权的亏损=行权价格-标的价格-卖出短期期权的权利金收入。

策略包括上下两个盈亏平衡点，标的价格落在这两个盈亏平衡点之间，组合就能获利。但两个盈亏平衡价格不能事先精确测算，且估算比较复杂，因为长期期权的价值在短期期权到期时是模型计算的理论价值，未来的理论价值又受很多因素的影响，因此具有较大的不确定性。

希腊值在水平价差多头策略中的影响见表 29-1。从希腊值分析可以看出，水平价差多头策略的 Delta 符号，随着标的价格由低到高发生反向变动，即由正到负。策略的 Delta 曲线（图 29-1）显示，在行权价格附近，组合中两笔交易的 Delta 完全对冲后，策略的 Delta 值为 0，此时策略对方向不敏感。标的价格以这个临界点为界，在其之下，上涨有利，下跌不利；在其之上，上涨不利，下跌有利。Gamma 在行权价附近对组合价值产生不利影响，随着对行权价的偏离，影响降低，甚至可能转为正面影响。Theta 基本上都为正，说明时间是策略的价值贡献因素，因为近期合约的时间价值耗损要快于远期合约。Vega 也为正，不过正的 Vega 对组合价值的影响取决于波动率是增大还是降低，增大是价值贡献因素，降低则不利于组合的价值。水平价差多头策略的动态希腊值曲线见图 29-1 至图 29-4。

表 29-1 希腊值在水平价差多头策略中的影响

希腊值	符号及取值	对策略的影响
Delta	由正到负	Delta 为正时上涨有利，下跌不利，为负时上涨不利，下跌有利
Gamma	中间负，两边正	标的价格在行权价附近负面影响最大
Theta	中间正，两边负	基本上是有利因素，正面影响为主
Vega	正号，中间最大	对策略的影响，升波有利，降波不利

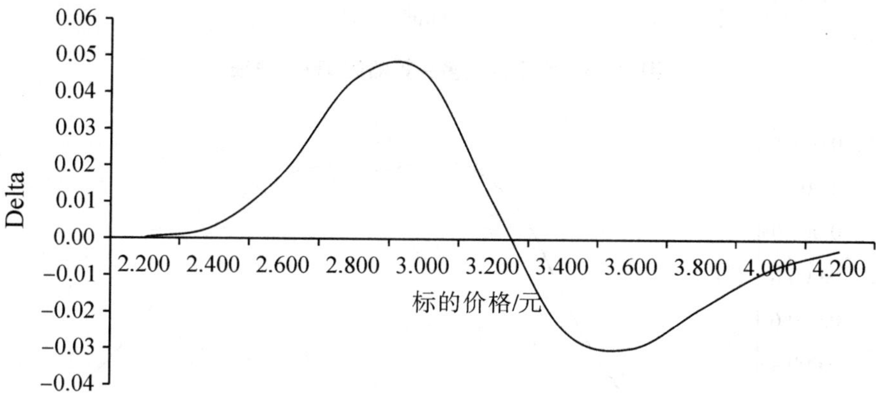

图 29-1 水平价差多头策略的 Delta 曲线

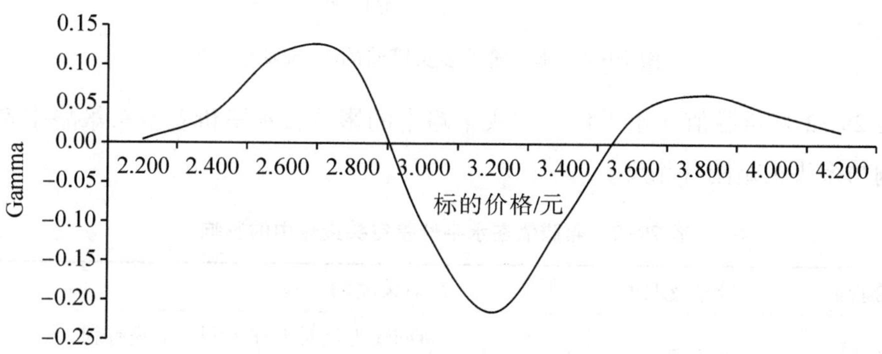

图 29-2 水平价差多头策略的 Gamma 曲线

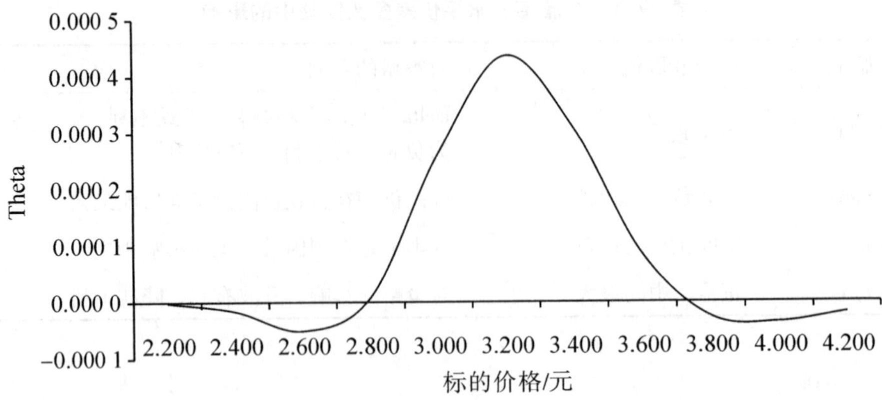

图 29-3　水平价差多头策略的 Theta 曲线

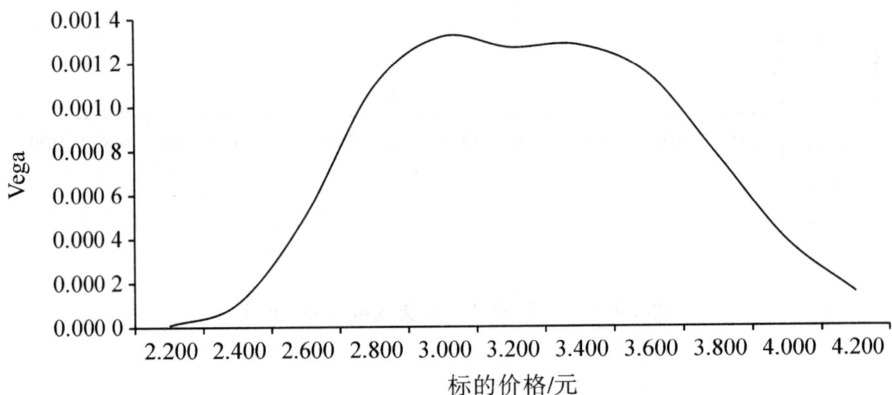

图 29-4　水平价差多头策略的 Vega 曲线

表 29-2 是希腊值在水平价差空头策略中的影响，水平价差空头策略中希腊值的影响与多头策略刚好相反。

表 29-2　希腊值在水平价差空头策略中的影响

希腊值	符号及取值	对策略的影响
Delta	由负到正	Delta 为负时上涨不利，下跌有利，为正时上涨有利，下跌不利
Gamma	中间正，两边负	标的价格在行权价附近正面影响最大
Theta	中间负，两边正	标的价格在行权价附近负面影响最大
Vega	负号	对策略的影响，升波不利，降波有利

从希腊值分析可以看出，水平价差空头策略的 Delta 符号，随着标的价格由低到高发生由负到正的变化。标的价格以 Delta 正负转换临界点为界，在其之下，下跌有利，上涨不利；在其之上，下跌不利，上涨有利。Gamma 是中间正，两边负，当标的价格落在行权价附近时对组合价值有利，落在两端时不利于组合价值。Theta 正好相反，中间负，两边正，当标的价格落在行权价附近时对组合价值不利，落在两端时有利于组合价值。Vega 为负值，负的 Vega 对组合价值的影响，取决于波动率是增大还是降低，增大是价值不利因素，降低则有利于组合的价值。水平价差空头策略的动态希腊值曲线见图 29-5 至图 29-8。

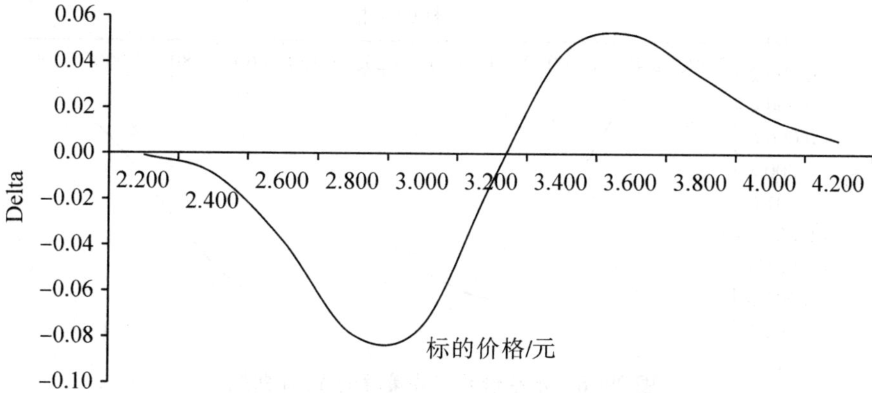

图 29-5　水平价差空头策略的 Delta 曲线

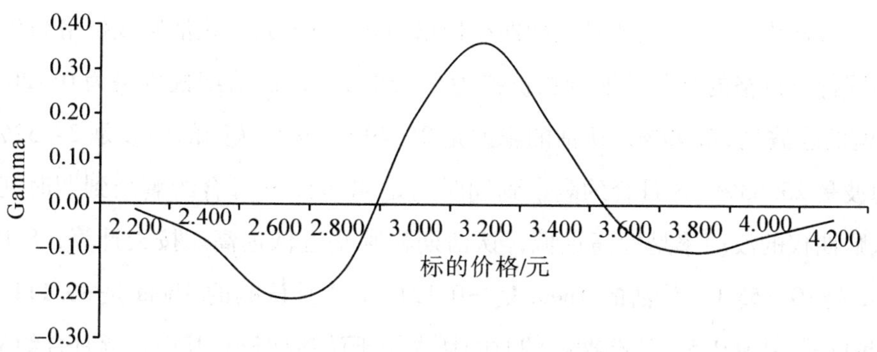

图 29-6　水平价差空头策略的 Gamma 曲线

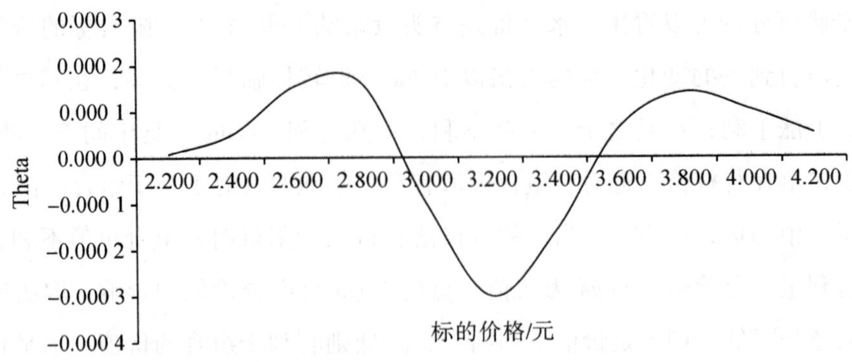

图 29-7 水平价差空头策略的 Theta 曲线

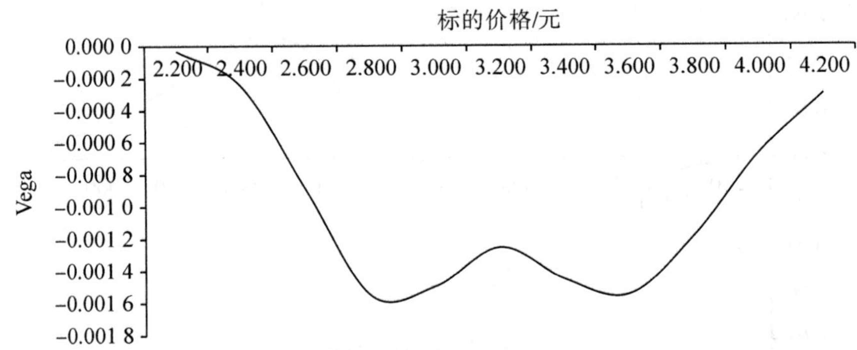

图 29-8 水平价差空头策略的 Vega 曲线

2020 年 7 月 17 日，上海证券交易所的 50ETF 的收盘价格为 3. 229 元，该标的证券行权价格为 3. 20 元的 8 月认购期权价格为 0. 134 8 元，认沽期权价格为 0. 089 4 元，相同行权价格的 9 月认购期权价格为 0. 158 9 元，认沽期权价格为 0. 120 3 元。8 月认购的隐波是 26. 90%，认沽的隐波是 25. 49%，9 月认购的隐波是 24. 32%，认沽的隐波是 25. 83%。8 月合约剩余到期时间是 40 天，9 月合约剩余到期时间是 68 天。认购期权的波动率是近高远低，认沽期权则是近低远高。按天计算，8 月认购的 Theta 是-0. 155 1，认沽的 Theta 是 -0. 121 5；9 月认购的 Theta 是-0. 111 6，认沽的 Theta 是-0. 091 5。认购期权的时间耗损快于认沽期权，其中，近月合约又快于远月合约。认购和认沽期权都可用于建立水平策略的多头或空头，在本例中，使用认购期权建立水平策略多头，使用认沽期权构造水平策略空头分别具有比较优势。

下面，我们使用认购期权来构造水平价差的多头组合，进行时间套利。交易结构如下：

卖出 10 份 8 月 3. 20Call@ 0. 134 8，收入 13 480 元。

买入 10 份 9 月 3. 20Call@ 0. 158 9，支出 15 890 元。

损益结构如图 29-9 所示，策略的净支出为 15 890−13 480=2 410（元）。当标的价格下跌到某一较低水平时，两个认购期权价值都归 0，这时发生左侧最大损失，这个损失等于两个期权的权利金净支出，即 2 410 元。当标的价格上涨到某一较高水平时，本例中为 3. 906 元，策略的右侧最大损为（0. 713 4−0. 158 9）+（0. 134 8+3. 2−3. 906）= 0. 016 7，即 1 670 元，其中，当短期期权到期时，标的价格达到 3. 906 元，基于 BS 模型得出长期期权的价值为 0. 713 4 元。本水平价差多头策略的最大损失，等于两端损失中的较大者：MAX（2 410，1 670），即 2 410 元。当 8 月合约到期时标的价格正好为 3. 20 元，用 BS 模型估算出这时的长期期权价值应为 0. 089 6 元，因此，策略获得的最大收益应在 0. 089 6 × 10 000− 2 410=6 550（元）。

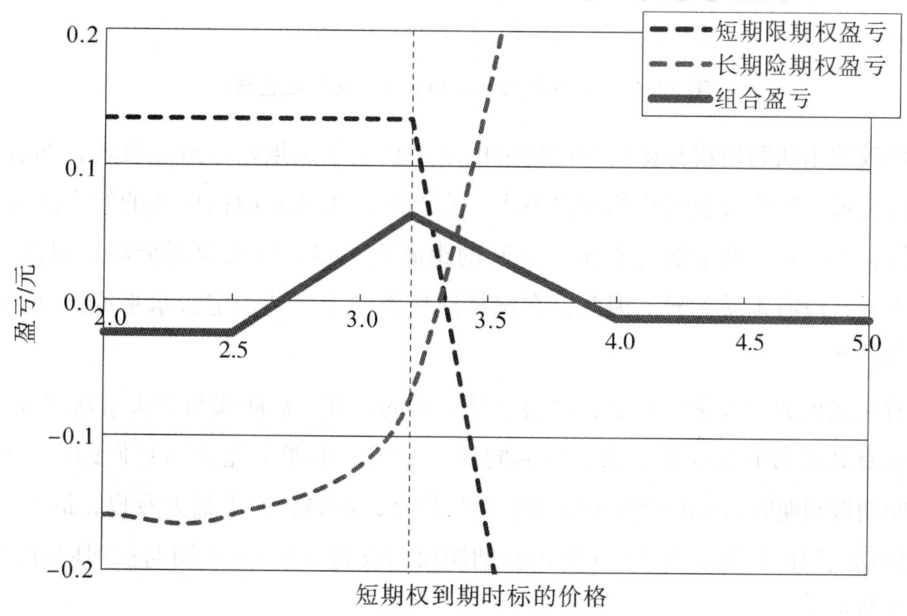

图 29-9　认购期权水平价差多头策略损益结构

我们再使用认沽期权构造来构造，其交易结构如下：

卖出 10 份 8 月 3. 20Put@ 0. 0894，收入 8 940 元。

买入 10 份 9 月 3. 20Put@ 0. 1203，支出 12 030 元。

损益结构如图 29-10 所示，策略的净支出为 3 090 元，最大损失为 MAX（3 830，3 090），即 3 830 元。当 8 月合约到期时标的价格正好为 3. 20 元，用 BS 模型估算出这时的长期期权价值应为 0. 087 6 元，因此，策略可获得的最大收益为 5 670 元。

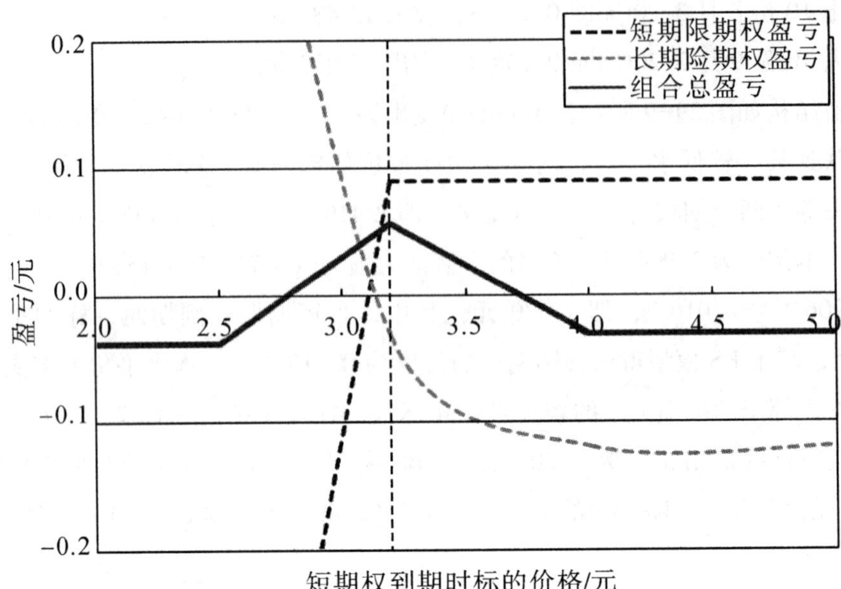

图 29-10　认沽期权水平价差多头策略损益结构

比较使用认购期权与认沽期权构造的水平价差多头策略，可以发现，两者的损益结构相似，风险收益结构相差也不大。本例中，用认购期权构造的组合净支出或最大损失小一些，两个盈亏平衡点之间的距离宽一点，最大盈利金额相对高一点。总体来看，没有本质差异。因此，在选择期权类型上，基于定价水平或波动率似乎更合理一些。

对于卖出或空头水平策略，损益也是有限的，其损益曲线与多头策略刚好相反。策略也有高低两个盈亏平衡点，因为同样的原因，不能事先预知它们的准确位置。当短期期权到期时，标的价格正好等于行权价格，策略会产生最大亏损，最大亏损=买入短期期权的权利金支出-（卖出长期期权的权利金收入-短期期权到期时的长期期权的价值）。

最大收益的问题较为复杂。当标的价格大幅波动，超过上下两个盈亏平衡点时，策略获利，最大收益为标的价格在两极时两个收益中的最大者。对于认购期权构造的空头水平策略，标的价格下跌时，左侧最大收益等于卖出长期期权的权利金收入扣除购买短期期权的权利金支出后的净权利金收入；标的价格上涨时，右侧最大收益等于短期期权的盈利扣除长期期权的亏损，其中，短期期权的盈利=标的价格-行权价格-购买短期期权的权利金支出，长期期权的亏损=短期期权到期时长期期权的价值-卖出长期期权的权利金收入。

用认沽期权构造的空头水平策略，标的价格上涨时，右侧最大收益等于卖出长期期权的权利金收入扣除购买短期期权的权利金支出后的净权利金收入；标的价格下跌时，左侧最大收益等于短期期权的盈利扣除长期期权的亏损，其中短期期权的盈利=行权价格-标的价格-购买短期期权的权利金支出，长期期权的亏损=短期期权到期时长期期权的价值-卖出长期期权的权利金收入。

使用前例已经给出的数据，我们构造基于认沽期权的水平价差空头组合，交易结构如下：

买入 10 份 8 月 3.20Put@0.089 4，支出 8 940 元。

卖出 10 份 9 月 3.20Put@0.120 3，收入 12 030 元。

损益结构如图 29-11 所示，策略建仓会产生初始净收入 12 030-8 940=3 090（元）。这个净权利金收入是标的价格上涨条件下的右侧最大收益，但不一定是策略的最大收益。当标的价格下跌达到或低于 2.324 元时，左侧最大收益=（3.2-2.324-0.089 4）-（0.863 7-0.120 3）=0.043 2，这时，基于 BS 模型，长期期权的价值为 0.863 7 元，随着标的价格进一步降低，长短期期权价值都会进一步增大，但等量增长，相互抵消，策略的最大收益不会再改变。策略的最大收益=MAX（4 320，3 090），可见，左侧收益 4 320 元是其最大收益。最大亏损=0.089 4-（0.120 3-0.088 7）=0.057 8（元），10 份即 5 780 元，其中，短期期权到期时长期期权的价值，通过 BS 模型计算为 0.088 7 元。

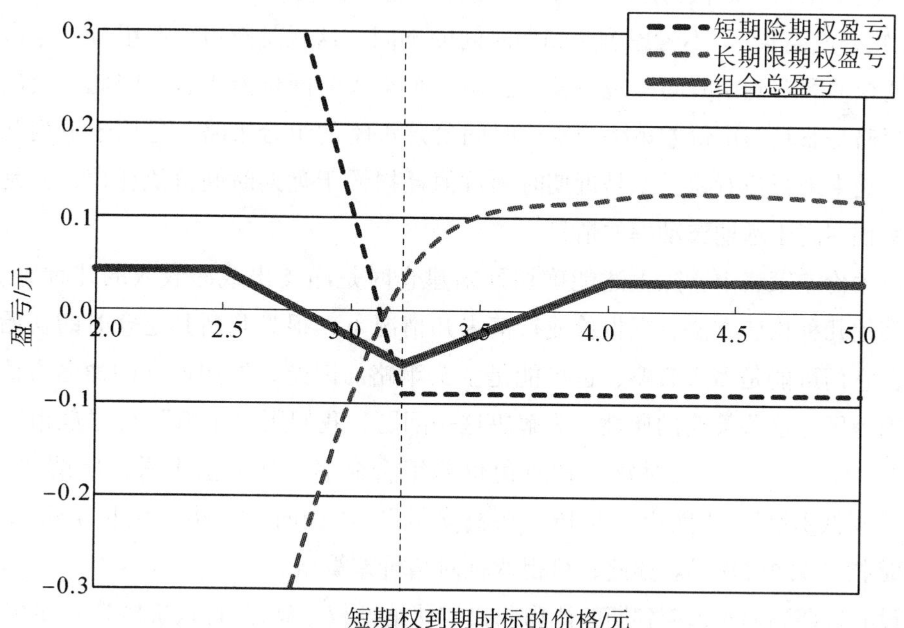

图 29-11　认沽期权水平价差空头策略损益结构

对角策略

对角策略也是一种跨期价差组合，与水平策略类似，也是利用同种期权的近期合约与远期合约之间，在时间耗损速度与定价水平上的差异，进行跨期套利的一种时间策略，所不同的是，对角策略是选择行权价格不同的近期合约与远期合约来构建的，具体也可分为多头对角策略和空头对角策略。多头对角策略是买入策略，特点是构建策略组合需支付初始净权利金。空头对角策略是卖出策略，构建策略组合会产生初始净权利金收入。

买入对角价差策略，既可用认购期权来构建，也可用认沽期权来构建。用认购期权构建对角价差多头策略，我们归纳为"买低长，卖高短"，用认沽期权构造，则是"买高长，卖低短"。这里的"高低"，是指行权价格的高与低，"长短"是指剩余到期时间的长短。从构建口诀可以看出，如果不考虑剩余到期时间的不同，其实这就是牛市价差组合的构建方法。考虑到这两个期权的剩余到期时间一短一长，这又是一个多头时间价差组合。可见，买入对角价差策略是兼具牛市价差策略与多头时间价差策略的组合策略。适用于下列几种情况：一是未来行情看涨，二是近期时间价值耗损快于远期时间价值耗损，三是近期波动率预期低于远期波动率的情景。

卖出对角价差策略是买入对角策略的反向策略，也可选择认购期权或认沽期权来构建。使用认购期权构造的方法是"买高短，卖低长"，使用认沽期权构造则是"买低短，卖高长"。不考虑剩余到期时间的不同，这就是熊市价差组合。考虑到这两个期权的剩余到期时间一短一长，这是一个空头时间价差组合。因此，卖出对角价差策略是兼具熊市价差策略与空头时间价差策略的组合策略。适用于下列几种情况：一是未来行情看跌，二是近期时间价值耗损慢于远期时间价值耗损，三是近期波动率预期高于远期波动率的情景。

对角价差策略中，除上述能确切预知建仓时是净支出或净收入的几种组合外，还有其他几种构建方法，在报价或行情未知情况下，很难判断其建仓时的初始借贷方向，它们可能是多头策略，也可能是空头策略。因此，按照通常的命名方法，不能准确地区分这些策略的属性。为解决这一问题，我们用"牛市"与"熊市"结合"正向"与"反向"，来对每一种对角价差组合命名。从方法上看，所谓"牛市"是指"买低卖高"，"熊市"是指"买高卖低"，"正向"是指"买长卖短"，"反向"是指"买短卖长"。如此，可得八种对角价差策略。

设有近期到期和远期到期的认购期权或认沽期权，M_1 是行权价格为 K_1 的近期月份合约，权利金为 C_1 或 P_1；M_2 是行权价格为 K_2 的远期月份合约，权利金为 C_2 或

P_2。虽然 $M_1<M_2$，但由于两者行权价格不相等，当 $K_1>K_2$ 时，对于认购期权，可以确知 $C_1<C_2$，但对于认沽期权却存在不确定性，P_1 有高行权价优势，不过 P_2 有期限长的优势。当 $K_1<K_2$ 时，对于认沽期权，可以确知 $P_1<P_2$，但对于认购期权，C_1 有低行权价优势，C_2 则有期限长的优势。可见，在 $K_1>K_2$ 时的 P_1 与 P_2 的关系，在 $K_1<K_2$ 时的 C_1 与 C_2 的关系，在行情未知情况下，很难直接做出确切的判断。

牛市正向对角价差策略

认购期权牛市正向对角价差

构造方法：空头高短认购期权+多头低长认购期权。

构造口诀：近高远低，买低卖高，买长卖短。

交易结构如下：

卖出 1 份 M_1 月 K_1 行权价格 Call@ C_1

买入 1 份 M_2 月 K_2 行权价格 Call@ C_2

= 1 份认购期权跨期牛市价差合并正向跨价时间价差

本组合中，$K_1>K_2$，且 $M_1<M_2$，故可推知，$C_1<C_2$，建仓权利金净支出，是确切的借方策略或买入对角价差策略。

策略的风险收益情况以及盈亏平衡点，类似于垂直牛市价差组合，只不过是跨期组合，因而有所不同。当标的价格下跌到某一水平时，左侧发生最大损失，这一损失等于卖出短期期权的权利金收入抵扣购买长期期权的权利金支出后的净权利金支出；短期期权到期时，标的价格刚好等于短期期权的行权价格，策略获得最大收益，等于卖出短期期权的权利金收入，加上长期期权的价值扣减购买成本后的价值增值。由于跨期的原因，在构建时，不能直接得出精确的盈亏平衡点，但很容易通过损益结构，大致估测出其范围。

2020 年 7 月 17 日，上海证券交易所的 50ETF 收盘价格为 3. 229 元，行权价格分别为 3. 20 元和 3. 40 元的 8 月 9 月期权行情如表 29-3 所示。

表 29-3　50ETF 期权行情　　单位：元

行权价格	8 月 Call	9 月 Call	8 月 Put	9 月 Put
3. 2	0. 134 8	0. 158 9	0. 089 4	0. 120 3
3. 4	0. 055 5	0. 080 1	0. 211 4	0. 239 3

基于表 29-3 提供的数据，使用认购期权构造一个牛市正向对角价差组合，交易如下：

卖出 10 份 8 月 3. 40Call@ 0. 055 5，收入 5 550 元。

买入 10 份 9 月 3. 20Call@ 0. 158 9，支出 15 890 元。

损益结构如图 29-12 所示，策略的净支出为 15 890-5 550=10 340（元）。当短期期权到期时，标的价格下跌到某一较低水平，这时会发生最大损失，这个损失等于两个期权的权利金净支出，即 10 340 元。如果标的价格正好等于短期期权行权价格，则策略会获得最大收益，等于卖出短期期权的权利金收入，加上长期期权的价值扣减购买支出后的价值增值，本例中，通过 BS 模型计算，短期期权到期时，长期期权的价值为 0. 228 3 元，故最大收益为 5 550+22 830-15 890=12 490（元）。如果标的价格涨幅很大，远远高于短期期权的行权价格，短期期权亏损，策略仍然会取得一个低于最大收益的正收益，这个收益等于长期期权的价值增值扣除短期期权的价值亏损，本例中，假设短期期权到期时，标的价格上涨到 4. 00 元，短期期权的亏损为（4. 00-3. 40）-0. 055 5=0. 544 5（元），此时用 BS 模型计算，得出长期期权的价值等于 0. 807 4 元，扣除购买成本 0. 158 9，其价值增值为 0. 648 5 元，因此，策略获得的净收益等于 0. 648 5-0. 544 5=0. 104 0（元），即 10 400 元。标的价格进一步上涨，短期期权亏损的增加与长期期权价值增值的增加会相互抵消，策略的总收益会稳定在这一水平。策略的动态希腊值曲线见图 29-13 至图 29-16。

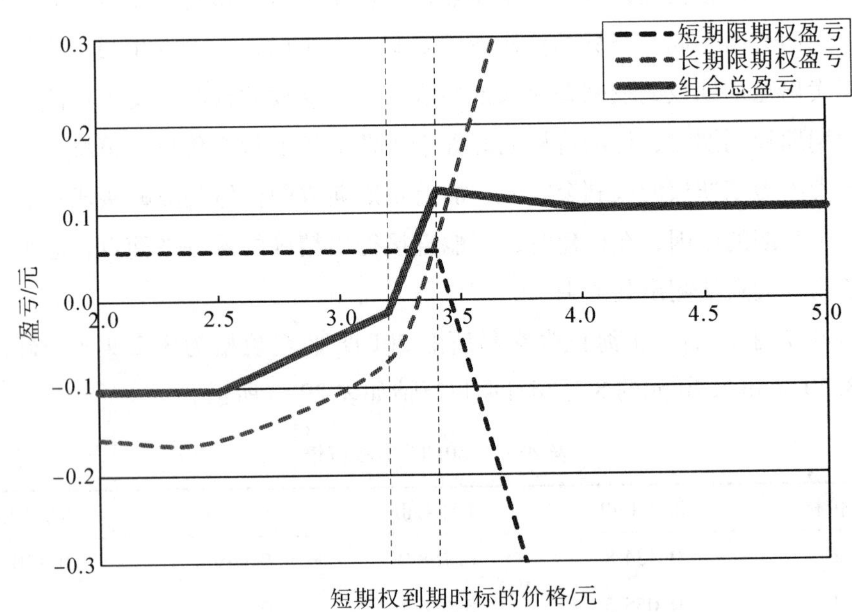

图 29-12　认购期权牛市正向对角价差损益结构

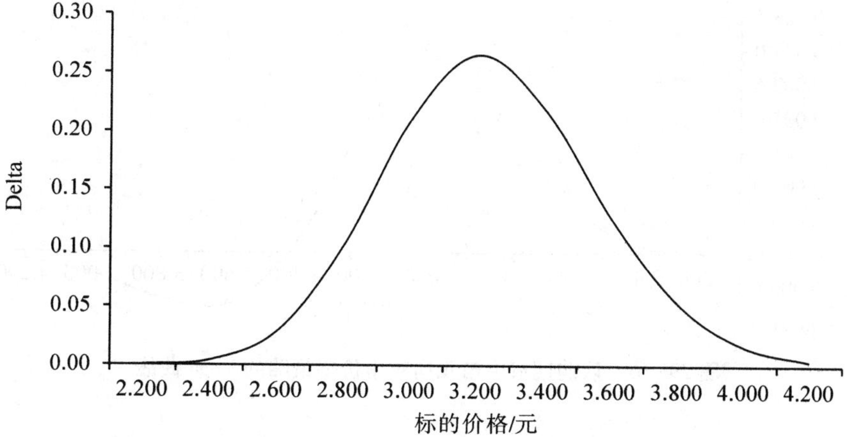

图 29-13　认购期权牛市正向对角价差策略的 Delta 曲线

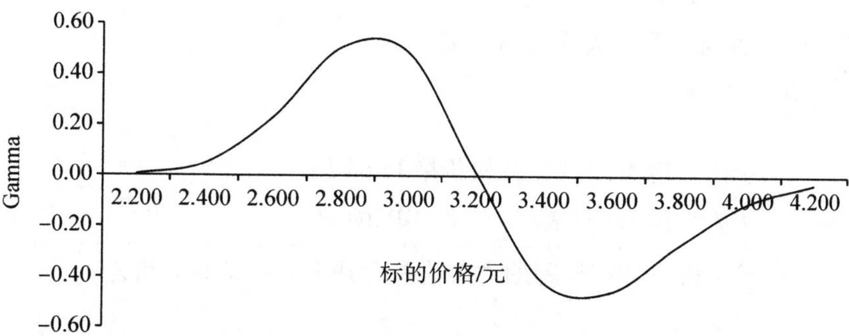

图 29-14　认购期权牛市正向对角价差策略的 Gamma 曲线

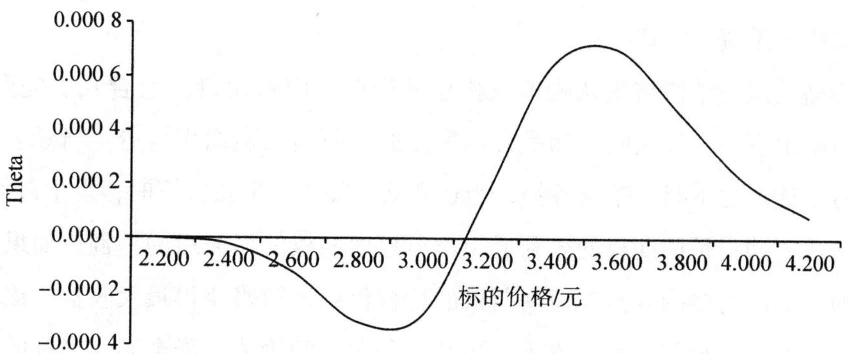

图 29-15　认购期权牛市正向对角价差策略的 Theta 曲线

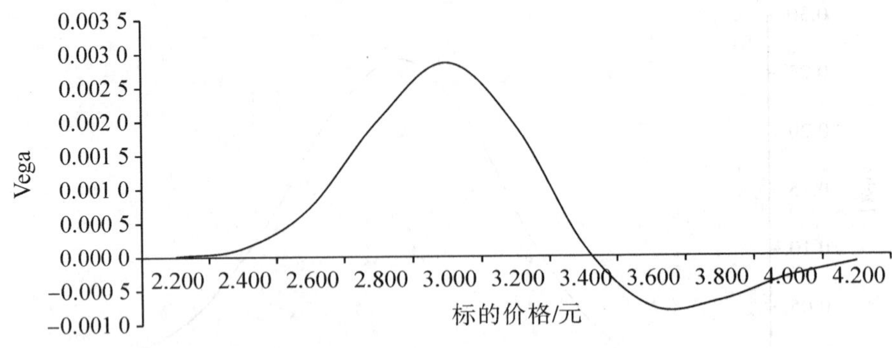

图 29-16 认购期权牛市正向对角价差策略的 Vega 曲线

认沽期权牛市正向对角价差

构造方法：空头高短认沽期权+多头低长认沽期权。

构造口诀：近高远低，买低卖高，买长卖短。

交易结构如下：

卖出 1 份 M_1 月 K_1 行权价格 Put@ P_1

买入 1 份 M_2 月 K_2 行权价格 Put@ P_2

= 1 份认沽期权跨期牛市价差合并正向跨价时间价差

本组合中，$K_1>K_2$，且 $M_1<M_2$，近月行权价高但期限短，远月行权价低但期限长，因此，在行情未知的情况下，无法判断 P_1 与 P_2 的相对大小，不能确切地判断是借方策略还是贷方策略。

该策略的损益结构与用认购期权构建的牛市正向对角价差组合几乎完全相同，风险与收益都有限，最大收益和最大损失接近于使用认购期权构造。当标的价格下跌到盈亏平衡点之下时，策略亏损，当达到某一临界水平及以下时，发生最大损失，这一损失等于购买长期期权的盈利抵扣卖出短期期权的损失后的差额；如果短期期权到期时，标的价格刚好等于短期期权的行权价格，策略获得最大收益，该收益等于卖出短期期权的全部权利金收入，扣减长期期权的价值下降金额。当标的价格大幅上涨，达到某一临界水平及以上，策略收益收敛于净权利金收入。

基于表 29-3 提供的数据，使用认沽期权构造一个牛市正向对角价差组合，交易如下：

卖出 10 份 8 月 3. 40Put@ 0. 211 4，收入 21 140 元。

买入 10 份 9 月 3. 20Put@ 0. 120 3，支出 12 030 元。

损益结构如图 29-17 所示，策略为权利金净收入 21 140-12 030=9 110（元），属于贷方策略。当短期期权到期时，标的价格下跌到某一较低水平，这时会发生最大损失，本例中当标的价格下降到 2. 455 7 元时，持有的长期期权理论价值达到 0. 736 9 元，策略发生最大损失：(3. 40-2. 455 7-0. 211 4) -（0. 736 9-0. 120 3）= 0. 116 3（元），即 11 630 元。如果标的价格正好等于短期期权行权价格，则策略会获得最大收益，本例中，通过 BS 模型计算得出，短期期权到期时长期期权的价值还剩 0. 024 6 元，故最大收益为 0. 211 4 -（0. 120 3-0. 024 6）= 0. 115 7（元），即 11 570 元。如果标的价格涨幅很大，远远高于短期期权的行权价格，不仅短期期权价值归 0，长期期权价值也趋近于 0，最终策略的收益趋近于组合的权利金净收益 9 110 元。策略的动态希腊值曲线见图 29-18 至图 29-21。

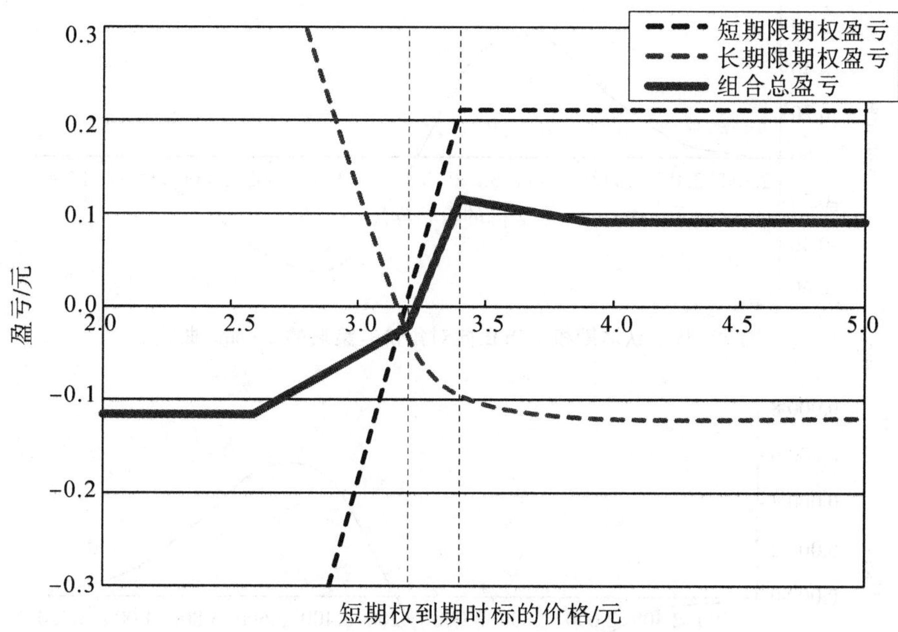

图 29-17　认沽期权牛市正向对角价差损益结构

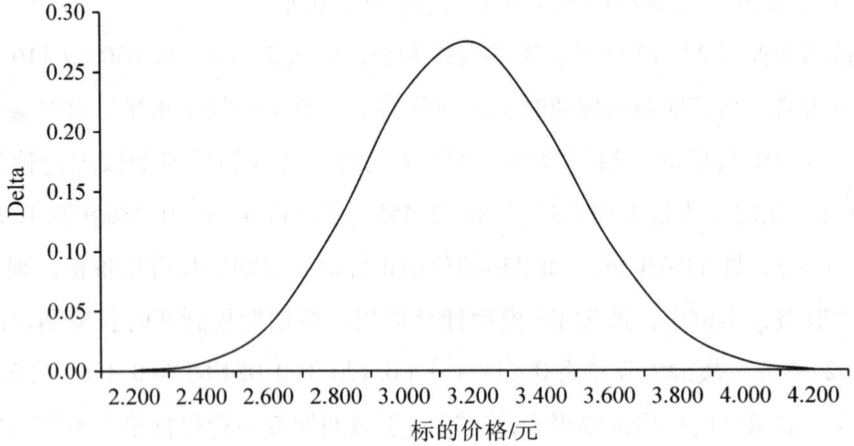

图 29-18 认沽期权牛市正向对角价差策略的 Delta 曲线

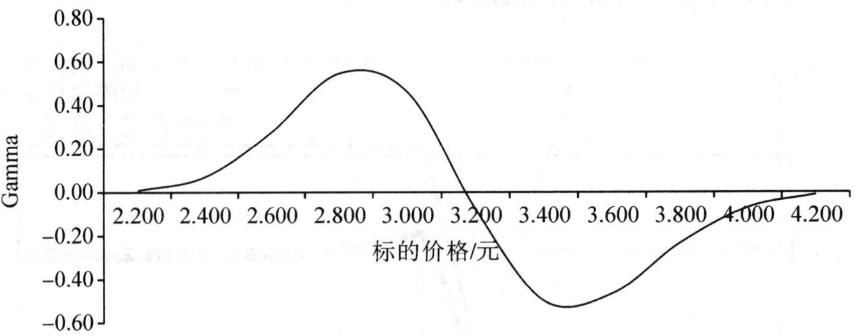

图 29-19 认沽期权牛市正向对角价差策略的 Gamma 曲线

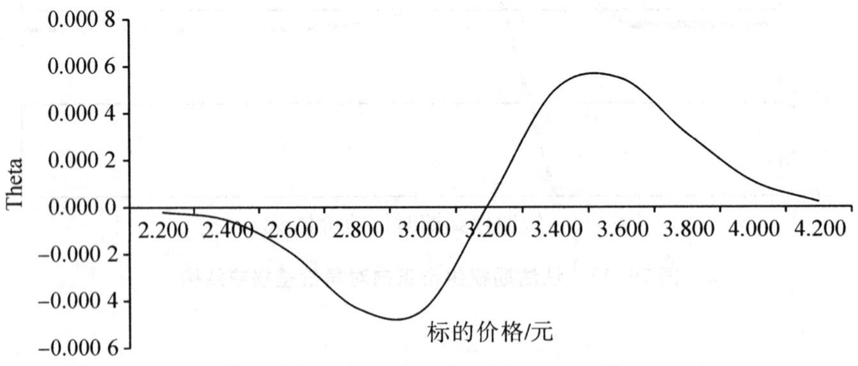

图 29-20 认沽期权牛市正向对角价差策略的 Theta 曲线

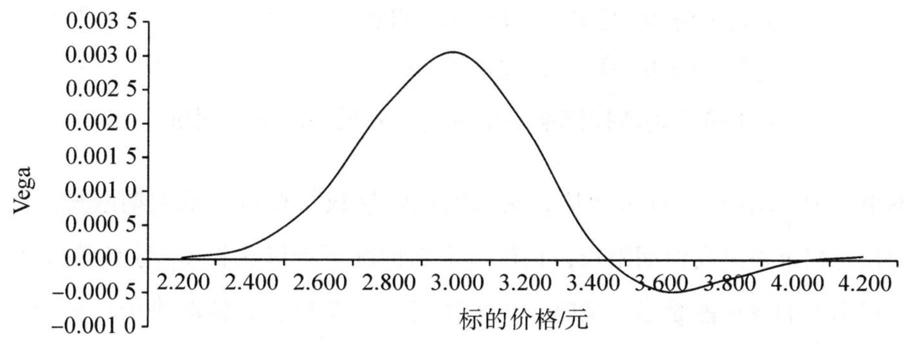

图 29-21　认沽期权牛市正向对角价差策略的 Vega 曲线

表 29-4 是希腊值对牛市正向对角价差策略的影响。无论是用认购期权还是用认沽期权来构造策略，希腊值的影响大致相同。组合 Delta 值为正，但随着标的价格从低到高，其值发生由小到大再小的变化，总体上标的价格上涨是正面影响，下跌是负面影响。Gamma 随着标的价格从低到高，其值发生由正到负的变化，意味着标的价格较低是正面影响，较高是负面影响。Theta 与 Gamma 相反，随着标的价格从低到高，其值发生由负到正的变化，标的价格较低时，时间是价值耗损因素，较高时，时间是价值贡献因素。Vega 基本上为正，波动率增大对策略有利，降低则不利。

表 29-4　希腊值对牛市正向对角价差策略的影响

希腊值	符号	对策略的影响
Delta	正，中间大	标的价格上涨是正面影响，下跌是负面影响
Gamma	从正到负	标的价格较低是正面影响，较高是负面影响
Theta	从负到正	标的价格较低时间是耗损，较高时间是贡献
Vega	基本为正	波动率增大有利策略，降低不利策略

牛市反向对角价差策略

认购期权牛市反向对角价差

构造方法：多头低短认购期权+空头高长认购期权。

构造口诀：近低远高，买低卖高，买短卖长。

交易结构如下：

买入 1 份 M_1 月 K_1 行权价格 Call@ C_1

卖出 1 份 M_2 月 K_2 行权价格 Call@ C_2

= 1 份认购期权跨期牛市价差合并反向跨价时间价差

本组合中，$K_1<K_2$，且 $M_1<M_2$，买入的认购期权行权价格低但期限短，卖出的认购期权行权价格虽高但期限长，在行情未知情况下难以比较 C_1 与 C_2 的大小，因此，构建出来的既可能是借方策略，也可能是贷方策略，具体取决于行权价格间距与长短期限的选择。

策略的风险收益情况以及盈亏平衡点，也有垂直牛市价差组合的特征，其盈亏都是有限的，不过，盈亏平衡点不能事先确定。当标的价格低于盈亏平衡点时，策略亏损。短期期权到期时，标的价格刚好等于短期期权的行权价格，策略发生最大损失，具体等于卖出长期期权的权利金净收入抵扣购买短期期权的权利金支出后的净差额，前者等于长期期权的卖出价格扣减短期期权到期时长期期权的价值，这一价值可通过 BS 模型计算得出。当标的价格进一步低于短期期权行权价格并达到某一水平时，左侧亏损最后会收敛于一个固定水平，如果是借方策略，这个固定亏损等于净权利金支出。当短期期权到期时，标的价格上涨且大于盈亏平衡点，策略盈利，上涨到某一水平时，策略获得最大收益，具体等于持有短期期权的获利扣除卖出长期期权的亏损，即：最大收益=（标的价格-短期期权行权价格-短期期权购买成本）-（短期期权到期时长期期权的价值-卖出长期期权的权利金收入）。

基于表 29-3 提供的数据，下面使用认购期权构造一个牛市反向对角价差组合，交易如下：

买入 10 份 8 月 3.20Call@0.134 8，支出 13 480 元。

卖出 10 份 9 月 3.40Call@0.080 1，收入 8 010 元。

损益结构如图 29-22 所示，策略的净支出为 13 480-8 010=5 474（元）。当短期期权到期时，标的价格正好等于短期期权行权价格 3.20 元，经计算，长期期权价值为 0.026 元，策略最大损失为 13 480-（8 010-2 600） = 8 070（元），当标的下跌到 2.72 元及以下，策略的损失限定为 5 474 元的净权利金支出。当标的价格上涨到 4.275 元时，策略获得最大收益：（4.275-3.20-0.134 8）-（0.882 8-0.080 1）= 0.137 5（元），即 13 750 元，此时用 BS 模型计算，得出长期期权的价值为 0.882 8

元。标的价格进一步上涨，短期期权盈利的增加与长期期权亏损的增加会相互抵消，策略的总收益会稳定在这一水平。策略的动态希腊值曲线见图 29-23 至图 29-26。

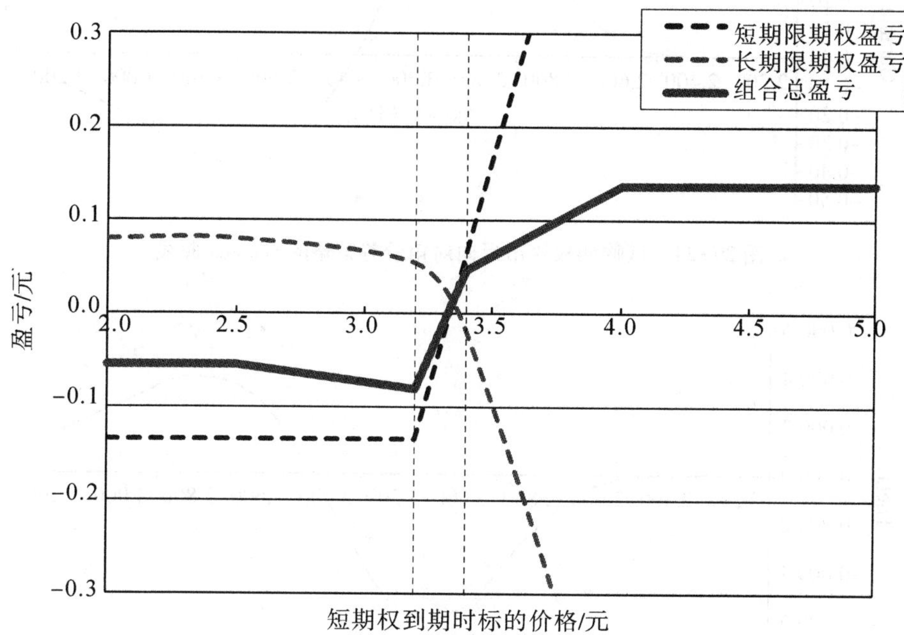

图 29-22　**认购期权牛市反向对角价差损益结构**

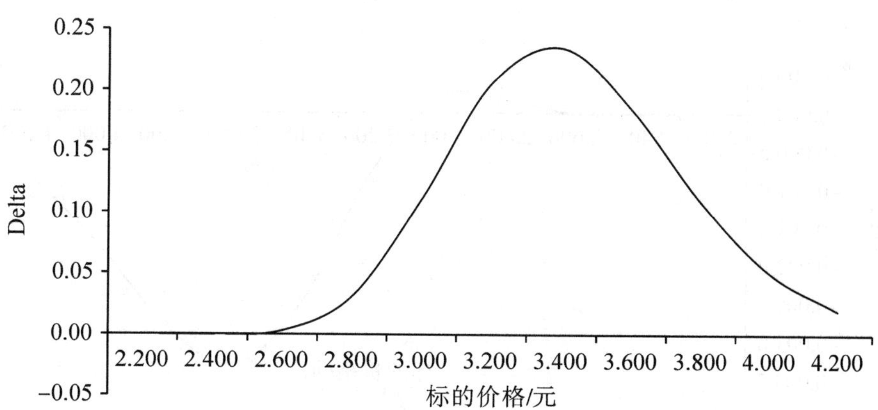

图 29-23　**认购期权牛市反向对角价差策略的 Delta 曲线**

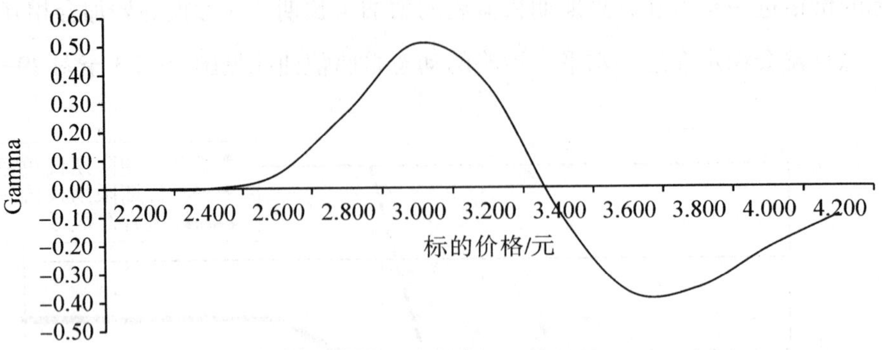

图 29-24 认购期权牛市反向对角价差策略的 Gamma 曲线

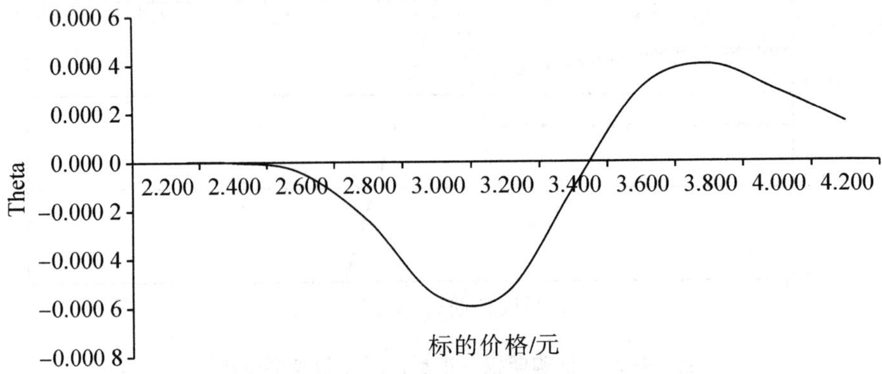

图 29-25 认购期权牛市反向对角价差策略的 Theta 曲线

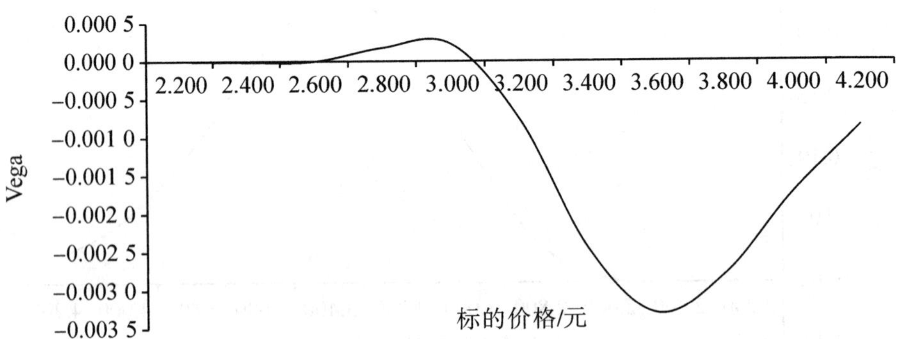

图 29-26 认购期权牛市反向对角价差策略的 Vega 曲线

认沽期权牛市反向对角价差

构造方法：多头低短认沽期权+空头高长认沽期权。

构造口诀：近低远高，买低卖高，买短卖长。

交易结构如下：

买入 1 份 M_1 月 K_1 行权价格 Put@ P_1

卖出 1 份 M_2 月 K_2 行权价格 Put@ P_2

= 1 份认沽期权跨期牛市价差合并反向跨价时间价差

本组合中，$K_1<K_2$，且 $M_1<M_2$，买入的认沽期权行权价格低且期限短，卖出的认沽期权行权价格高且期限长，显然，$P_1<P_2$ 是可以预知的，因此，属于贷方策略。

该策略的损益结构与用认购期权构建的牛市反向对角价差组合几乎完全相同，盈亏平衡点不能事先确定，风险与收益都是有限的，最大收益和最大损失与使用认购期权构造相差不大。当标的价格低于盈亏平衡点时，策略亏损。短期期权到期时，标的价格刚好等于短期期权的行权价格，策略发生最大损失，具体等于卖出长期期权的净收益抵扣购买短期期权的权利金支出后的净差额，如果净收益为正，这个差额变小，如果为负则变大。当标的价格进一步低于短期期权行权价格并达到某一水平时，亏损最后会收敛于一个较小的固定水平：（短期期权行权价格-标的价格-短期期权购买成本）-（短期期权到期时长期期权的价值-卖出长期期权的权利金收入）。当短期期权到期时，标的价格上涨且大于盈亏平衡点，策略盈利，上涨到某一水平时，策略获得最大收益，具体等于卖出长期期权的获利扣除持有短期期权的成本，即组合的净权利金收入。

基于表 29-3 提供的数据，我们使用认沽期权构造一个牛市反向对角价差组合，交易如下：

买入 10 份 8 月 3. 20Put@ 0. 089 4，支出 8 940 元。

卖出 10 份 9 月 3. 40Put@ 0. 239 3，收入 23 930 元。

损益结构如图 29-27 所示，策略权利金净收入为 23 930-8 940 = 14 990（元）。当短期期权到期时，标的价格正好等于短期期权行权价格 3. 20 元，经计算，长期期权价值为 0. 221 8 元，策略最大损失为 8 940-（23 930-22 180） = 7 190（元），当标的价格进一步下跌，策略的损失将固定在 4 230 元。当标的价格上涨，策略可获得的最大收益是权利金净收入 14 990 元。策略的动态希腊值曲线见图 29-28 至图 29-31。

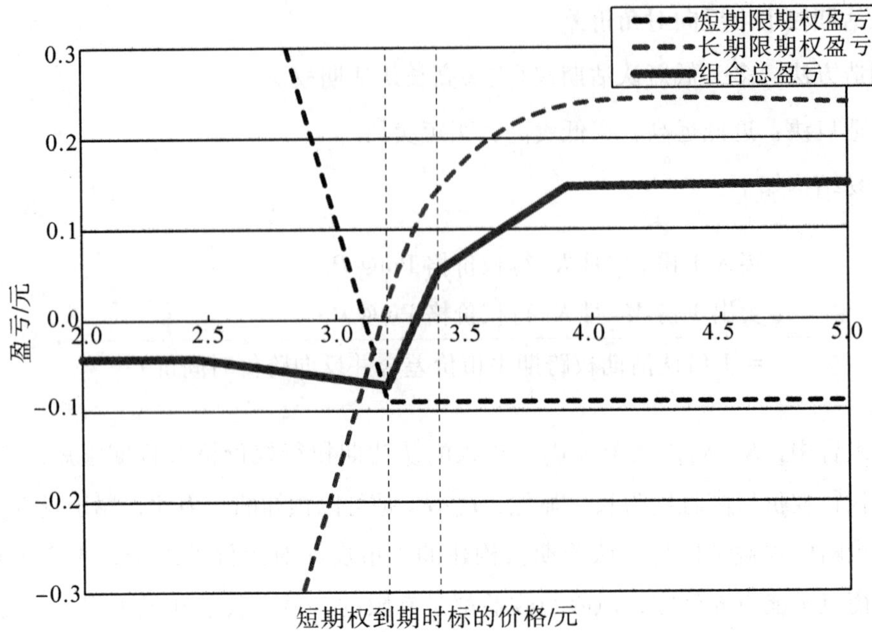

图 29-27 认沽期权牛市反向对角价差损益结构

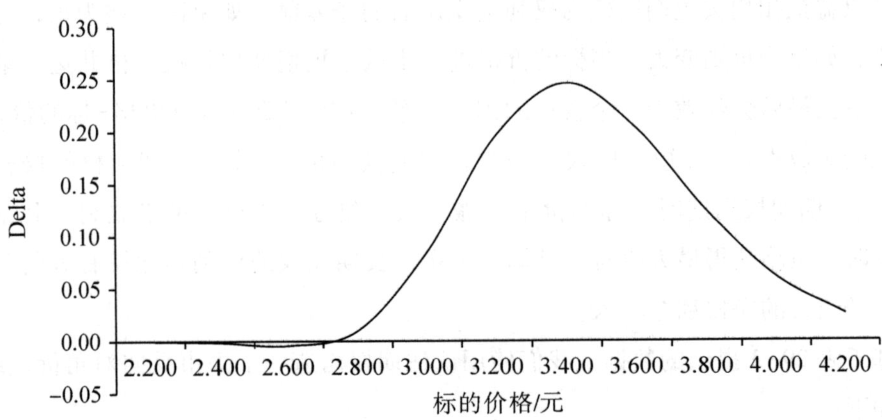

图 29-28 认沽期权牛市反向对角价差策略的 Delta 曲线

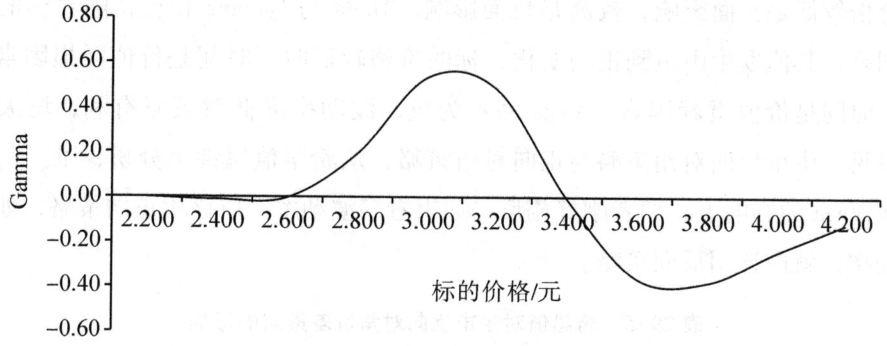

图 29-29　认沽期权牛市反向对角价差策略的 Gamma 曲线

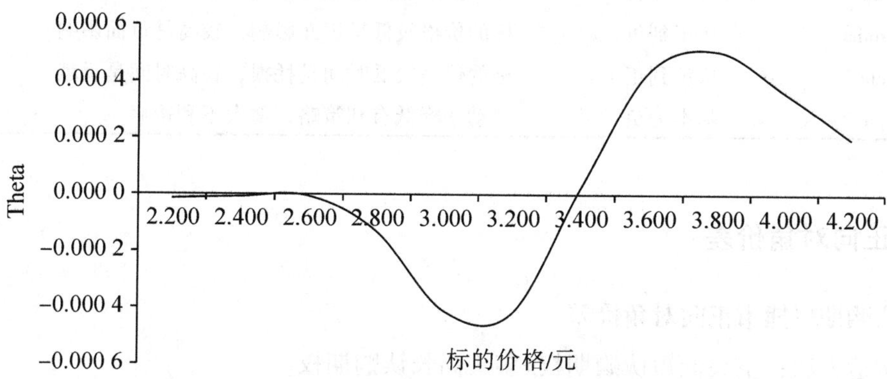

图 29-30　认沽期权牛市反向对角价差策略的 Theta 曲线

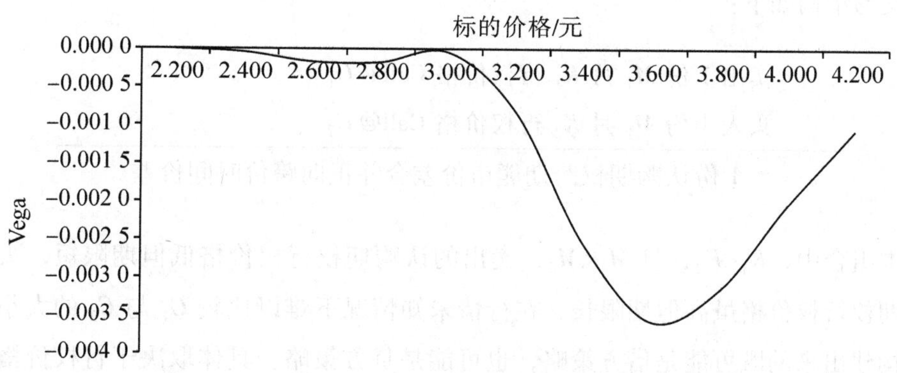

图 29-31　认沽期权牛市反向对角价差策略的 Vega 曲线

表 29-5 是希腊值对牛市反向对角价差策略的影响。用认购期权还是用认沽期权来构造策略，它们的希腊值的影响大致相同。组合 Delta 值为正，但随着标的价格从低到高，其值发生由小到大再小的变化，总体上标的价格上涨是正面影响，下跌是负面影响。Gamma 随着标的价格从低到高，其值发生由正到负的变化，意味着

标的价格较低是正面影响，较高是负面影响。Theta 与 Gamma 相反，随着标的价格从低到高，其值发生由负到正的变化，标的价格较低时，时间是价值耗损因素，较高时，时间是价值贡献因素。Vega 基本为负，波动率降低对策略有利，增大则不利。可见，牛市反向对角策略与正向对角策略，从希腊值属性上分析，唯一的区别体现在 Vega 的影响上，两者刚好相反，如果看多波动率，应该用正向策略，如果看空波动率，就应该用反向策略。

表 29-5　希腊值对牛市反向对角价差策略的影响

希腊值	符号	对策略的影响
Delta	正，中间大	标的价格上涨是正面影响，下跌是负面影响
Gamma	从正到负	标的价格较低是正面影响，较高是负面影响
Theta	从负到正	标的价格较低时间是耗损，较高时间是贡献
Vega	基本为负	波动率降低有利策略，增大不利策略

熊市正向对角价差

认购期权熊市正向对角价差

构造方法：空头低短认购期权+多头高长认购期权。

构造口诀：近低远高，买高卖低，买长卖短。

交易结构如下：

卖出 1 份 M_1 月 K_1 行权价格 Call@ C_1

买入 1 份 M_2 月 K_2 行权价格 Call@ C_2

= 1 份认购期权跨期熊市价差合并正向跨价时间价差

本组合中，$K_1<K_2$，且 $M_1<M_2$，卖出的认购期权行权价格低但期限短，买入的认购期权行权价格虽高但期限长，在行情未知情况下难以比较 C_1 与 C_2 的大小，因此，构建出来的既可能是借方策略，也可能是贷方策略，具体取决于行权价格间距与长短期限的选择。

策略的风险收益情况以及盈亏平衡点，有垂直熊市价差组合的特征，其盈亏也都是有限的，但作为对角策略，盈亏平衡点不能事先确定。当标的价格低于盈亏平衡点时，策略盈利。如果短期期权到期时，标的价格刚好等于短期期权的行权价格，策略获得最大收益，具体等于卖出短期期权的权利金收入扣除持有长期期权的价值减值金额，即长期期权的购买成本减去其在短期期权到期时的剩余价值，这一价值可通过 BS 模型计算得出。当标的价格进一步低于短期期权行权价格并达到某一水平时，策略盈利最后会收敛于一个固定水平，如果是贷方策略，这个固定收益等于净权利金收入。当短期期权到期时，标的价格上涨且大于盈亏平衡点，策略亏损，上涨到某一水平时，策略发生最大亏损，具体等于持有长期期权的盈利抵扣卖出短期期权的亏损后的差额，即：最大亏损＝（标的价格－短期期权行权价格－短期期权的卖出收益）－（短期期权到期时长期期权的价值－购买长期期权的权利金支出）。

使用表 29-3 提供的数据，我们构造一个认购期权熊市正向对角价差组合：

卖出 10 份 8 月 3. 20Call@ 0. 134 8，收入 13 480 元。

买入 10 份 9 月 3. 40Call@ 0. 080 1，支出 8 010 元。

损益结构如图 29-32 所示，策略的净收入为 13 480－8 010＝5 474（元）。当短期期权到期时，标的价格正好等于短期期权行权价格 3. 20 元，经计算，长期期权价值为 0. 026 元，此时策略最大收益为 13 480－（8 010－2 600）＝ 8 070（元），当标的下跌到 2. 72 元及以下，策略收益锁定在 5 474 元的净权利金收入这一固定水平。当标的价格上涨到 4. 275 元时，用 BS 模型计算，长期期权的价值为 0. 882 8 元，策略发生最大损失＝(4. 275－3. 20－0. 134 8)－(0. 882 8－0. 080 1)＝ 0. 137 5（元），即 13 750 元。如果标的价格进一步上涨，短期期权的亏损扩大，而长期期权的价值会同步增加，两者增量部分相互抵消，策略的总亏损会维持不变。策略的动态希腊值曲线见图 29-33 至图 29-36。

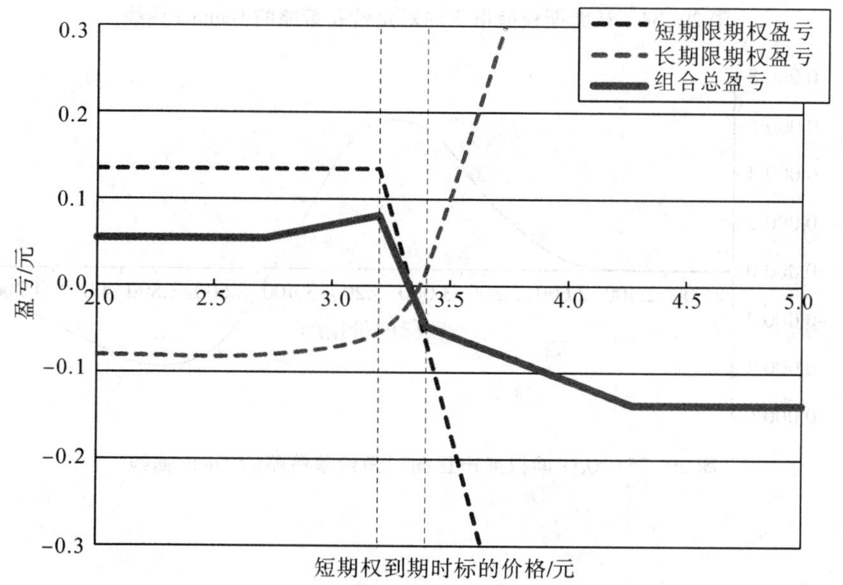

图 29-32　认购期权熊市正向对角价差损益结构

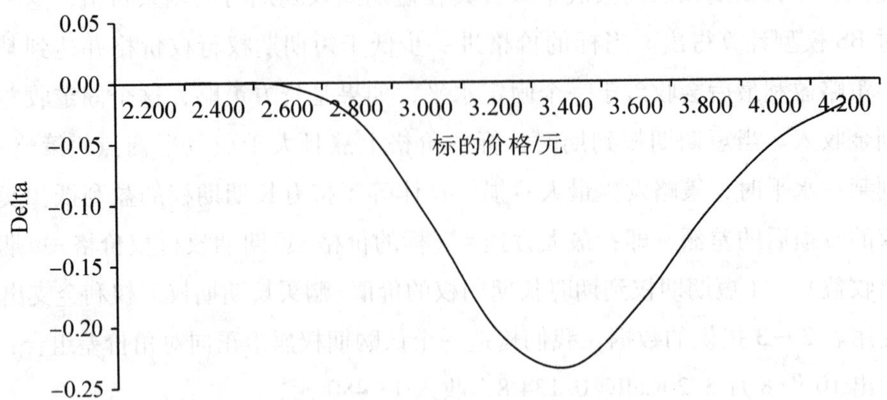

图 29-33　认购期权熊市正向对角价差策略的 Delta 曲线

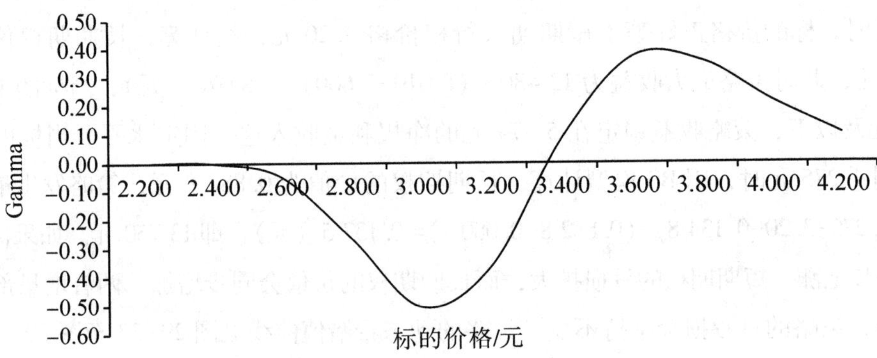

图 29-34　认购期权熊市正向对角价差策略的 Gamma 曲线

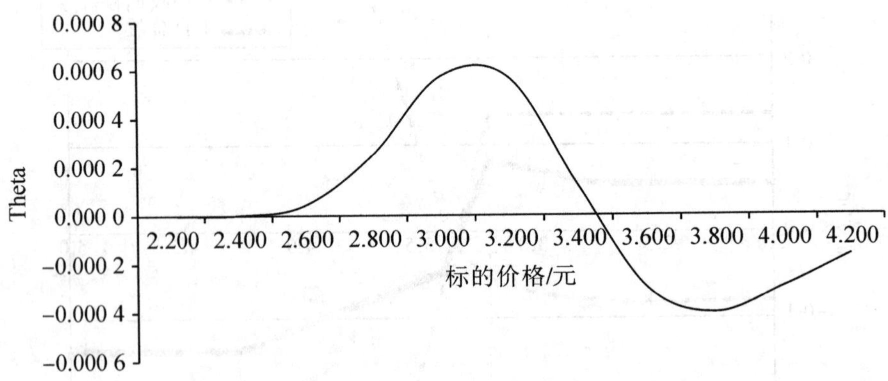

图 29-35　认购期权熊市正向对角价差策略的 Theta 曲线

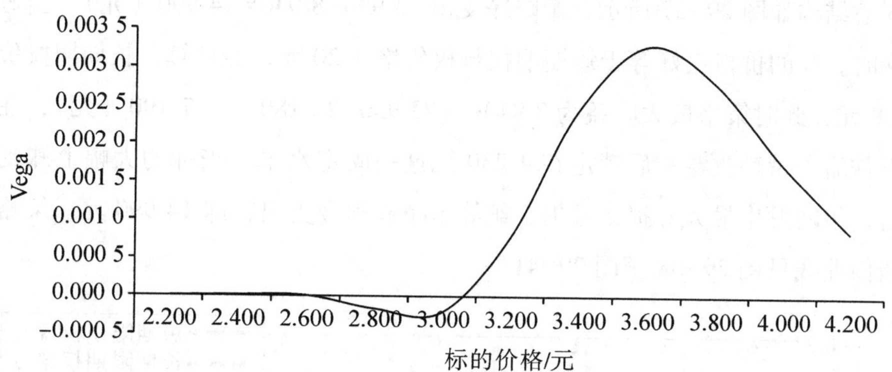

图 29-36 认购期权熊市正向对角价差策略的 Vega 曲线

认沽期权熊市正向对角价差

构造方法：空头低短认沽期权+多头高长认沽期权。

构造口诀：近低远高，买高卖低，买长卖短。

交易结构如下：

卖出 1 份 M_1 月 K_1 行权价格 Put@ P_1

买入 1 份 M_2 月 K_2 行权价格 Put@ P_2

= 1 份认沽期权跨期熊市价差合并正向跨价时间价差

本组合中，$K_1<K_2$，且 $M_1<M_2$，卖出的认沽期权行权价格低且期限短，买入的认沽期权行权价格高且期限长，显然 $P_1<P_2$，这是借方策略。

该策略的损益结构与用认购期权构建的熊市正向对角价差组合几乎完全相同，两者的最大收益和最大损失非常接近，风险与收益都是有限的，盈亏平衡点不能事先确定。当标的价格低于盈亏平衡点时，策略盈利。如果短期期权到期时，标的价格刚好等于短期期权的行权价格，策略获得最大收益，具体等于卖出短期期权的权利金收入扣除持有长期期权的亏损。当标的价格进一步低于短期期权行权价格并达到某一水平时，策略盈利最后会收敛于一个固定水平：（短期期权到期时长期期权的价值-购买长期期权的权利金支出）-（短期期权行权价格-标的价格-短期期权的卖出收益）。当短期期权到期时，标的价格上涨且大于盈亏平衡点，策略亏损，上涨到某一水平时，策略发生最大亏损，具体等于组合的净权利金支出。

使用表 29-3 提供的数据，我们构造一个认沽期权熊市正向对角价差组合：

卖出 10 份 8 月 3. 20Put@ 0. 089 4，收入 8 940 元。

买入 10 份 9 月 3. 40Put@ 0. 239 3，支出 23 930 元。

损益结构如图 29-37 所示，策略净支出 23 930-8 940=14 990（元）。当短期期权到期时，标的价格正好等于短期期权行权价格 3.20 元，经计算，长期期权价值为 0.221 8 元，此时策略最大收益为 8 940-（23 930-22 180） = 7 190（元），在标的大幅下跌后，策略收益最后锁定在 4 230 元这一固定水平。当标的大幅上涨到某一价位后，策略发生最大亏损，亏损金额等于净权利金支出，即 14 990 元。策略的动态希腊值曲线见图 29-38 至图 29-41。

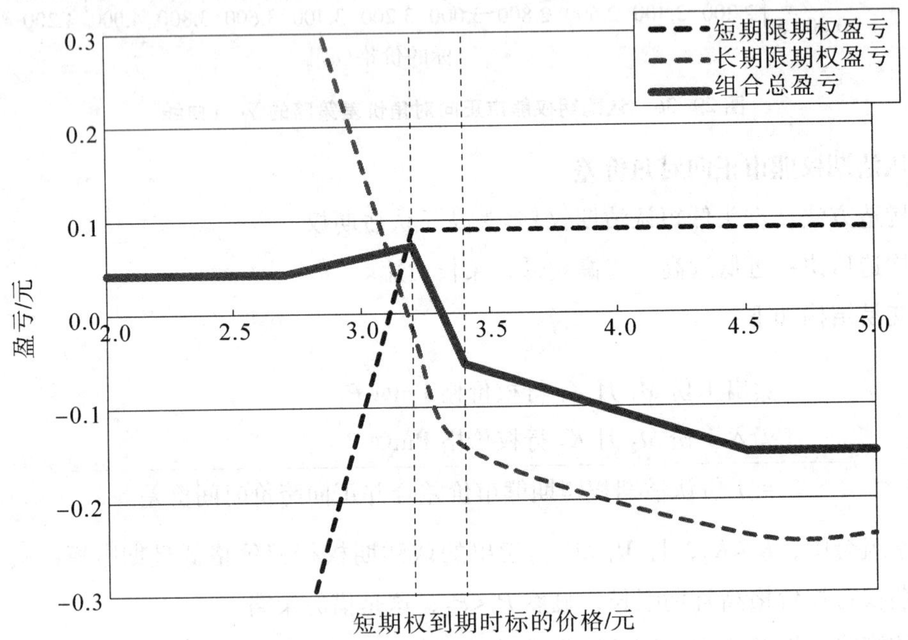

图 29-37 认沽期权熊市正向对角价差损益结构

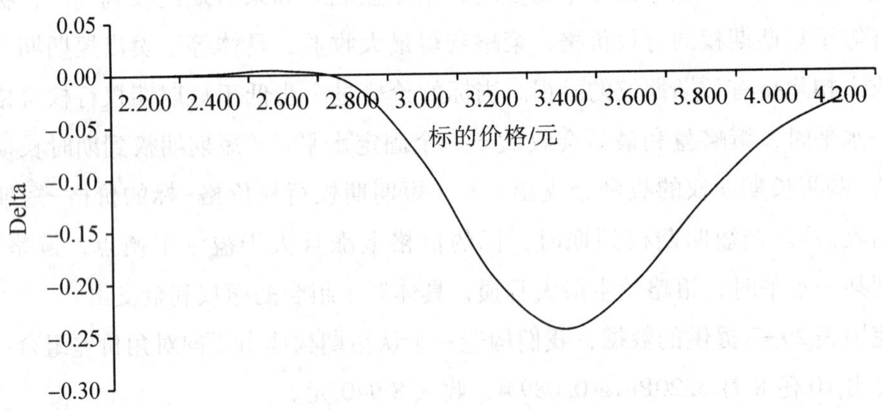

图 29-38 认沽期权熊市正向对角价差策略的 Delta 曲线

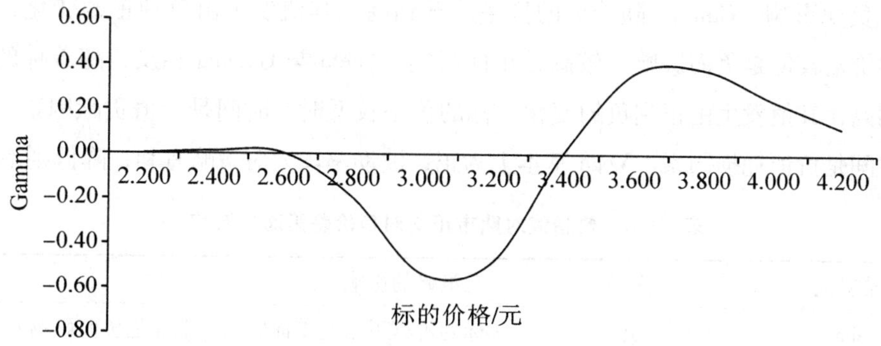

图 29-39　认沽期权熊市正向对角价差策略的 Gamma 曲线

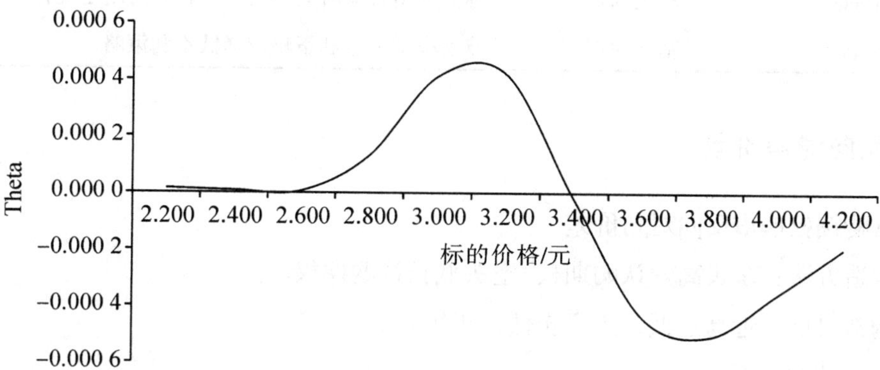

图 29-40　认沽期权熊市正向对角价差策略的 Theta 曲线

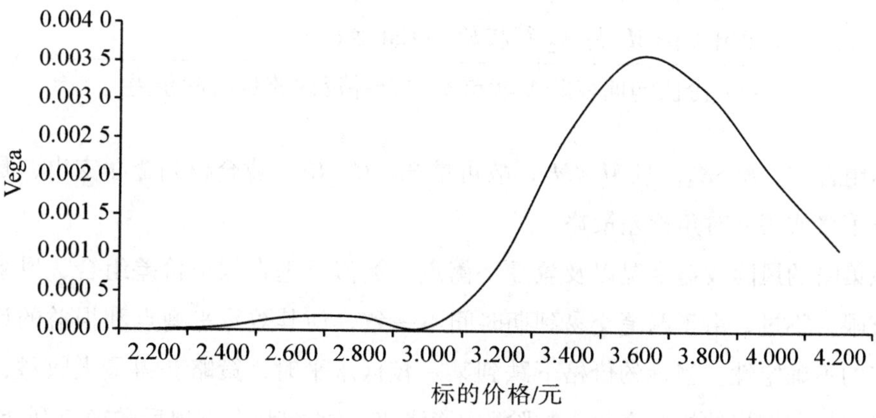

图 29-41　认沽期权熊市正向对角价差策略的 Vega 曲线

表 29-6 是希腊值对熊市正向对角价差策略的影响。同样，无论是用认购期权还是用认沽期权来构造策略，希腊值的影响大致相同。组合 Delta 值为负，但随着标的价格从低到高，其绝对值发生由小到大再小的变化，标的价格下跌是正面影响，

上涨是负面影响。Gamma 随着标的价格从低到高，其值发生由负到正的变化，意味着标的价格较低是负面影响，较高是正面影响。Theta 与 Gamma 相反，随着标的价格从低到高，其值发生由正到负的变化，标的价格较低时，时间是价值贡献因素，较高时，时间是价值耗损因素。Vega 基本上为正，波动率增大对策略有利，降低则不利。

表 29-6 希腊值对熊市正向对角价差策略的影响

希腊值	符号	对策略的影响
Delta	负	标的价格下跌是正面影响，上涨是负面影响
Gamma	从负到正	标的价格较低是负面影响，较高是正面影响
Theta	从正到负	标的价格较低时间是贡献，较高时间是耗损
Vega	基本为正	波动率增大有利策略，降低不利策略

熊市反向对角价差

认购期权熊市反向对角价差

构造方法：多头高短认购期权+空头低长认购期权。

构造口诀：近高远低，买高卖低，买短卖长。

交易结构如下：

买入 1 份 M_1 月 K_1 行权价格 Call@ C_1

卖出 1 份 M_2 月 K_2 行权价格 Call@ C_2

= 1 份认购期权跨期熊市价差合并反向跨价时间价差

本组合中，$K_1>K_2$，且 $M_1<M_2$，故可推知，$C_1<C_2$，建仓权利金净支出，是确切的借方策略或买入对角价差策略。

该策略的风险收益情况以及盈亏平衡点，类似于垂直熊市价差组合，风险与收益都有限，不过，由于两笔交易到期时间不一致，使其盈亏平衡点和损益的计算存在一定的不确定性。当标的价格下跌到某一较低水平时，策略获得最大收益，具体等于卖出长期期权的权利金收入扣除购买短期期权的权利金支出后的净权利金收入；当短期期权到期时，标的价格正好等于短期期权的行权价格，策略发生最大损失，最大损失等于买入短期期权的全部权利金支出，加上卖出长期期权的损失，即此刻已经增值了的长期期权的价值减去建仓时的卖出收益。当标的价格进一步上涨并达到某一水平时，策略亏损最后会收敛于一个固定水平，即短期期权的盈利扣减长期期权的亏损后的差额，这时长期期权的亏损大于短期期权的盈利，随着标的价格上涨，这个差额会保持不变。

使用表 29-3 提供的数据，我们构造一个认购期权熊市反向对角价差组合：

买入 10 份 8 月 3. 40Call@ 0. 055 5，支出 5 550 元。

卖出 10 份 9 月 3. 20Call@ 0. 158 9，收入 15 890 元。

损益结构如图 29-42 所示，策略的净权利金收入为 15 890-5 550＝10 340（元）。当短期期权到期时，标的价格下跌到某一较低水平，这时会产生最大收益，这个收益等于策略的净权利金收入，即 10 340 元。如果标的价格正好等于短期期权行权价格，则策略会产生最大损失，通过 BS 模型计算，短期期权到期时，长期期权的价值为 0. 228 3 元，故最大损失为 5 550+22 830-15 890＝12 490（元）。如果标的价格涨幅很大，远远高于短期期权的行权价格，策略亏损会逐渐收敛于某一固定水平，本例中，当标的价格达到 3. 905 1 元时，短期期权盈利 3. 905 1－3. 40－0. 055 5＝0. 449 6 元，长期期权亏损 0. 712 5-0. 158 9＝0. 553 6（元），净亏损 0. 104 0 元，整个组合净亏损 10 400 元。标的价格进一步上涨，短期期权盈利的增加与长期期权亏损的增加会相互抵消，策略的总亏损会稳定在这一水平。策略的动态希腊值曲线见图 29-43 至图 29-46。

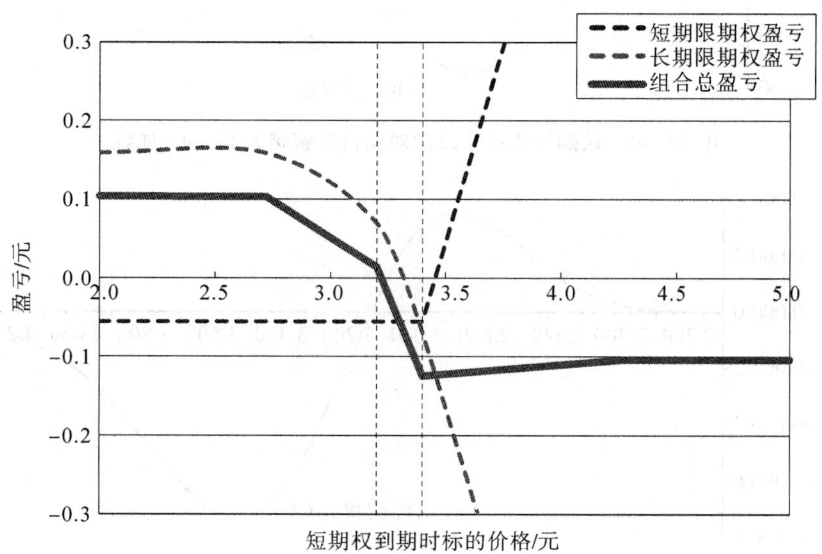

图 29-42　认购期权熊市反向对角价差损益结构

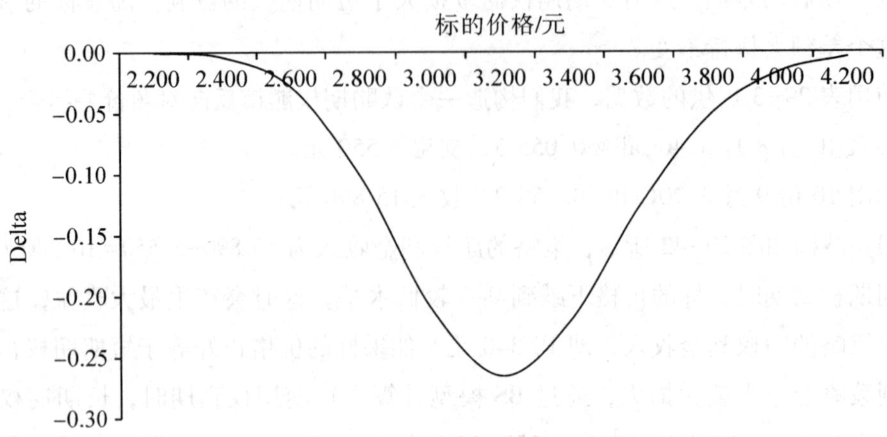

图 29-43 认购期权熊市反向对角价差策略的 Delta 曲线

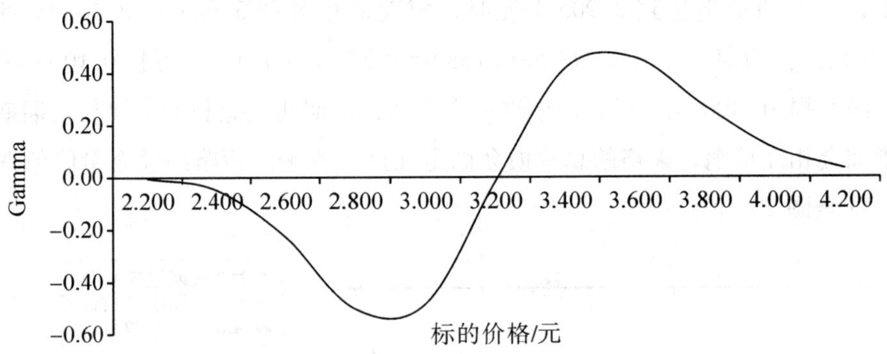

图 29-44 认购期权熊市反向对角价差策略的 Gamma 曲线

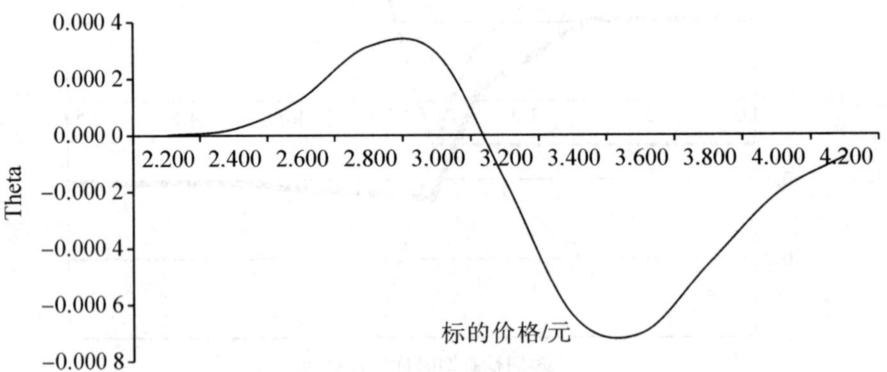

图 29-45 认购期权熊市反向对角价差策略的 Theta 曲线

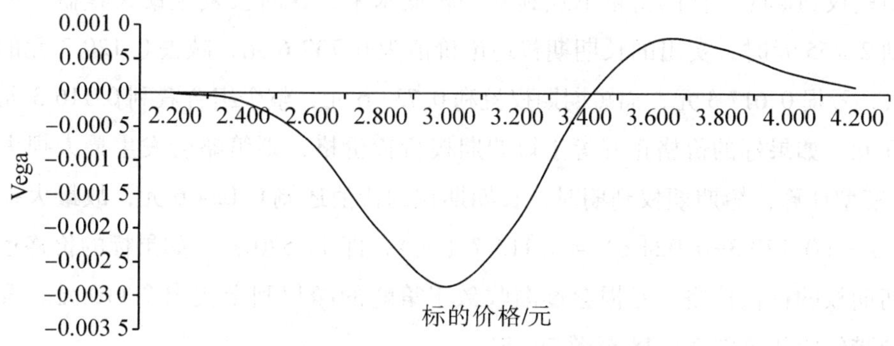

图 29-46　认购期权熊市反向对角价差策略的 Vega 曲线

认沽期权熊市反向对角价差

构造方法：多头高短认沽期权+空头低长认沽期权。

构造口诀：近高远低，买高卖低，买短卖长。

交易结构如下：

买入 1 份 M_1 月 K_1 行权价格 Put@ P_1

卖出 1 份 M_2 月 K_2 行权价格 Put@ P_2

= 1 份认沽期权跨期熊市价差合并反向跨价时间价差

本组合中，$K_1>K_2$，且 $M_1<M_2$，近月行权价高但期限短，远月行权价低但期限长，因此，在行情未知的情况下，不能判断 P_1 与 P_2 的相对大小，无法预知是借方策略还是贷方策略。

该策略的损益结构与用认购期权构建的熊市反向对角价差组合相差不大，两者最大收益和最大损失相当，风险与收益都有限，不能预先确定盈亏平衡点。当标的价格下跌到某一较低水平时，策略获得最大收益，具体等于持有短期期权的盈利扣除卖出长期期权的亏损之后的差额；当短期期权到期时，标的价格正好等于短期期权的行权价格，策略发生最大损失，最大损失等于卖出长期期权的盈利抵扣买入短期期权的权利金支出后的差额。当标的价格进一步上涨并达到某一水平时，策略亏损最后会收敛于一个固定水平，如果是借方策略，将会收敛于净权利金支出。

使用表 29-3 提供的数据，我们构造一个认沽期权熊市反向对角价差组合：

买入 10 份 8 月 3. 40Put@ 0. 211 4，支出 21 140 元。

卖出 10 份 9 月 3. 20Put@ 0. 120 3，收入 12 030 元。

损益结构如图 29-47 所示，借方策略，权利金净支出 21 140−12 030 = 9 110(元)。

当短期期权到期时，标的价格下跌到某一较低水平，这时会发生最大收益，本例中下跌到 2.455 元时，卖出的长期期权理论价值为 0.737 6 元，减去 0.120 3 元的权利金收入，亏损 0.617 3 元，而短期期权盈利 0.733 6 元，整个组合获利 0.116 3 元，即 11 630 元。如果标的价格正好等于短期期权行权价格，则策略会发生最大损失，通过 BS 模型计算，短期期权到期时，长期期权的价值还剩 0.024 6 元，故最大损失为 0.211 4 －（0.120 3−0.024 6）＝0.115 7（元），即 11 570 元。如果标的价格远远高于短期期权的行权价格，亏损会逐渐收敛于策略的净权利金支出 9 110 元。策略的动态希腊值曲线见图 29−48 至图 29−51。

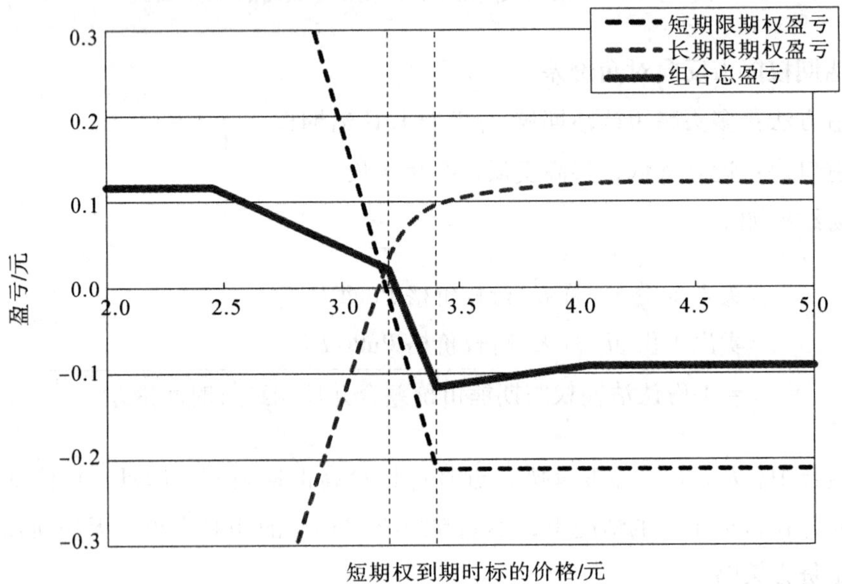

图 29−47 认沽期权熊市反向对角价差损益结构

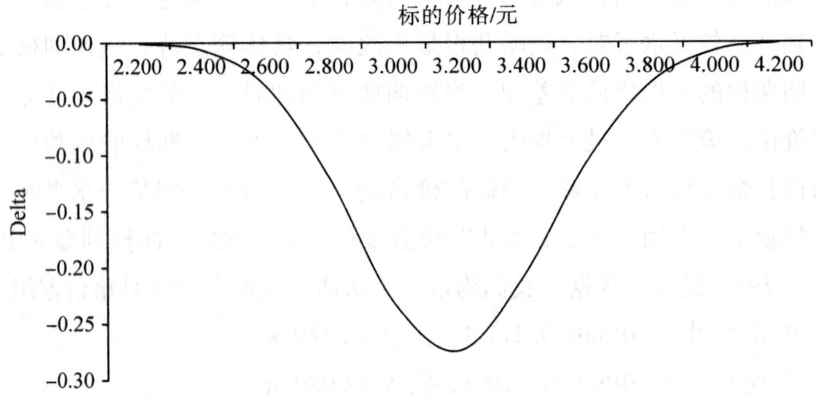

图 29−48 认沽期权熊市反向对角价差策略的 Delta 曲线

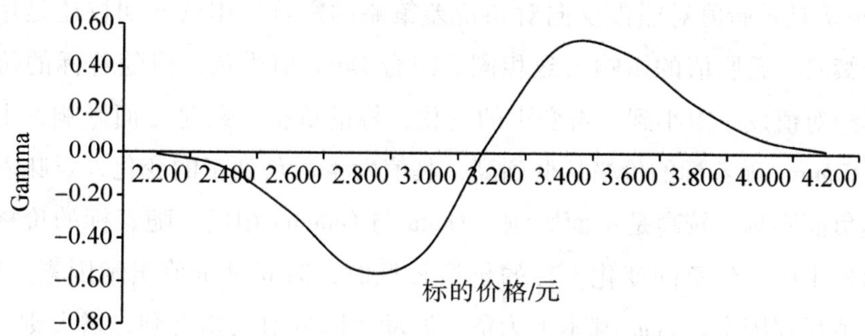

图 29-49　认沽期权熊市反向对角价差策略的 Gamma 曲线

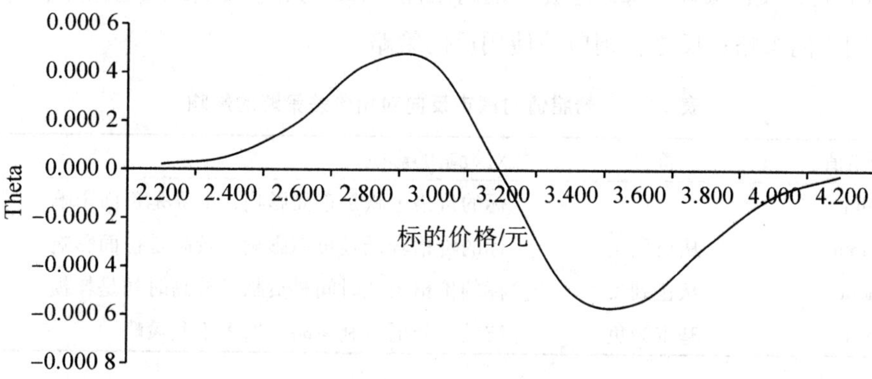

图 29-50　认沽期权熊市反向对角价差策略的 Theta 曲线

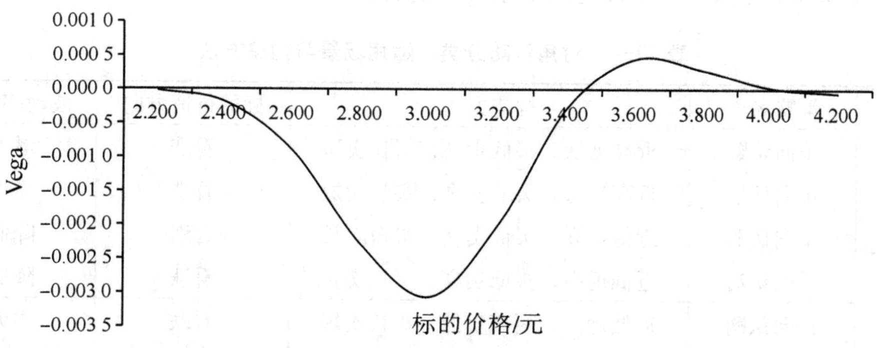

图 29-51　认沽期权熊市反向对角价差策略的 Vega 曲线

表 29-7 是希腊值对熊市反向对角价差策略的影响。用认购期权还是用认沽期权来构造策略，希腊值的影响大致相同。组合 Delta 值为负，但随着标的价格从低到高，其绝对值发生由小到大再变小的变化，标的价格下跌是正面影响，上涨是负面影响。Gamma 随着标的价格从低到高，其值发生由负到正的变化，意味着标的价格较低是负面影响，较高是正面影响。Theta 与 Gamma 相反，随着标的价格从低到高，其值发生由正到负的变化，标的价格较低时，时间是价值贡献因素，较高时，时间是价值耗损因素。Vega 基本上为负，波动率降低对策略有利，增大则不利。同样可以发现，熊市反向对角策略与正向策略，从希腊值上分析，唯一的区别也是 Vega 的不同，反向策略 Vega 为负，正向策略 Vega 为正。如果预期波动率会上升，应该使用正向策略；反之，则应该使用反向策略。

表 29-7　希腊值对熊市反向对角价差策略的影响

希腊值	符号	对策略的影响
Delta	负	标的价格下跌是正面影响，上涨是负面影响
Gamma	从负到正	标的价格较低是负面影响，较高是正面影响
Theta	从正到负	标的价格较低时间是贡献，较高时间是耗损
Vega	基本为负	波动率降低有利策略，增大不利策略

对角策略构造复杂，容易混淆，为便于理解和记忆，我们把它们归纳为牛市策略与熊市策略，表 29-8 是其适用场景和构造方法。

表 29-8　对角策略分类、适用场景与构建方法

分类	策略名称	构造方法	标的行情方向	波动率场景
牛市对角	正向认购	近高远低，买低卖高，买长卖短	看涨	增大
	正向认沽	近高远低，买低卖高，买长卖短	看涨	增大
	反向认购	近低远高，买低卖高，买短卖长	看涨	降低
	反向认沽	近低远高，买低卖高，买短卖长	看涨	降低
熊市对角	正向认购	近低远高，买高卖低，买长卖短	看跌	增大
	正向认沽	近低远高，买高卖低，买长卖短	看跌	增大
	反向认购	近高远低，买高卖低，买短卖长	看跌	降低
	反向认沽	近高远低，买高卖低，买短卖长	看跌	降低

第 30 章

对冲、套利与套保策略

期权作为基础金融资产的衍生产品，被广泛用于风险管理，可以用来对冲基础资产的风险。期权的价格不仅仅取决于自身的市场供求等因素，还受到基础资产波动幅度和价格的影响。另外，期权和基础资产分别在不同的市场或市场板块交易，其价格经常会偏离均衡状态。因此，期权与期权之间，或期权与基础资产之间，恰当的组合，可以形成对冲、套利与套保策略。

对冲策略

所谓对冲，是指建立反向头寸，通过双向交易来降低风险，套取无风险或低风险收益的一种交易策略。对冲的金融工具很多，金融市场上存在大量的对冲基金，由于期权的权力与义务相分离的属性，基于期权的对冲交易，更为方便灵活，结果的可控性高，偏离预期小，也最受青睐。对冲、套利与套保可以看成是三个独立的策略，但对冲又把三者密切连接起来，因为，套利或套保策略，其核心方法就是对冲。

常见的对冲交易包括两类，一类是为基础资产或其投资组合的价值波动提供方向保护的对冲，通常是等量对冲，或称静态对冲。对冲头寸一旦建立，中途不进行任何调整，套利或套保策略中的对冲，大多是这类对冲。我们在前面介绍的合成策略，如“标的资产多头 + Call 空头”“标的资产多头 + Put 多头”“标的资产空头 + Call 多头”“标的资产空头 + Put 空头”等策略，两笔交易在数量上相等，且在整个组合期间不做动态调整，是典型的静态对冲策略。另外一类是 Delta 对冲，是使用标的资产对期权敞口头寸进行 Delta 中性的动态对冲，常见于波动率策略，或

Gamma 交易。这里我们重点介绍几种 Delta 动态对冲策略及其运用。

认购期权空头 Delta 对冲

期权投资管理过程中，如果投资者对卖出的认购期权不放心，或者当市场预期发生逆转，裸卖空认购期权头寸的潜在风险骤然增大，投资者希望控制这种风险。亦或，投资者监测到市场上某认购期权定价失衡，交易价格或波动率被严重高估，出现明显的套利机会，投资者希望套取这一定价错误的收益。就可通过卖出认购期权，同时用标的资产进行动态对冲的方法，来实现投资目标。

具体操作流程是：卖出 M 月到期的行权价格为 K 的认购期权，其权利金为 C。认购期权的 Delta 值为 D_0，卖出该认购期权的 *Delta* 值即为 $-D_0$，要使得组合的 Delta 值为 0，需要同时买入 D_0 份标的资产，买入价格为 S_0。故，初始交易结构如下：

卖出 1 份 M 月 K 行权价格 Call@ C
买入 D_0 份标的资产@ S_0

= 1 份认购期权空头 + 标的资产的 Delta 对冲组合

上面只是对冲组合的初始交易结构，这时组合的 Delta 值理论上应为 0，但在实际中，标的资产是按手交易的，组合的 Delta 值很难精确到 0，只能控制在 0 附近的一定范围之内。与静态对冲不同的是，在建立上述头寸后，投资者需时刻监测市场动态，更新期权的 Delta 值，按特定时间间隔或设定的阈值，进行 Delta 值的再平衡操作，也就是买卖一定数量的标的资产，使得组合的 Delta 头寸再次接近于 0。如果日内盘中标的价格没有发生异常波动，使组合 Delta 中性的对冲操作，通常会在每日收盘前执行。假定第一个交易日临近收盘时，标的上涨，认购期权的 Delta 值增加 ΔD，故 $D_1 = D_0 + \Delta D$，组合的 Delta 值变为 $D_0 - D_1 = -\Delta D$，因此需要再买入 ΔD 份标的证券，才能使得组合的 Delta 值再次归 0。相反，如果标的下跌，组合 Delta 出现一个正的 ΔD 的缺口，因此，需要卖出 ΔD 份标的证券才能再平衡。如此循环往复，直至平仓或到期结束交易。

Delta 动态对冲的最大特征是，可以规避标的行情的方向性风险，因此对应地也放弃了来自方向上的收益。这时，组合的 Delta 为 0，无论标的价格的涨跌幅度有多大，Delta 贡献的价值都为 0，或考虑到对冲的不完全性，接近于 0。由于作为对冲工具的标的资产只有 Delta 值，其他希腊值对组合的影响完全等同于认购期权空头的影响，表 30-1 是这种对冲策略的希腊值影响。完全对冲时，Delta 为 0，不完全对冲时，或正或负，但数值很小，标的价格变动对策略没有影响，或影响很小，可以忽略。Gamma 是不利因素；Theta 是有利因素；Vega 在波动率降低时对策略有利，上涨时不利。

表 30-1　认购期权空头 + 标的资产 Delta 对冲的希腊值分析

希腊值	符号	对策略的影响
Delta	0 附近	标的价格变动几乎没有影响
Gamma	负	不利
Theta	正	有利
Vega	负	波动率下跌有利，上涨不利

上述分析可见，组合价值主要由 Gamma、Vega 和 Theta 决定，组合的价值来源于 Gamma 值变小，波动率下降和时间的流逝，Gamma 和波动率增大会削弱组合的价值。

认购期权多头 Delta 对冲

当投资者看好市场，特别是在经历长时间的下跌后，标的行情有望走出下降通道，预期拐点将至，但又担心目前只是下降途中的反弹，贸然做多风险过大。或者，从波动率角度分析，目前认购期权隐波已经处于历史低位，在波动率锥下轨之下运行了很长时间，已经发出明显的均值回归信号，尽管投资者目前对市场是否反转暂时还信心不足，但对波动率将回升这个判断比较有把握。这两种情况下，就可以建立认购期权多头头寸，参与市场，或进行波动率套利，同时通过卖空 Delta 份标的资产，来对冲潜在的方向风险。

具体做法是：买入 M 月到期的行权价格为 K 的认购期权，其权利金为 C。认购期权的持仓 Delta 值为 D_0，要使得组合的净 Delta 头寸为 0，需要同时卖空 D_0 份标的资产，卖空价格为 S_0。故，初始交易结构如下：

买入 1 份 M 月 K 行权价格 Call@ C

卖出 D_0 份标的资产@ S_0

=1 份认购期权多头 + 标的资产的 Delta 对冲组合

这是对冲组合的初始交易结构，Delta 的净头寸应为 0，或控制在 0 附近。在建立上述头寸后，投资者需动态监测 Delta 值的变化情况，按特定时间间隔或设定的阈值，进行 Delta 头寸的中性化操作，也就是买卖一定数量的标的资产，使得组合的 Delta 头寸再次接近于 0。假定第一个交易日临近收盘时，标的价格下跌，认购期权的 Delta 值降低 ΔD，故 $D_1 = D_0 - \Delta D$，组合的 Delta 值变为 $D_0 - D_1 = \Delta D$，因此需要买回 ΔD 份标的证券，才能使得组合的 Delta 值再次归 0。反之，如果标的价格上涨，认购期权的 Delta 头寸增加 ΔD，因此需要额外卖出 ΔD 份标的证券，才能使得组合的 Delta 值再次归 0。如此循环往复，直至平仓或到期结束交易。

Delta 动态对冲的结果，使组合维持 Delta 中性。由于标的资产只有 Delta，其他希腊值对组合的影响完全等同于认购期权多头的影响，表 30-2 是对认购期权多头 + 标的资产 Delta 对冲的希腊值分析。完全对冲时，Delta 为 0，不完全对冲时，或正或负，但数值很小，标的价格变动对策略没有影响，或影响很小，可以忽略。Gamma 是有利因素；Theta 是不利因素；Vega 在波动率上涨时对策略有利，下跌时不利。

表 30-2 认购期权多头 + 标的资产 Delta 对冲的希腊值分析

希腊值	符号	对策略的影响
Delta	0 附近	标的价格变动几乎没有影响
Gamma	正	有利
Theta	负	不利
Vega	正	波动率上涨有利，下跌不利

上述分析可见，组合价值主要由 Gamma、Vega 和 Theta 决定，组合的价值来源于 Gamma 和波动率变大，时间的流逝和降波会耗损组合的价值。

认沽期权空头 Delta 对冲

标的证券止跌回稳，并预期可能小幅反弹，投资者以卖空认沽期权的方式参与反弹行情，但又担心裸卖空认沽期权风险太大，万一反弹失败，无法将损失控制在可承受范围。亦或，从波动率的角度来研判，目前认沽期权的隐含波动率太高，已经在波动率锥上轨之上运行很长时间，有迹象显示即将均值回归。这两种情况下，都可以建立认沽期权的空头头寸，同时运用标的资产对卖空的期权头寸进行 Delta 对冲，参与市场，或进行波动率套利交易。

具体做法是：卖空 M 月到期的行权价格为 K 的认沽期权，其权利金为 P。认沽期权的空头持仓 Delta 头寸为 D_0，要使得组合的净 Delta 值为 0，需要同时卖空 D_0 份标的资产，卖空价格为 S_0。故，初始交易结构如下：

卖出 1 份 M 月 K 行权价格 Put@ P

卖空 D_0份标的资产@ S_0

=1 份认沽期权空头 + 标的资产的 Delta 对冲组合

这是初始交易结构，Delta 的净头寸应为 0，或控制在 0 附近。在建立上述头寸后，投资者需动态监测 Delta 值的变化情况，按特定时间间隔或设定的阈值，定期对 Delta 头寸进行中性化操作，使组合的 Delta 净头寸维持在 0 值附近。假定第一个交易日临近收盘时，标的价格下跌，卖出认沽期权的 Delta 持仓头寸增加 ΔD，故 $D_1= D_0+\Delta D$，组合的 Delta 值变为 $D_0-D_1=-\Delta D$，因此需要额外卖出 ΔD 份标的证券，才能使得组合的 Delta 维持中性。反过来，如果标的价格上涨，这时持仓 Delta 头寸下降 ΔD，对应的操作应该是买回 ΔD 份标的资产，使组合 Delta 维持中性。如此循环往复，直至平仓或到期结束交易。

表 30-3 是对认沽期权空头 + 标的资产 Delta 对冲的希腊值分析。由于 Delta 动态对冲，组合维持 Delta 中性，因此 Delta 对组合几乎没有影响，其他希腊值对组合的影响完全等同于认沽期权空头的影响。卖出期权，Gamma 符号为负，对组合价值是不利因素；时间是卖方的朋友，正的 Theta 把流逝的时间转化为价值；Vega 在波动率下跌时对策略有利，上涨时不利。

表 30-3　认沽期权空头 + 标的资产 Delta 对冲的希腊值分析

希腊值	符号	对策略的影响
Delta	0 附近	标的价格变动几乎没有影响
Gamma	负	不利
Theta	正	有利
Vega	负	波动率下跌有利，上涨不利

上述分析可见，组合价值主要由 Gamma、Vega 和 Theta 决定，组合的价值来源于时间的流逝和降波的贡献，而增大的 Gamma 和波动率会损害组合的价值。

认沽期权多头 Delta 对冲

当标的证券呈现下跌趋势，特别是均线系统高位死叉，投资者计划通过建立认沽期权的多头，把握下跌先机。又或，从波动率的层面，认为目前认沽期权定价过低，预期在未来一段时间，将逐渐均值回归，但投资者又担心判断失误，市场继续上行导致损失。这两种情况下，都可以建立认沽期权的多头头寸，同时买进或继续持有标的资产的多头，进行 Delta 对冲，控制风险或进行波动率套利。

具体做法是：买入 M 月到期的行权价格为 K 的认沽期权，其权利金为 P。认沽期权的多头持仓 Delta 头寸为 $-D_0$，要使得组合的净 Delta 值为 0，需要同时买入 D_0 份标的资产，建仓价格为 S_0。故，初始交易结构如下：

买入 1 份 M 月 K 行权价格 Put@ P
买入 D_0 份标的资产@ S_0

=1 份认沽期权多头 + 标的资产 Delta 对冲组合

初始交易的 Delta 净头寸应为 0，或在 0 附近。在建立上述头寸后，投资者需动态监测 Delta 值的变化情况，按特定时间间隔或设定的阈值，定期对 Delta 头寸进行动态对冲，使其一直保持在 0 附近。假定第一个交易日临近收盘时，标的价格上涨，认沽期权的 Delta 值的绝对值降低，组合的 Delta 值呈现正缺口，变为 $-D_0+D_1=\Delta D$，因此需要卖出 ΔD 份标的证券，才能使组合的 Delta 重新维持中性。反过来，如果标的价格下跌，期权持仓 Delta 头寸的绝对值增加，组合的 Delta 值呈现负缺口，需要额外买入 ΔD 份标的证券，才能使组合的 Delta 重新归 0。如此循环往复，直至平仓或到期结束交易。

表 30-4 是对认沽期权多头 + 标的资产 Delta 对冲的希腊值分析。由于 Delta 动态对冲，组合维持 Delta 中性，因此 Delta 对组合几乎没有影响，其他希腊值对组合的影响完全等同于认沽期权多头的影响。买入期权，Gamma 符号为正，对组合价值是有利因素；时间是买方的敌人，期权价值随负的 Theta 流逝；Vega 在波动率上升时对策略有利，下跌时不利。

表 30-4　认沽期权多头 + 标的资产 Delta 对冲的希腊值分析

希腊值	符号	对策略的影响
Delta	0 附近	标的价格变动几乎没有影响
Gamma	正	有利
Theta	负	不利
Vega	正	波动率上升有利，下跌不利

上述分析可见，组合价值主要由 Gamma、Vega 和 Theta 决定，组合的价值来源于 Gamma 和波动率的增大，时间的流逝和降波会损害组合的价值。

前面分析了四种基本的 Delta 动态对冲套利方法，其总的原理都是相同的，即通过标的资产建立等量的反向头寸，对冲期权头寸的 Delta 风险，然后定期维持动态平衡，要么收集时间价值、要么获取 Gamma 收益，或者通过波动率实现回报。具体操作中，还要考虑很多其他因素，比如，对冲交易的保证金比例、资金成本和交易成本等因素，它们对套利结果会产生比较大的影响。下面是一个卖出认沽期权后的 Delta 动态对冲套利的例子。

2020 年 6 月 2 日，华泰柏瑞 300ETF 价格为 3. 979 元，尚余 22 天的 6 月认沽期权隐含波动率为 20. 9%，经计算该期权的理论价格为 0. 059 4 元，而市场价格为 0. 086 1 元，市价高于理论价格 0. 026 7 元。此外，其内在价值仅为 0. 021 元，时间价值则高达 0. 065 1 元。我们出售 200 000 份行权价格为 4. 00 元的华泰柏瑞 300ETF 的 6 月认沽期权，占用保证金 137 966. 4 元，并在每个交易日以基础资产进行 Delta 动态对冲。假设资金成本为 8. 00%，标的交易保证金比例为 100. 00%，交易成本为 0. 06%，无风险利率为 5. 00%，套利交易过程见表 30-5，每日对冲成本与收益情况见表 30-6。

表 30-5　每日动态对冲操作情况

时间	标的价格/元	期权价格/元	Delta	标的交易数量	累计持有标的	标的交易保证金/元
0	3. 979 0	0. 086 1	101 451. 91	-101 500	-101 500	403 868. 5
1	3. 978 0	0. 087 3	102 024. 42	-500	-102 000	405 756
2	3. 980 0	0. 085 1	101 560. 54	400	-101 600	404 368
3	4. 003 0	0. 067 0	92 371. 68	9 200	-92 400	369 877. 2
6	4. 022 0	0. 056 5	84 509. 41	7 900	-84 500	339 859
7	4. 049 0	0. 043 8	72 339. 01	12 200	-72 300	292 742. 7
8	4. 040 0	0. 045 2	75 855. 49	-3 600	-75 900	306 636
9	4. 003 0	0. 064 4	93 628. 09	-17 700	-93 600	374 680. 8
10	4. 013 0	0. 050 4	88 117. 44	5 500	-88 100	353 545. 3
13	3. 956 0	0. 083 8	118 222. 69	-30 100	-118 200	467 599. 2
14	4. 018 0	0. 034 6	83 140. 31	35 100	-83 100	333 895. 8
15	4. 022 0	0. 029 2	79 082. 59	4 000	-79 100	318 140. 2
16	4. 053 0	0. 016 4	54 785. 67	24 300	-54 800	222 104. 4
17	4. 105 0	0. 004 2	20 280. 74	34 500	-20 300	83 331. 5
20	4. 109 0	0. 001 9	12 087. 86	8 200	-12 100	49 718. 9
21	4. 128 0	0. 000 4	3 534. 84	8 600	-3 500	14 448
22	4. 164 0	0. 000 1	0. 00	3 500	0	0

表 30-6 每日对冲成本与收益情况

时间	上期利息/元	资金占用/元	对冲现金流/元	标的交易成本/元	净收益/元	期间净收益率[①]/%
0	0.00	541 834.90	403 868.50	242.32	1 845.68	0.34
1	118.76	543 722.40	1 989.00	1.19	1 587.23	0.29
2	119.17	542 334.40	-1 592.00	0.96	1 703.1	0.31
3	118.87	507 843.60	-36 827.60	22.1	2 845.33	0.53
6	333.92	477 825.40	-31 773.80	19.06	2 836.75	0.55
7	104.73	430 709.10	-49 397.80	29.64	2 960.88	0.58
8	94.40	444 602.40	14 544.00	8.73	3 228.45	0.65
9	97.45	512 647.20	70 853.10	42.51	2 056.79	0.41
10	112.36	491 511.70	-22 071.50	13.24	3 795.19	0.76
13	323.19	605 565.60	119 075.60	71.45	1 742.25	0.34
14	132.73	471 862.20	-141 031.80	84.62	4 036.5	0.80
15	103.42	456 106.60	-16 088.00	9.65	4 671.03	0.93
16	99.97	360 070.80	-98 487.90	59.09	4 619.87	0.94
17	78.92	221 297.90	-141 622.50	84.97	4 046.38	0.85
20	145.51	187 685.30	-33 693.80	20.22	4 259.45	0.97
21	41.14	152 414.40	-35 500.80	21.3	4 267.11	1.00
22	33.41	137 966.40	-14 574.00	8.74	4 178.96	1.01

注：① 以加权资金占用计算的持有期收益率。

套利交易实现了净收益 4 178.96 元，期间加权资金占用余额为 414 230.73 元，共 22 天时间，持有期净收益率 1.01%，年化净收益率 16.76%，达到了预期交易目标。我们可以进一步对期权的隐波与价值变动过程以及交易结果进行业绩归因分析，具体见表 30-7 和表 30-8。

表 30-7 期权隐波与价值变动情况

时间	期权隐含波幅/%	期权理论价格/元	市价与理论价之差/元	内在价值	时间价值
0	20.90	0.059 4	0.026 7	0.021	0.065 1
1	21.50	0.059	0.028 3	0.022	0.065 3
2	21.63	0.057 9	0.027 2	0.02	0.065 1
3	20.21	0.046 3	0.020 7	0	0.067
6	21.17	0.035 4	0.021 1	0	0.056 5
7	21.11	0.024 1	0.019 7	0	0.043 8

表30-7(续)

时间	期权隐含波幅/%	期权理论价格/元	市价与理论价之差/元	内在价值	时间价值
8	21. 14	0. 025 6	0. 019 6	0	0. 045 2
9	23. 04	0. 038 7	0. 025 7	0	0. 064 4
10	20. 61	0. 033	0. 017 4	0	0. 050 4
13	25. 03	0. 059 3	0. 024 5	0. 044	0. 039 8
14	18. 97	0. 025 1	0. 009 5	0	0. 034 6
15	18. 43	0. 022 2	0. 007	0	0. 029 2
16	18. 52	0. 011 3	0. 005 1	0	0. 016 4
17	17. 99	0. 002 5	0. 001 7	0	0. 004 2
20	23. 79	0. 000 2	0. 001 7	0	0. 001 9
21	28. 82	0	0. 000 4	0	0. 000 4
22	0. 00	0	0. 000 1	0	0. 000 1

表 30-8　对冲套利交易过程的业绩归因

时间	Delta	Delta 价值	Gamma	Gamma 价值	Vega	Vega 价值	Theta	Theta 价值
0	−48. 09	0	−390 739. 88	0	−779. 3	0	312. 51	0
1	24. 42	0. 05	−388 796. 12	−0. 2	−761. 08	−467. 58	331. 62	312. 51
2	−39. 46	0. 05	−395 791. 51	−0. 78	−743. 21	−98. 94	344. 26	331. 62
3	−28. 32	−0. 91	−430 228. 98	−104. 69	−725. 38	1 055. 36	333. 36	344. 26
6	9. 41	−0. 54	−439 177. 23	−77. 66	−659. 18	−696. 36	387. 92	1 000. 08
7	39. 01	0. 25	−432 525. 71	−160. 08	−615. 16	39. 55	391. 53	387. 92
8	−44. 51	−0. 35	−455 047. 56	−17. 52	−602. 17	−18. 45	411. 38	391. 53
9	28. 09	1. 65	−457 019. 01	−311. 48	−600. 85	−1 144. 12	479. 24	411. 38
10	17. 44	0. 28	−526 040. 71	−22. 85	−574. 12	1 460. 07	443. 29	479. 24
13	22. 69	−0. 99	−499 728. 59	−854. 55	−482. 66	−2 537. 61	604. 78	1 329. 87
14	40. 31	1. 41	−691 106. 23	−960. 48	−463. 99	2 924. 92	503. 5	604. 78
15	−17. 41	0. 16	−750 411. 01	−5. 53	−429. 05	250. 55	520. 44	503. 5
16	−14. 33	−0. 54	−692 260. 52	−360. 57	−346. 11	−38. 61	503. 17	520. 44
17	−19. 26	−0. 75	−410 212. 99	−935. 94	−170. 36	183. 44	294. 98	503. 17
20	−12. 14	−0. 08	−331 144. 32	−3. 28	−72. 88	−988. 09	426. 59	884. 94
21	34. 84	−0. 23	−139 957. 47	−59. 77	−18. 83	−366. 59	269. 44	426. 59
22	0	1. 25	0	−90. 69	0	542. 68	0	269. 44
合计	—	0. 71	—	−3 966. 07	—	100. 22	—	8 701. 27

从希腊值业绩归因可见，本套利交易过程中，标的价格变动 0.185 元，上涨 4.65%，期权价格变动-0.086，下跌-99.88%，期间期权隐含波动率在前 10 天一直比较稳定，变化不大，之后波动比较大，但总体来看，波动率对组合价值贡献不大，累计仅有 100.22 元的正回报。由于每个交易日对组合实施 Delta 动态对冲，因此组合对方向免疫，其 Delta 的累计价值贡献仅为 0.71 元，几乎为 0，非常完美地达到了对冲目的。组合利润的最大贡献因素为 Theta，时间流逝通过 Theta 获得 8 701.27 元的收益，最大价值耗损因素是 Gamma，累计达到 3 966.07 元，这是对卖出期权支付的代价。不过，综合来看，在规避方向风险后，收集的时间价值要远远大于支付的 Gamma 成本，交易仍然实现了一个不错的回报。

套利策略

金融学上，严格的套利，是指同一资产不满足所谓的“一价定律”，出现了定价错误，出现无风险收益，我们把目的在于套取这种无风险收益的交易行为，称为套利交易。例如，某股票同时在 A 交易所和 B 交易所挂牌交易，但交易价格出现比较明显的差异，这时就出现了套利机会。方法是，同时在价低的市场买入，在价高的市场卖出，锁定一个正的价差。如果把套利的定义放宽一些，相似的资产或具有可替代属性的资产之间，例如，合成的标的资产与原生资产或期权之间等，出现比较大的定价错误，扣除交易成本后，仍然有足够大的空间，也可能存在套利机会。

期权市场上，由于结构复杂，定价难度相对较大，且不同性质的期权与标的资产，按特定策略构造的组合，可以复制或合成原生标的资产或期权的现金流与损益结构。因此，原生证券与合成证券之间，很容易违背“一价定律”，出现套利机会。最典型的套利策略，包括正向转换套利，反向转换套利以及箱型套利等。

转换套利

基于合成原理，标的资产、认购期权和认沽期权，这三者中的任何一个的多头或空头头寸，都可以借助其他两个工具，按照特定的结构合成。例如，由标的资产的平价认购期权空头，与平价认沽期权多头，可以合成标的资产空头。如果合成的标的资产价格，与实际的标的资产价格相比较，被明显高估，就可以在合成与原生的标的资产之间进行套利。方法是，在买入原生标的资产的同时，持有合成标的资产的空头。这个套利过程中，关键的一步是，合成标的资产空头头寸，即把认购期权空头和认沽期权多头，转换为标的资产空头，即所谓的标的资产转换套利。按照同样的原理，可以在合成认购期权与原生认购期权之间，合成认沽期权与原生认沽期权之间，进行转换套利。在转换套利操作中，如果买入的是原生标的证券，我们把这一交易称为转换套利，或正向转换套利；如果卖出的是原生标的证券，我们把这一交易称为反向转换套利。无论是正向转换策略，还是反向转换策略，其损益结构如图 30-1 所示，都是一条横线。

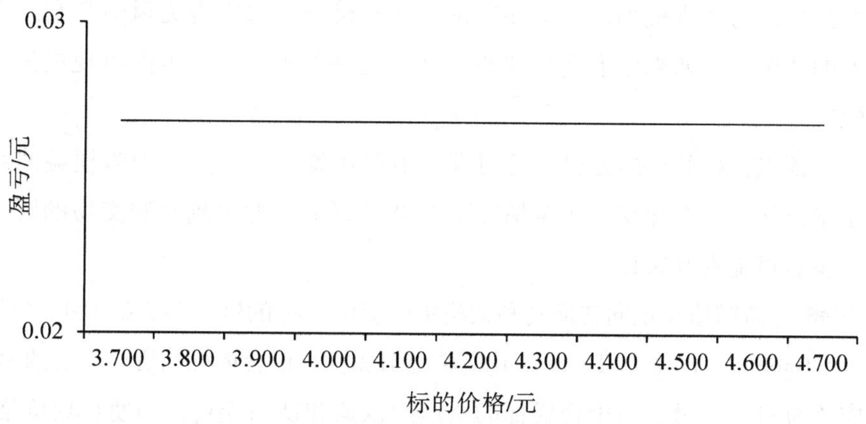

图 30-1 转换套利策略的损益结构

正向转换套利

原生标的资产多头与合成标的资产空头之间，存在正向转换套利的机会，其原因从定价角度来分析，有以下三个：一是标的价格被低估，二是认购期权价格被高估，三是认沽期权价格被低估。三个因素共同作用，或仅仅是其中一个或二个因素的作用，使得三者之间的均衡结构被打破，从而出现套利机会。

具体做法是：买入 1 份期权合约规模的标的资产，价格为 S_0，卖出 M 月到期的行权价格为 K 的认购期权，权利金为 C，买入 M 月到期的行权价格为 K 的认沽期权，权利金为 P。故，初始交易结构如下：

买入 1 份期权合约规模的标的资产@ S_0

卖出 1 份 M 月 K 行权价格 Call@ C

买入 1 份 M 月 K 行权价格 Put@ P

=1 份正向转换套利（原生标的资产多头+合成标的资产空头）

上述交易结构中，原生标的资产多头与合成标的资产空头之间的正向转换套利，其实也可理解成原生认沽期权多头与合成认沽期权空头之间的套利，或者看成原生认购期权空头与合成认购期权多头之间的套利。基于期权平价原理，1 份正向转换套利组合的理论价格应等于：$C + PV(K) - P - S_0$。

正向转换套利策略的风险收益特征：

最大收益：有限，到期时，等于 $FV(C - P - S_0) + K$。

最大损失：为 0 或很小，如果存在正的套利机会，可实现无风险套利。在套利空间不大的情况下，如果考虑到套利的资金与交易成本，也有可能出现损失，但其程度有限。

盈亏平衡点：对于转换套利交易而言，不存在盈亏平衡点。因为损益曲线与标的价格是平行线，不会相交，正常情况下在 0 轴以上，考虑到套利交易的资金与交易成本，少数可能在 0 轴以下。

表 30-9 是希腊值在正向转换套利策略中的影响。标的资产多头的 Delta 应该恒等于 1，没有 Gamma、Vega 和 Theta 等其他希腊值属性。而合成标的资产空头的 Delta 理论上也应该为-1，不过，由于合成标的资产的认购和认沽期权，即使行权价格相同，但因为实际交易价格中隐含的波动率不同，导致计算出来的两个 Delta 值之和并不一定精确地等于-1，通常会在-1 附近波动。同样的原因，理论上，合成标的资产的 Gamma 和 Vega 都应该为 0，但实际交易中，认购和认沽期权的 Gamma 和 Vega 并不完全相等，合成过程中两者并不能完全相互抵消，导致合成标的资产的 Gamma 和 Vega 不为 0，而是在零值附近波动，但这对合成头寸的价值影响不大。Theta 通常为正，其他因素不变的情况下，时间的流逝有利于合成标的资产空头的价值增长。

表 30-9　希腊值在正向转换套利策略中的影响

希腊值	符号及取值	对策略的影响
Delta	0 附近	标的价格涨跌没有影响或影响很小
Gamma	0 附近	没有影响，或影响很小
Theta	正	有利影响
Vega	0 附近	没有影响，或影响很小

反向转换套利

与正向转换套利相反，原生标的资产空头与合成标的资产多头之间，所存在的套利机会，被称之为反向转换套利。出现反向转换套利机会的原因，从定价角度看，也有三个：一是标的资产价格被高估，二是认购期权价格被低估，三是认沽期权价格被高沽。三个因素共同作用，或仅仅是其中一个或二个因素的作用，使得三者之间的均衡结构被打破，从而出现套利机会。

具体做法是：卖出 1 份期权合约规模的标的资产，价格为 S_0；买入 M 月到期的行权价格为 K 的认购期权，权利金为 C；卖出 M 月到期的行权价格为 K 的认沽期权，权利金为 P。故，初始交易结构如下：

卖出 1 份期权合约规模的标的资产@ S_0

买入 1 份 M 月 K 行权价格 Call@ C

卖出 1 份 M 月 K 行权价格 Put@ P

=1 份反向转换套利（原生标的资产空头+合成标的资产多头）

上述交易结构中，原生标的资产空头与合成标的资产多头之间的反向转换套利，同样也可理解成原生认沽期权空头与合成认沽期权多头之间的套利，或者看成原生认购期权多头与合成认购期权空头之间的套利。基于期权平价原理，1 份反向转换套利组合的理论价格应等于：$S_0+P-C-\mathrm{PV}(K)$。

反向转换套利策略的风险收益特征：

最大收益：有限，到期时，等于 $\mathrm{FV}(S_0+P-C)-K$。

最大损失：为 0 或很小，如果存在正的套利机会，可实现无风险套利。在套利空间不大的情况下，如果考虑到套利的资金与交易成本，也有可能出现损失，但其程度有限。

盈亏平衡点：不存在盈亏平衡点。因为损益曲线与标的价格是平行线，不会相交，正常情况下在 0 轴以上，考虑到套利交易的资金与交易成本，少数可能在 0 轴以下。

表 30-10 是希腊值在反向转换套利策略中的影响。标的资产空头的 Delta 应该恒等于-1，没有 Gamma、Vega 和 Theta 等其他希腊值属性。而合成标的资产多头的 Delta 理论上也应该为 1，同样的原因，合成的标的多头 Delta 不一定精确地等于 1，通常会在 1 附近波动。合成标的资产多头的 Gamma 和 Vega 都应该为 0，但实际交易中，其 Gamma 和 Vega 可能不精确为 0，而是在 0 值附近波动，不过这对合成头寸的价值影响不大。Theta 通常为负，其他因素不变的情况下，时间将导致合成标的资产多头的价值耗损。

表 30-10　希腊值在反向转换套利策略中的影响

希腊值	符号及取值	对策略的影响
Delta	0 附近	标的价格涨跌没有影响或影响很小
Gamma	0 附近	没有影响，或影响很小
Theta	负	不利影响
Vega	0 附近	没有影响，或影响很小

实施转换套利策略的现实考虑

转换套利策略在效率不高的市场机会比较多，因为投资者非理性程度高，波动率变动幅度大，标的资产或其期权比较容易出现定价错误，出现转换套利机会。在成熟的市场上，这类机会通常并不多，或者说，套利空间不大。对于一般投资者来说，实施转换套利收益率不及预期，吸引力不大，而对专业的期权机构投资者或者做市商而言，因为有交易与资金成本的优势，转换套利是不错的能带来稳定回报的投资策略。

不过，实际交易中，进行转换套利，要特别注意几个问题。一是无风险利率的选取与运用问题，二是融资融券成本的计算问题，三是合约参数的选择问题。要处理好这几个问题，才可能成功实现预期的套利收益。

第一个问题，无风险利率必须是一个可以真实实现的资金收益，卖出标的资产或期权取得的收益，可以通过相关的操作或交易，比如，逆回购或其他的投资形式，获取相应的回报。如果投资者只是把资金放在没有任何收益的账户内，保守一点是将其设置为 0。第二个问题，前面设定的无风险利率，不可作为交易中融资或融券的成本。因为现实中，一般投资者是不可能以此利率融资或融券的，保守起见，应单独设置融资融券成本，数值上应高于无风险利率。正确的套利收益计算，必须考虑实际发生的利率水平，以及这两个利率水平的差异，不能仅仅简单地通过期权平价公式，去判断是否存在套利机以及套利收益的高低。第三个问题，合约参数的选择上要注意两个方面的因素，剩余到期时间和虚值程度。剩余到期时间不能太长，最好选择当月合约，否则套利收益变现的过程太慢，会大大降低资金使用效率。另外就是虚值程度不能太大，否则该笔交易在策略中所发生的实际作用并不大。

表 30-11 是 2020 年 6 月 5 日深交所 300ETF 期权的反向转换套利机会监测数据，6 月合约距离到期的剩余时间还有 19 天，设定无风险利率为 5%，完全使用自有资金或证券，融资融券的成本计为 0，测算出来的套利收益情况。

表 30-11　深交所 300ETF 期权的反向转换套利机会监测数据（1）

（2020. 6. 5）

基础资产	合约	执行价格/元	套利收益/元	套利收益率/%	年化收益率/%
300ETF	6C/6P	3. 20	0. 040 4	1. 25	24. 03
300ETF	6C/6P	3. 50	0. 038 3	1. 09	20. 85
300ETF	6C/6P	3. 40	0. 035 9	1. 05	20. 14
300ETF	6C/6P	3. 60	0. 036 5	1. 01	19. 31
300ETF	6C/6P	4. 40	0. 041 7	0. 94	18. 10
300ETF	6C/6P	3. 30	0. 031 0	0. 93	17. 90
300ETF	6C/6P	4. 50	0. 040 3	0. 89	17. 10
300ETF	6C/6P	4. 60	0. 040 6	0. 88	16. 84
300ETF	6C/6P	4. 70	0. 040 1	0. 85	16. 30
300ETF	6C/6P	4. 30	0. 032 1	0. 74	14. 25

设定无风险利率为 5%，融资融券的成本为 8%，自有资金或证券也按 8%计算利率，测算出来的套利收益情况见表 30-12。

表 30-12　深交所 300ETF 期权的反向转换套利机会监测（2）

（2020. 6. 5）

基础资产	合约	执行价格/元	套利收益/元	套利收益率/%	年化收益率/%
300ETF	6C/6P	3. 20	0. 023 5	0. 73	13. 94
300ETF	6C/6P	3. 50	0. 021 3	0. 60	11. 61
300ETF	6C/6P	4. 40	0. 024 8	0. 56	10. 74
300ETF	6C/6P	3. 40	0. 019 0	0. 55	10. 63
300ETF	6C/6P	3. 60	0. 019 5	0. 54	10. 32
300ETF	6C/6P	4. 50	0. 023 3	0. 52	9. 90
300ETF	6C/6P	4. 60	0. 023 6	0. 51	9. 79
300ETF	6C/6P	4. 70	0. 023 1	0. 49	9. 41
300ETF	6C/6P	3. 30	0. 014 0	0. 42	8. 09
300ETF	6C/6P	4. 30	0. 015 1	0. 35	6. 71

可见，套利收益的测算，由于参数设置不一样，得出的监测数据差异很大，表 30-12 的设置方法相对比较保守，也更严谨，因为即便完全使用自己的资金或证券，也是需要计算成本的，这样得出的套利收益才真实可靠。

箱型套利

转换套利是合成的标的资产与原生标的资产之间的无风险套利，要完成这一过程，需要将同一行权价格的认购与认沽两个期权，按照一多一空或一空一多的模式，转换称为合成标的资产的多头或空头，来实现无风险套利。整个过程涉及3个工具，即原生标的资产和两个期权。还有一种无风险套利的方法，就是对转换套利进一步改进，把原生标的资产也改成合成标的资产。也就是，通过构造两个合成标的资产的多空头寸，来实现套利。

这一套利过程，包括4个期权头寸，一高一低2个行权价格，2个买入和2个卖出交易。4个期权可形成两个价差组合，每个价差组合中2个期权的损益结构，放在一起呈方形，2个方形结构重叠在一起，看起来就像箱子的形状，因此箱型套利由此得名。显然，如果没有定价错误，2个合成头寸的反向交易结果，净收益应该为0。如果出现正的净收益，扣除交易成本后仍然大于0，那么就存在套利机会。箱型套利的合并损益结构，如图30-2所示，是一条横线。

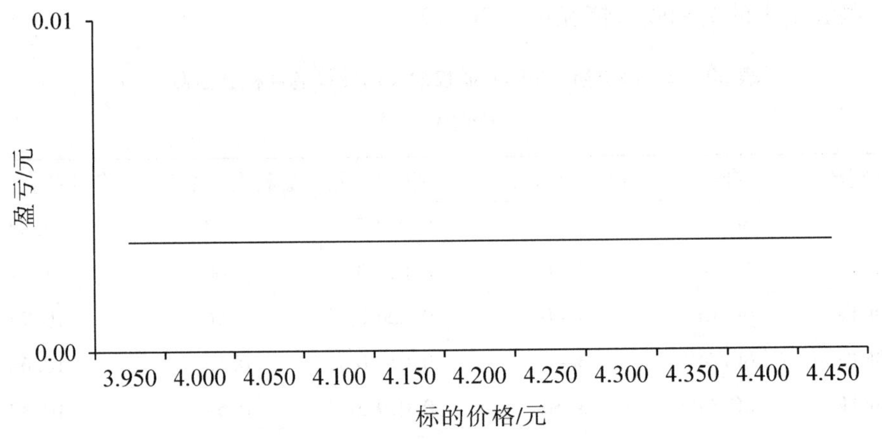

图30-2　箱型套利的损益结构

根据不同的交易结构，又可以把箱型套利分为多头箱型套利和空头箱型套利。

多头箱型套利

多头箱型套利，由1份较低行权价格的认购期权多头和认沽期权空头以及1份较高行权价格的认购期权空头和认沽期权多头构成，建立头寸时会产生一个净权利金支出。具体构建方法是：买入 M 月到期的行权价格为 K_1 的认购期权，权利金为 C_1；卖出 M 月到期的行权价格为 K_1 的认沽期权，权利金为 P_1；卖出 M 月到期的行

权价格为 K_2 的认购期权，权利金为 C_2；买入 M 月到期的行权价格为 K_2 的认沽期权，权利金为 P_2。其中，$K_1>K_2$，初始交易结构如下：

买入 1 份 M 月 K_1 行权价格 Call@ C_1
卖出 1 份 M 月 K_1 行权价格 Put@ P_1
卖出 1 份 M 月 K_2 行权价格 Call@ C_2
买入 1 份 M 月 K_2 行权价格 Put@ P_2

=1 份多头箱型套利（合成标的资产多头+合成标的资产空头）

上述交易结构中，也可以把交易 1 与交易 3 组合成牛市认购价差，把交易 2 与交易 4 组合成熊市认沽价差。基于合成原理，1 份多头箱型套利组合的理论价格应为：$PV(K_2)-PV(K_1)-(C_1-P_1+P_2-C_2)$。

多头箱型套利的风险收益特征：

最大收益：有限。到期时，等于套利组合的两行权价格之差减去净权利金支出的终值，或写成公式为：$K_2-K_1-FV(C_1-P_1+P_2-C_2)$。

最大损失：作为无风险套利，通常不应该发生损失，但考虑到资金和交易成本，在套利收益有限的情况下，套利净收益为负也是有可能的。

盈亏平衡点：不存在盈亏平衡点。因为损益曲线与标的价格是平行线，不会相交，正常情况下在 0 轴以上，考虑到套利交易的资金与交易成本，少数可能在 0 轴以下。

表 30-13 是希腊值在多头箱型套利组合中的影响。从表中可见，Delta、Gamma 和 Vega 对多头箱型套利组合的价值没有影响，Theta 为正，时间流逝将导致套利组合价值增加，不过由于其值很小，因此影响有限。

表 30-13　希腊值在多头箱型套利组合中的影响

希腊值	符号及取值	对策略的影响
Delta	0	标的价格涨跌没有影响
Gamma	0	没有影响
Theta	正，值小	时间流逝有利，但影响不大
Vega	0	波动率升降没有影响

空头箱型套利

空头箱型套利，由 1 份较低行权价格的认购期权空头和认沽期权多头以及 1 份较高行权价格的认购期权多头和认沽期权空头构成，建立头寸时会产生一个净权利金收入。具体构建方法是：卖出 M 月到期的行权价格为 K_1 的认购期权，权利金为 C_1；买入 M 月到期的行权价格为 K_1 的认沽期权，权利金为 P_1；买入 M 月到期的行权价格为 K_2 的认购期权，权利金为 C_2；卖出 M 月到期的行权价格为 K_2 的认沽期权，权利金为 P_2。其中，$K_1>K_2$，初始交易结构如下：

卖出 1 份 M 月 K_1 行权价格 Call@ C_1

买入 1 份 M 月 K_1 行权价格 Put@ P_1

买入 1 份 M 月 K_2 行权价格 Call@ C_2

卖出 1 份 M 月 K_2 行权价格 Put@ P_2

=1 份空头箱型套利（合成标的资产空头+合成标的资产多头）

上述交易结构中，可以把交易 1 与交易 3 组合成熊市认购价差，把交易 2 与交易 4 组合成牛市认沽价差。基于合成原理，1 份空头箱型套利组合的理论价格应为：$C_1-P_1+P_2-C_2+$ PV（K_1）－ PV（K_2）。

空头箱型套利的风险收益特征：

最大收益：有限。到期时，等于套利组合的净权利金收入的终值减去两行权价格之差，或写成公式为：FV（$C_1-P_1+P_2-C_2$）－（K_2-K_1）。

最大损失：作为无风险套利，通常不应该发生损失，但考虑到资金和交易成本，在套利收益有限的情况下，套利净收益为负也是有可能的。

盈亏平衡点：不存在盈亏平衡点。因为损益曲线与标的价格是平行线，不会相交，正常情况下在 0 轴以上，考虑到套利交易的资金与交易成本，少数可能在 0 轴以下。

表 30-14 是希腊值在空头箱型套利组合中的影响。从表中可见，Delta、Gamma 和 Vega 对空头箱型套利组合的价值没有影响，但 Theta 为负，时间流逝将导致套利组合价值耗损，不过由于其绝对值很小，因此影响不大。

表 30-14　希腊值在空头箱型套利组合中的影响

希腊值	符号及取值	对策略的影响
Delta	0	标的价格涨跌没有影响
Gamma	0	没有影响
Theta	负，绝对值小	时间流逝不利，但影响不大
Vega	0	波动率升降没有影响

从希腊值分析可以看出，箱型套利，不管是多头套利还是空头套利，Delta、Gamma 和 Vega 等风险指标对组合都没有影响，几乎是无风险交易，从这一点来说，对于风险承受能力有限的投资者，具有强大的吸引力。不过，现实情况是，这种套利机会非常有限，即使有的话，套利收益也很低，而且套利组合包含四笔交易，交易成本很大，最后有可能不仅套不到预期中的无风险收益，还有可能发生手续费亏损。因此，箱型套利并不适合所有投资者参与，而更适合于那些不需要支付交易成本的做市商或机构投资者。

套保策略

套保策略也叫套期保值策略，被广泛运用于标的资产或其组合的价值保护。与对冲策略相比，在操作上有些类似，都是适当地配置标的资产和期权头寸，实现组合的市场中性。不过，区别之处在于，对冲主要用于套利策略，也就是有定价错误资产的套利交易。而套保的目的则是出于保值需要，当预期资产组合将面临较大的市场不利波动的影响时，通过相应的交易手段，暂时锁定资产组合的价值，避免资产组合的价值发生较大的损失，达到避险保值的目的。套保策略根据保值效果的不同，可以区分为合成套保与领口套保两种类型。

合成套保

合成套保主要有两种方法，一种是通过买入平值认购期权对标的资产空头保值，这其实是一种合成认沽期权的多头策略。另一种是通过买入平值认沽期权对标的资产多头保值，这其实是一种合成认购期权的多头策略。合成方法对标的资产提供价值保护的原理是，将标的资产线性头寸转换为资产组合的非线性头寸，形成期权多头，封锁了资产价值下跌的空间，从而达到保值目的。这两种合成套保的具体操作方法，见前述认购期权与认沽期权的合成策略介绍。

合成套保也是一种对冲交易，与对冲策略的区别在于，后者通常会基于 Delta 的变动，定期进行动态调整，而合成套保一般都是等量静态覆盖，中间很少改变资产组合或保值工具的头寸。例如，通过买入 100 张平值认沽期权为 100 万份 50ETF 标的资产的多头进行保值，不需要计算两者的 Delta 值是否匹配，不追求取得完全中性的对冲结果。

从合成期权多头这一结果来看，通过这种方法实现对现有资产的保值，是需要支付一定的保值成本的，无论合成的是认购期权还是认沽期权头寸，其价值与非合成的应该大致相当，持有它们是需要支付权利金的。如果这一保值成本过大，就失去了保值的意义。因为，名义上看，资产组合的价值实现了保值，但实际上损失还是发生了，只不过损失转化成了大额的期权费而已。不过，这种非线性保值方法也有一个线性保值方法所不具备的优势，那就是在锁定资产组合价值下跌空间的同时，保留市场有利变动的价值增值机会。

领口套保

领口策略又称双限期权策略，是一种几乎 0 成本的期权套保策略。运用该策略可以把资产组合的价值限定在上下两个界限之内，从而起到对资产组合的保值目的。合成套保策略只锁定组合价值的下限，不对上限设限，代价是支付合成期权费。而领口策略同时设定资产组合的价值上限，以放弃资产组合价值增长的机会，来代替支付高额的合成期权费，实现保值资产价值不发生波动，或仅仅在一个可以接受的窄幅区间波动的保值目的。领口策略是低成本的套保策略，通过精确计算，甚至可以设计出 0 成本的保值方案，特别适合波动剧烈，且方向不明的市场环境下，对标的资产组合的暂时性保值安排，待波动过后或市场方向明确过后，再对资产组合解锁，或做出进一步的策略调整。

领口策略通过购买行权价格较低的认沽期权，锁定资产组合价值的下限；通过卖出行权价格较高的认购期权，锁定资产组合价值的上限。假定投资者持有标的资产的多头头寸，标的资产目前价格为 S，未来一段时间，投资者希望将资产组合的价值锁定在 K_1 和 K_2 之间，其中，$K_1<S<K_2$。具体构建方法如下：买入 M 月到期的行权价格为 K_1 的认沽期权，权利金为 P_1；卖出 M 月到期的行权价格为 K_2 的认购期权，权利金为 C_2。初始交易结构如下：

持有 1 份期权合约规模的标的资产，当前价格@ S
买入 1 份 M 月 K_1 行权价格 Put@ P_1
卖出 1 份 M 月 K_2 行权价格 Call@ C_2

=1 份领口期权（合成认购期权多头+非合成认购期权空头）
或（非合成认沽期权多头+合成认沽期权空头）

上述领口策略的交易结构中，可以把交易 1 与交易 2 组合在一起，合成较低行权价格的认购期权多头，这样整个领口策略其实就变成了一个认购期权的牛市价差组合。把交易 1 与交易 3 组合在一起，合成一个较高行权价格的认沽期权空头，如此一来，整个领口策略就变成了认沽期权的牛市价差组合。牛市价差组合，可以确保组合价值在设定的高低两个行权价格之间，从而实现保值目的。如果调小两个行权价格的间距，可以将资产的波动范围控制在一个很小的区间。另外，卖出认购期权的权利金收入，可以为买入的认沽期权融资，通过精确设计，甚至可以使两种期权头寸的净支出基本为 0，从而对标的资产实现 0 成本保值。

领口策略的风险收益特征：

最大收益：有限，等于认购行权价格-认沽行权价格-最大损失。

最大损失：有限，等于股票价格+认沽期权权利金支出-认沽期权行权价格-认购期权权利金收入。如果最大损失为负数，这意味着存在一个无风险套利的机会。

盈亏平衡点：等于股票价格+认沽期权权利金支出-认购期权权利金收入。

表 30-15 是希腊值在领口策略中的影响。从希腊值分析可以看出，领口策略的 Delta 符号为正，本质上是偏多策略，类似牛市价差，上涨对策略是有利的。如果仔细研判 Delta 的曲线形态，又会发现，策略在标的价格较低时，Delta 随标的价格上涨而增大，在达到认沽期权行权附近，Delta 仍然为正，但随标的价格上涨而变小。Gamma 和 Vega 的变动曲线相似，都随标的价格上升由正转负，其影响取决于标的价格的位置。在低位时，价格上升和波动率增大，对策略有利；在高位时则刚好相反，价格下降和波动率降低有利于策略。Theta 曲线的形状与 Gamma 和 Vega 曲线相反，时间在标的价格较低时不利于领口策略，当越过临界价格后，时间会成变策略的有利因素。领口策略的动态希腊值曲线见图 30-3 至图 30-6。

表 30-15　希腊值在领口策略中的影响

希腊值	符号及取值	对策略的影响
Delta	正	标的价格上涨有利，下跌不利
Gamma	由正到负	标的价格低于临界点有利， 高于临界点不利
Theta	由负到正	标的价格低于临界点，时间耗损价值，高于临界点，则会增加价值
Vega	由正到负	标的价格低于临界点升波有利，降波不利； 高于临界点降波有利，升波不利

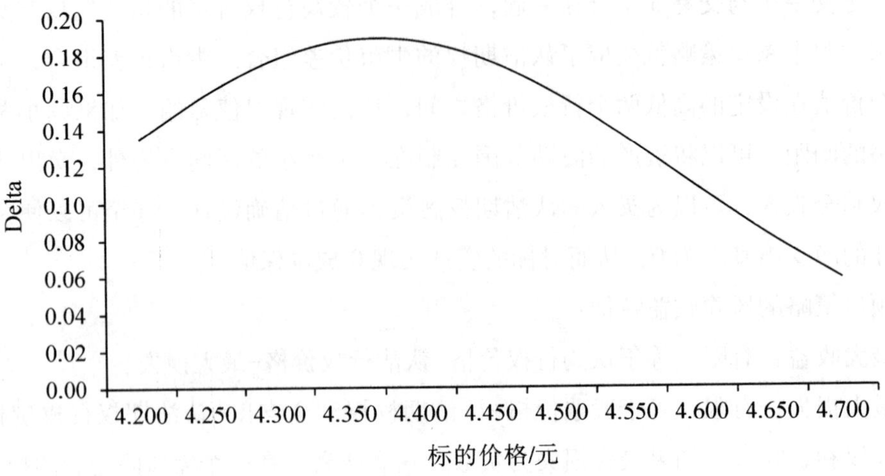

图 30-3 领口策略的 Delta 曲线

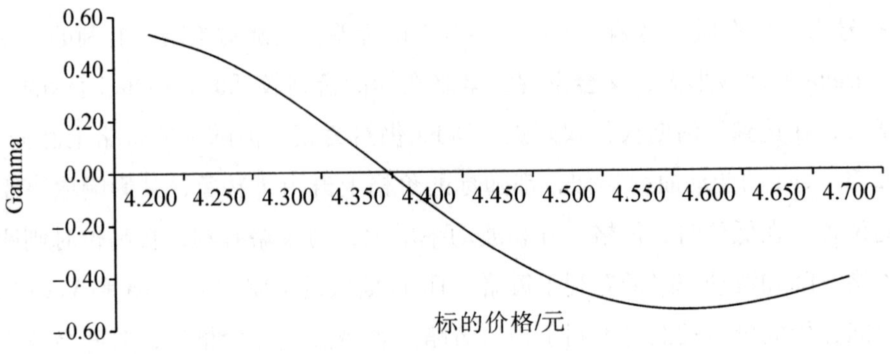

图 30-4 领口策略的 Gamma 曲线

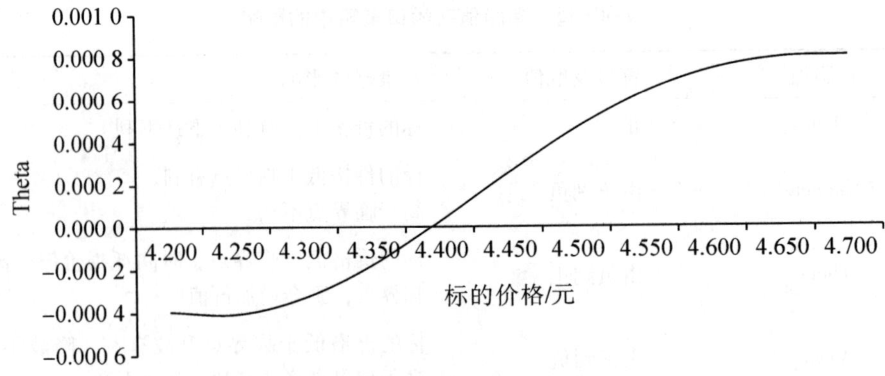

图 30-5 领口策略的 Theta 曲线

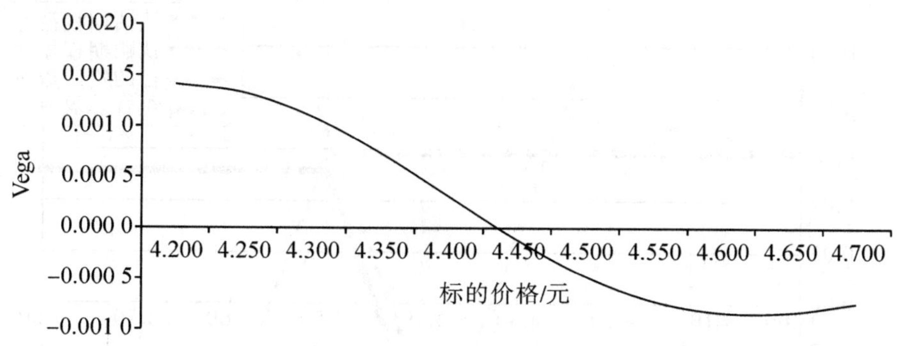

图 30-6　领口策略的 Vega 曲线

2020 年 7 月 2 日，深圳证券交易所的嘉实 300ETF 的收盘价格为 4. 433 元，该标的证券行权价格为 4. 40 元的 7 月认沽期权价格为 0. 073 5 元，行权价格为 4. 50 元的认购期权价格为 0. 058 0 元。股票市场近期涨幅已经很大，为规避调整风险，我们用领口策略为标的证券的多头头寸进行套保：

持有 100 000 份标的证券，当前价格@ 4. 433 元。

买入 10 份 7 月 4. 40Put@ 0. 0735，支出 7 350 元。

卖出 10 份 7 月 4. 50Call@ 0. 0580，收入 5 800 元。

本策略的损益结构见图 30-7，仅需付出 5 350-5 800 = 1 550（元）的净权利金支出，即可将标的资产价格有效锁定在 4. 40 ~ 4. 50 这个区间之内，实现保值目的。如果考虑到标的资产的损益，该领口策略在标的价格回落到 4. 40 元及以下时，将发生的最大损失为（4. 433+0. 073 5−4. 40−0. 058 0）× 10 000 = 4 850（元）。当标的价格达到 4. 50 元及以上时，可实现最大收益为（4. 50−4. 40）× 10 000 −4 850 = 5 150（元）。该领口策略的盈亏平衡点为 4. 433+0. 073 5−0. 058 0 = 4. 448 5（元）。

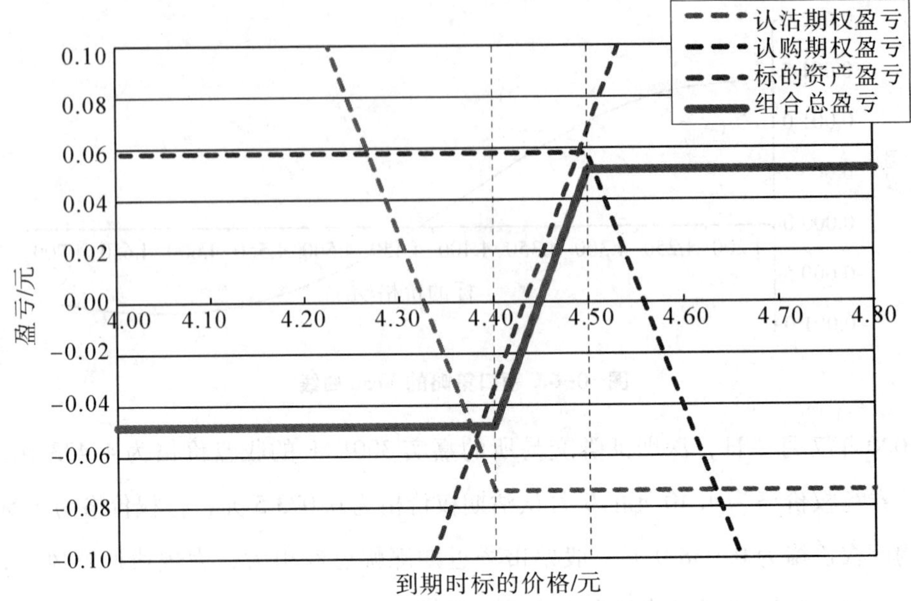

图 30-7　领口策略损益结构

第 31 章

其他组合策略

前章我们按不同的市场情景，把期权策略划分为牛市策略、熊市策略、区间策略、突破策略以及套利对冲与保值策略，尽管期权策略千变万化，但大部分都可以纳入这几大类型，不过，也有例外，有些策略看起来是牛市策略，其实可能更适合熊市，或者相反。有些策略既可用在牛市，也可用在熊市，不好确切地分类，因此，我们单列出来讨论。

比率价差策略

比率价差策略是牛市价差或熊市价差策略的变异，可分为正向比率价差与反向比率价差。比率价差策略中的“比率”，其含义是价差策略的买入与卖出期权，在数量上是不相等的，而常规的牛市价差或熊市价差策略，则是买入与卖出等量的期权。具体在比率的大小上，通常是 1∶2 或 1∶3，当然实践中也可以是其他比率，如 2∶3 等。在命名上，不同的文献可能有所区别，一些文献的比率价差实际上指的是正向比率价差，这样很容易混淆。为严谨起见，我们会明确地在名称中使用正向与反向，以示区别。在对角价差策略中，我们用“正向”表示“买长卖短”，“反向”表示“买短卖长”，在比率价差中，我们用“正向”表示“买少卖多”，“反向”表示“买多卖少”。

比率价差既可用认购期权构建，也可用认沽期权构建，不过与牛市价差和熊市价差不同的是，不同性质期权的比率价差策略得出的损益曲线是不同的，适用的市场环境是有区别的，甚至是相反的，而用认购期权或认沽期权构建的常规价差策略，其损益曲线结构则是完全一致的，损益金额差异也不会太大，可以互相替换。

正向比率价差策略

正向比率价差的构造方法，由同种期权构造，是在垂直价差基础上，调整头寸数量得来的。具体而言，如果用认购期权构建，是在牛市价差基础上，增大卖出头寸的数量，使买入与卖出期权份数之比为 1∶2 或 1∶3，也可以是 2∶3 等其他比率。如果用认沽期权构建，则是在熊市价差基础上，增大卖出头寸数量，使买入与卖出期权份数之比达到 1∶2 或 1∶3，或 2∶3 等其他比率。

认购期权正向比率价差

认购期权正向比率价差策略由较少份数较低行权价格的认购期权多头和较多份数相同到期日且较高行权价格的认购期权空头构成。策略总体上可以是借方组合、0 成本组合或贷方组合，组合的净权利金大小，取决于行权价格间距和比率大小的选择。具体构建方法是：买入 N_1 份 M 月到期的行权价格为 K_1 的认购期权，权利金为 C_1；卖出 N_2 份 M 月到期的行权价格为 K_2 的认购期权，权利金为 C_2。其中，$N_1<N_2$，$K_1<K_2$，交易结构如下：

买入 N_1 份 M 月 K_1 行权价格 Call@ C_1

卖出 N_2 份 M 月 K_2 行权价格 Call@ C_2

=1 份认购期权正向比率价差（比率为 N_1 ∶ N_2）

上述交易结构中，可以推知 $C_1>C_2$，但 $N_1<N_2$。因此，可以把策略设计成：①$N_1C_1>N_2C_2$，借方策略，综合损益曲线见图 31-1；② $N_1C_1=N_2C_2$，0 成本策略，综合损益曲线见图 31-2；③ $N_1C_1<N_2C_2$，贷方策略，综合损益曲线见图 31-3。

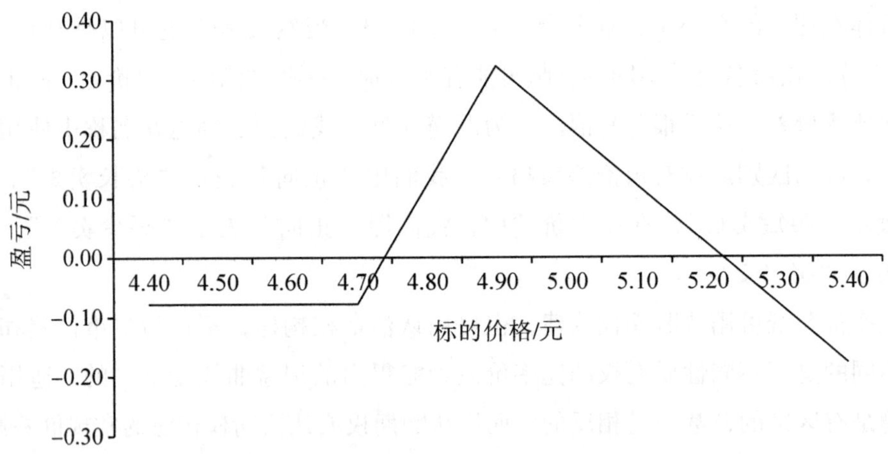

图 31-1　认购期权正向比率价差借方策略综合损益曲线

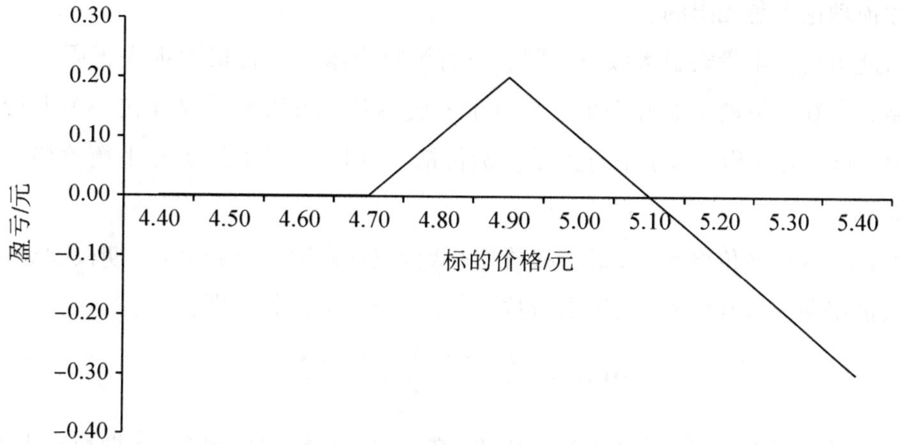

图 31-2　认购期权正向比率价差 0 成本策略综合损益曲线

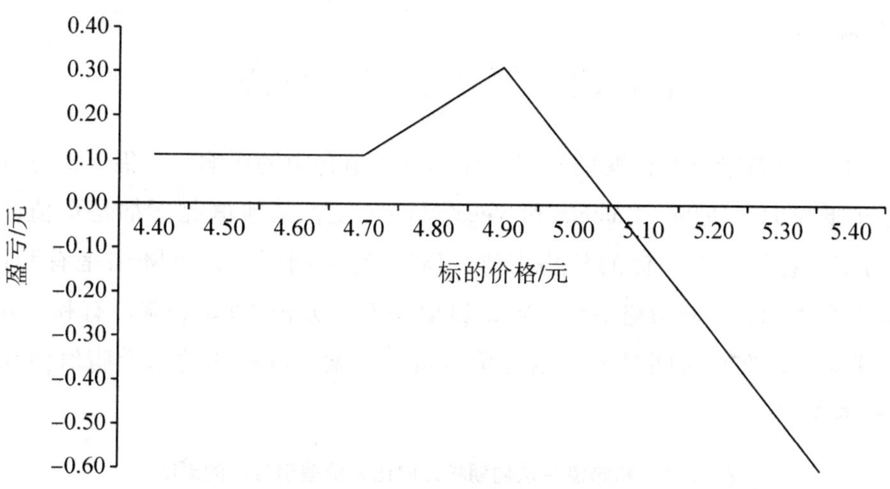

图 31-3　认购期权正向比率价差贷方策略综合损益曲线

认购期权正向比率价差策略的风险收益特征：

从上面认购期权正向比率价差策略的三个损益曲线可见，该策略可控制下行风险，甚至在下行时还可以盈利。标的价格自低行权价格上行时，策略收益增大，到期时，标的价格刚好等于高行权价格时，实现最大收益。最大收益等于高行权价格期权权利金收入与低行权价格期权盈亏之和，其中，低行权价格期权盈亏为高行权价格与低行权价格之差，再扣除购买低行权价格期权的权利金成本。对于贷方策略，还存在一个下行的正收益，这时标的价格等于或低于低行权价格，买入和卖出的期权都没有价值，因此这个正收益就等于策略的贷方金额，即卖出与买入期权的权利金之差。当标的价格大涨，超过高行权价格后，收益开始下降，最后可能发生亏损，并且亏损理论上是无限的。

由此可见，本策略最大收益有限，下行风险有限，上行最大损失无限。对于借方策略，存在上下两个盈亏平衡点，对于零成本及贷方策略，只存在一个上行盈亏平衡点。我们用 BEP_1 表示下行盈亏平衡价格，BEP_2 表示上行盈亏平衡价格，计算公式如下：

下行盈亏平衡价格=［（低行权价格+低行权价格期权权利金）×期权购买份数-高行权价格期权权利金×期权卖出份数）］/期权购买份数。即：

$$BEP_1 = \frac{(K_1 + C_1)N_1 - C_2N_2}{N_1}$$

上行盈亏平衡价格=［（高行权价格+高行权价格期权权利金）×期权卖出份数-（低行权价格+低行权价格期权权利金）×期权购买份数］/（期权卖出份数-期权购买份数）。即：

$$BEP_2 = \frac{(K_2 + C_2)N_2 - (K_1 + C_1)N_1}{N_2 - N_1}$$

表 31-1 是希腊值在认购期权正向比率价差组合中的影响。除借方头寸且标的价格处于低位时，Delta、Gamma 和 Vega 可能为正，其他情况下都是负值，只有 Theta 为正。总体上看，标的价格上涨，Delta 是不利因素，下降则是有利因素，Gamma 是负面因素，对策略不利，Vega 则取决于波动率的变动，降波有利，升波不利。本策略中，唯有时间是最确定的价值贡献因素。策略的动态希腊值曲线见图 31-4 至图 31-7。

表 31-1　希腊值在认购期权正向比率价差组合中的影响

Greeks	借方	0 成本	贷方	对策略的影响
Delta	基本为负	负	负	总体上，标的价格上涨不利，下跌有利
Gamma	基本为负	负	负	基本上是负向影响，对策略不利
Theta	正	正	正	时间是价值贡献因素，正向影响，有利策略
Vega	基本为负	负	负	降波对策略有利，波动率增大则不利

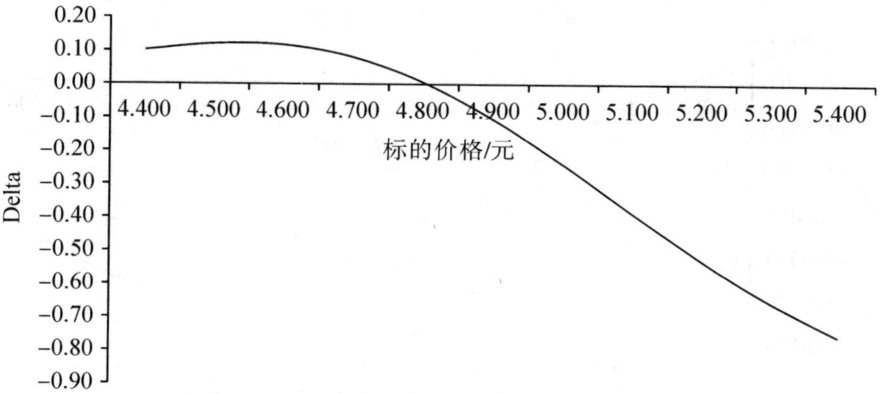

图 31-4　认购期权正向比率价差组合的 Delta 曲线

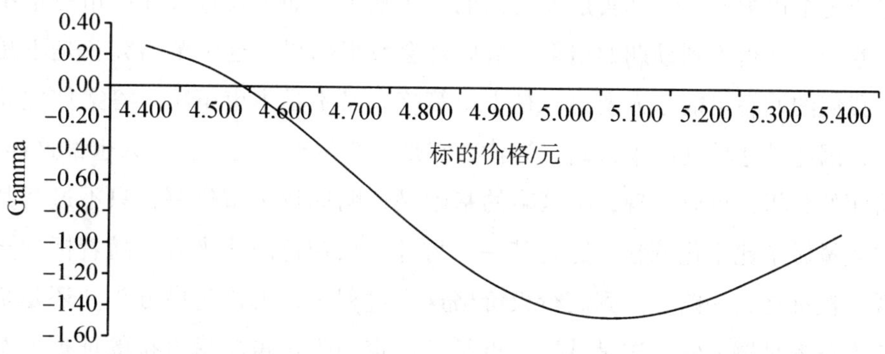

图 31-5　认购期权正向比率价差组合的 Gamma 曲线

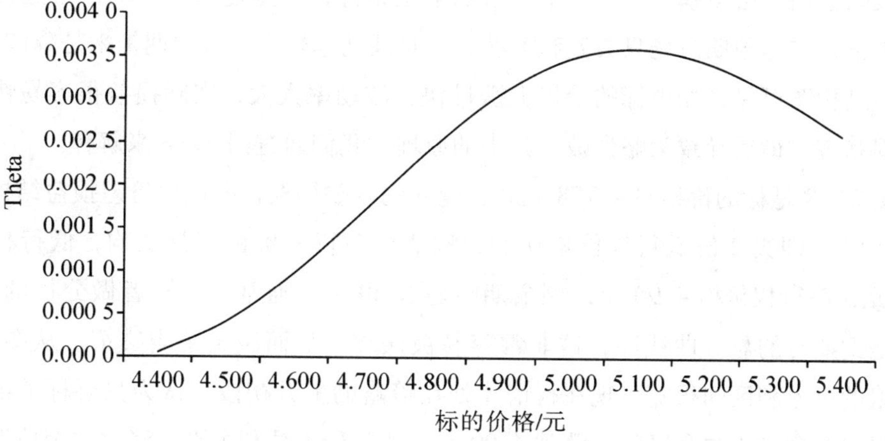

图 31-6　认购期权正向比率价差组合的 Theta 曲线

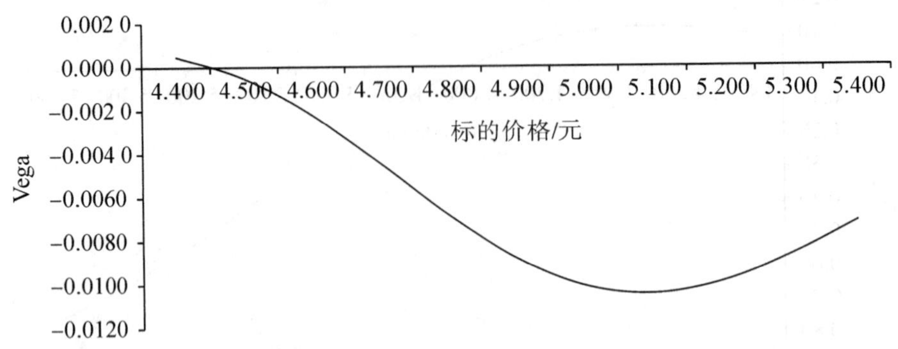

图 31-7 认购期权正向比率价差组合的 Vega 曲线

下面，我们讨论一下认购期权正向比率价差组合的运用问题。很多书中都把这一策略归为牛市策略，这其实是欠妥当的。实践中，如果投资者在牛市行情中，误用该策略，往往得不到预期的结果，最后还会亏损出局。这个策略究竟是不是牛市策略？我们的回答可能令人困惑，是牛市策略，又不是牛市策略。答案如此充满不确定性，因此被才单列出来讨论。为什么它是一个牛市策略？很多人也都这样认为。通过前面的分析，可以发现，本策略的基础是认购期权牛市价差，只不过对其两笔交易的数量做了比率化调整，这是其一。另外，从损益曲线来看，随着标的资产价格从低行权价格，一路上涨到高行权价格这个过程中，无论是借方头寸还是贷方头寸，其收益都是增大的，这是其二，也是被认定为牛市策略最直接的证据。基于这两点，说它是一个偏牛市策略似乎并无不妥。重要的是如何运用。如果要把它作为牛市策略运用，必须基于以下三个严格的限制条件，一是建仓时标的价格远低于低行权价格，二是预期市场只会温和上涨，三是波动率较小，或预期未来是降波趋势。从损益结构图可见，如果标的价格上涨过快，波动率太大，实际损益很容易快速进入亏损状态，最后导致策略失败。其中的原理，我们通过图 31-8 来解释。

图 31-8 是标的价格在 4.778 元时，建立的认购期权正向比率价差损益结构，比率为 2∶3，即买 2 份低行权价格认购，卖 3 份高行权价格同月认购，低行权价格 4.70 元，高行权价格 4.90 元，剩余期限还有 40 天。通常，投资者做分析的时候，画的是到期时的盈亏曲线图，这非常容易被误导，从而做出不当决策。从图上看，该策略的可盈利区间很宽，现在行情才处在策略的上升初段，认为只要标的继续上涨，很快就会进入盈利区间，涨到 4.90 元，达到最大盈利水平，涨过这个位置才开始出现风险，自认聪明的投资者自然会找到所谓的最佳退出时点，也就是在标的行情达到 4.90 元之前，就提前平仓，实现近乎最好的收益。真实交易中，投资者所期

待的这种交易结果可能并不会发生。由于距离到期还有一段时间，建仓后策略的真实损益需要基于每天的真实行情来测算，要预判的话，可以计算特定市场情景下组合的理论价值，以此为参考，来判断可能的损益更接近实际结果。如图中的理论价格盈亏曲线。如果标的快速上涨，很快涨到 4.90 元附近，这虽然是策略到期时的最大回报位置，但真实的结果是，提早到达此点对应的理论损益可能还是负的，继续上涨，损益曲线更会加速向下，除非到期前，标的价格意外回落到两个盈亏平衡点锁定的区间之内。如果真是牛市行情，策略最后的结局可想而知了。

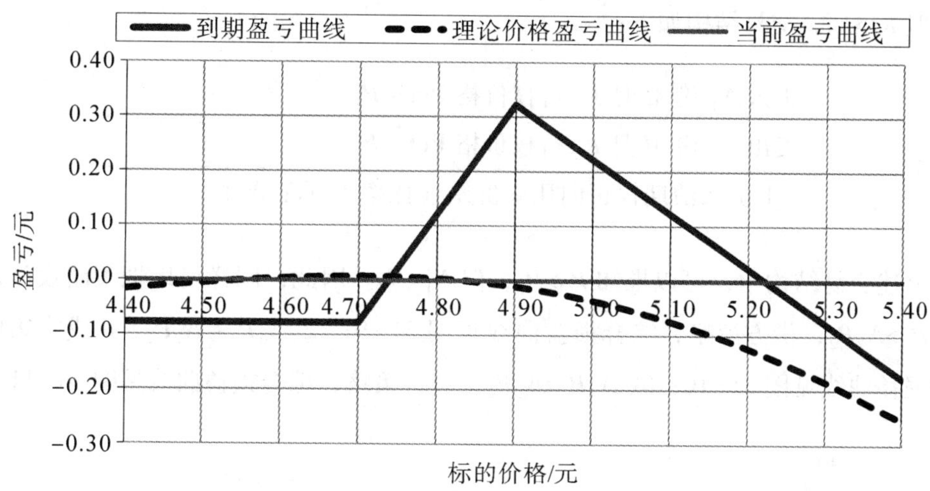

图 31-8　认购期权正向比率价差策略损益曲线

当然，如果满足我们前面提出的三个限制条件，正确运用，策略还是可以在偏牛市的慢牛行情中获利的，不过，控制起来难度比较大，我们还是不建议在牛市中使用该策略。看问题要透视其本质，其实从组合的希腊值分析中，我们已经可以看清其本来面目。该策略是负 Delta，负 Gamma，负 Vega，正 Theta，这样的希腊值完全就是认购期权空头的结构，显然，其使用场景应该是看跌或看不涨的市场环境。因此，该策略特别适合在阶段性上涨已经到顶，大概率会进入调整或平台整理阶段，甚至反转进入下跌趋势，下跌特征渐趋明显的市场环境。如果希望在偏熊市的行情中还能赚钱，可以调整为贷方头寸，比如本例中，把比率设置成 1∶3，就能确保策略下行有一个最小收益保底，如果标的价格在到期之前，都在高行权价格之下低行权价格之上整理，策略收益还会更好。如果是借方策略，也能在市场反转向下的场景下，锁定最小损失。

认沽期权正向比率价差

认沽期权正向比率价差策略由较少份数较高行权价格的认沽期权多头和较多份数相同到期日且较低行权价格的认沽期权空头构成。策略也可以设计成借方组合、0 成本组合或贷方组合，组合的净权利金大小，取决于行权价格间距和比率大小的选择。具体构建方法是：买入 N_1 份 M 月到期的行权价格为 K_1 的认沽期权，权利金为 P_1；卖出 N_2 份 M 月到期的行权价格为 K_2 的认沽期权，权利金为 P_2。其中，$N_1<N_2$，但 $K_1>K_2$，交易结构如下：

买入 N_1 份 M 月 K_1 行权价格 Put@ P_1

卖出 N_2 份 M 月 K_2 行权价格 Put@ P_2

=1 份认沽期权正向比率价差（比率为 N_1：N_2）

上述交易结构中，可以推知 $P_1>P_2$，但 $N_1<N_2$。因此，同样可以把策略设计成：①$N_1P_1>N_2P_2$，借方策略，综合损益曲线见图 31-9；② $N_1P_1=N_2P_2$，0 成本策略，综合损益曲线见图 31-10；③ $N_1P_1<N_2P_2$，贷方策略，综合损益曲线见图 31-11。

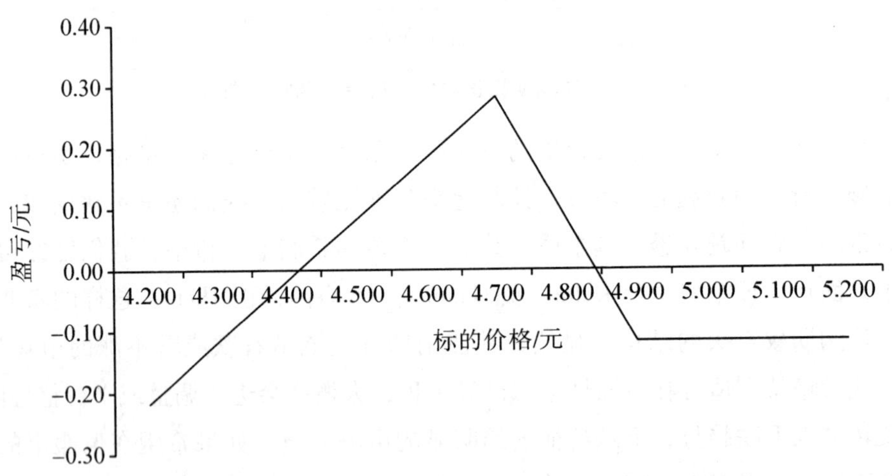

图 31-9　认沽期权正向比率价差借方策略综合损益曲线

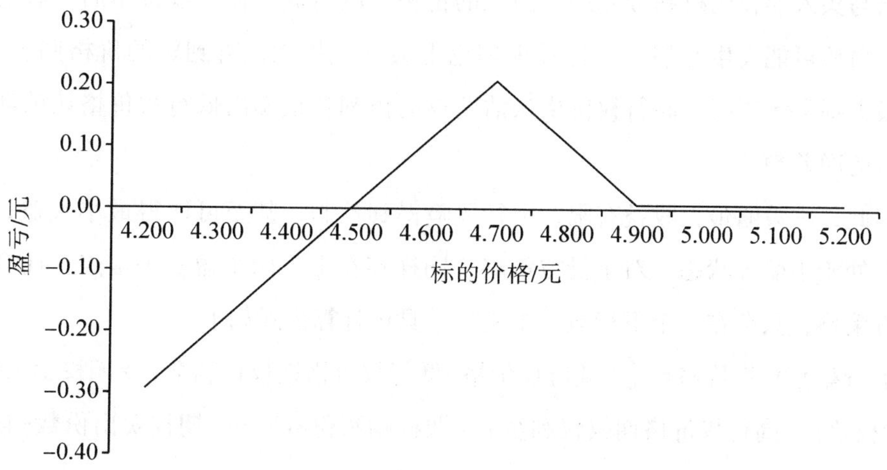

图 31-10　认沽期权正向比率价差 0 成本策略综合损益曲线

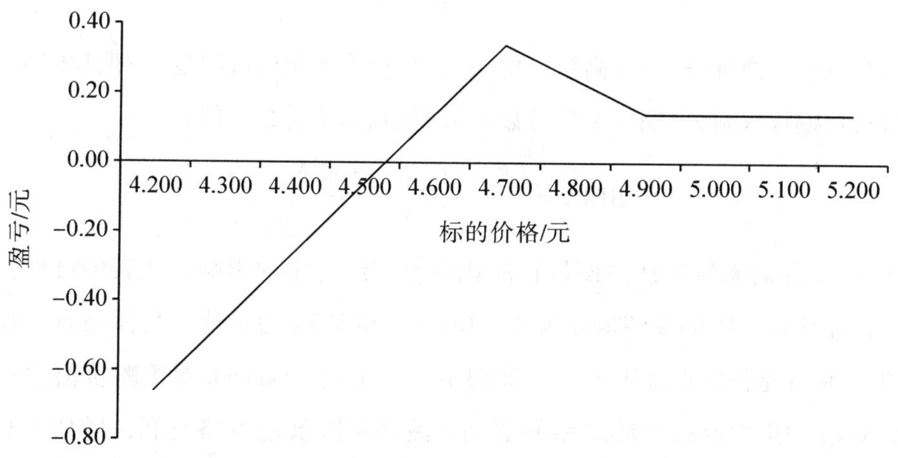

图 31-11　认沽期权正向比率价差贷方策略综合损益曲线

认沽期权正向比率价差策略的风险收益特征：

从认沽期权正向比率价差策略的损益曲线可见，该策略的借方组合可控制上行风险，贷方组合甚至在上行时还可以获得一个正收益，但下行风险敞口。标的价格自下盈亏平衡点上行时，策略收益增大，到期时，标的价格正好等于低行权价格时，实现最大收益。最大收益等于低行权价格期权权利金收入与高行权价格期权盈亏之和，其中，高行权价格期权盈亏为高行权价格与低行权价格之差，再扣除购买高行权价格期权的权利金成本。贷方策略的上行正收益，由于这时标的价格等于或高于高行权价格，买入和卖出的期权都没有价值，因此这个收益就等于策略的贷方金额，即卖出与买入期权的权利金之差。当标的价格下跌，低于低行权价格后，收益开始下降，最后可能发生亏损，并且亏损理论上会一直扩大，直到标的价格归零为止，这时最大损失等于买入高行权价格认沽期权的盈利扣抵卖出低行权价格认沽期权的损失后的净差额。

因此，本策略最大收益有限，上行风险得到控制，甚至可取得最小收益，但下行损失处于不受控状态。对于借方策略，同样存在上下两个盈亏平衡点，而0成本及贷方策略，只存在一个下行盈亏平衡点。具体计算公式如下：

下行盈亏平衡价格=［（低行权价格-低行权价格期权权利金）×期权卖出份数-（高行权价格-高行权价格期权权利金）×期权购买份数］/（期权卖出份数-期权购买份数）。即：

$$BEP_1 = \frac{(K_2 - C_2)N_2 - (K_1 - C_1)N_1}{N_2 - N_1}$$

上行盈亏平衡价格=［（高行权价格-高行权价格期权权利金）×期权购买份数+低行权价格期权权利金×期权卖出份数）］/期权购买份数。即：

$$BEP_2 = \frac{(K_1 - C_1)N_1 + C_2N_2}{N_1}$$

表31-2是希腊值在认沽期权正向比率价差组合中的影响。从表中可见，符号方面，两正两负，Delta和Theta为正，Gamma和Vega为负值。具体而言，标的价格上升，Delta是价值贡献因素，下降则不利于策略，Gamma对策略价值发挥负面影响，Vega的影响取决于波动率的变动，波动率降低对策略有利，增加不利。正Theta显示，时间流逝对策略有利。策略的动态希腊值曲线见图31-12至图31-15。

表31-2　希腊值在认沽期权正向比率价差组合中的影响

Greeks	借方	0成本	贷方	对策略的影响
Delta	基本为正	正	正	总体上，标的价格上涨有利，下跌不利
Gamma	负	负	负	负向影响，对策略不利
Theta	正	正	正	时间是价值贡献因素，正向影响
Vega	负	负	负	波动率降低对策略有利，增大则不利

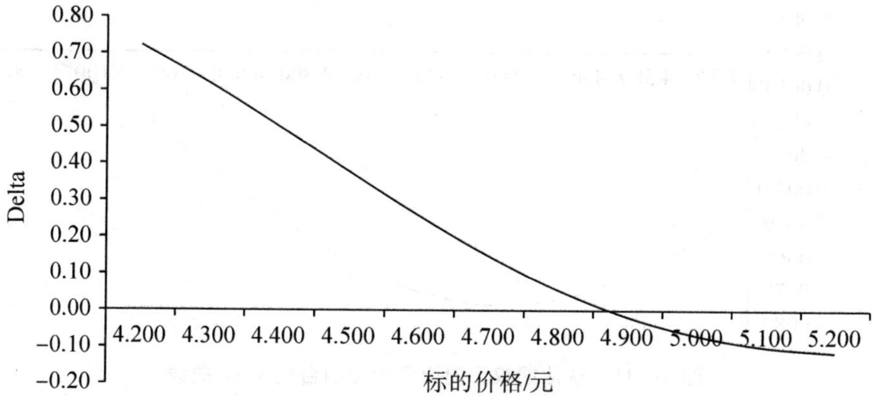

图 31-12　认沽期权正向比率价差组合的 Delta 曲线

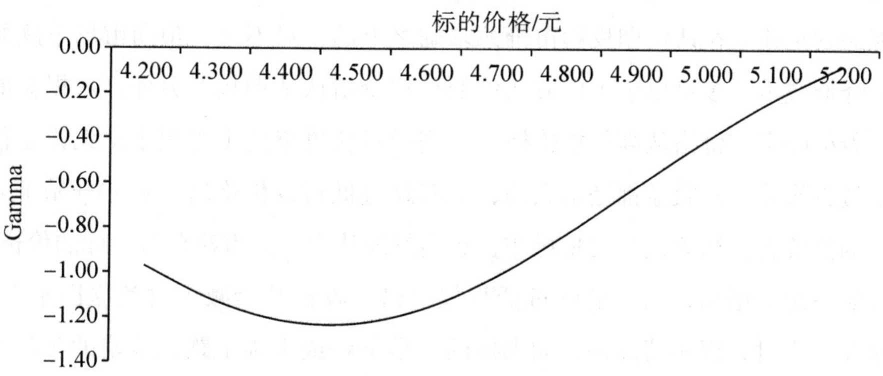

图 31-13　认沽期权正向比率价差组合的 Gamma 曲线

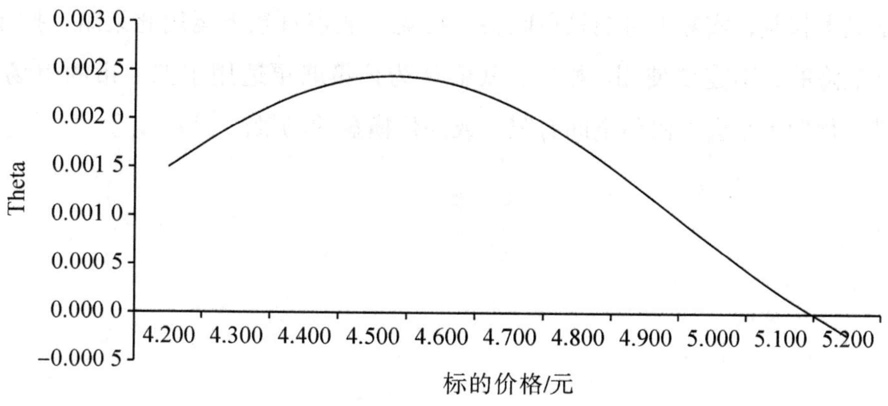

图 31-14　认沽期权正向比率价差组合的 Theta 曲线

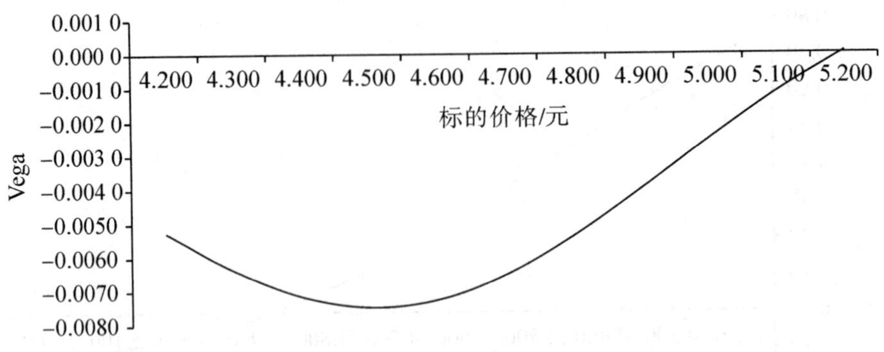

图 31-15 认沽期权正向比率价差组合的 Vega 曲线

同样，我们也有必要讨论一下认沽期权正向比率价差组合的策略性质与运用。它究竟是牛市策略还是熊市策略，也是存在分歧的。有人认为，这是一个偏熊市策略，因为它是建立在认沽期权熊市价差基础之上的，只不过，预期市场下跌幅度有限，为降低成本，多卖出了 1 份或几份低行权价格认沽期权。另外，从损益曲线来看，随着标的资产价格从高行权价格下跌到低行权价格这个过程中，无论是借方头寸还是贷方头寸，其收益都是增大的，只有跌过低行权价格后收益才开始下降。没有经验的投资者会据此设计交易操作，想当然地认为，熊市建仓后，标的价格下跌，收益开始一定会增加，当标的跌过低行权价格，收益开始减少时就立即平仓了结，兑现收益。不过，现实情况是，如果标的过早下跌或大幅下跌，策略的实际收益很可能不是先增加后降低，极有可能一开始就是负收益，并且随着标的持续下跌，亏损越来越大，见图 31-16 中的理论价格盈亏曲线，当标的价格跌至 4. 70 元时，对应的不是最大收益，实际上可能是负收益。可见，熊市背景下运用此策略，控制不好是非常危险的，不建议使用。相反，我们认为该策略更适用于偏牛市的市场环境。特别是，预期未来会上涨但空间有限，或高位横盘的场景。

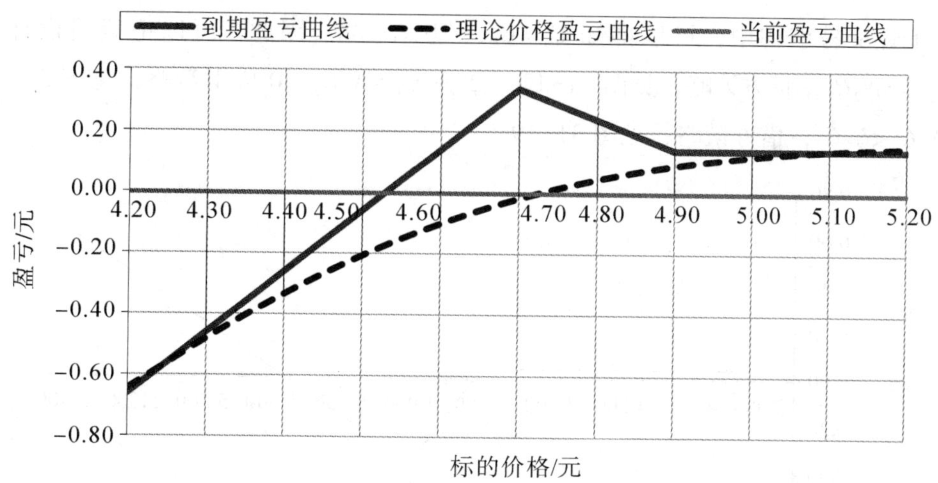

图 31-16　认沽期权正向比率价差策略损益曲线

反向比率价差策略

比率价差策略中，构造方法和损益曲线与正向比率价差组合相反的策略，被称之为反向比率价差策略，其中包括认购期权反向比率价差策略和认沽期权反向比率价差策略。如果用认购期权构建，是在熊市价差基础上，增大买入头寸的数量，使卖出与买入期权份数之比为 1∶2 或 1∶3，也可是 2∶3 等其他比率。如果用认沽期权构建，则是在牛市价差基础上，增大买入头寸数量，使买入与卖出期权份数之比达到 1∶2 或 1∶3，或 2∶3 等其他比率。

认购期权反向比率价差

认购期权反向比率价差策略由较少份数较低行权价格的认购期权空头和较多份数相同到期日且较高行权价格的认购期权多头构成。策略可能是借方组合、0 成本组合或贷方组合，组合的净权利金大小，取决于行权价格间距和比率大小的选择。具体构建方法是：卖出 N_1 份 M 月到期的行权价格为 K_1 的认购期权，权利金为 C_1；买入 N_2 份 M 月到期的行权价格为 K_2 的认购期权，权利金为 C_2。其中，$N_1<N_2$，$K_1<K_2$，交易结构如下：

卖出 N_1 份 M 月 K_1 行权价格 Call@ C_1

买入 N_2 份 M 月 K_2 行权价格 Call@ C_2

=1 份认购期权反向比率价差（比率为 N_1：N_2）

上述交易结构中，可以推知 $C_1>C_2$，但 $N_1<N_2$。因此，可以把策略设计成：①$N_1C_1>N_2C_2$，贷方策略，见图 31-17；② $N_1C_1=N_2C_2$，0 成本策略，见图 31-18；③ $N_1C_1<N_2C_2$，借方策略，见图 31-19。

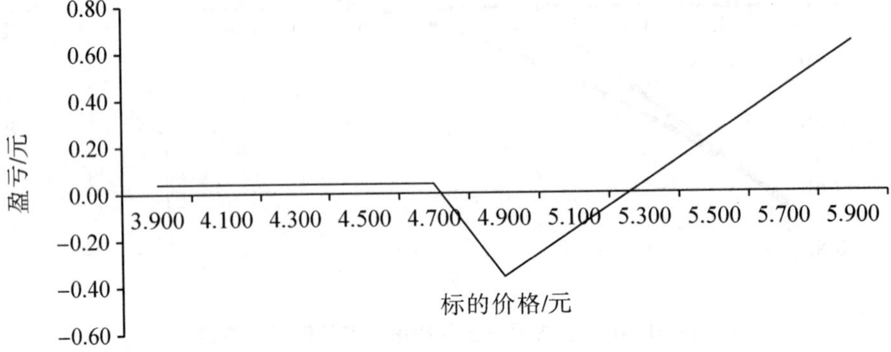

图 31-17 认购期权反向比率价差贷方策略综合损益曲线

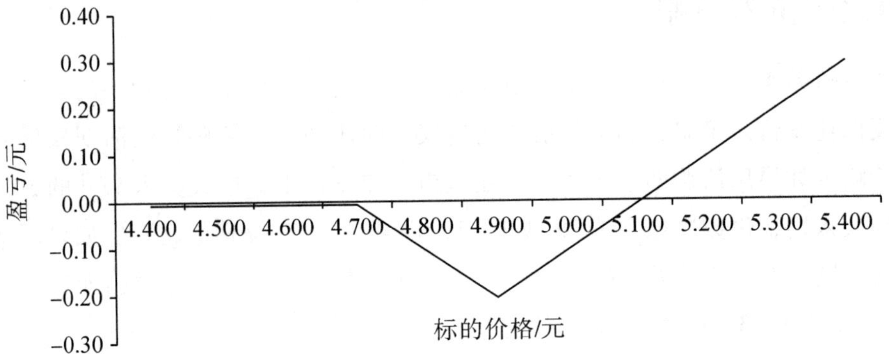

图 31-18 认购期权反向比率价差 0 成本策略综合损益曲线

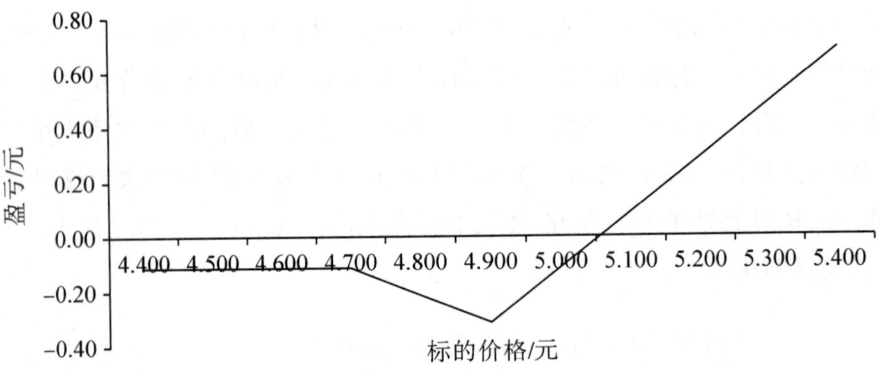

图 31-19 认购期权反向比率价差借方策略综合损益曲线

认购期权反向比率价差策略的风险收益特征：

从损益曲线可知，该策略同样可以控制下行风险，也可以设计成大幅下行时免亏，甚至小幅盈利的模式。这个特征与认购期权正向比率价差策略一致，最大的区别是，标的价格自低行权价格上行时，反向策略的收益变化动态过程与正向策略完全相反。正向策略的收益开始是逐渐增大的，到期时，如果标的价格刚好等于高行权价格时，实现最大收益，如果远高于高行权价格，则会发生亏损，且亏损理论上是无限的。而反向策略的收益最初是降低的，到期时，标的价格刚好等于高行权价格时，发生最大亏损，如果越过高行权价格继续上涨，亏损额会逐渐降低，最后开始盈利，且盈利空间理论上是无限的。

最大亏损等于买入高行权价格期权的权利金支出与卖出低行权价格期权盈亏之和，其中，低行权价格期权盈亏等于低行权价格减高行权价格，再加上卖出低行权价格期权的权利金收入。对于贷方策略，存在一个下行的正收益，这时标的价格等于或低于低行权价格，买入和卖出的认购期权都没有价值，因此这个正收益就等于策略的贷方金额，即卖出与买入期权的权利金之差。当标的价格大涨，超过高行权价格后，损益从最大亏损开始逐渐转亏为盈，并打开上不封顶的盈利空间。可见，该策略最大收益无限，下行风险可控。对于贷方策略，存在上下两个盈亏平衡点，对于 0 成本及借方策略，只存在一个上行盈亏平衡点。具体计算公式如下：

下行盈亏平衡价格=［（低行权价格+低行权价格期权权利金）×期权卖出份数-高行权价格期权权利金×期权购买份数］/期权卖出份数。即：

$$\mathrm{BEP}_1 = \frac{(K_1 + C_1)N_1 - C_2N_2}{N_1}$$

上行盈亏平衡价格=［（高行权价格+高行权价格期权权利金）×期权购买份数-（低行权价格+低行权价格期权权利金）×期权卖出份数］/（期权购买份数-期权卖出份数）。即：

$$\mathrm{BEP}_2 = \frac{(K_2 + C_2)N_2 - (K_1 + C_1)N_1}{N_2 - N_1}$$

需要注意的是，认购期权比率价差策略的两个盈亏平衡点，在正向和反向策略中是完全相同的，因为除两笔交易的方向发生了对调，所有其他参数都未发生任何变化，因此损益曲线是完全反向对称的。虽然，两者的计算公式相同，数据相同，但其中 N_1 在正向策略中是买入头寸，在反向策略中则是卖出头寸，N_2 在正向策略中是卖出头寸，在反向策略中则是买入头寸。

表 31-3 是希腊值在认购期权反向比率价差组合中的影响。从表 31-3 中可见，除贷方头寸且标的价格处于低位时，Delta、Gamma 和 Vega 可能为负，其他情形下它们都为正，只有 Theta 为负。总体上看，标的价格上涨，Delta 是有利因素，下降则不利，Gamma 是正面因素，对策略有利，Vega 在波动率上升情况下对策略有利，降波则不利，Theta 为负，策略价值会随时间流逝而耗损。比较正向策略与反向策略的希腊值贡献，可以发现它们完全相反。策略的动态希腊值曲线见图 31-20 至图 31-23。

表 31-3 希腊值在认购期权反向比率价差组合中的影响

Greeks	借方	0 成本	贷方	对策略的影响
Delta	正	正	基本为正	总体上，标的价格上涨有利，下跌不利
Gamma	正	正	基本为正	基本上是正向影响，对策略有利
Theta	负	负	负	时间是价值耗损因素，负向影响，不利策略
Vega	正	正	基本为正	波动率上涨对策略有利，降低则不利

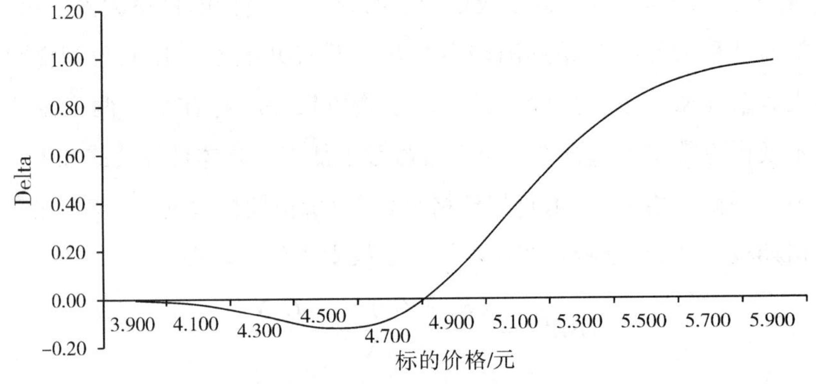

图 31-20 认购期权反向比率价差组合的 Delta 曲线

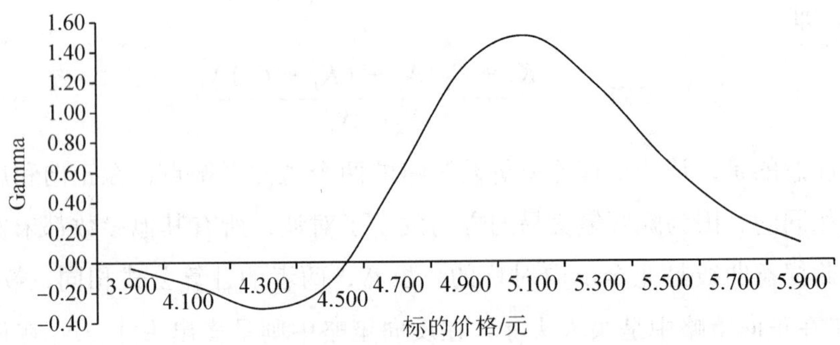

图 31-21 认购期权反向比率价差组合的 Gamma 曲线

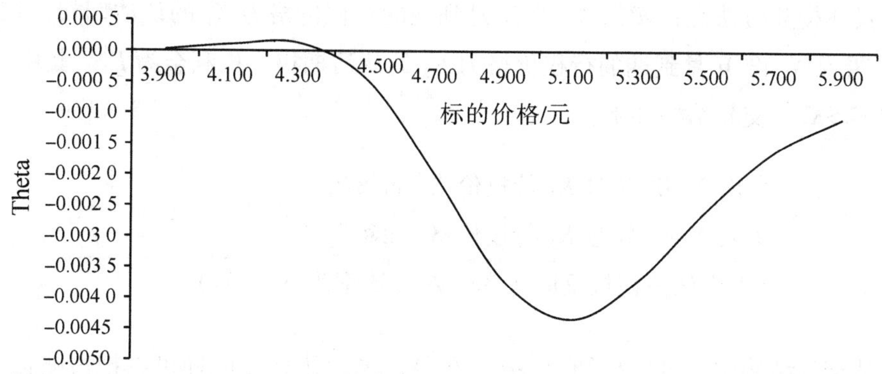

图 31-22　**认购期权反向比率价差组合的 Theta 曲线**

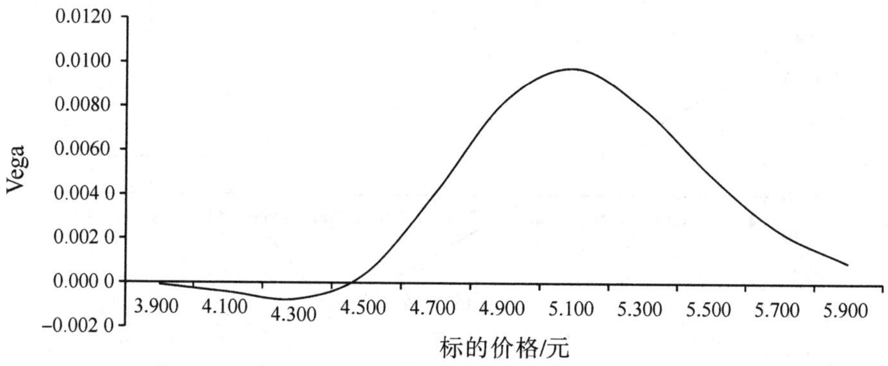

图 31-23　**认购期权反向比率价差组合的 Vega 曲线**

认购期权反向比率价差策略的属性，从损益曲线很容易判定，这是一个预期有大波动发生的备选策略，波动方向向上，但如果向下，风险也是可控的，因此是牛市策略。从组合希腊值来看，正 Delta，正 Gamma，正 Vega，负 Theta，这样的结构等同于持有认购期权的多头。与认购期权多头不同的是，如果标的意外地大幅向下波动，该策略可以减低损失，甚至还可以获得一个正收益的反向容错机制。另外一个优势是，该策略可以降低建仓的净支出，甚至做到 0 成本或有净权利金流入。运用该策略最不利的情形是，市场波动变小，横向震荡，到期收于高行权价格附近。

认沽期权反向比率价差

认沽期权反向比率价差策略由较少份数较高行权价格的认沽期权空头和较多份数相同到期日且较低行权价格的认沽期权多头构成。策略也可以设计成借方组合、0 成本组合或贷方组合，组合的净权利金大小，取决于行权价格间距和比率大小的选择。具体构建方法是：卖出 N_1 份 M 月到期的行权价格为 K_1 的认沽期权，权利金为 P_1；买入 N_2 份 M 月到期的行权价格为 K_2 的认沽期权，权利金为 P_2。其中，$N_1<N_2$，但 $K_1>K_2$，交易结构如下：

卖出 N_1 份 M 月 K_1 行权价格 Put@ P_1

买入 N_2 份 M 月 K_2 行权价格 Put@ P_2

=1 份认沽期权反向比率价差（比率为 N_1：N_2）

上述交易结构中，可以推知 $P_1>P_2$，但 $N_1<N_2$。因此，同样可以把策略设计成：①$N_1P_1>N_2P_2$，贷方策略，综合损益曲线见图 31-24；② $N_1P_1=N_2P_2$，0 成本策略，综合损益曲线见图 31-25；③ $N_1P_1<N_2P_2$，借方策略，综合损益曲线见图 31-26。

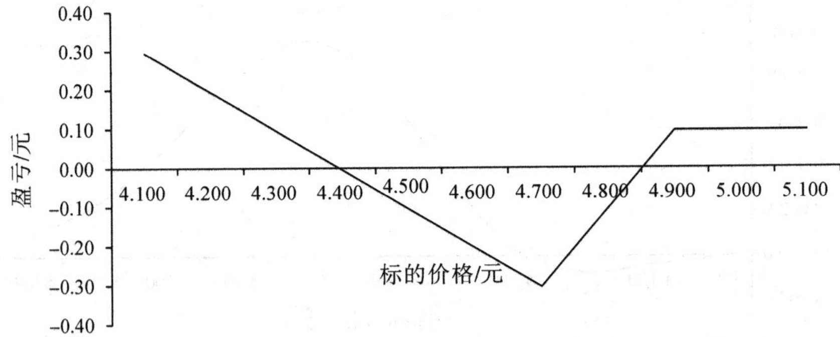

图 31-24 认沽期权反向比率价差贷方策略综合损益曲线

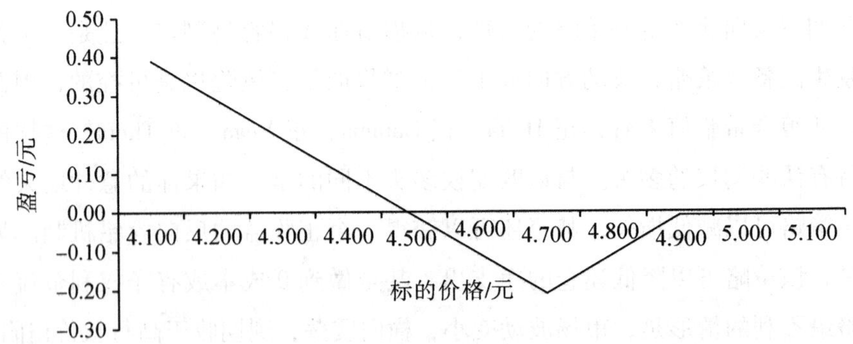

图 31-25 认沽期权反向比率价差 0 成本策略综合损益曲线

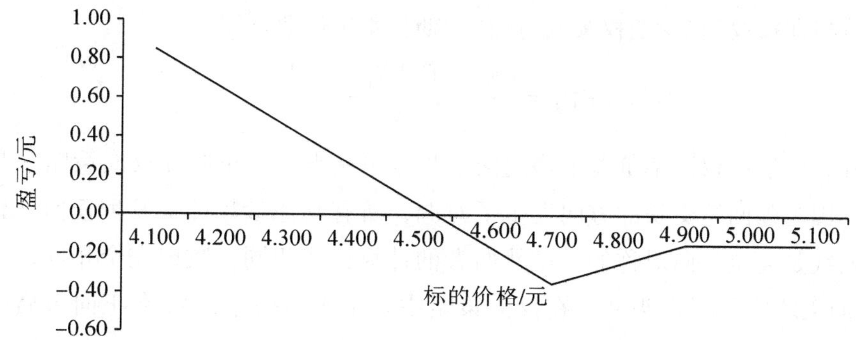

图 31-26　认沽期权反向比率价差借方策略综合损益曲线

认沽期权反向比率价差策略的风险收益特征：

从损益曲线可知，该策略可控制上行风险，也可以设计成上行时免亏，甚至小幅盈利的模式。这个特征与认沽期权正向比率价差策略一致，最大的区别是，标的价格自高行权价格下行时，反向策略的收益变化动态过程与正向策略完全相反。正向策略的收益开始是逐渐增大的，到期时，如果标的价格刚好等于低行权价格时，收益最大化，如果远低于低行权价格，则会发生亏损，且亏损扩大理论上会直到标的价格归 0 为止。而反向策略的收益最初是降低的，到期时，标的价格刚好等于低行权价格时，发生最大亏损，如果越过低行权价格继续下跌，亏损逐渐减小，最后开始盈利，且盈利空间理论上会一直到标的价格归 0 为止。

最大亏损等于买入低行权价格期权的全部权利金支出与卖出高行权价格期权盈亏之和，其中，高行权价格期权盈亏等于低行权价格减高行权价格，再加上卖出高行权价格期权的权利金收入。对于贷方策略，存在一个上行的正收益，这时标的价格等于或高于高行权价格，买入和卖出的认沽期权都没有价值，因此这个正收益就等于策略的贷方金额，即卖出与买入期权的权利金之差。当标的价格大跌，越过低行权价格后继续下行，策略损益将从最大亏损开始逐渐转亏为盈，并且跌的越多，收益越大。

策略的盈亏平衡点方面，贷方策略存在上下两个盈亏平衡点，0 成本及借方策略，只有一个下行盈亏平衡点。具体计算公式如下：

下行盈亏平衡价格=［（低行权价格-低行权价格期权权利金）×期权买入份数-（高行权价格-高行权价格期权权利金）×期权卖出份数］/（期权买入份数-期权卖出份数）。即：

$$\mathrm{BEP}_1 = \frac{(K_2 - C_2)N_2 - (K_1 - C_1)N_1}{N_2 - N_1}$$

上行盈亏平衡价格=［（高行权价格-高行权价格期权权利金）×期权卖出份数+

低行权价格期权权利金×期权买入份数] /期权卖出份数。即：

$$BEP_2 = \frac{(K_1 - C_1)N_1 + C_2N_2}{N_1}$$

同样，认沽期权比率价差策略的两个盈亏平衡点，在正向和反向策略中是完全相同的，因为除两笔交易的方向发生了对调，所有其他参数都未发生任何变化，因此损益曲线是完全反向对称的。虽然两者的计算公式相同，数据完全相同，但其中 N_1 在正向策略中是买入头寸，在反向策略中则是卖出头寸，N_2 在正向策略中是卖出头寸，在反向策略中则是买入头寸。

表 31-4 是希腊值在认沽期权反向比率价差组合中的影响。除贷方头寸且标的价格处于高位时，Delta 可能为正，其他情形下都为负，Gamma 和 Vega 为正，Theta 为负。总体上看，标的价格下跌，Delta 是有利因素，上涨则不利，Gamma 是正面因素，对策略有利，Vega 在波动率上升情况下对策略有利，降波则不利，Theta 为负，策略价值会随时间流逝而耗损。比较发现，认沽期权比率价差的正向与反向策略中，希腊值贡献也是完全相反的。策略的动态希腊值曲线见图 31-27 至图 31-30。

表 31-4 希腊值在认沽期权反向比率价差组合中的影响

希腊值	借方	0 成本	贷方	对策略的影响
Delta	负	负	基本为负	总体上，标的价格上涨不利，下跌有利
Gamma	正	正	正	正向影响，对策略有利
Theta	负	负	负	时间是价值耗损因素，负向影响，不利策略
Vega	正	正	正	波动率上涨对策略有利，降低则不利

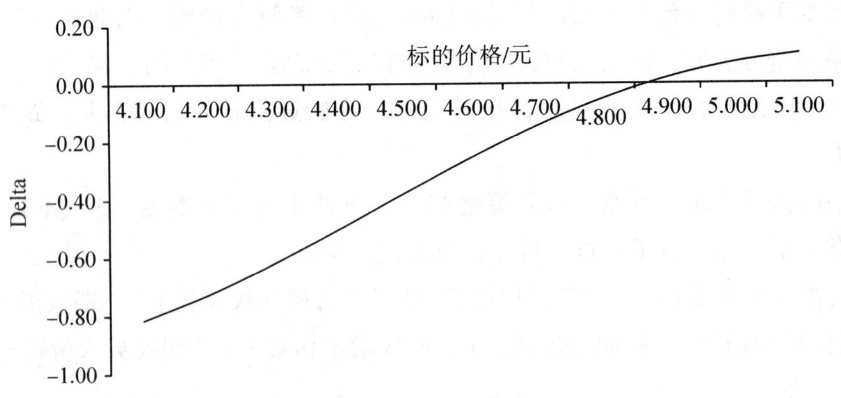

图 31-27 认沽期权反向比率价差组合的 Delta 曲线

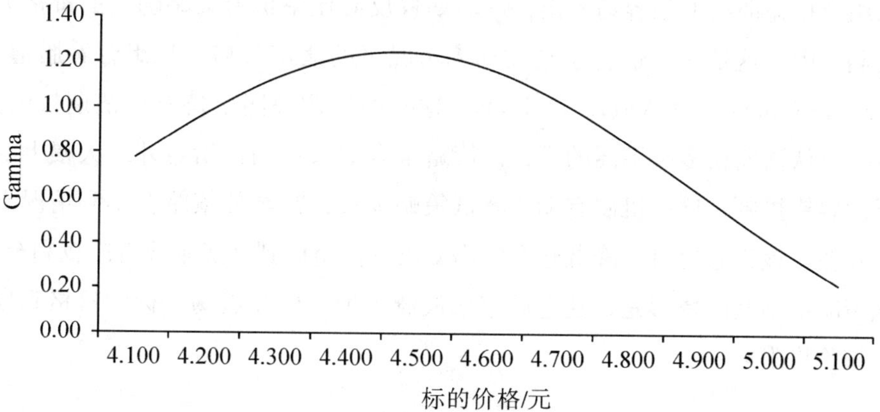

图 31-28　**认沽期权反向比率价差组合的 Gamma 曲线**

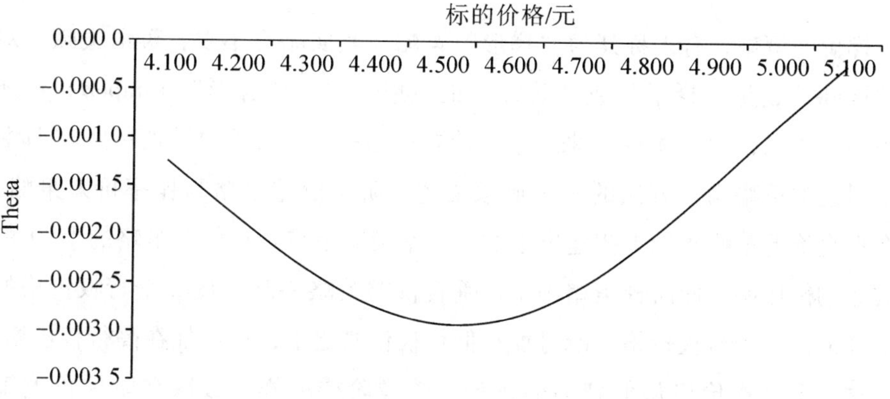

图 31-29　**认沽期权反向比率价差组合的 Theta 曲线**

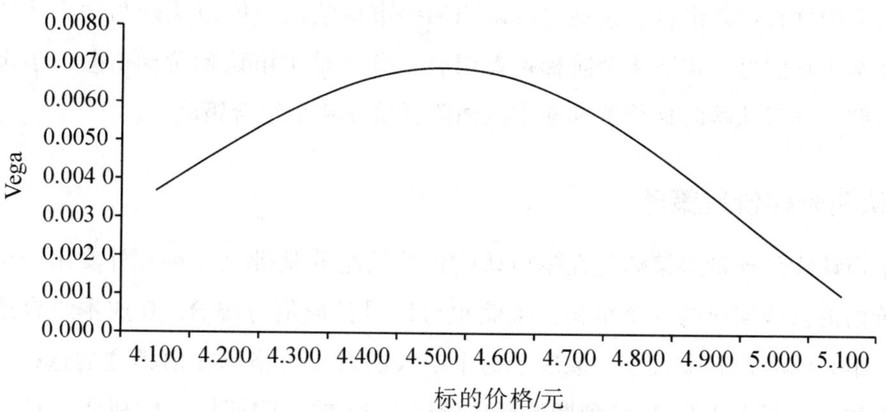

图 31-30　**认沽期权反向比率价差组合的 Vega 曲线**

从组合损益曲线上很容易看出，认沽期权反向比率价差策略随标的价格大幅下跌而盈利，因此这是一个适合于高波动率市况下的熊市策略。从组合希腊值来看，负 Delta，正 Gamma，正 Vega，负 Theta，这样的结构等同于持有认沽期权的多头。与直接持有认沽期权多头不同的是，该策略带有如果标的价格意外地大幅上涨情况下的反向容错机制，这一机制有助于降低策略损失，甚至使策略在不利情况下获得一个正收益。该策略也可以降低建仓的净支出，甚至做到 0 成本或有净权利金流入。运用该策略最不利的情形是，建仓后市场波澜不惊，横盘震荡，标的价格到期时位于低行权价格附近。

阶梯价差策略

阶梯价差策略，有人称其为“梯形”策略，其实略有不妥，英语文献中对应的词汇“ladder”，是“梯子”或“阶梯”的意思，这与“梯形”（trapezoid）还是有些差距的。所以，用“阶梯”来对这类价差策略命名，似乎更贴切一些。“阶梯”在这里是对这类策略构建方法的一个形象描述。阶梯价差策略与比率价差策略类似，也是在垂直价差策略基础上搭建出来的。比率策略是将垂直价差策略的 1∶1 的比率修改成非均衡比率，而阶梯策略则是在垂直价差策略一高一低 2 个行权价格的基础之上，加入第 3 个行权价格，既可加在低行权价格之下，也可加在高行权价格之上，因此，这 3 个行权价格从低到高的排列，就像阶梯一样，故取名阶梯价差策略更合理。

正常的垂直价差组合，包括牛市认购和牛市认沽以及熊市认购与熊市认沽 4 个组合，基于它们可以构造 4 个阶梯价差组合，分别是牛市认购阶梯价差、牛市认沽阶梯价差、熊市认购阶梯价差和熊市认沽阶梯价差 4 个组合策略。

牛市认购阶梯价差策略

牛市认购阶梯价差策略是在牛市认购价差策略的基础上，再额外卖出一个更高行权价格的认购期权的一个重构。策略也可以设计成借方组合、0 成本组合或贷方组合，组合的净权利金大小，取决于每个期权的行权价格和在值程度的选择。具体构建方法是：买入 N 份 M 月到期的行权价格为 K_1 的认购期权，权利金为 C_1；卖出 N 份 M 月到期的行权价格为 K_2 的认购期权，权利金为 C_2；额外卖出 N 份 M 月到期的行权价格为 K_3 的认购期权，权利金为 C_3。其中，$K_1<K_2<K_3$，交易结构如下：

卖出 N 份 M 月 K_3 行权价格 Call@ C_3

卖出 N 份 M 月 K_2 行权价格 Call@ C_2

买入 N 份 M 月 K_1 行权价格 Call@ C_1

=N 份牛市认购阶梯价差组合

上述交易结构中，由于 $K_1<K_2<K_3$，因此 $C_1>C_2>C_3$，C_1 是权利金支出，C_2 和 C_3 是权利金收入。可以把策略设计成：①$NC_1<N(C_2+C_3)$，贷方策略，综合损益曲线见图 31－31；② $NC_1=N(C_2+C_3)$，0 成本策略，综合损益曲线见图 31－32；③ $NC_1>N(C_2+C_3)$，借方策略，综合损益曲线见图 31-33。

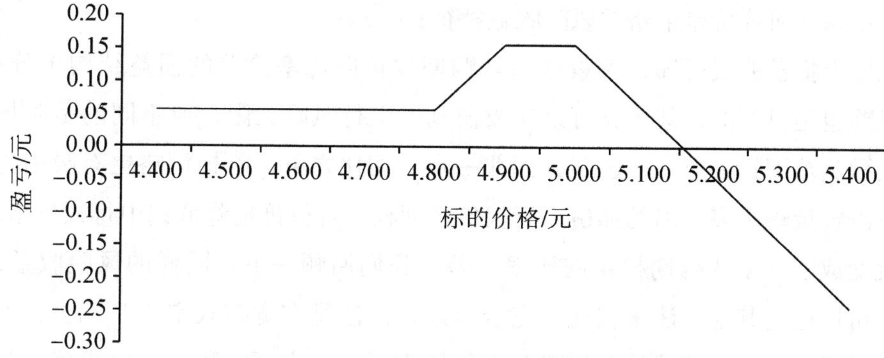

图 31-31　牛市认购阶梯价差组合贷方综合损益曲线

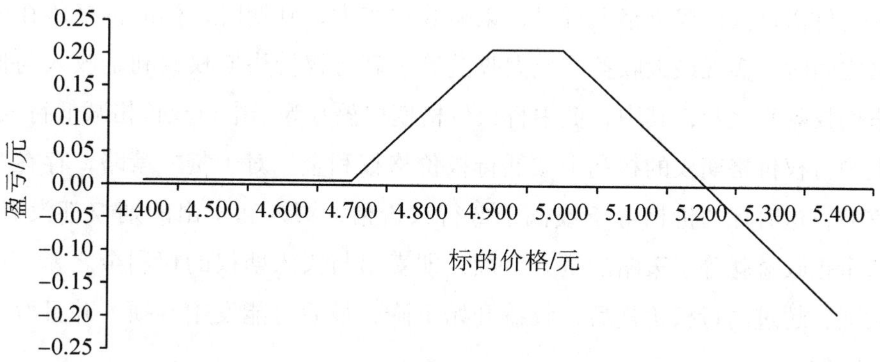

图 31-32　牛市认购阶梯价差组合 0 成本综合损益曲线

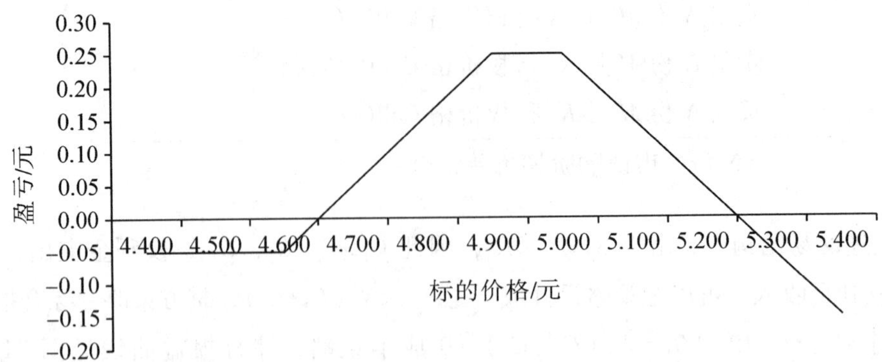

图 31-33　牛市认购阶梯价差组合借方综合损益曲线

牛市认购阶梯价差策略的风险收益特征：

从以上损益曲线可知，该策略与认购期权正向比率价差的损益结构十分相似，下行风险也是可控的，甚至还可设计成盈利，上行风险无限，所不同的是阶梯策略的最大盈利范围扩大成一个区间，而非一点，相比之下，阶梯策略更有吸引力。其实，将阶梯策略中多卖出的那份高行权价格期权的行权价格降低到中行权价格水平，策略就变成了一个认购期权正向比率价差。我们回顾一下，同样的风险收益结构，还可不可以通过其他方法来实现？完全可以，方法是在宽跨式空头基础上，通过买入一个更低行权价格的认沽期权阻断下行风险就可以实现。哪种方法更优，就要根据资金占用、市场条件以及风险收益差异具体分析了。

标的价格自低行权价格上行时，策略收益增大，到期时，标的价格落在中高行权价格之间时，实现最大收益。最大收益等于高行权价格期权权利金收入与低中行权价格期权盈亏之和，其中，低中行权价格期权盈亏等于中行权价格减低行权价格，再加上中行权价格期权的权利金减低行权价格权利金。对于贷方策略，存在一个下行正收益，这时标的价格等于或低于低行权价格，买入和卖出的期权都没有价值，因此这个正收益就等于策略的贷方金额，即卖出与买入期权的权利金之差。当标的价格大涨，超过高行权价格后，收益开始下降，最后可能发生亏损，并且亏损理论上是无限的。

对于借方策略，存在上下两个盈亏平衡点，对于 0 成本及贷方策略，只存在一个上行盈亏平衡点。我们用 BEP_1 表示下行盈亏平衡价格，BEP_2 表示上行盈亏平衡价格，计算公式如下：

下行盈亏平衡价格=（低行权价格+低行权价格期权权利金）-（中行权价格期权权利金+高行权价格期权权利金）。即：

$$BEP_1 = (K_1 + C_1) - (C_2 + C_3)$$

上行盈亏平衡价格=（中行权价格+中行权价格期权权利金）+（高行权价格+高行权价格期权权利金）-（低行权价格+低行权价格期权权利金）。即：

$$BEP_2 = (K_2 + C_2) + (K_3 + C_3) - (K_1 + C_1)$$

表 31-5 是希腊值在牛市认购阶梯价差组合中的影响。除借方头寸且标的价格处于较低价位时，Delta、Gamma 和 Vega 可能为正，其他情况下都是负值，只有 Theta 为正。总体上看，标的价格上涨，Delta 是不利因素，下降则是有利因素，Gamma 是负面因素，对策略不利，Vega 则取决于波动率的变动，降波有利，升波不利。本策略中，唯有时间是最确定的价值贡献因素。比较希腊值曲线的形状与影响，可以发现，牛市认购阶梯价差组合与认购期权正向比率价差几乎完全相同。策略的动态希腊值曲线见图 31-34 至图 31-37。

表 31-5　希腊值在牛市认购阶梯价差组合中的影响

希腊值	借方	0 成本	贷方	对策略的影响
Delta	基本为负	负	负	总体上，标的价格上涨不利，下跌有利
Gamma	基本为负	负	负	基本上是负向影响，对策略不利
Theta	正	正	正	时间是价值贡献因素，正向影响，有利策略
Vega	基本为负	负	负	降波对策略有利，波动率增大则不利

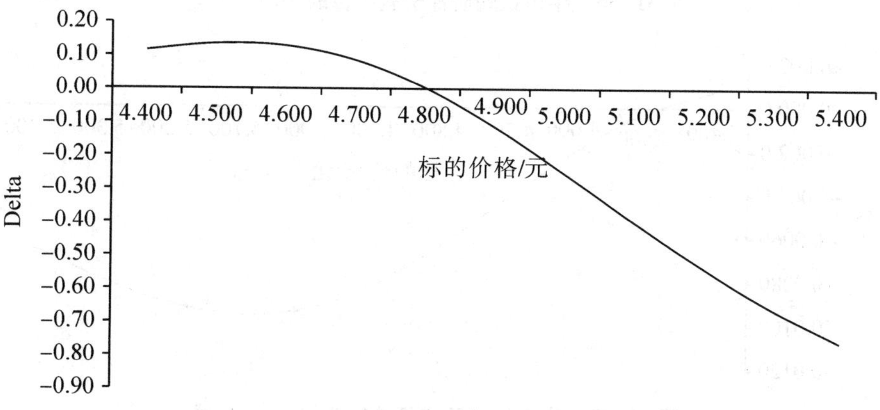

图 31-34　牛市认购阶梯价差组合的 Delta 曲线

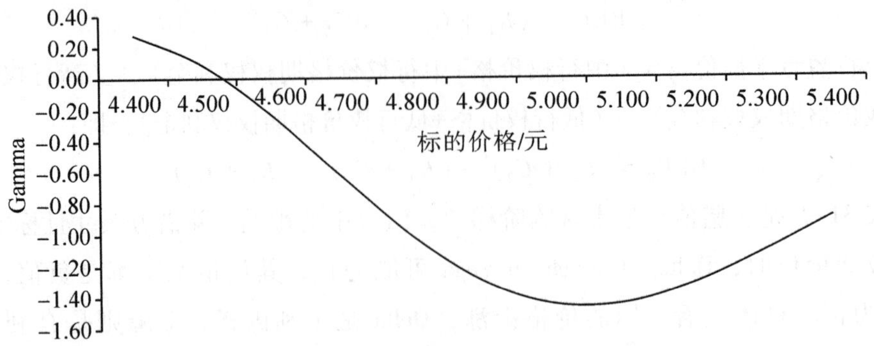

图 31-35 牛市认购阶梯价差组合的 Gamma 曲线

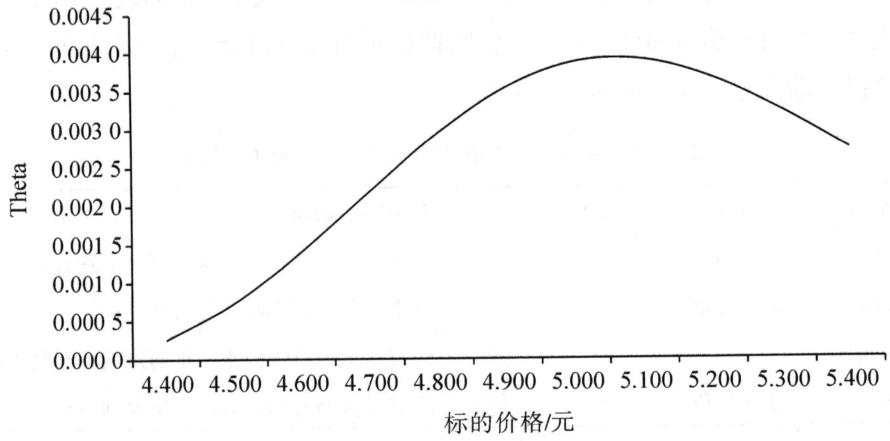

图 31-36 牛市认购阶梯价差组合的 Theta 曲线

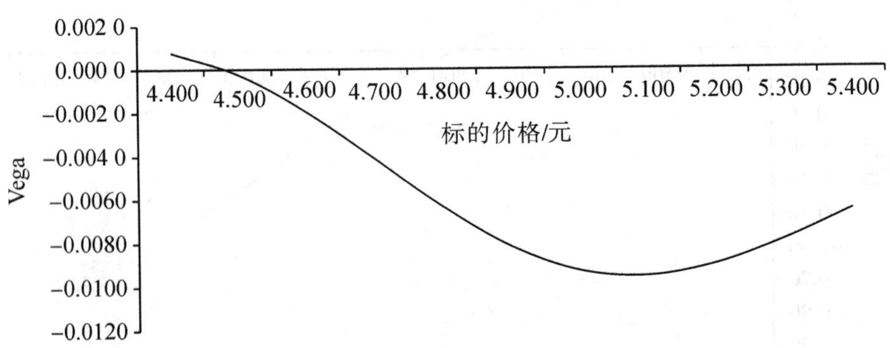

图 31-37 牛市认购阶梯价差组合的 Vega 曲线

最后，我们还是来讨论一下该策略的属性与可运用场景。从名称上看，它是牛市认购价差策略的改良，只不过在更高的价位额外卖出认购期权来降低整体建仓成本，似乎应该适用于牛市行情，并且最大收益是落在中高两个行权价格区间范围之内的。因此，其比认购期权正向比率价差更适合在预期上涨空间有限的偏牛市行情使用，但在策略设计时，要注意把握建仓时低行权价格与标的价格的位置，标的价格最好要低于低行权价格，或至少偏离不是太远，以免行情大幅上涨后，策略很快进入理论亏损状态。然而，从组合希腊值来看，负 Delta，负 Gamma，负 Vega，正 Theta，完全是卖出认购期权的结构，显然，其使用场景与认购期权正向比率价差一样，应该是看跌、看不涨或看微涨的市场环境。总体上，这是一个偏中性的策略。

牛市认沽阶梯价差策略

牛市认沽阶梯价差策略，是在牛市认沽价差策略基础上，再额外买入一个更低行权价格的认沽期权的一个重构。策略也可以设计成借方组合、0 成本组合或贷方组合，组合的净权利金，取决于每个期权的行权价格和在值程度的选择。具体构建方法是：买入 N 份 M 月到期的行权价格为 K_1 的认沽期权，权利金为 P_1；买入 N 份 M 月到期的行权价格为 K_2 的认沽期权，权利金为 P_2；卖出 N 份 M 月到期的行权价格为 K_3 的认沽期权，权利金为 P_3。其中，$K_1<K_2<K_3$，交易结构如下：

卖出 N 份 M 月 K_3 行权价格 Put@ P_3
买入 N 份 M 月 K_2 行权价格 Put@ P_2
买入 N 份 M 月 K_1 行权价格 Put@ P_1

=N 份牛市认沽阶梯价差组合

上述交易结构中，由于 $K_1<K_2<K_3$，因此 $P_1<P_2<P_3$，P_1 和 P_2 是权利金支出，P_3 是权利金收入。可以把策略设计成：① $NP_3>N（P_1+P_2）$，贷方策略，综合损益曲线见图 31-38；② $NP_3=N（P_1+P_2）$，0 成本策略，综合损益曲线见图 31-39；③ $NP_3<N（P_1+P_2）$，借方策略，综合损益曲线见图 31-40。

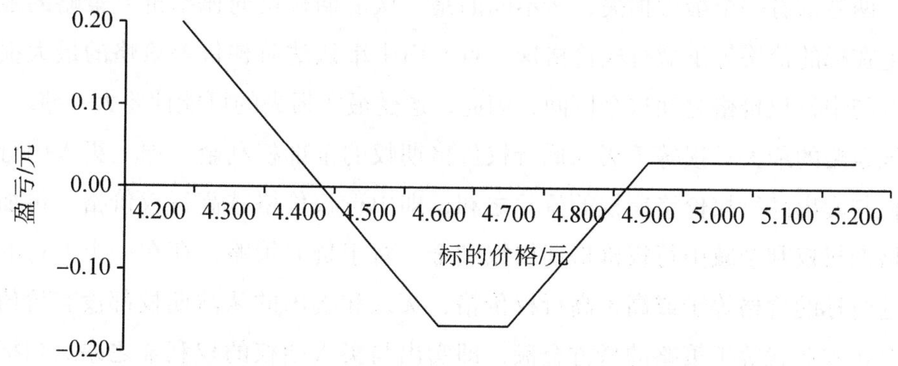

图 31-38　牛市认沽阶梯价差组合贷方综合损益曲线

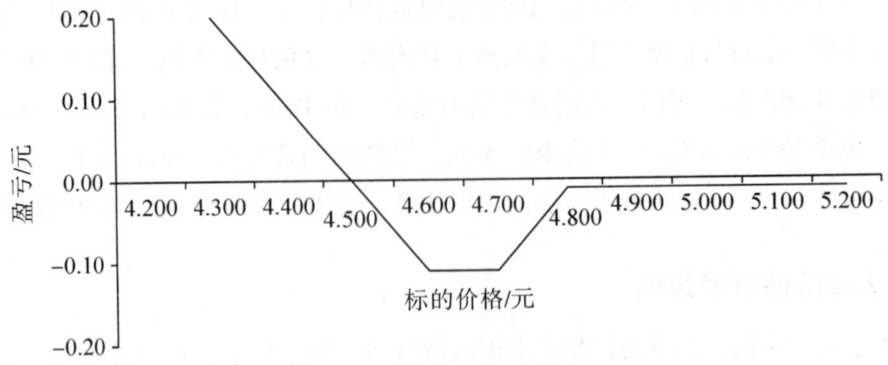

图 31-39　牛市认沽阶梯价差组合 0 成本综合损益曲线

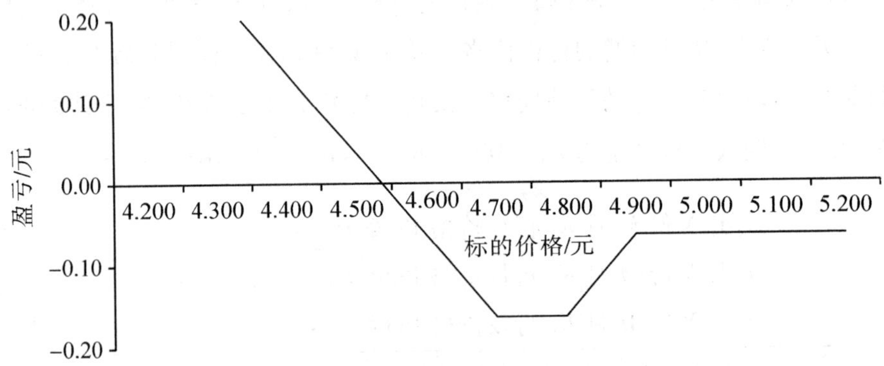

图 31-40　牛市认沽阶梯价差组合借方综合损益曲线

牛市认沽阶梯价差策略的风险收益特征：

比较一下，可以发现，牛市认沽阶梯价差策略与认沽期权反向比率价差策略的损益曲线很相似，借方组合上行风险都可控，贷方组合在上行时还可以获得一个正收益，下行低于盈亏平衡点后收益变正且不断增大，理论上，会直到标的价格归 0 为止。两者都有一个最大损失，所不同的是，认沽期权反向比率价差策略的最大损失发生在标的价格等于低行权价格这一点，而牛市认沽阶梯价差策略的最大损失发生在低与中行权价格之间这个区间，因此，遭受最大损失的可能性要大一些。

该策略的最大亏损等于买入低行权价格期权的全部权利金，加上买入中行权价格期权与卖出高行权价格期权的盈亏之和，即中行权价格减高行权价格，再加高行权价格期权权利金减中行权价格期权权利金。对于贷方策略，存在一个上行的正收益，这时标的价格等于或高于高行权价格，买入和卖出的认沽期权都没有价值，因此这个正收益就等于策略的贷方金额，即卖出与买入期权的权利金之差。当标的价格大跌，越过低行权价格后继续下行，策略损益将从最大亏损开始逐渐转亏为盈，并且跌的越多，收益越大。

策略的盈亏平衡点方面，贷方策略存在上下两个盈亏平衡点，0 成本及借方策略，只有一个下行盈亏平衡点。具体计算公式如下：

下行盈亏平衡价格=（低行权价格-低行权价格期权权利金）+（中行权价格-中行权价格期权权利金）+（高行权价格-高行权价格期权权利金）。即：

$$BEP_1=(K_1-P_1)+(K_2-P_2)-(K_3-P_3)$$

上行盈亏平衡价格=（高行权价格-高行权价格期权权利金）+（低行权价格期权权利金 + 中行权价格期权权利金）。即：

$$BEP_2=(K_3-P_3)+(P_1+P_2)$$

表 31-6 是希腊值在牛市认沽阶梯价差组合中的影响。除贷方头寸且标的价格处于高位时，Delta 可能为正，其他情形下都为负，Gamma 和 Vega 为正，Theta 为负。总体上看，标的价格下跌，Delta 是有利因素，上涨则不利，Gamma 是正面因素，对策略有利，Vega 在波动率上升情况下对策略有利，降波则不利，Theta 为负，策略价值会随时间流逝而耗损。可见，牛市认沽阶梯价差与认沽期权反向比率价差的希腊值影响几乎完全相同。策略的动态希腊值曲线见图 31-41 至图 31-44。

表 31-6 希腊值在认沽期权反向比率价差组合中的影响

希腊值	借方	0 成本	贷方	对策略的影响
Delta	负	负	基本为负	总体上，标的价格上涨不利，下跌有利
Gamma	正	正	正	正向影响，对策略有利
Theta	负	负	负	时间是价值耗损因素，负向影响，不利策略
Vega	正	正	正	波动率上涨对策略有利，降低则不利

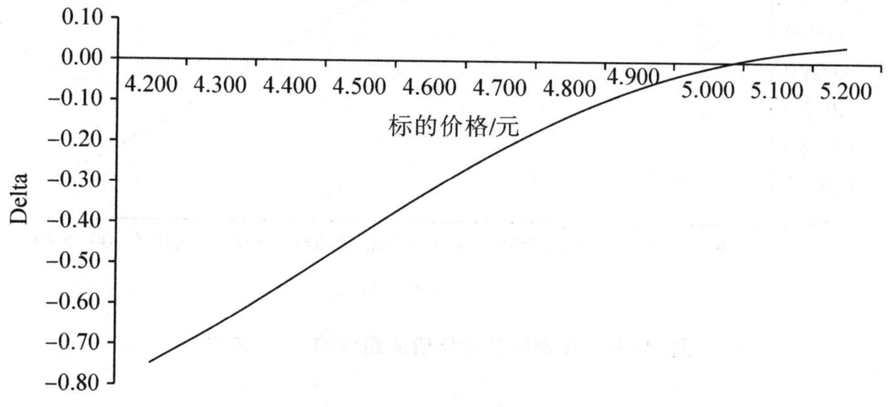

图 31-41 牛市认沽阶梯价差组合的 Delta 曲线

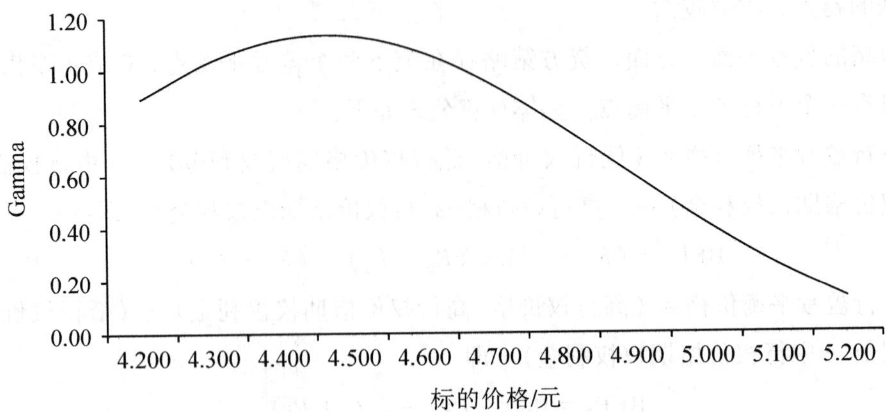

图 31-42 牛市认沽阶梯价差组合的 Gamma 曲线

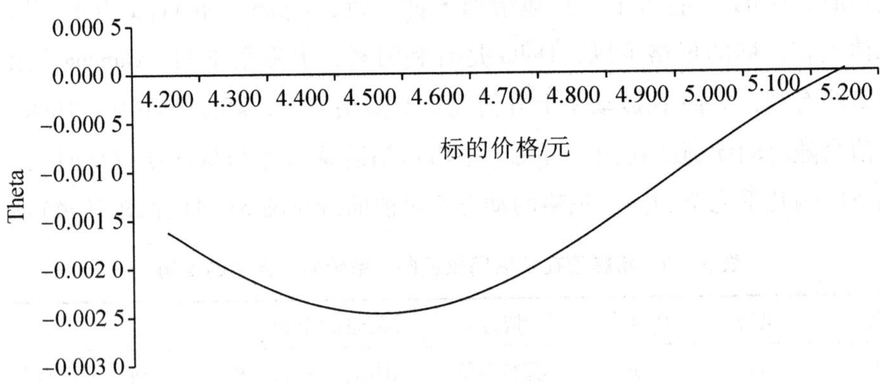

图 31-43 牛市认沽阶梯价差组合的 Theta 曲线

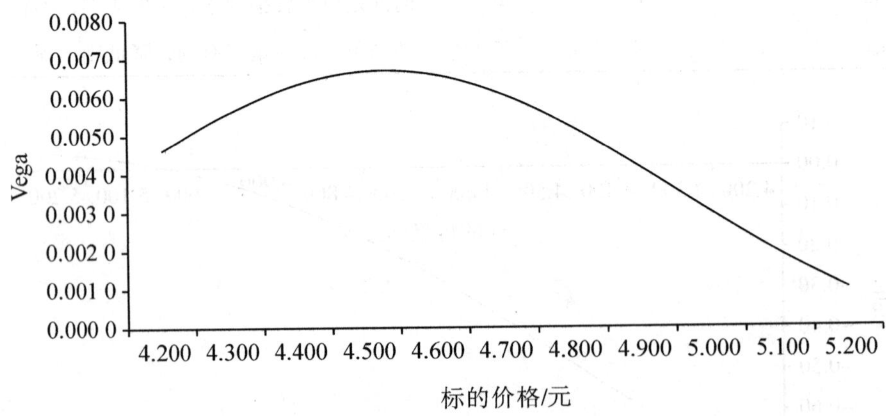

图 31-44 牛市认沽阶梯价差组合的 Vega 曲线

牛市认沽阶梯价差策略是在牛市认沽价差组合基础上，额外买入一个更低行权价格的认沽期权形成的，这也是策略名称中冠名“牛市”的原因，其实这是名不符实的，并且容易引起混淆。从损益结构上看，这应该是一个熊市策略，适合预期标的会大幅下跌的场景。从组合希腊值来看，负 Delta，正 Gamma，正 Vega，负 Theta，这是持有认沽期权多头的结构。可见，牛市认沽阶梯价差策略不是牛市策略，而是一个看大跌的熊市策略。牛市认沽垂直价差与阶梯价差都是使用同种期权搭建的策略，其实相同的损益结构，也可用不同性质的期权构造。如果认为标的价格未来会大幅波动，但更倾向于向下而非向上变盘，那么，完全可以选择在宽跨式多头的基础上，再卖出一个更高行权价格的认购期权，从而降低双买成本，这样可以得到与牛市认沽阶梯价差相似的损益曲线。

熊市认购阶梯价差策略

熊市认购阶梯价差策略是在熊市认购价差策略的基础上，再额外买入一个更高行权价格的认购期权所构成。策略也可以设计成借方组合、0 成本组合或贷方组合，组合的净权利金，取决于每个期权的行权价格和在值程度的选择。具体构建方法是：卖出 N 份 M 月到期的行权价格为 K_1 的认购期权，权利金为 C_1；买入 N 份 M 月到期的行权价格为 K_2 的认购期权，权利金为 C_2；额外买入 N 份 M 月到期的行权价格为 K_3 的认购期权，权利金为 C_3。其中，$K_1<K_2<K_3$，交易结构如下：

买入 N 份 M 月 K_3 行权价格 Call@ C_3
买入 N 份 M 月 K_2 行权价格 Call@ C_2
卖出 N 份 M 月 K_1 行权价格 Call@ C_1

=N 份熊市认购阶梯价差组合

上述交易结构中，由于 $K_1<K_2<K_3$，因此 $C_1>C_2>C_3$，C_1 是权利金收入，C_2 和 C_3 是权利金支出。可以把策略设计成：① $NC_1>N(C_2+C_3)$，贷方策略，综合损益曲线见图 31-45；② $NC_1=N(C_2+C_3)$，0 成本策略，综合损益曲线见图 31-46；③ $NC_1<N(C_2+C_3)$，借方策略，综合损益曲线见图 31-47。

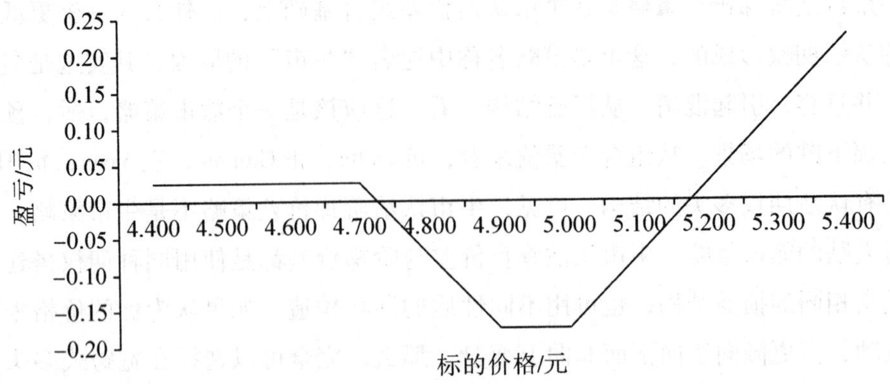

图 31-45 熊市认购阶梯价差组合贷方综合损益曲线

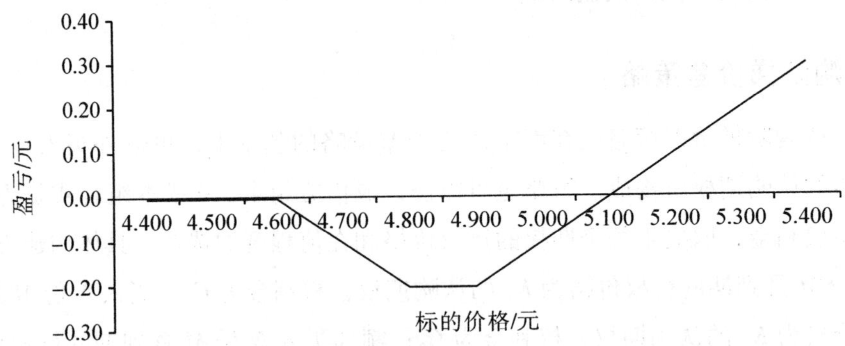

图 31-46 熊市认购阶梯价差组合 0 成本损益曲线

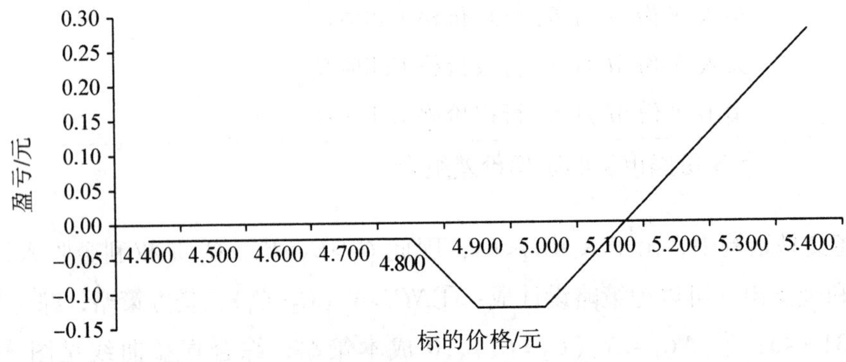

图 31-47 熊市认购阶梯价差组合借方综合损益曲线

熊市认购阶梯价差策略的风险收益特征：

从损益曲线可知，该策略下行风险可控，甚至免亏或小幅盈利，上行收益无限。这个特征与认购期权反向比率价差策略一致。熊市认购阶梯价差策略的收益自标的价格从低行权价格上升，最初是降低的，到期时，如果标的价格落在中高行权价格之间时，策略发生最大亏损，越过高行权价格后继续上涨，亏损额会逐渐降低，最后开始盈利，且盈利空间理论上是无限的。而认购期权反向比率价差策略的最大亏损，发生在到期时标的价格与高行权价格相等这一点上，而非一个更大的区间范围。

最大亏损等于买入高行权价格期权的权利金支出与卖出低行权价格期权和买入中行权价格期权的盈亏之和，后者等于低行权价格减中行权价格，再加上低行权价格期权的权利金减去中行权价格期权的权利金。对于贷方策略，存在一个下行的正收益，这时标的价格等于或低于低行权价格，买入和卖出的认购期权都没有价值，因此这个正收益就等于策略的贷方金额，即卖出与买入期权的权利金之差。当标的价格大涨，超过高行权价格后，损益脱离最大亏损区间，开始转亏为盈，其潜在的最大收益是无限的。对于贷方策略，存在上下两个盈亏平衡点，对于 0 成本及借方策略，只存在一个上行盈亏平衡点。其实，熊市认购阶梯价差组合的上下两个盈亏平衡点，与牛市认购阶梯价差组合的计算方法完全相同。具体公式如下：

下行盈亏平衡价格=（低行权价格+低行权价格期权权利金）-（中行权价格期权权利金+高行权价格期权权利金）。即：

$$BEP_1 = (K_1 + C_1) - (C_2 + C_3)$$

上行盈亏平衡价格=（中行权价格+中行权价格期权权利金）+（高行权价格+高行权价格期权权利金）-（低行权价格+低行权价格期权权利金）。即：

$$BEP_2 = (K_2 + C_2) + (K_3 + C_3) - (K_1 + C_1)$$

表 31-7 是希腊值在熊市认购阶梯价差组合中的影响。从表中可见，除贷方头寸且标的价格处于低位时，Delta 可能为负，其他情形下它们都为正。此外，Gamma 和 Vega 也都为正，只有 Theta 为负。总体上看，标的价格上涨，Delta 是有利因素，下降则不利，Gamma 是正面因素，对策略有利，Vega 在波动率上升情况下对策略有利，下降则不利，Theta 为负，策略价值会随时间流逝而耗损。策略的动态希腊值曲线见图 31-48 至图 31-51。

表 31-7　希腊值在熊市认购阶梯价差组合中的影响

希腊值	借方	0 成本	贷方	对策略的影响
Delta	正	正	基本为正	总体上，标的价格上涨有利，下跌不利
Gamma	正	正	正	正向影响，对策略有利
Theta	负	负	负	时间是价值耗损因素，负向影响，不利策略
Vega	正	正	正	波动率上涨对策略有利，降低则不利

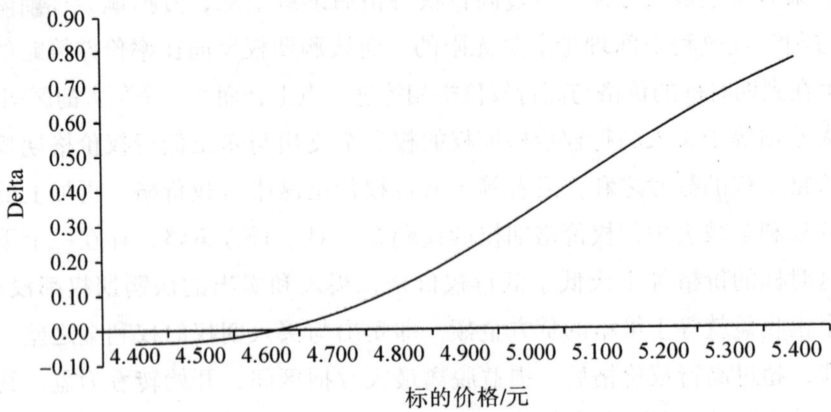

图 31-48 熊市认购阶梯价差组合的 Delta 曲线

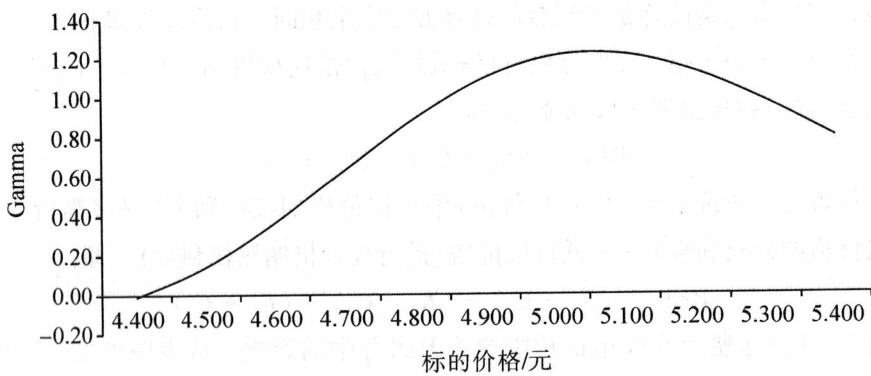

图 31-49 熊市认购阶梯价差组合的 Gamma 曲线

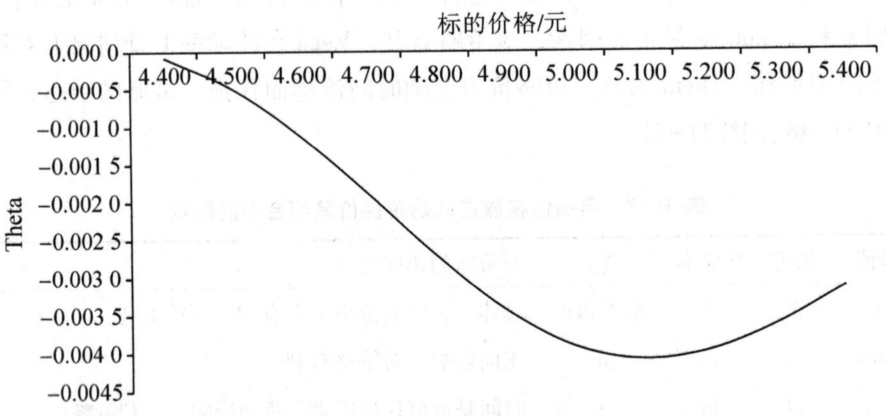

图 31-50 熊市认购阶梯价差组合的 Theta 曲线

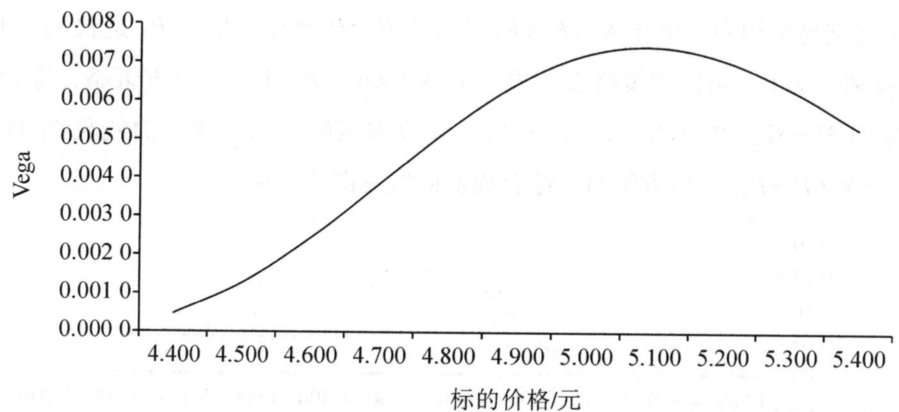

图 31-51　熊市认购阶梯价差组合的 Vega 曲线

熊市认购阶梯价差策略的名称，源于熊市认购价差组合，是在熊市认购价差组合基础上搭建的，从名字上很容易被人误认为这是一个熊市策略。其实，从损益结构上看，这应该是一个牛市策略，适合预期标的会大幅上涨的场景。从组合希腊值来看，正 Delta，正 Gamma，正 Vega，负 Theta，很明显是持有认购期权多头的结构。可见，熊市认购阶梯价差策略不是熊市策略，而是一个看大涨的牛市策略。投资者在具体运用中，不要被策略名蒙蔽，要透过策略名称看本质。相同的损益结构，也可用不同性质的期权构造。如果认为标的价格未来会大幅波动，但更倾向于向上而非向下变盘，则可在宽跨式多头基础上，再卖出一个更低行权价格的认沽期权，起到降低双买成本的效果，这样可以得到与熊市认购阶梯价差策略相似的损益曲线。

熊市认沽阶梯价差策略

熊市认沽阶梯价差策略，是在熊市认沽价差策略基础上，再额外卖出一个更低行权价格的认沽期权构成。策略也可以设计成借方组合、0 成本组合或贷方组合，组合的净权利金大小，取决于每个期权的行权价格和在值程度的选择。具体构建方法是：卖出 N 份 M 月到期的行权价格为 K_1 的认沽期权，权利金为 P_1；卖出 N 份 M 月到期的行权价格为 K_2 的认沽期权，权利金为 P_2；买入 N 份 M 月到期的行权价格为 K_3 的认沽期权，权利金为 P_3。其中，$K_1<K_2<K_3$，交易结构如下：

买入 N 份 M 月 K_3 行权价格 Put@ P_3
卖出 N 份 M 月 K_2 行权价格 Put@ P_2
卖出 N 份 M 月 K_1 行权价格 Put@ P_1

$=N$ 份熊市认沽阶梯价差组合

上述交易结构中，由于 $K_1<K_2<K_3$，因此 $P_1<P_2<P_3$，P_1 和 P_2 是权利金收入，P_3 是权利金支出。可以把策略设计成：① $NP_3<N(P_1+P_2)$，贷方策略，综合损益曲线见图 31-52；② $NP_3=N(P_1+P_2)$，0 成本策略，综合损益曲线见图 31-53；③ $NP_3>N(P_1+P_2)$，借方策略，综合损益曲线见图 31-54。

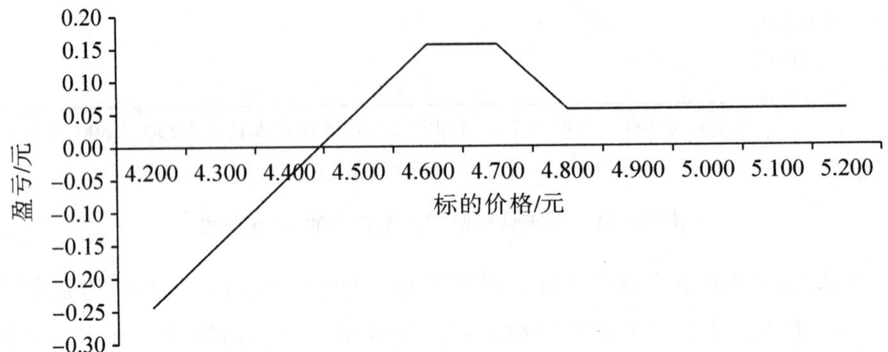

图 31-52 熊市认沽阶梯价差组合贷方综合损益曲线

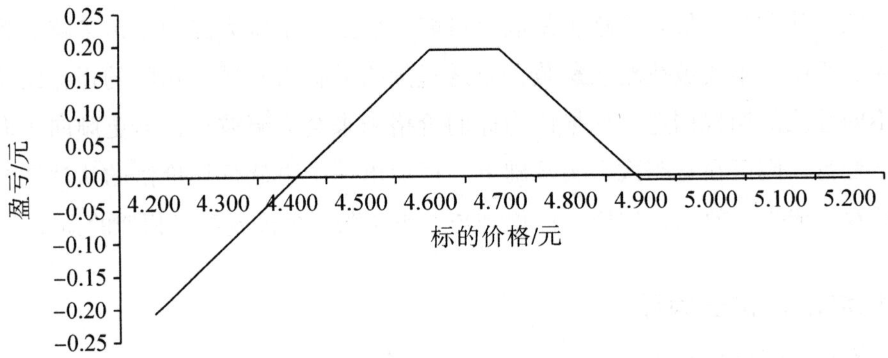

图 31-53 熊市认沽阶梯价差组合 0 成本综合损益曲线

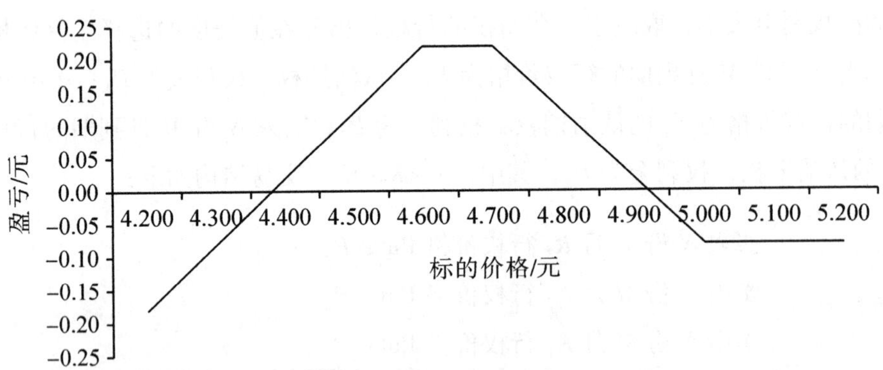

图 31-54 熊市认沽阶梯价差组合借方综合损益曲线

熊市认沽阶梯价差策略的风险收益特征：

熊市认沽阶梯价差策略与认沽期权正向比率价差策略的损益曲线很相似，借方组合上行风险都可控，贷方组合在上行时还可以获得一个正收益，下行低于盈亏平衡点后收益变负，且亏损随标的价格下行增大，理论上将直到标的价格归 0 为止。两者都有一个最大收益，所不同的是，认沽期权正向比率价差策略的最大收益发生在到期时标的价格等于低行权价格这一点，而熊市认沽阶梯价差策略的最大收益则发生在低与中行权价格之间这个区间，因此，获得最大收益的可能性要大一些。

策略的最大收益等于卖出低行权价格期权的全部权利金收入，加上买入高行权价格期权与卖出中行权价格期权的盈亏之和，即高行权价格减中行权价格，再加中行权价格期权权利金减高行权价格期权权利金。对于贷方策略，存在一个上行的正收益，这时标的价格等于或高于高行权价格，买入和卖出的认沽期权都没有价值，因此这个正收益就等于策略的贷方金额，即卖出与买入期权的权利金之差。当标的价格大跌，低于低行权价格后继续下行，策略损益将从最大收益开始降低，最后转盈为亏，并且跌的越多，亏损越大。贷方策略存在上下两个盈亏平衡点，0 成本及借方策略，只有一个下行盈亏平衡点。具体计算公式如下：

下行盈亏平衡价格=（低行权价格-低行权价格期权权利金）+（中行权价格-中行权价格期权权利金）+（高行权价格-高行权价格期权权利金）。即：

$$BEP_1 = (K_1 - P_1) + (K_2 - P_2) - (K_3 - P_3)$$

上行盈亏平衡价格=（高行权价格-高行权价格期权权利金）+（低行权价格期权权利金 + 中行权价格期权权利金）。即：

$$BEP_2 = (K_3 - P_3) + (P_1 + P_2)$$

表 31-8 是希腊值在熊市认沽阶梯价差组合中的影响。除借方头寸且标的价格处于高位时，Delta 可能为负，其他情形下都为正，Gamma 和 Vega 为负，Theta 为正。总体上看，标的价格上涨，Delta 是有利因素，下跌则不利，Gamma 是负面因素，对策略不利，Vega 在波动率上升情况下对策略不利，降波则有利，正的 Theta 使策略价值随时间流逝而增大。可以发现，熊市认沽阶梯价差与认沽期权正向比率价差的希腊值影响几乎完全相同。策略的动态希腊值曲线见图 31-55 至图 31-58。

表 31-8 希腊值在熊市认沽阶梯价差组合中的影响

希腊值	借方	0 成本	贷方	对策略的影响
Delta	基本为正	正	正	总体上，标的价格上涨有利，下跌不利
Gamma	负	负	负	负向影响，对策略不利
Theta	正	正	正	时间是价值贡献因素，正向影响，有利策略
Vega	负	负	负	波动率上涨对策略不利，降低则有利

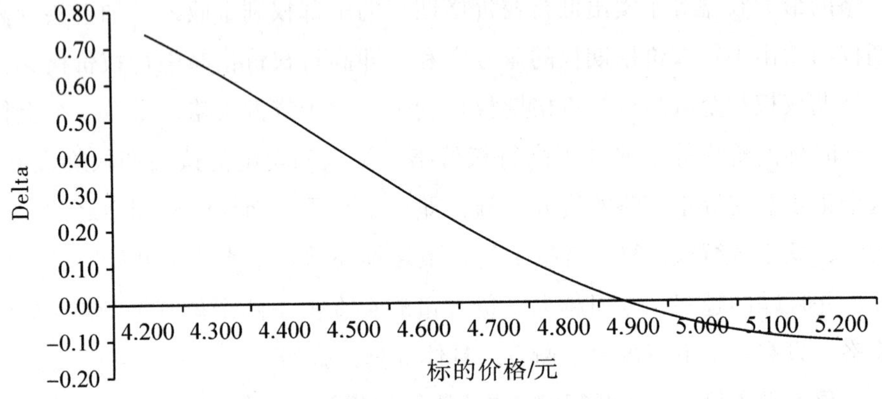

图 31-55 熊市认沽阶梯价差组合的 Delta 曲线

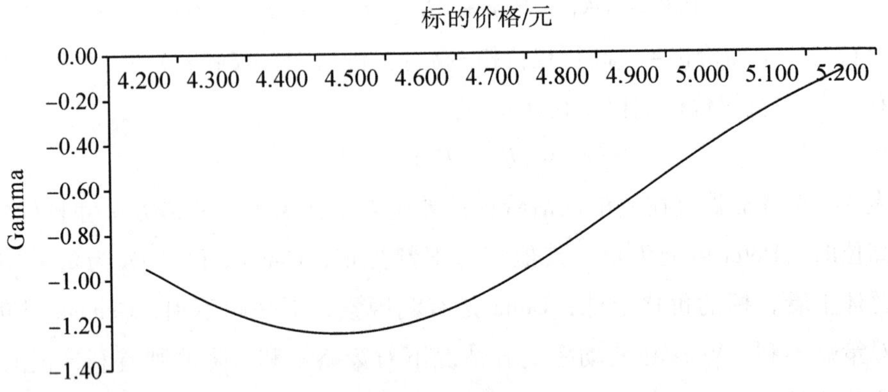

图 31-56 熊市认沽阶梯价差组合的 Gamma 曲线

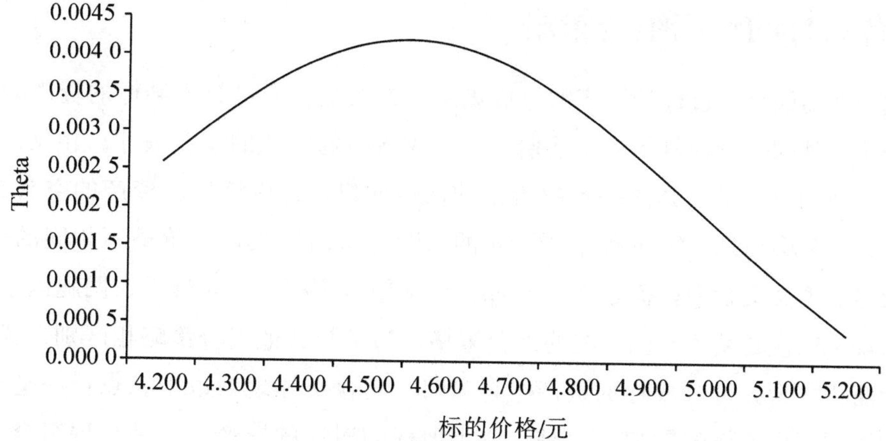

图 31-57　熊市认沽阶梯价差组合的 Theta 曲线

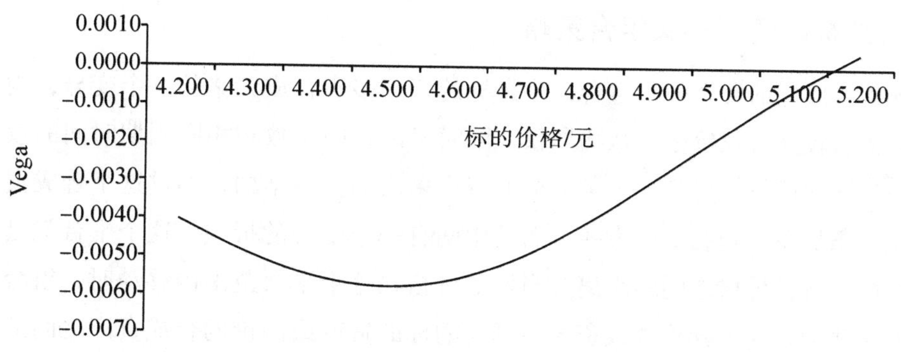

图 31-58　熊市认沽阶梯价差组合的 Vega 曲线

熊市认沽阶梯价差策略的名称也容易被误解。从损益曲线上看，这不是一个熊市策略。它比较适合看不跌、温和上涨或上涨空间有限的小波动市场环境。从组合希腊值来看，正 Delta，负 Gamma，负 Vega，正 Theta，这是持有认沽期权空头的结构。该策略完全由认沽期权搭建而成，相同的损益结构，也可用不同性质的期权构造。如果认为标的价格未来不会大幅波动，特别是不会大幅下跌，即便波动，向上波动的可能性更大，因此，策略设计时只需控制上行风险即可。在这种情况下，我们可以选择在宽跨式空头基础上，再买入一个更高行权价格的认购期权，达到锁定上行风险的目的，这样可以得到与熊市认沽阶梯价差相似的损益曲线。

异价合成标的资产组合策略

我们在前面介绍过标的资产的合成策略，方法是，通过买入某标的资产的认购期权并卖出其同一行权价格的认沽期权，合成该标的资产的多头头寸；相反，通过买入其认沽期权并卖出其同一行权价格的认购期权，合成该标的资产的空头头寸。实践中，经常会出现合成过程中所买卖的认购与认沽期权行权价格不相同的情况，这种策略在英文文献中被称之为“combo”，即组合策略。大家知道，两腿以上的期权策略都可以说是基于不同方法的组合策略，为了与其他组合策略相区别，我们将这种策略称之为异价合成标的资产组合策略。其含义体现为以下三点：一是异价，即使用不同行权价格的期权；二是合成类似标的属性的资产；三是一种组合策略。具体而言，包括异价合成标的资产多头与空头两类组合策略。

异价合成标的资产多头组合策略

异价合成标的资产多头组合策略是标的资产多头合成策略的一个变异，构建方法是，买入较高行权价格的认购期权，同时卖出相同份数和相同到期时间的较低行权价格的认沽期权，得到一个类似标的资产多头的损益结构，不过这个合成损益曲线不是一条从左下到右上的直线，而是中间有一个平台的折线。这个平台就是期权的高低两个行权价格之间的距离，当标的价格在这个平台范围内移动时，组合的损益不发生变动。这个异价合成资产与真实的标的资产或同价的合成资产之间的区别是，提供了一个容错缓冲的余地。预期看涨才持有多头资产，如果标的不涨反而有所下跌，持有真实标的资产或标准的合成资产，就会出现亏损，如果持有的是异价合成标的资产，只要标的资产下跌幅度不超过平台区间就不会发生亏损，可见，异价合成的标的资产多头，具有一定程度的下跌保护属性，这个保护功能的大小，取决于两个期权行权价格之间的距离。

具体方法是：卖出 N 份 M 月到期的行权价格为 K_1 的认沽期权，权利金为 P；买入 N 份 M 月到期的行权价格为 K_2 的认购期权，权利金为 C。其中，$K_1<K_2$，交易结构如下：

卖出 N 份 M 月 K_1 行权价格 Put@ P

买入 N 份 M 月 K_2 行权价格 Call@ C

=N 份异价合成标的资产多头组合

上述交易结构中，P 是权利金收入，C 是权利金支出。通过调整两个期权的行权价格，可以把策略设计成：① $P>C$，贷方策略，综合损益曲线见图 31-59；② $P=C$，零成本策略，综合损益曲线见图 31-60；③ $P<C$，借方策略，综合损益曲线见图 31-61。

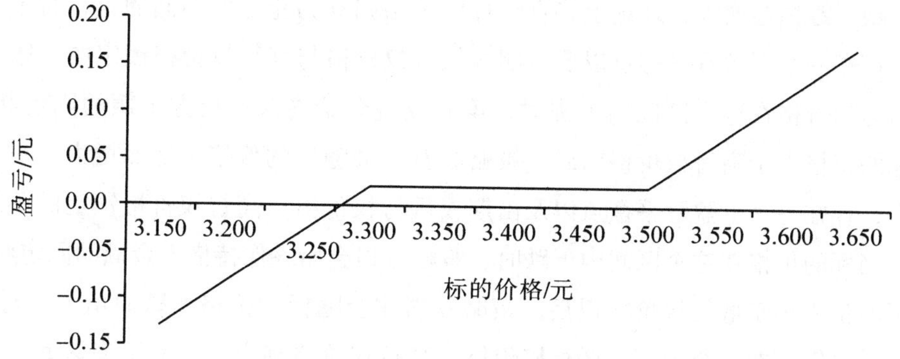

图 31-59　异价合成标的资产多头组合贷方综合损益曲线

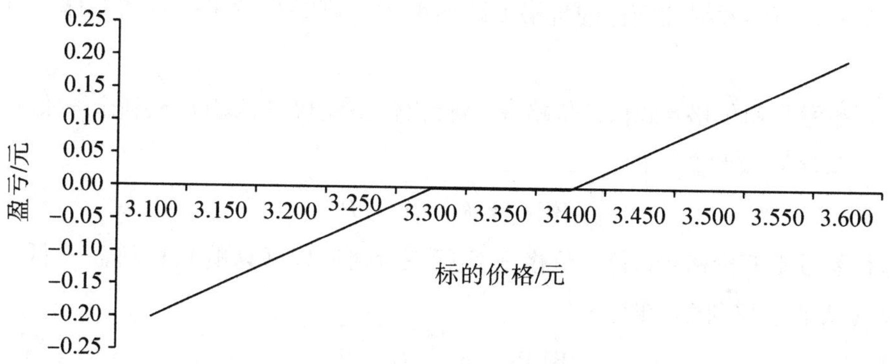

图 31-60　异价合成标的资产多头组合 0 成本综合损益曲线

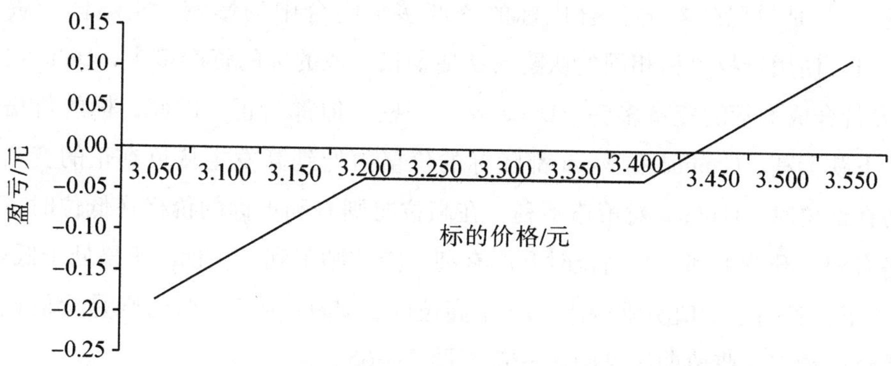

图 31-61　异价合成标的资产多头组合借方综合损益曲线

异价合成标的资产多头组合的风险收益特征：

总体上看，异价合成标的资产多头组合的损益结构与真实标的资产或标准的合成标的资产很相似，标的资产价格大幅上涨，组合收益无限；相反，标的资产价格大幅下跌，亏损会增大，理论上将直到标的价格归 0 为止。所不同的是，对于贷方组合，存在一个下盈亏平衡点以及由期权低行权价格与高行权价格锁定的不跟涨区间，当标的价格在这个区间内上涨时，策略收益会始终保持贷方金额的固定状态，直到标的价格大于高行权价格以后，策略收益才会随标的价格上涨而增大。对于借方组合，存在一个上盈亏平衡点以及由期权低行权价格与高行权价格锁定的不跟跌区间，当标的价格在这个区间内下跌时，策略亏损会始终保持借方金额的固定状态，直到标的价格小于低行权价格以后，策略亏损才会随标的价格下跌而增大。对于 0 成本组合，则存在一个由期权低行权价格与高行权价格锁定的盈亏平衡区间，当标的价格高于高行权价格后，策略收益才随标的价格上涨而增大，当标的价格低于低行权价格后，策略亏损才随标的价格下跌而增大。策略盈亏平衡点的具体计算公式如下：

下行盈亏平衡价格=低行权价格 + 高行权价格期权（认购）权利金 - 低行权价格期权（认沽）权利金。即：

$$\mathrm{BEP}_1 = K_1 + C - P$$

上行盈亏平衡价格=高行权价格 + 高行权价格期权（认购）权利金 - 低行权价格期权（认沽）权利金。即：

$$\mathrm{BEP}_2 = K_2 + C - P$$

对于 0 成本组合，$C=P$，因此，$\mathrm{BEP}_1=K_1$，$\mathrm{BEP}_2=K_2$，盈亏平衡区间= $[K_1, K_2]$。

表 31-9 是希腊值在异价合成标的资产多头组合中的影响。实际标的资产的 Delta 为 1，使用行权价格相同的认购与认沽期权合成的标的资产多头，Delta 接近于 1，而异价合成的标的资产多头，Delta 要小一些，但都为正，因此，标的价格上涨有利，下跌不利。Gamma 和 Vega 都随标的价格由低到高发生从负到正的变动，标的价格在低位时，Gamma 对策略不利，在高位时则有利；标的价格在低位时，降波对策略有利，升波不利，在高位时升波有利，降波则不利。在标的价格处于低位时，Theta 为正，时间是价值贡献因素，处于高位时，Theta 为负，时间则是价值耗损因素。策略的动态希腊值曲线见图 31-62 至图 31-65。

表 31-9　希腊值在异价合成标的资产多头组合中的影响

希腊值	符号	对策略的影响
Delta	正	标的价格上涨有利策略，下跌不利策略
Gamma	负→正	标的价格在低位不利，在高位有利
Theta	正→负	标的价格在低位时间贡献价值，在高位耗损价值
Vega	负→正	标的价格在低位降波有利，在高位升波有利

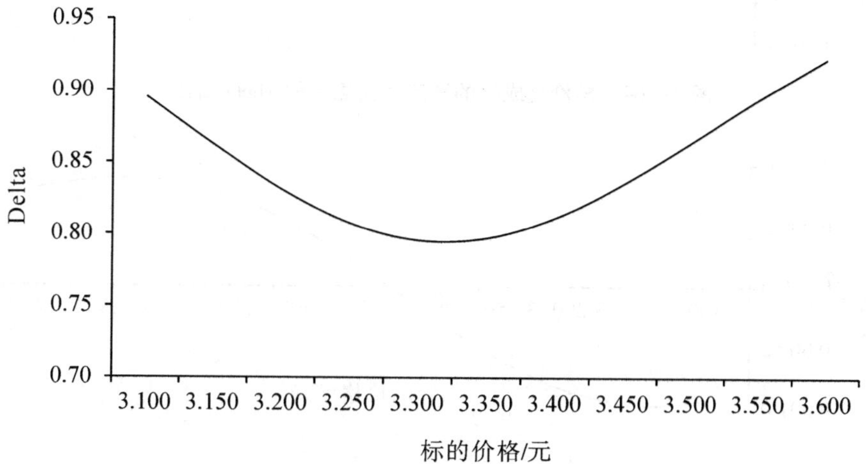

图 31-62　异价合成标的资产多头组合的 Delta 曲线

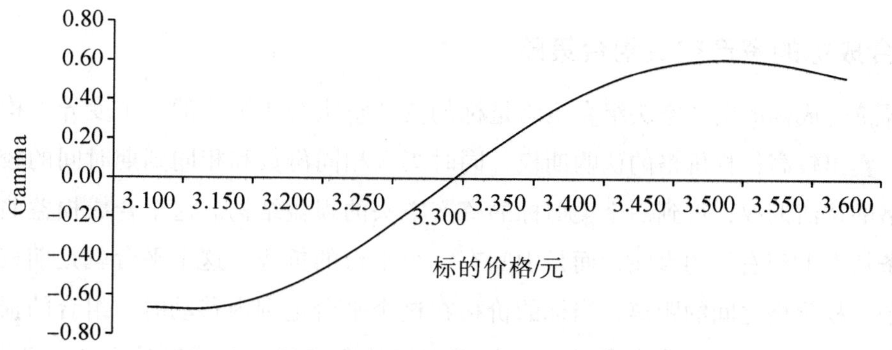

图 31-63　异价合成标的资产多头组合的 Gamma 曲线

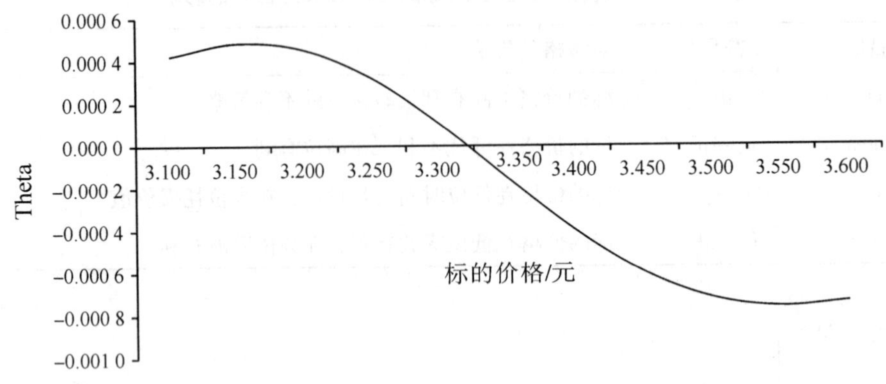

图 31-64　异价合成标的资产多头组合的 Theta 曲线

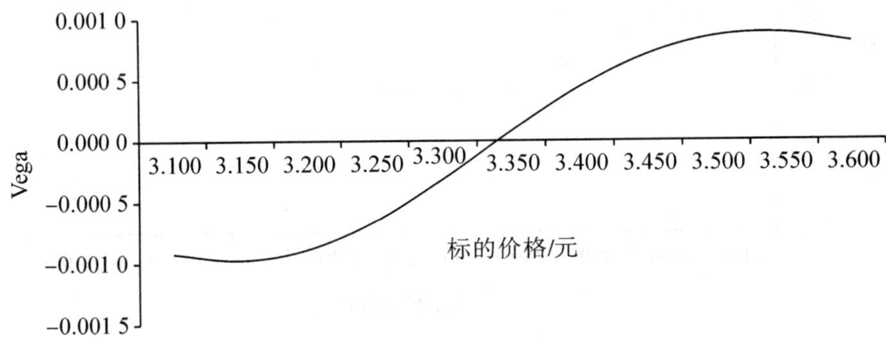

图 31-65　异价合成标的资产多头组合的 Vega 曲线

异价合成标的资产空头组合策略

异价合成标的资产空头组合策略是标的资产空头合成策略的一个变异，构建方法是，卖出较高行权价格的认购期权，同时买入相同份数和相同到期时间的较低行权价格的认沽期权，得到一个类似标的资产空头的损益结构。这个合成损益曲线不是一条从左上到右下的直线，而是中间有一个平台的折线。这个平台就是期权的高低两个行权价格之间的距离，当标的价格在这个平台范围内移动时，组合的损益不发生变动。这个异价合成资产的空头与真实标的资产的空头或同价合成空头相比，有一个容错缓冲区间。预期看跌才持有空头资产，如果标的不跌反而有所上涨，做空真实标的资产或合成标准的标的资产空头，就会出现亏损，如果是异价合成标的资产的空头，只要标的资产上涨幅度不超过平台区间就不会发生大的亏损，因此，异价合成的标的资产空头，提供了一定程度的上涨保护，这个保护功能的大小，取决于两个期权行权价格之间的距离大小。

具体方法是：买入 N 份 M 月到期的行权价格为 K_1 的认沽期权，权利金为 P；卖出 N 份 M 月到期的行权价格为 K_2 的认购期权，权利金为 C。其中，$K_1<K_2$，交易结构如下：

买入 N 份 M 月 K_1 行权价格 Put@ P

卖出 N 份 M 月 K_2 行权价格 Call@ C

=N 份异价合成标的资产空头组合

上述交易结构中，P 是权利金支出，C 是权利金收入。通过调整两个期权的行权价格，可以把策略设计成：① $P<C$，贷方策略，综合损益曲线见图 31-66；② $P=C$，0 成本策略，综合损益曲线见图 31-67；③ $P>C$，借方策略，综合损益曲线见图 31-68。

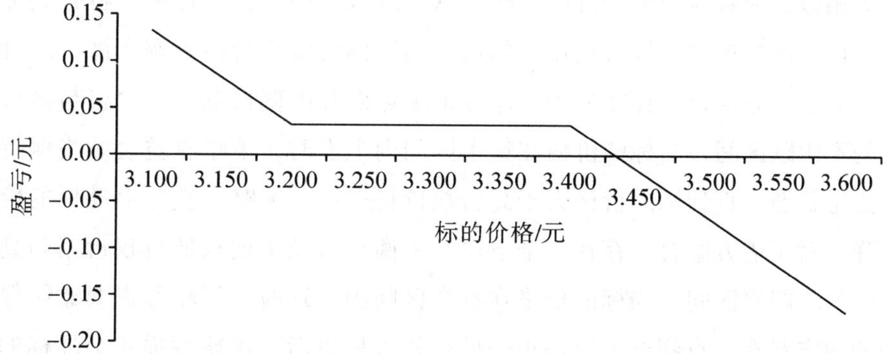

图 31-66　异价合成标的资产空头贷方组合综合损益曲线

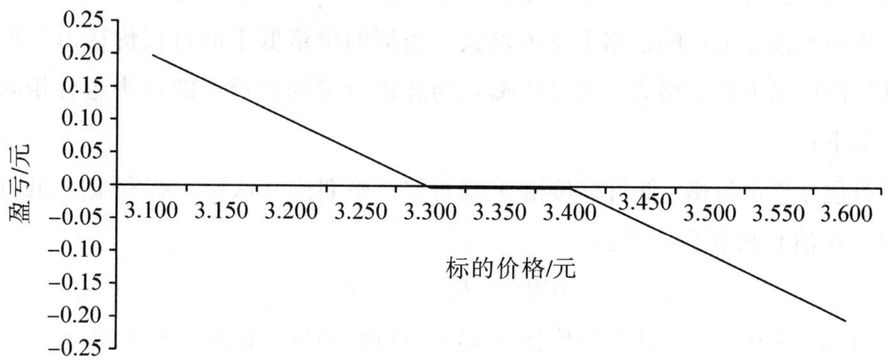

图 31-67　异价合成标的资产空头 0 成本组合综合损益曲线

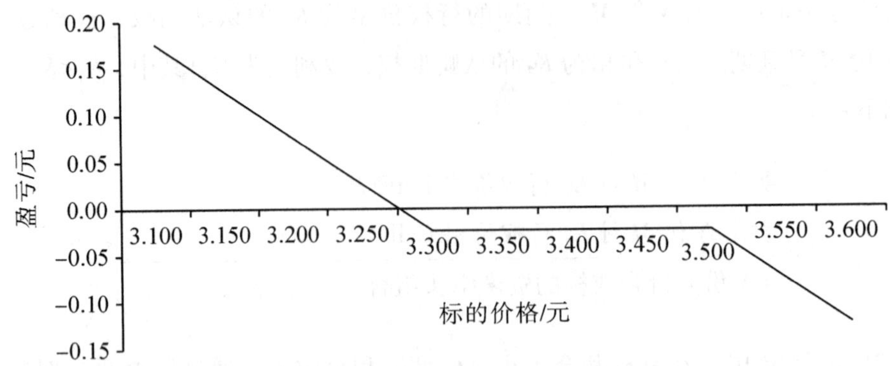

图 31-68 异价合成标的资产空头借方组合综合损益曲线

异价合成标的资产空头组合的风险收益特征：

异价合成标的资产空头组合的损益曲线与真实标的资产空头或标准的合成标的资产空头相似，随着标的资产价格大幅下跌，组合收益增大，理论上将直到标的价格归 0 为止，这时将取得最大收益；相反，随着标的资产价格大幅上涨，组合的亏损无限。对于贷方组合，存在一个上盈亏平衡点以及由期权低行权价格与高行权价格锁定的不跟跌区间，当标的价格在这个区间内上涨时，策略收益会始终保持贷方金额的固定状态，直到标的价格大于高行权价格以后，策略收益才会随标的价格上涨而下降。对于借方组合，存在一个下盈亏平衡点以及由期权低行权价格与高行权价格锁定的不跟涨区间，当标的价格在这个区间内下跌时，策略亏损会始终保持借方金额的固定状态，直到标的价格小于低行权价格以后，策略亏损才会随标的价格下跌而降低，并随着标的价格的进一步下跌转亏为盈。对于 0 成本组合，则存在一个由期权低行权价格与高行权价格锁定的盈亏平衡区间，当标的价格高于高行权价格后，策略亏损才随标的价格上涨而增大，当标的价格低于低行权价格后，策略收益才随标的价格下跌而增大。盈亏平衡点与异价合成标的资产的多头组合相同，计算公式如下：

下行盈亏平衡价格＝低行权价格 ＋ 高行权价格期权（认购）权利金 － 低行权价格期权（认沽）权利金。即：

$$\mathrm{BEP}_1 = K_1 + C - P$$

上行盈亏平衡价格＝高行权价格 ＋ 高行权价格期权（认购）权利金 － 低行权价格期权（认沽）权利金。即：

$$\mathrm{BEP}_2 = K_2 + C - P$$

对于 0 成本组合，$C=P$，因此，$\mathrm{BEP}_1=K_1$，$\mathrm{BEP}_2=K_2$，盈亏平衡区间＝［K_1，K_2］。

表 31-10 是希腊值在异价合成标的资产空头组合中的影响。实际标的资产空头的 Delta 为-1，使用行权价格相同的认购与认沽期权合成的标的资产空头，Delta 接近于-1，而异价合成的标的资产空头，Delta 为负，但绝对值要小一些。标的价格下跌，Delta 产生有利影响，上涨则产生不利影响。Gamma 和 Vega 都随标的价格由低到高发生从正到负的变动，标的价格在低位时，Gamma 对策略有利，在高位时则不利；标的价格在低位时，升波对策略有利，降波不利，在高位时降波有利，升波则不利。在标的价格处于低位时，Theta 为负，时间是价值耗损因素，处于高位时，Theta 为正，时间则是价值贡献因素。策略的动态希腊值曲线见图 31-69 至图 31-72。

表 31-10　希腊值在异价合成标的资产空头组合中的影响

希腊值	符号	对策略的影响
Delta	负	标的价格下跌有利策略，上涨不利策略
Gamma	正→负	标的价格在低位有利，在高位不利
Theta	负→正	标的价格在低位时间耗损价值，在高位贡献价值
Vega	正→负	标的价格在低位升波有利，在高位降波有利

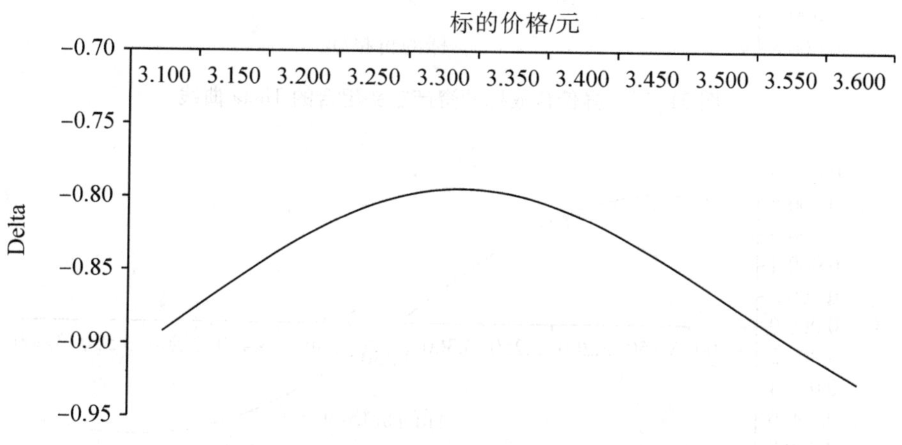

图 31-69　异价合成标的资产空头组合的 Delta 曲线

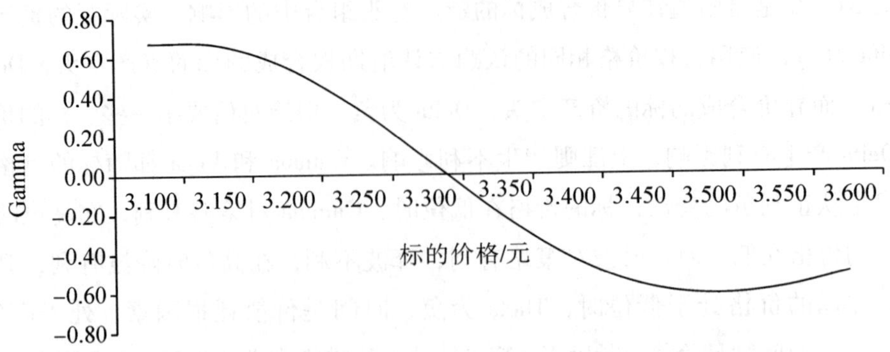

图 31-70 异价合成标的资产空头组合的 Gamma 曲线

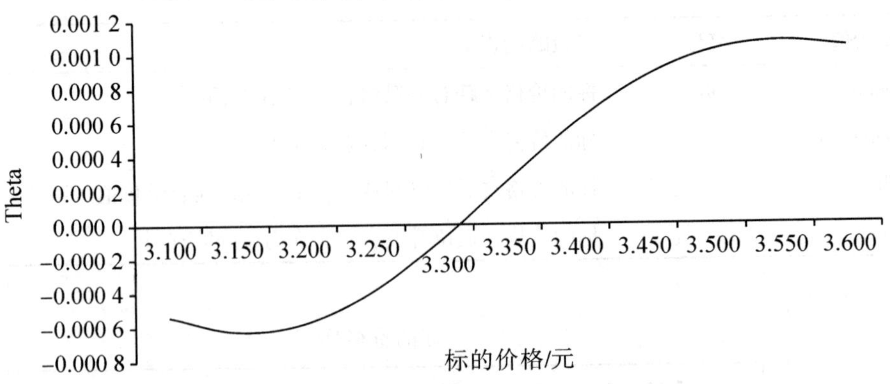

图 31-71 异价合成标的资产空头组合的 Theta 曲线

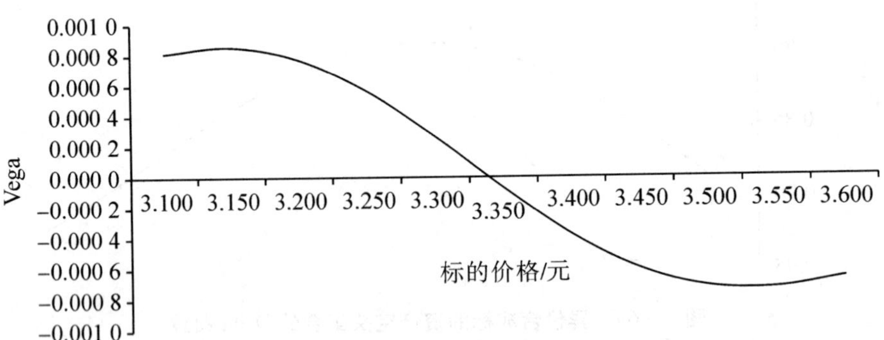

图 31-72 异价合成标的资产空头组合的 Vega 曲线

参考文献

[1] HULL J C. Options, futures and other derivatives [M]. Beijing: Tsinghua University Press, 2008.

[2] HULL J C. Fundamentals of futures and options markets [M]. Beijing: Peking University Press, 2007.

[3] S NATENBERG. Option volatility and pricing: advanced trading strategies and techniques [J]. Amy Mcgrath, 1994.

[4] MCMILLAN, LAWRENCE G. Options as a strategic investment [M]. 5th ed. Upper Suddle River: Prentice Hall Press, 2012.

[5] MCMILLAN L G. McMillan on options [M]. Upper Suddle River: Wiley, 2004.

[6] GUY C. Bible of options strategies: the definitive guide for practical trading strategies [M]. Upper Suddle River: FT Press, 2005.

[7] DAN P. Trading options Greeks how time, volatility, and other pricing factors drive profits [M]. Upper Suddle River: Wiley, 2012.

[8] MARK S, CHEN D. Option trader´s hedge fund: a business framework for trading equity and index options [J]. Pearson Schweiz Ag, 2012.

[9] MICHAEL HANANIA BENKLIFA. Profiting with iron condor options : strategies from the frontline for trading in up or down markets [M]. Upper Suddle River: FT Press, 2011.

[10] WARNER. Options volatility trading: strategies for profiting from market swings [M]. New York: Business Expert Press, 2010.

[11] SINCLAIR E. Volatility trading [M]. Upper Suddle River: Wiley, 2015.

[12] AUGEN J. Volatility edge in options trading: new technical strategies for inves-

ting in unstable markets [M]. Upper Suddle River: FT Press, 2008.

[13] BITTMAN J. Trading options as a professional: techniques for market makers and experienced traders [J]. New York: Business Expert Press, 2009.

[14] SALIBA A J, CORONA J C, JOHNSON K E. Option spread strategies : trading up, down, and sideways markets [M]. New York: Bloomberg Press, 2010.

[15] THOMSETT M C. Getting started in options [M]. Upper Suddle River: Wiley, 2013.

[16] MULLANEY, MICHAEL. The complete guide to option strategies: advanced and basic strategies on stocks, ETFs, indexes and stock index futures [M]. Upper Suddle River: Wiley, 2009.